금강경

금강경해설서

본서는 부처님의 혜안으로 기록한 금강경해설서로 이천육백년 동안 금강경 속에 감추어져 있던 화두(話頭)의 비밀을 모두 드러내고 있습니다.

글 · 道岩 | 시 · 李明子

진리의 샘터 **의증서원**

금강경

목차

머리글 · 6
  詩/ 마음의 경 · 9

1. 서론 · 11
2. 부처님이 말씀하시는 반야(般若)의 실체 · 23
3. 아리안(Aryan)족과 베다종교 · 33 / 詩/촛불 · 41
4. 부처님의 생애(生涯) · 43
5. 금강경(본문 구마라집) · 69
   1. 법회인유분 · 71 / 詩/극락과 지옥 · 85
   2. 선현기청분 · 87
   3. 대승정종분 · 99

       육계와 육바라밀 지옥계 · 115 / 사상 · 166 / 오온 · 174
   4. 묘행무주분 · 199 · 詩/ 교만 · 207
   5. 여리실견분 · 209 · 詩/존재 · 215
   6. 정신희유분 · 217 · 詩/감추인 악 · 227
   7. 무득무설분 · 229
   8. 의법출생분 · 241 · 詩/인생무상 · 251
   9. 일상무상분 · 253
   10. 장엄정토분 · 271
   11. 무위복승분 · 281
   12. 존중정교분 · 289

       사성제 · 294 /팔정도 · 320/ 십정도 · 323/ 부처님의 탑묘 · 352
       詩/잃어버린 현실 · 355
   13. 여법수지분(如法受持分) · 357 / 詩/영혼의 메아리 · 377

14. 이상적멸분(離相寂滅分) · 379

15. 지경공덕분(持經功德分) · 413

16. 능정업장분(能淨業障分) · 429

17. 구경무아분(究竟無我分) · 449

18. 일체동관분(一體同觀分) · 469

19. 법계통화분(法界通化分) · 481 / 詩/어리석음 · 489

20. 이색이상분(離色離相分) · 491

21. 비설소설분(非說所說分) · 499 / 詩/텅빈가슴 · 507

22. 무법가득분(無法可得分) · 509

23. 정심행선분(淨心行善分) · 517 / 詩/눈물 · 523

24. 복지무비분(福智無比分) · 525 / 詩/사랑 · 535

25 화무소화분(化無所化分) · 537

26. 법신비상분(法身非相分) · 545

27. 무단무멸분(無斷無滅分) · 559 / 詩/진실한 사랑 · 565

28. 불수불탐분(不受不貪分) · 567 / 詩/흑암 · 573

29 위의적정분(威儀寂靜分) · 575

30. 일합리상분(一合里相分) · 581 / 詩/ 나그네 · 593

31. 지경불생분(知見不生分) · 595

32. 응화비진분(應化非眞分) · 607

   저자후기 · 631

1. 불교와 기독교의 허구와 진실 · 633

2. 부처님이 말씀하시는 방생(放生) · 640

3. 삼세제불(三世諸佛)과 오늘날의부처님 · 649

   의증서원 도서안내 664

머리글

　이 세상에는 석가모니(釋迦牟尼) 부처님을 비롯한 많은 성자(聖子)들이 계셨고, 그에 따른 소중한 말씀들이 경전(經典)을 통해서 지금까지 전해오고 있습니다. 이러한 경전(經典)들은 무명(無明)의 중생들이 걸어가야 하는 인생의 길을 밝혀주는 빛이며 진리이며 생명입니다. 그런데 이렇게 수많은 경(經) 중에서도 특히 부처님이 말씀하신 금강경(金剛經)은 경(經) 중의 경(經)이라 하여 지금도 모든 불자들은 물론 수많은 세인(世人)들에게 칭송(稱頌)을 받고 있습니다. 이 때문에 금강경(金剛經)은 부처님이 오신 지 2600여년이 지난 지금까지 모든 불자들에게 영혼을 살리는 빛과 생명이 되어 온 세상을 밝혀주고 있습니다.
　그런데 안타깝게도 무명(無明)의 중생들은 혜안(慧眼)이 없어 진리의 참 빛을 바라보지 못한 채 지금도 어둠에 이끌려 비진리를 따라 가고 있는 실정입니다.
　저자는 그동안 이러한 현실을 안타까운 마음으로 바라만 보고 있다가 지금도 불자들의 마음속에서 꺼져가는 진리의 빛을 다시 밝혀보려고 이렇게 붓을 들게 되었습니다.

지금까지 수많은 믿음의 선진(先進)들이 금강경(金剛經) 해설서를 펴내었고 또한 그에 따라 불교학자들이나 스님들이 불자들에게 금강경을 설법(說法)하거나 강해(講解)를 해오고 있습니다. 그러나 금강경(金剛經) 속에 깊이 감추어져 있는 화두(話頭)의 비밀들은 아직도 확연하게 알 수가 없는 것입니다.

그런데 이번에 출간되는 금강경(金剛經)해설서(解說書)에는 부처님이 오신 이후 2600여년 동안 경(經) 속에 감추어져 있던 화두(話頭)의 비밀들을 모두 드러내고 있습니다. 그러므로 이 금강경해설서를 읽어보신다면 해탈(解脫)의 길은 물론 지금까지 금강경 속에 감추어져 있던 부처님의 뜻과 화두(話頭)의 비밀들을 확연하게 알게 될 것입니다. 특히 저자는 금강경을 해설하면서 부분적으로 성경(聖經)에 기록된 말씀도 인용하여 보충 설명하였기 때문에 성경 속에 감추어져 있던 하나님의 비밀도 알 수가 있습니다.

저자는 이번에 출간되는 금강경(金剛經)해설서를 통해서 불자들의 어두운 마음속에 진리의 불씨가 떨어져 온 천하를 밝히는 진리의 빛이 되기를 간절히 바라는 마음으로 이 글을 기록하였습니다. 그런데 독자들이 이 해설서를 펼치기 전에 저자가 간곡히 부탁을 드리는 것은 지금까지 들고 보고 배워서 뇌리(腦裏)에 쌓아놓은 알음알이, 즉 고정관념(固定觀念)을 잠시 내려놓으셔야 한다는 것입니다.

왜냐하면 이번에 새롭게 출간되는 금강경해설서는 지금까지 지식적으로 알고 있었던 말씀과는 다소간(多少間)의 차이가 있기 때문입니다. 그러나 본 금강경해설서를 끝까지 인내하면서 정독(精讀)을 하신다면 그동안 금강경(金剛經) 속에 감추어 있던 수많은 비밀을 알게 될 것입니다.

끝으로 저자는 이 금강경(金剛經)해설서를 봉독(奉讀)하시는 분들의 마음속에 진리의 불이 타올라 모두 성불(成佛)하시기를 부처님께 간절히 기원하는 바입니다.

도암(道岩)

마음의 경

사람 마음에
하늘의 뜻이 담겼으면
그 마음이 경이어라
마음의 경은 온누리를
비추는 빛이며
어두운 곳을 밝히는
맑고 밝은 빛이어라

1

서론

금강경(金剛經)은 부처님께서
무명의 중생들이 해탈(解脫)하여 부처가 되는 길을
소상히 가르쳐주신 진리이며 생명입니다.
불교에서 금강반야바라밀다경(金剛般若波羅蜜多經)을
금강경(金剛經)이라 부르게 된 것은
부처님이 말씀하신 모든 경전(經典) 중에
금강경(金剛經)이 가장 보배롭고
소중한 경(經)이라 생각하기 때문입니다.

금강경(金剛經 : Vajracchedika)의 본래 명칭은 금강반야바라밀다경(金剛般若波羅蜜多經)인데 줄여서 금강반야경(金剛般若經) 혹은 금강경(金剛經)이라 말합니다. 이 때문에 금강경이나 반야바라밀다경(般若波羅蜜多經)에 기록된 부처님의 말씀은 모두 동일한 부처님의 뜻이 담겨 있습니다. 반야바라밀다경(般若波羅蜜多經)은 곧 반야심경(般若心經)을 말하고 있는데 금강경(金剛經)이 반야심경(般若心經)과 다른 점이 있다면 반야심경(般若心經)은 부처님께서 사리자에게 해탈의 과정과 성불(成佛)하여 무상정등정각(無上正等正覺)에 이르러 삼세제불(三世諸佛)이 되기까지의 길과 근원을 핵심적(核心的)으로 함축(含蓄)하여 가르쳐주신 법문(法問)이며, 금강경(金剛經)은 수보리 장로가 부처님에게 반야심경(般若心經)에 대해서 질문한 것들을 답변하시는 형태로 여러 중생들이 이해할 수 있도록 하나하나 풀어서 설명하신 것이라 하겠습니다. 때문에 반야심경(般若心經)을 모두 해독(解讀)하거나 깨달아 알고 있는 사람은 금강경(金剛經)을 굳이 보지 않아도 모두 알 수 있는 말씀들입니다.

　이렇게 반야심경(般若心經)이나 금강경(金剛經)은 팔만대장경(八萬大藏經)을 대표하는 경전(經典)이라 할 만큼 중요한 위치를 차지하고 있습니다. 그런데 대한불교 조계종에서는 반야심경(般若心經)보다 금강경(金剛經)을 중심으로 하여 불자들을 가르치고 있습니다. 그 이유는 반야심경(般若心經)은 모두 화두(話頭)로 되어 있어 불자들이 아무리 보아도 알 수가 없지만 금강경(金剛經)은 부처님께서 화두(話頭)의 말씀들을 하나하나 풀어서 쉽게 설명해주셔서 누구나 듣고 알 수 있다고 생각하기 때문입니다. 그러나 부처님께서 아무리 쉽게 풀이를 하여 말씀 해주셨다고 해도 알 수 없는 것이 부처님의 말씀입니다. 왜냐하면 천상(天上)에 계신 부처님과 지상(地上)에 있는 중생들 사이에는 많은 격차가 있기 때문입니다.

　이렇게 금강경(金剛經)은 부처님께서 무명의 중생들이 해탈(解脫)하여 부처가 되는 길을 소상히 가르쳐주신 진리이며 생명입니다. 불교에서 금강반야바라밀다경(金剛般若波羅蜜多經)을 금강경(金剛經)이라 부르게 된 것은 부처님이 말씀하신 모든 경전(經典) 중에 금강경(金剛經)이 가장 보배롭고 소중한 경(經)이라 생각하기 때문입니다.

　금강(金剛)이라는 단어는 산스크리트(Sanskrit)어 바즈라(vajra)에서 파생된 명사로 뜻은 "벼락, 번개"라는 의미인데 불교에서는 호법선신(護法善神)으로 중국에서는 제석천왕(帝釋天王)으로도 말하고 있습니다. 그런데 금강(金剛)의 본래 뜻은 금강석(金剛石), 즉 다이아몬드라는 뜻이며 다이아몬드는 보석 중의 보석으로 모든 보석의 왕이라는 의미로 붙여진 이름입니다.

사람들이 다이아몬드를 금강석(金剛石)이라 말하는 것은 다이아몬드가 모든 물질 중에서 제일 강하고 단단하기 때문입니다. 금강석(金剛石)은 이렇게 단단한 보석이기 때문에 무엇이든지 자를 수 있고 깰 수도 있습니다. 그런데 금강반야바라밀다경(金剛般若波羅蜜多經)을 금강경(金剛經)이라 칭하게 된 것은 아무리 단단하게 굳어진 중생들의 고정관념(固定觀念)도 부처님의 말씀으로 모두 부수고 잘라낼 수 있다는 뜻으로 붙여진 이름입니다.

반야심경(般若心經)을 "마하(maha)"라는 단어를 붙여 "마하반야바라밀다심경(摩訶般若波羅蜜多心經)"이라고도 부르는데 "마하(摩訶)"라는 뜻은 "한없이 크다, 한없이 위대하다, 한없이 거룩하다" 등의 의미를 가지고 있습니다. 그러므로 반야심경(般若心經)은 구원과 영원한 해탈의 생명을 준다는 의미에서 "자비(慈悲)"의 뜻이 있고, 금강경(金剛經)은 부수고 깨고 자른다는 의미로 "징계(懲戒)"의 뜻이 강합니다. 이것은 성경에 예수님이 주시는 은혜(사랑)

와 진리 그리고 모세가 주는 율법과 동일한 것입니다. 이 때문에 불경(佛經)이나 성경(聖經)에 기록된 말씀은 모두 무명(無明)의 중생들을 제도(濟度)하고 구원(救援)하는 말씀으로 모두 자비와 사랑의 동일한 뜻이 담겨 있는 것입니다. 이렇게 반야심경(般若心經)이나 금강경(金剛經)에 기록된 말씀은 모두 무명의 중생들을 깨우쳐 영원한 생명을 주시기 위한 부처님의 고귀한 말씀들입니다.

중생들은 이 세상에서 보고 듣고 체험한 것들이 머릿속에 깊이 새겨진 생각, 즉 고정관념(固定觀念)으로 살아가고 있습니다. 이렇게 머릿속 깊이 새겨져 굳어 있는 고정관념(固定觀念)을 산스크리트어로 "산냐(samjna)"라고 합니다. "산냐"라는 단어의 뜻은 모양 혹은 형상이라는 의미인데 우리나라 불교에서는 모양다리라 말하며 한어(漢語)로는 상(相)이라 말하는 것입니다.

사람의 머릿 속에 들어 있는 생각, 즉 관념(觀念)이 굳어져 형상화(形象化)된 고정관념(固定觀念)을 상(相)이라 말하는데, 이 상(相)은 사람들이 생활 속에서 듣고 보고 배우고 경험한 인식(認識), 즉 생각(想)들이 쌓이고 쌓여 굳어진 관념(觀念)을 말합니다. 결국 고정관념(固定觀念)은 상(想)들이 쌓이고 굳어져 상(相)으로 나타나는 것인데 이 상

(相)이 바로 자아(自我)이며, 자기존재입니다. 이러한 고정관념(固定觀念)을 반야심경에서는 전도몽상(顚倒夢想)이라 말하는데 전도몽상이라는 뜻은 잘못된 관념(생각)이라는 뜻입니다.

그러므로 부처님께서 금강경이나 반야심경을 통해서 중점적으로 말씀하시는 핵심(核心)은 전도몽상(顚倒夢想), 즉 사람들이 가지고 있는 고정관념(固定觀念)을 모두 깨어버리라는 것입니다. 그런데 사람들이 가지고 있는 고정관념은 이 세상에서 그 어느 물질보다 강하고 단단하기 때문에 깰 수도 없고 버릴 수도 없는 것입니다. 왜냐하면 자기 안에 자리 잡고 있는 고정관념(固定觀念)이 바로 이 세상을 살아가는 근원적 실체이며 또한 자기존재이기 때문입니다. 이 때문에 부처님은 자기 안에 굳게 자리 잡고 있는 고정관념(固定觀念)을 깨어버린다면 누구나 해탈(解脫)이 된다고 말씀하시는 것입니다. 이렇게 사람들의 머릿 속에 단단히 굳어져 있는 고정관념은 이 세상의 그 어느 것으로도 깨거나 부술 수가 없습니다.

그런데 이렇게 강하고 단단한 고정관념(固定觀念)도 부처님의 말씀으로 깰 수 있고 잘라낼 수도 있기 때문에 반야바라밀다경(般若波羅蜜多經)에 금강(金剛)이라는 이름을 덧붙인 것입니다.

 수행불자(修行佛者)들이 그토록 모진 고행(苦行)을 하면서도 해탈(解脫)하지 못하는 것은 머릿속 깊이 뿌리내려 단단하게 굳어져 있는 고정관념(固定觀念) 때문입니다. 이 고정관념(固定觀念)이 바로 중생들의 번뇌망상(煩惱妄想)을 일으키는 근본 실체이며 또한 중생들의 마음속에 욕심, 즉 탐(貪), 진(瞋), 치(癡)를 일으키는 근본실체입니다. 이렇게 고정관념(固定觀念)은 수행불자들의 해탈(解脫)의 길이나 성불(成佛)의 길을 가로막고 있는 장애물(障碍物)이며 마귀보다 더 악한 존재입니다. 만일 수행불자들이 이러한 고정관념(固定觀念)을 모두 깨어 버릴 수 있다면 누구나 해탈이 되어 부처가 될 수 있습니다. 그런데 부처님께서 가르쳐주신 금강경(金剛經)의 말씀은 아무리 단단하게 굳어져 있는 고정관념(固定觀念)이라 해도 모두 부수고 자르고 깰 수 있는 것입니다. 이 때문에 수행불자들은 해탈하여 부처가 되기 위해서 금강경을 날마다 수지독송(受持讀誦)하는 것입니다.

 그럼에도 불구하고 수행불자들이 십 년, 이 십년 혹은 평생 동안 금강경을 수지독송(受持讀誦)을 하며 열심히 수행정진(修行精進)을 해도 해탈이 되지 않는 것입니다. 왜

그럴까요? 그 이유는 수행불자들이 그렇게 오랫동안 금강경(金剛經)을 수지독송하며 수행을 열심히 해도 반야(般若)의 실체, 즉 반야가 신(神), 곧 시대신(是大神)이라는 것을 모르기 때문입니다. 때문에 수행불자들은 수행을 하면서 지금까지 반야(般若)를 신(神)으로 믿고 의지하거나 신(神)의 도움을 구하지 않고 오직 자신의 노력으로 해탈을 하려는 것입니다. 그러나 신(神)을 의지하지 않거나 신(神)의 도움을 받지 않고는 절대로 해탈할 수 없고 따라서 성불(成佛)하여 부처가 될 수 없습니다.

 오늘날 불자들이 해탈하여 성불하려면 무엇보다 먼저 반야가 신(神, 是大神)이라는 것을 알아야 하며 또한 신(神)을 믿고 의지해야 합니다. 왜냐하면 반야(般若)는 우주(宇宙)의 삼라만상(森羅萬象)을 주관하시는 절대 신(神, 是大神)으로 해탈(解脫)이나 성불(成佛)도 모두 반야(般若)에 의해서 되어지기 때문입니다. 이 때문에 성불(成佛)을 위해 수행정진하고 있는 불자들은 반드시 반야(般若)를 신(神)으로 믿고 의지해야 합니다. 그러면 반야의 도우심으로 반드시 해탈(解脫)이 될 것입니다. 이 때문에 석가모니(釋迦牟尼) 부처님께서 반야심경을 통해서 가장 중요하게 말씀하신 것이 반야(般若)이며 반야는 곧 신(神, 是大神)이라는 것입니다.

　또한 부처님께서 자신이 해탈(解脫)하게 된 것은 자각(自覺)에 의한 것이 아니라 반야(般若)에 의해 되었다고 반야심경(般若心經)을 통해서 말씀하고 있습니다. 왜냐하면 석가모니 부처님께서 반야심경(般若心經)을 통해서 자신이 해탈된 것은 행심반야바라밀다시(行深般若波羅蜜多時) 조견오온개공(照見五蘊皆空)하여 도일체고액(度一切苦厄)을 하였다고 말씀하고 있기 때문입니다.

　이 말씀은 부처님께서 반야(般若)를 신(神)으로 믿고 의지하며 육바라밀(六波羅蜜)을 열심히 정진할 때 자신이 무상(無常)한 존재임을 깨닫고 모든 고통과 재액(災厄)에서 벗어나 해탈이 되셨다는 뜻입니다. 결국 석가모니(釋迦牟尼) 부처님은 반야라는 절대 신(神)이 계셨기 때문에 그 신(神) 곧 반야(般若)에 의해서 해탈(解脫)하여 관자재보살(觀自在菩薩)이 되셨다는 것입니다. 이 때문에 석가모니 부처님은 반야를 시대신주(是大神呪)요, 시대명주(是大明呪)요, 시무상주(是無上呪)요, 시무등등주(是無等等呪)라 말씀하신 것입니다.

　단어 후미에 붙인 주(呪)의 뜻은 "말씀, 진언, 진리"라는 의미입니다. 즉 반야는 참으로 큰 신의 말씀이며 참으로 밝은 빛의 말씀이며 반야 이상의 말씀은 없고 이것과 비교할 그 어느 말씀도 없다는 뜻입니다. 이렇게 석가모니(釋迦牟尼) 부처님은 신(神) 곧 반야(般若)의 존재를 반야심경(般若心經)을 통해서 분명하게 말씀하시며 자신이 해탈하여 부처가 된 것은 모두 신(神)에 의해서라 말씀하고 있습니다. 그럼에도 불구하고 오늘날 불자들은 석가모니(釋迦牟尼) 부처님은 신(神)을 의지하거나 신의 도움을 받지 않고 자각(自覺)에 의해서 해탈(解脫) 했다고 주장하고 있습니다. 이 때문에 불자들도 신(神)을 부정하며 자신의 노력으로 해탈을 해보려 하지만 신(神)의 도움 없이는 절대로 해탈(解脫)이 될 수 없는 것입니다.

　그러므로 금강경(金剛經)을 접하기 전에 먼저 반야심경(般若心經)을 통해서 부처님이 말씀하신 반야의 실체를 아는 것이 그 무엇보다 중요한 것입니다.

　이제 부처님께서 말씀하시는 반야(般若)의 실체에 대하여 알아보기로 하겠습니다.

2

부처님이 말씀하시는 반야(般若)의 실체

부처님이 진리(眞理)를 깨닫게 된 것은
진리의 본체인 반야(般若), 곧 시대신(是大神)이
이미 존재하고 있었기 때문에
그 반야지(般若智)를 통해서 깨닫게 되신 것입니다.
이렇게 부처님은 진리의 본체를 깨달아 부처가 되신 분이지
본래 진리(眞理)를 소유하고 있었던 분이 아닙니다.

반야(般若)는 무엇을 말하며 그 근본 실체는 과연 무엇을 말할까요? 불경에 반야(般若)라는 단어는 화두(話頭) 중의 화두로 부처님의 모든 비밀이 이 한 단어 속에 모두 감추어져 있다 해도 과언이 아닙니다. 이 때문에 불자들이 반야를 모르면 경(經)을 아무리 많이 보고, 수지독송(受持讀誦)을 하며 수행을 한다 해도 해탈(解脫)이 될 수가 없습니다. 그러므로 불자들은 설령 부처님의 말씀은 모른다 해도 반야(般若)만은 반드시 알아야 하는 것입니다. 산스크리트어에 반야(prajna)는 혜(慧), 명(明), 지혜(智慧)라는 뜻으로 번역되는데 불교에서는 최상의 지혜(智慧)라 말하고 있습니다.

　그러면 반야(般若)는 단순한 지혜(智慧)를 말할까요? 문제는 불교인들이 지금까지 혜안(慧眼)이 없어 반야(般若) 너머에 있는 반야의 실체(實體)를 보지 못하고 있었다는 것입니다. 반야는 단순한 지혜(智慧)가 아니라 실존(實存)으로서 우주만물을 창조(創造)하고 주관(主管)하시는 시대신(是大神)을 말합니다. 그런데 불자들을 인도하고 있는 스님들이나 불교(佛敎)학자들도 반야의 실체를 보지 못하고 불교에는 신(神)이 없다고 시대신(是大神)의 존재를 부정하고 있다는 것입니다.

　이 때문에 불교인들은 석가모니(釋迦牟尼) 부처님께서

는 그 어떤 신(神)을 의지하거나 신(神)의 아무런 도움도 받지 않고 스스로 깨달아 해탈(解脫)하여 부처가 되었다고 주장 하고 있습니다. 그런데 부처님이 깨달았다는 것은 곧 진리(眞理)를 깨달았다는 것입니다. 이것은 부처님이 계시기 이전에 이미 진리가 존재하고 있었다는 말이며 진리가 있었다는 것은 신(神)이 존재하고 있었다는 것입니다. 왜냐하면 진리는 곧 영원한 존재, 즉 신(神)으로부터 나온 말씀을 말하기 때문입니다. 그러면 부처님이 진리를 깨닫고 나서 무엇을 알고 무엇을 보신 것일까요? 부처님은 진리를 깨달은 후 지혜(智慧)의 눈(慧眼)으로 반야(般若)의 실체를 보고 반야는 신(神), 곧 시대신(是大神)이라는 것을 알게 된 것입니다.

　　부처님이 진리(眞理)를 깨닫게 된 것은 진리의 본체인 반야(般若), 곧 시대신(是大神)이 이미 존재하고 있었기 때문에 그 반야지(般若智)를 통해서 깨닫게 되신 것입니다. 이렇게 부처님은 진리의 본체를 깨달아 부처가 되신 분이지 본래 진리(眞理)를 소유하고 있었던 분이 아닙니다. 따라서 반야(般若)는 진리를 깨달았을 때 부처님들 안에 나타나는 지혜(智慧)를 말하는 것입니다.

　　이 지혜가 곧 반야지(般若智)로 시대신(是大神)이신 반야(般若)에 의해서 나타나는 것입니다. 반야는 단순한 지혜(智慧)가 아니라 실존하시는 절대신(神)으로 우주만물을 창조(創造)하고 주관하시는 시대신(是大神)을 말합니다.

시대신(是大神)이란 참으로 크신 신 혹은 참으로 정의로운 신의 말씀, 곧 주(呪)라는 뜻입니다. 이렇게 부처님께서 그토록 오랜 세월동안 모진 고행을 하시며 깨달으신 화두(話頭)의 비밀은 반야(般若)가 곧 시대신(是大神)이라는 것이었습니다.

부처님은 결국 반야(般若)가 시대신(是大神)이라는 것을 깨달으시고 반야(般若)에 의해 해탈(解脫)이 되어 부처가 되신 것입니다. 오늘날 불자들도 부처님과 같이 깨달아 부처가 되기 위해서 지금도 부처님의 말씀 몇 구절 혹은 단어 하나를 화두(話頭)로 삼고 그 속에 감추어진 화두(話頭)의 비밀을 깨닫기 위해 수행하고 있는 것입니다.

이렇게 부처님은 반야심경(般若心經)을 통해서 자신이 해탈(解脫)을 하여 성불(成佛)하게 된 것이 모두 반야(般若)에 의해서 그리고 반야의 도움으로 되었다고 말씀하고 있는 것입니다. 이 말은 석가모니 부처님께서 신(神)이 존재하지 않았다면 해탈(解脫)이나 성불(成佛)이 될 수 없었다는 뜻입니다.

왜냐하면 무명(無明)의 중생들이 생로병사(生老病死)의 윤회(輪廻)에서 벗어나 영원한 세계로 들어가고 못 들어가는 것은 오직 시대신(是大神)이신 반야(般若)의 절대적인 권한이기 때문입니다. 이 때문에 석가모니(釋迦牟尼) 부처님은 반야심경(般若心經)을 통해서 반야(般若)를 신(神)이라 말씀하시면서 해탈이나 성불(成佛)은 오직 시대신(是大神)인 반야(般若)에 의해서 된다고 말씀하시는 것입니다.

　그런데 오늘날 불교에서는 반야를 실존 없는 지혜로 주장할 뿐 신(神)의 존재를 부정하며 불교에는 신(神)이 존재하지 않는다고 말하고 있습니다. 그러나 신(神)이 존재하지 않는다면 인간은 물론 자연만물이나 부처님도 존재할 수 없다는 것을 알아야 합니다. 이 말은 인간들의 생명이나 부처님의 생명도 모두 창조주(創造主)인 반야(般若) 곧 시대신(是大神)의 주관 하에 존재하고 있다는 뜻입니다.

　이 때문에 석가모니 부처님은 반야를 시대신주(是大神呪)요, 시대명주(是大明呪)요, 시무상주(是無上呪)요, 시무등등주(是無等等呪)라 말씀하신 것입니다. 이렇게 석가모니 부처님은 반야심경을 통해서 가장 중요하게 그리고 분명하게 드러내신 것이 바로 신(神)의 존재인데 이 신(神)을 바로 반야(般若)라고 말씀하신 것입니다. 그런데 불교학자들이나 스님들은 반야(般若)를 단순히 지혜(智慧)라고 주장을 하고 있습니다. 그러나 세상의 지혜나 부처님의 지혜도 모두 실존(사람이나 신)이 존재하고 있기 때문에 그 존재로부터 나오는 것이지 지혜가 허공에 떠 있거나 혹은 어느 창고나 금고 속에 보관되어 있다가 갑자기 나타나는 것이 아닙니다.

　이렇듯이 불교에서 지혜(智慧)라고 주장하는 반야는 곧 시대신(是大神)이라는 실존이 존재하기 때문에 반야(般若)로부터 나오는 것이지 지혜의 본체(本體)가 없다면 지혜도 없다는 것을 알아야 합니다. 부연(敷衍)하면 반야(般若)는 실제 존재하고 있는 신(神)이시며 지혜는 신(神)으로부터 나오는 말씀, 곧 주(呪)를 말합니다.

　이렇게 반야(般若)는 유일신(唯一神)을 말하는데 이 반야(般若)를 불교에서는 "불(佛)"이라 말하며 기독교에서는 "하나님"이라 말하고 이슬람교도들은 "알라"라 부르는 것입니다. 이것은 하늘에 있는 태양을 한국 사람들은 "해"라 말하고 미국 사람들은 "썬"이라 말하는 것과 같습니다. 그런데 이렇게 엄연히 살아계신 신(神)을 불교인들은 없다고 부정을 하며 불교에는 신이 존재하지 않는다고 주장을 하고 있는 것입니다.

오늘날 수행불자들이 수십 년 동안 도(道)를 닦아도 해탈(解脫)이 되지 않는 것은 신(神)을 부정하고 신을 의지하지 않기 때문입니다. 그러므로 오늘날 불자들은 이제부터라도 반야(般若)를 단순한 지혜라는 고정관념(固定觀念)에서 벗어나 반야를 신(神)으로 인정하고 신을 믿고 의지해야 하는 것입니다. 그러면 반야(般若)로부터 무한한 지혜를 얻어 자신의 존재를 깨닫게 될 것이며 해탈에도 이를 수 있을 것입니다.

그런데 만일 불자들이 반야(般若)가 신(神)이라는 것을 계속 부정하며 신의 도움을 받지 않는다면 아무리 열심히 수행을 한다 해도 해탈은 절대로 되지 않는다는 것을 알아야 합니다. 왜냐하면 반야(般若)는 시대신(是大神)으로 모든 만물을 창조(創造)하고 주관(主管)하는 유일무이(唯一無二)한 절대신(神)이시며 중생들은 반야로부터 창조(創造)를 받아야 할 피조물(被造物)이기 때문입니다.

스님들이 중생들에게 미물과 같은 존재라고 하는 말은 인간들이 미생물과 같은 존재라는 말인데 이것은 신으로부터 창조를 받아야 할 피조물이라는 뜻입니다.

그러므로 미물과 같은 존재들은 하루속히 반야(般若)를 신(神)으로 믿고 의지하여 부처님의 존재로 창조를 받아야 합니다.

　이렇게 반야를 신으로 믿고 의지할 때 반야(般若)로부터 자비와 사랑이 넘칠 것이며 반야(般若)의 도우심으로 해탈(解脫)에도 이르게 될 것입니다.

3

아리안(Aryan) 족과 베다종교

바라문교는
베다(Veda)를 신(神)으로 믿고 섬기는
인도의 종교로
베다(Veda)는
창조신(創造神)인
하나님(야훼)을 말하는 것입니다.

금강경(金剛經)을 펼치기 전에 불자들이 반드시 알아야 할 것은 부처님이 탄생(誕生)하기 이전(以前) 인도의 종교와 외지(外地)로부터 인도로 이주(移住)해온 아리안족의 역사적 배경입니다. 왜냐하면 싯달타 태자가 왕의 권좌를 버리고 출가하여 찾아간 곳이 바로 그 당시에 베다(Veda)를 믿으며 영생을 추구하는 아리안(aryan)족이었기 때문입니다. 베다(Veda)는 문헌(文獻)을 찾아보면 우주보다 영원한 존재로 기록되어 있는데 우주보다 영원한 존재는 바로 우주만물을 창조(創造)한 창조의 신 곧 시대신(是大神)을 말하고 있습니다.

　베다 신(神)을 믿고 있는 아리안족은 자국인(自國人)이 아니라 기원전 2000~500년을 전후하여 서방에서 인도(서인도)로 이주해 온 이방인(異邦人)들이며 이들이 믿고 섬기는 신(神)은 창조신(創造神)이었습니다. 그리고 이들이 소지하고 있는 경전(經典)은 "베다경"이었습니다. 이렇게 아리안족이 믿고 섬기는 베다(Veda)는 창조의 신으로 베다는 모든 만물(萬物)을 창조(創造)하고 주관(主管)하는 절대 신(神)을 말하고 있습니다. 그런데 아리안족 이전에 존재하던 이스라엘 백성들이나 유대인들은 베다를 "여호와" 혹은 "야훼(하나님)"라 부르고 있었습니다.

아리안족이 소지하고 있는 베다경에 기록된 말씀들은 서방의 유대인들이 소유하고 있는 구약성경(舊約聖經)의 율법서와 선지서(先知書)에 기록된 말씀과 많은 부분이 동일한 것입니다. 왜냐하면 베다경에는 모세 오경(五經)에 기록된 만물창조와 각종 제사의식과 신(神, 여호와)을 찬양하는 말씀들이 기록되어 있기 때문입니다. 이로 보건대 서방에서 인도로 이주해온 아리안족들은 유다의 후손인 유대인들이며 이들이 믿고 섬기는 베다는 야훼(하나님)라 추정하는 것입니다.

　아리안족이 베다(創造神)를 믿고 섬기며 베다경(바라문교의 성전)을 중심으로 신앙생활을 하는 목적은 생로병사(生老病死)의 윤회(輪廻)에서 벗어나 영원한 세계(天國)로 들어갈 수 있다는 신념(信念) 때문이었습니다. 그들의 신앙생활은 요가(yoga) 수행(修行)을 하면서 종교의식에 따라 제사를 지내는 것인데 그 의식은 양을 잡아서 창조신(創造神)에게 제물로 드리는 것입니다.

　이렇게 아리안족은 창조신 곧 하나님을 믿고 섬기며 영생에 이르기 위해서 신앙생활을 하고 있었습니다. 아리안(aryan)이라는 뜻은 "고귀한, 성스러운, 거룩하다"는 의미로 아리안 족은 신으로부터 선택된 거룩한 백성이라는 뜻입니다. 이 때문에 초기 불교에서는 부처님이 가르쳐주신 사성제(四聖諦)를 "네 가지 아리안의 진리"(Four Aryan truths)라고 하였습니다. 이렇게 베다종교를 믿는 아리안족은 인도인들에게 고귀한 존재로 추앙을 받았으며 인도인들 중에는 아리안족을 따라 베다종교를 믿는 자들이 생겨나게 된 것입니다.

베다(Veda)종교는 점차 브라만 계급의 인도인들에게 계승되어 바라문(婆羅門)교가 발생하게 되었고 바라문교는 후에 인도의 민족종교인 힌두교로 전개(展開)된 것입니다. 바라문교는 베다(Veda)를 신(神)으로 믿고 섬기는 인도의 종교로 베다(Veda)는 창조신(創造神)인 하나님(야훼)을 말하는 것입니다. 싯달타 태자가 어린시절부터 생로병사(生老病死) 때문에 고민을 하다가 출가(出家)를 하게 된 동기가 바로 바라문교도들로부터 영생의 길이 있다는 소문을 들었기 때문입니다.

영생의 길이 있다는 소문을 들은 태자는 생로병사(生老病死)의 윤회(輪廻)에서 벗어나기 위해 29세에 출가(出家)를 하여 여러 스승들을 찾아다니며 그들의 가르침을 받으면서 온갖 고행을 참아가며 열심히 수행을 하였습니다. 그런데 스승의 가르침이나 고행을 겸한 수행도 태자(太子)에게 영생이나 해탈을 주지 못했습니다. 태자는 할 수 없이 우루빌바 숲 속으로 홀로 들어가 모진 고통을 참아가며 수행을 해보았지만 아무런 깨달음을 얻지 못한 것입니다.

    태자(太子)는 이러한 가르침이나 수행이 아무런 소용이 없다는 것을 깨닫고 네란자라강으로 가서 더러워진 몸을 깨끗이 씻고 보리수나무 아래 좌정을 하시고 참선(參禪)을 하시게 되었습니다. 이때 "우르비라" 촌에서 내려온 수자타 여인이 태자에게 공양(供養)하는 우유죽(乳米)을 먹은 후에 태자는 정각(正覺)을 이루어 부처가 되신 것입니다. 태자(太子)가 해탈하여 부처가 되신 근원이 바로 네란자라강(갠지스강)과 보리수나무와 수자타 여인이 준 유미(乳米) 속에 모두 숨겨져 있습니다. 그러면 태자가 몸을 깨끗이 씻은 네란자라 강물과 태자가 앉아 있었던 보리수나무와 수자타 여인이 태자에게 공양을 한 유미(乳米) 속에는 과연 어떠한 비밀이 숨겨져 있을까요? 태자의 해탈과 성불은 화두(話頭) 중의 화두(話頭)이며 금강석보다 더 소중한 보물이라 할 수 있습니다. (해탈의 비밀은 부처님의 생애에 자세히 기록되어 있음)

    오늘날 불자들은 석가모니(釋迦牟尼) 부처님이 생로병사(生老病死)의 윤회(輪廻)에서 벗어나 영원한 생명을 얻게 되신 것은 자각(自覺)에 의한 것이 아니라 반야(是大神)에 의해서 되셨다는 것을 알아야 합니다. 왜냐하면 부처님께서 사리자에게 반야심경(般若心經)을 통해서 "행심반야바라밀다시(行深般若波羅蜜多時) 조견오온개공(照見五蘊皆空)하여 도일체고액(度一切苦厄)"을 하였다고 말씀하고 있기 때문입니다. 이 말씀은 석가모니 부처님께서 반야(Veda)를 향해 육바라밀을 열심히 정진하고 있을 때 자신이 무상한 존재라는 것을 깨닫고 생로병사(生老病死)의 윤회(輪廻)에서 벗어나 해탈(解脫)이 되었다는 뜻입니다. 때문에 석가모니 부처님은 반야를 시대신(是大神)이라 말씀하시면서 반야는 능제일체고(能除一切苦)라 말씀하신 것입니다.

즉 반야는 시대신(是大神)으로 유일하신 참 신(神)이시며 반야(般若)만이 중생들의 모든 고통과 재액(災厄)을 제거(除去)해 주실 수 있다는 말씀입니다. 이렇게 석가모니(釋迦牟尼) 부처님은 반야(般若)를 신(神)이라 말씀하시면서 반야는 인간들의 생명의 근원이시며 생사화복(生死禍福)을 주관하시는 신(神)으로 말씀하고 있습니다. 그러므로 오늘날 불자들은 불교를 접하기 전에 이러한 근본문제들을 찾고 아는 것이 더 시급하고 중요하다고 생각합니다.

왜냐하면 이러한 근원적인 문제들을 알지 못한다면 아무리 부처님의 가르침을 듣고 열심히 수행을 한다 해도 진리를 깨닫거나 해탈하여 부처가 될 수 없기 때문입니다. 이 때문에 불자들은 부처님께서 출가(出家)하여 성불(成佛)하기까지의 과정과 부처님의 생애(生涯)에 대하여 자세히 아는 것이 무엇보다 중요하다고 생각합니다.

그러므로 이제 부처님의 출생(出生)과 출가(出家) 그리고 성불(成佛)하시어 열반(涅槃)에 들기까지 부처님의 생애(生涯)에 대하여 알아보기로 하겠습니다.

촛불

자신을
태우지 않고는
불을 밝힐 수 없고
자신의
희생과 죽음이 없이는
어둠을 밝힐 수 없어라
희생하기 싫어도
어둠을 밝히기 위해
사라져 가며
그대의
온 몸을 태워 가는 날
그대의
어둠을 밝혀 주리라

4

부처님의 생애(生涯)

자신은 비록 태자의 신분으로

이 나라의 왕이 될 자이지만

결국은 자신도 병들고 늙고 죽을 수밖에 없는

목숨이라는 것을 생각하니

궁궐의 부귀영화(富貴榮華)나 자신의 젊음이 무슨 소용이 있단 말인가?

이렇게 태자는

인생의 무상(無常)함을 느끼며

실의에 빠지게 된 것입니다.

석가모니(釋迦牟尼) 부처님은 불교(佛敎)의 창시자로서 그의 가르침은 무명(無明)의 중생들에게 영원한 빛과 생명이 되어 지금도 어두운 마음을 두루 밝혀 주고 있습니다. 석가모니(釋迦牟尼) 부처님의 본래 이름은 고타마 싯달타이며 석가모니(釋迦牟尼)란 석가족(釋迦族)의 성자(聖子)라는 뜻입니다. 고타마 싯달타는 만년설이 덮여 있는 히말리야 산맥 남쪽 기슭에 석가족이 살고 있는 카필라 왕국에서 태어나셨습니다. 카필라는 주로 농사를 지어 살고 있는 나라로 싯달타의 아버지는 숫도다나 왕이며 어머니는 마야 왕비입니다.

　마야 왕비는 결혼한 지 20년이 지나도록 아이가 없었는데, 어느 날 밤 여섯 개의 상아를 가진 흰 코끼리가 오른쪽 옆구리로 들어오는 꿈을 꾸고 난 후 아기를 잉태하게 되었다고 합니다. 어머니 마야는 산달이 되어 나라의 관습에 따라 해산을 하기 위해 친정으로 가던 도중 룸비니라는 동산에서 싯달타를 출생하게 되었습니다. 그런데 경전에 싯달타가 탄생할 때 여러 진기한 사건들이 일어났다고 기록되어 있습니다.

　부처님은 어머니 태에서 나오자마자 동서남북(東西南北) 사방으로 일곱 걸음씩 걸으며 오른손으로 하늘을 왼손으로 땅을 가리키며 "천상천하(天上天下) 유아독존(唯我獨尊)"이라고 말씀하시면서 "온 세상이 모두 고통 속에 잠겨 있으니 내가 모두 편안케 하리라"고 외쳤다고 합니다. 그러자 하늘과 땅이 진동을 하며 하늘에서는 꽃비가 내리고 천신(天神)들이 하늘에서 내려와 태자(太子)에게 경배를 하였으며, 태자가 걸었던 발자국마다 연꽃이 피어올랐다고 합니다. 그리고 연못 속에서 두 마리의 용이 올라와 그 입으로 따뜻한 물을 뿜어 갓 태어난 아기의 몸을 씻겨주었다고 합니다.

　불자들은 태자에게 일어났던 이 모든 진기한 일들이 사실이라 믿어오고 있습니다. 그런데 어떻게 갓 태어나 핏덩어리와 같은 어린 아기가 일어나 걸을 수가 있고, 또한 아무 말도 모르는 갓난아이가 어떻게 유아독존(唯我獨尊)이라는 말을 할 수 있단 말입니까? 경을 보면 태자는 본래부터 부처의 몸으로 태어난 것이 아니라 중생들과 같은 몸으로 태어나서 깨달음을 얻은 후 부처가 되었다고 말하고 있습니다.

　그러므로 이러한 이야기들은 스님들이 부처님을 미화(美化)시켜 무명의 중생들이 부처님을 믿고 경외하게 하기 위해서 만들어 낸 신화(神話)라 사료(思料)됩니다. 이렇게 어린 태자가 어미의 태에서 태어난 날은 사월 초팔일인데 불자들은 이날을 부처님이 태어나신 석가탄일(釋迦誕日)로 정하여 이날을 기념하기 위해 해마다 경축행사를 하고 있습니다.

　그러나 부처님(싯달타)이 태어나신 날은 육신이 어미의 태에서 나온 4월 8일이 아니라 35세에 보리수나무 아래서 성불(成佛)하여 부처가 되신 날입니다. 즉 4월 8일은 태자(싯달타)의 육신이 태어난 생일이고 부처님이 태어나신 석가탄일은 35세가 되어 보리수나무 아래서 정각(正覺)을 이루신 그해 12월 8일인 것입니다. 부왕 숫도다나는 그토록 기다리던 왕자의 출생으로 몹시 기뻐하며 자신의 모든 소원이 이루어졌다는 뜻으로 왕자의 이름을 "싯달타"라고 하였습니다. 그러나 그 기쁨도 잠시 마야 왕비는 왕자를 낳은 지 칠일 만에 세상을 떠나게 되었습니다. 태자는 왕비의 동생인 마하 파사파제에 의해서 양육을 받게 되었습니다.

　그 무렵 산 속에서 수행을 하던 "아시타"라는 선인이 있었는데 싯달타를 바라보고 이 아이가 장성하면 세계를 통일할 수 있는 위대한 왕이 될 것이며 만일 출가하여 도를 닦으면 세상의 중생들을 구원하는 부처가 될 것이라고 예언을 하였습니다. 숫도다나 왕은 이 예언을 듣고 처음에는 기뻐하였으나 대를 이을 왕자가 출가(出家)하면 어쩌나 하고 걱정을 하게 된 것입니다. 태자는 매우 총명하여 일곱 살 때부터 문무(文武)의 도(道)를 배우고 익히기 시작했습니다.

태자는 어느 해 봄날 부왕을 따라 경운식(耕耘式)에 참석하게 되었는데 농부들이 밭을 갈고 있을 때 가래에 끌려 나온 벌레를 새가 날아와 쪼아먹는 것을 바라보고 애처러운 마음에 숲으로 들어가 깊은 생각에 잠겼습니다. 얼마 후에 태자는 수레를 몰고 동문(東門) 밖으로 산책을 가게 되었는데 머리가 하얀 노인이 추한 모습으로 쇠약한 몸을 지팡이에 의지하며 쓰러질 듯이 걸어가는 모습을 바라보며 나도 늙으면 저렇게 되겠구나! 하는 생각을 하고 실의에 빠진 것입니다. 태자는 며칠 후에 남문을 통해서 산책을 나갔는데 길옆에 피골이 상접한 사람이 구슬 같은 땀방울을 흘리면서 열병으로 괴로워하는 것을 바라보고 나도 병들면 저렇게 되겠구나! 하는 생각을 하고 한동안 슬픔에 잠겼습니다.

그 후 태자는 다시 조용하고 한적한 길을 택하여 산책을 하기로 하고 인적이 드문 서문(西門)으로 나아갔는데 때마침 사람들이 시체를 상여(喪輿)에 메고 자손들은 그 뒤를 따라 곡을 하며 장사지내러 가는 광경을 목격하게 되었습니다. 이 때 태자는 태어난 것은 모두 병들고 늙고 죽게 되는구나! 하면서 나도 언젠가는 저들과 같이 병들어 신음하고, 추하게 늙어 결국은 죽겠구나! 하는 좌절감에 빠져 고민을 하게 된 것입니다.

자신은 비록 태자의 신분으로 이 나라의 왕이 될 자이지만 결국은 자신도 병들고 늙고 죽을 수밖에 없는 목숨이라는 것을 생각하니 궁궐의 부귀영화(富貴榮華)나 자신의 젊음이 무슨 소용이 있단 말인가? 이렇게 태자는 인생의 무상(無常)함을 느끼며 실의에 빠지게 된 것입니다.

그러면 이 인간세상에 생로병사(生老病死)를 초월하여 영원히 살 수 있는 방법이나 길은 없단 말인가? 또한 자신의 존재는 어디로부터 왔으며 무엇 때문에 살다가 사후(死後)에는 어디로 가는 것일까? 그리고 인간들이 이 세상에 태어나서 살아가는 인생의 의미는 진정 무엇인가? 라는 생각을 끊임없이 하게 된 것입니다. 그러나 아무리 생각을 하고 찾아보아도 생로병사(生老病死)를 초월(超越)할 수 있는 길이나 방법이 없다는 것을 알고 다시 좌절하게 된 것입니다.

그런데 어느 날 사람들의 대화 속에서 생로병사(生老病

死)를 초월하는 영생의 길이 있다는 것을 듣게 되었습니다. 이 말을 들은 태자는 이때부터 영생의 길을 찾기 위해 출가를 결심하게 된 것입니다. 이러한 태자의 마음을 알게 된 부왕은 태자의 마음을 돌이키기 위해서 여러 가지로 노력을 해보았으나 태자의 마음은 변함이 없었습니다. 부왕은 태자의 마음을 돌이키기 위해 결국 결혼을 시키게 되었는데 그때 나이 19세였습니다. 신부는 태자 어머니의 오라비 데바다하성의 왕인 수프라붓다의 딸 "야쇼다라"였습니다. 태자는 야쇼다라와 결혼하여 아들을 낳게 되었는데 이 아들이 자신의 출가를 막는 애물이라 하여 이름도 "라훌라"라 지은 것입니다.

  태자는 자신의 출가를 더 미룰 수 없어 부왕을 찾아갔습니다. 태자는 부왕에게 자신이 원하는 것을 들어주면 출가를 하지 않겠다고 말씀을 드렸습니다. 태자가 출가를 하지 않겠다는 말을 들은 부왕은 기뻐하며 네가 원하는 것은 무엇이든지 다 들어주겠다고 약속을 하였습니다. 그런데 태자가 부왕에게 원하는 것은 왕의 권좌나 세상의 부귀영화(富貴榮華)가 아니라 생로병사(生老病死), 즉 자신이 늙고 병들고 죽는 문제를 해결해달라는 것이었습니다. 부왕은 태자의 요구에 난감하게 되었습니다. 왜냐하면 아무리

천하(天下)를 호령하고 부귀영화(富貴榮華)를 누리는 왕이라 해도 인간의 생로병사(生老病死)는 마음대로 해결할 수가 없기 때문입니다. 부왕은 태자의 생로병사(生老病死)는 물론 자신의 생로병사도 해결할 수가 없었습니다.

태자는 결국 29세가 되던 해에 궁궐(宮闕)에서 빠져나와 출가(出家)를 하게 된 것입니다. 궁궐을 나와 구도(求道)의 길을 가는 태자에게 마귀가 접근하여 "궁전으로 돌아가라" "이 세상은 모두 네 것이다" "너는 무엇 때문에 부귀영화(富貴榮華)를 버리고 고생을 하려는가?" 하며 가는 길을 막으려 온갖 미혹을 하였습니다. 그러나 태자는 "마귀야 물러가라 내가 구하고 찾는 것은 세상의 부귀영화(富貴榮華)가 아니라 천계(天界)의 영원한 생명이니라" 하며 마귀의 유혹을 모두 물리쳤습니다.

출가를 한 태자는 이때부터 바리때(밥그릇)를 손에 들고 이집 저집을 떠돌며 구걸하는 신세가 되었습니다. 그러나 궁궐에서 산해진미(山海珍味)의 진수성찬(珍羞盛饌)을 먹던 태자가 걸식하여 얻은 밥을 먹는다는 것은 그리 쉬운 일이 아니었습니다. 하지만 자신은 지금 집도 절도 없이 영생을 찾아 진리의 도를 구하는 출가자라는 생각을 하고 구걸한 밥을 기쁜 마음으로 먹었습니다. 태자가 처음으로 찾아간 스승은 비사리국에 고행외도(苦行外道)의 일인자인 "발가바" 선인(仙人)입니다. 그 선인은 나무껍질과 나뭇잎으로 옷을 삼고 음식은 나물과 과일로 하루 한 끼를 먹고 잠은 노천(露天)에서 자고 있었습니다. 선인은 이렇게 고행을 함으로써 미래에는 천계(天界)로 올라가 행복하게 살 수 있다고 하였습니다.

태자는 이 선인(仙人)을 바라보며 장사꾼은 보물을 구하려고 바다에 들어가고 왕은 나라를 구하려고 전쟁을 하지만 선인들은 천계(天界)를 구하려고 이런 고행을 하고 있구나! 라고 생각하였습니다. 그러나 태자는 이런 것은 진정한 도(道)가 아니라는 것을 알고 그곳을 떠나게 되었습니다. 태자는 다시 왕사성 부근 미루산 속에서 수행을 하고 있는 "아라 라가라마"라는 수행자를 만나 그의 가르침을 받기로 하였습니다. 라가라마는 태자에게 도(道)는 공무변처(空無邊處)라고 가르쳐주었습니다. 공무변처란 모든 물질의 관념을 초월해버린 것으로서 존재하는 것은 모두 허상(虛像)이며 오직 공(空)만이 영원한 것임을 깨달아 아는 것이 곧 선정(禪定)이라는 뜻입니다.

그러나 태자는 그의 가르침에도 만족하지 않고 다시 "우가다"라는 선인을 찾아갔습니다. "우가다"는 태자에게

비상비비상처(非想非非想處)라는 가르침을 주었습니다. 비상비비상처(非想非非想處)란 생각이 있는 것도 아니고 생각이 없는 것도 아니라는 말입니다. 그러나 태자는 아(我)가 없다면 비상비비상처(非想非非想處)가 있을 수 없고 아(我)가 있다면 집착이 일어남으로 해탈 할 수 없다는 것을 알고 그곳을 떠나게 되었습니다. 태자는 이밖에도 여러 선인들의 가르침도 받았고 힘든 고행도 해보았지만 깨우침을 얻지 못하여 할 수 없이 "우루빌바"의 숲 속으로 들어가 조용히 홀로 수행하기로 하였습니다.

태자는 하루에 한 끼 혹은 보름에 한 끼를 먹으며 더위와 추위 그리고 각종 해충(害蟲) 및 마귀들과 싸워가면서 정진(精進)을 계속하였습니다. 태자의 몸은 피골(皮骨)이 상접(相接)하였고 몸 하나 가누기 힘든데도 불구하고 가시방석에 앉는 고행, 불로 몸을 지지는 고행, 물 속에 들어가 추위를 견디는 고행(苦行) 등 온갖 수행을 계속하였습니다. 이렇게 태자는 지금까지 어떠한 수행자도 행하지 못했던 고도의 고행을 참고 견뎌냈습니다. 그러나 태자는 육 년이란 세월의 온갖 수행(修行) 속에서도 깨달음은 얻지 못한 것입니다.

태자는 이러한 고행은 모두 부질없는 것이라는 것을 깨

닦고 기력을 회복하여 다시 정진하기로 결심을 하고 네란
자라강(갠지스강)으로 들어가 더러운 몸을 깨끗이 씻었습
니다.

태자는 이때 "우르비라"촌에서 내려온 "수자타" 여인
이 정성으로 공양(供養)하는 유미(乳米, 우유로 만든 죽)를
먹고 점차 기력을 회복하게 되었습니다. 이때 태자를 따라
함께 수행을 하던 동료들은 태자가 수자타 여인에게 우유
죽을 받아먹는 것을 바라보고 태자가 타락했다고 비난을
하며 태자의 곁을 떠나 녹야원(鹿野苑)으로 모두 들어갔습
니다. 그러므로 태자는 네란자라 강변에 있는 보리수나무
에 홀로 앉아 수행을 하기 시작하였습니다.

이때 태자는 내가 깨달음을 얻지 못한다면 살아서는 다
시 일어나지 않겠다는 굳은 결심을 하고 명상에 들어간 것
입니다. 태자의 이러한 각오를 알아챈 마왕(魔王)은 각종
귀신들을 동원해 방해공작(妨害工作)을 벌였습니다. 간교
하고 아름다운 여자귀신, 흉측하고 두려운 귀신, 세상의 부
귀영화(富貴榮華)를 주는 귀신, 세상의 모든 권세를 주는
귀신 등을 태자에게 접근시켜 온갖 미혹과 협박을 하였습
니다. 그러나 태자는 이미 세상의 모든 부귀영화를 버리고
죽음까지 각오를 하고 수행정진을 하고 있기 때문에 마왕

도 태자의 굳은 마음을 굴복시킬 수 없었습니다. 태자는 결국 모든 고행과 마왕의 시험까지 물리치고 깨달음을 얻게 된 것입니다.

　태자의 나이 35세가 되던 해 12월 8일 새벽 동틀 무렵에 보리수나무 아래서 정각(正覺)을 이루어 부처가 되신 것입니다. 태자는 출가한 지 6년 만에 생로병사(生老病死)의 윤회(輪廻)에서 벗어나 영원한 생명으로 해탈(解脫)하여 부처님으로 탄생하시게 된 것입니다. 태자가 출가한 지 6년 만에 해탈하여 성불하신 것은 단순한 6년이라는 의미가 아니라 육바라밀(六波羅蜜)의 과정을 화두(話頭)로 말씀하고 있는 것입니다. 즉 육 년(六年)은 단순한 육 년이 아니라 육바라밀(六波羅蜜)의 수행과정을 통해서 해탈(解脫)이 된다는 것을 말씀하고 있는 것입니다.

　이렇게 무상정각(無上正覺)을 이루신 부처님은 보리수나무 아래서 일어나 혜안(慧眼)으로 세상을 바라보니 깨달은 부처가 하늘 위에도 없고 하늘 아래도 없음을 아시고 외롭고 쓸쓸한 마음에 "천상천하(天上天下) 유아독존(唯我獨尊)"이라고 말씀하신 것입니다.

　부처님께서 이 말씀을 하신 뜻은 천상천하(天上天下)에 자신이 제일 위대하다는 의미가 아니라 하늘 위나 하늘 아래에 깨달은 부처가 하나도 없기 때문에 자신이 제일 외롭고 고독하다는 뜻으로 하신 말씀입니다. 그러므로 불자들은 부처님이 말씀하신 천상천하(天上天下) 유아독존(唯我獨尊)이라는 올바른 뜻과 진정한 석가탄일은 4월 8일이 아니라 12월 8일이라는 것을 알아야 합니다. 그보다 더 중요한 것은 태자가 더러워진 몸을 씻은 네란자라강은 무엇을 말하며, 태자가 앉아 계셨던 보리수나무는 무엇을 말하며, 또한 수자타 여인이 태자에게 공양한 유미(乳米, 우유로 만든 죽)는 무엇을 말하는지 그리고 태자가 수행을 한 6년은 무엇을 의미하는지를 반드시 알아야 합니다. 왜냐하면 이 사건들 속에 태자가 해탈하여 부처가 되신 화두(話頭)의 비밀이 모두 감추어져 있기 때문입니다. 이제 태자가 해탈(解脫)하여 성불하게 되신 근원적(根源的) 화두(話頭)의 비밀을 말씀드리겠습니다.

　태자가 몸을 씻은 네란자라강(갠지스강)은 진리의 원천(源泉)인 부처님의 말씀을 말하고 있습니다. 왜냐하면 태자(太子)가 깨끗이 씻은 몸은 육신을 말하는 것이 아니라 사상(四相), 곧 지금까지 태자가 가지고 있었던 잘못된 고정관념(固定觀念)으로 잘못된 사상(四相)을 부수거나 깨끗이 씻어버릴 수 있는 것은 강물이 아니라 부처님의 말씀이기 때문입니다. 그리고 태자가 진리를 깨닫기 위해 앉아 있던 보리수(菩提樹)는 단순한 나무가 아니라 지혜를 소유하고 있는 살아계신 부처님을 말하고 있습니다.

왜냐하면 중생들을 제도(濟度)하고 깨닫게 해줄 수 있는 지혜(智慧)는 나무 안에 있는 것이 아니라 살아계신 부처님 안에 있기 때문입니다. 성경(聖經)에도 예수님께서 나는 포도나무요 너희는 가지라고 말씀하셨는데 이는 예수님이 곧 포도나무라는 말이 아니라 예수님 자신을 포도나무로 비유(譬喩)해서 말씀하신 것입니다. 이와 같이 보리수나무는 단순한 나무가 아니라 살아계신 부처님을 화두(話頭)로 말씀하고 있는 것입니다. 이것은 석가모니(釋迦牟尼) 부처님 이전에 이미 깨달은 부처님이 계셨다는 것을 말해주고 있는 것입니다.

그리고 수자타 여인이 태자에게 공양(供養)한 유미(乳米, 우유로 만든 죽)는 사람이 먹는 죽이 아니라 감로수(甘露水)와 같은 진리의 말씀을 말합니다. 왜냐하면 진리를 찾아 수행에 지치고 기력이 없는 태자를 살릴 수 있는 것은 사람이 먹는 죽이 아니라 오직 부처님의 말씀이기 때문입니다. 결국 수자타 여인과 유미(乳米)는 단순히 여인과 우유죽을 말하는 것이 아니라 여인은 당시 살아계신 부처님을 말하며 여인이 준 우유죽은 부처님의 말씀을 화두(話頭)로 말씀하고 있는 것입니다. 그리고 태자가 해탈(解脫)하시기까지의 수행기간 6년은 햇수로 육 년을 말하는 것이 아니라 육계(六界), 즉 지옥(地獄)-아귀(餓鬼)-축생(畜生)-수라(修羅)-인간(人間)-천상(天上)을 화두(話頭)로 말씀하고 있습니다.

　이렇게 태자는 네란자라강과 보리수나무, 수자타 여인이 공양한 유미(乳米), 그리고 6년이란 수행 과정이 있었기 때문에 해탈을 하여 정각(正覺)을 이루시게 된 것입니다. 태자의 해탈은 네란자라강(갠지스강), 곧 진리의 원천인 부처님의 말씀으로 더러운 몸(四相)을 씻음으로 시작이 되었는데 이는 성경에 예수님이 요단강에서 세례(몸을 씻음)를 받으신 후 하나님의 아들(부처님)로 거듭나는(해탈) 과정과 동일한 사건입니다.

　때문에 인도인들은 지금까지 부처님이 몸을 씻으신 갠지스 강물을 성수(聖水)로 여기며 강물에 들어가 몸을 씻기도 하고 마시기도 하는데 이는 더러운 영혼이 깨끗해진다는 신념(信念) 때문입니다. 이렇게 태자는 자각(自覺)에 의해서 깨달으신 것이 아니라 반야(般若) 곧 시대신(是大神)의 가피(加被)를 받아 깨달아 부처님이 되신 것입니다. 부처님께서 반야심경을 통해서 사리자에게 "행심반야바라밀다시(行深般若波羅蜜多時) 조견오온개공(照見五蘊皆空) 도일체고액(度一切苦厄)"을 하여 관자재보살(觀自在菩薩)이 되었다고 말씀하신 것은 바로 이 때문입니다. 관자재보살(觀自在菩薩)은 혜안(慧眼)이 열려 천상(天上)세계를 스스로 보는 부처님을 말합니다. 불자들이 이러한 말씀을 들으시면 경악(驚愕)하는 분들도 계시겠지만 모두가 사실이요 진실입니다. 불교의 가장 큰 문제는 악령(惡靈)을 가지고 있는 마왕(魔王)이나 각종 귀신들은 존재한다고 인정을 하면서도 상대적인 성령(聖靈)이나 천신(天神)은 부정을 하고 있다는 것입니다. 그러나 천신(天神) 없이는 지신(地神)이 있을 수 없고 성령(聖靈, 거룩한 영)없이는 악령(惡靈, 악한 영)도 있을 수 없다는 것을 알아야 합니다. 이 말은 천신(天神, 하나님)이 없다면 부처님도 예수님도 있을 수 없고 인간이나 자연만물(自然萬物)도 존재할 수 없다는 뜻입니다.

    태자는 결국 출가한 지 6년 만에 보리수(菩提樹)나무, 곧 지혜의 나무인 생불(生佛)의 가피(加被)로 정각(正覺)을 이루어 부처님이 되셨고 태자는 이때부터 "석가모니(釋迦牟尼)"라는 이름으로 부르게 된 것입니다. 석가모니(釋迦牟尼)란 태자의 이름이 아니라 석가족(釋迦族)의 성자(聖子)

라는 뜻입니다. 부처님은 석가모니(釋迦牟尼)라는 이름 이외에도 관자재보살(觀自在菩薩), 관세음보살(觀世音菩薩), 불타(佛陀), 무상각자(無上覺者), 여래(如來), 석존(釋尊), 세존(世尊) 등 여러 이름으로 부르고 있습니다. 그런데 처음에는 부처님에게 이러한 명칭들이 없었으며 단지 존경받는 스승 혹은 존경하는 스승님이라 불렀습니다.

부처님이 되신 석가모니(釋迦牟尼)는 먼저 자기와 함께 수행을 하다가 떠나간 동료 수행자들을 깨우쳐 주기 위해서 "녹야원(鹿野苑)"으로 가셨습니다. 동료 수행자들은 그들을 찾아간 부처님을 파계승(破戒僧)이라 냉대하며 상종(相從)조차 하지 않으려 하였지만 부처님의 빛나는 얼굴과 그의 놀라운 설법(說法)을 듣고 감동을 받아 모두 부처님의 제자가 되었습니다. 부처님이 동료들에게 설한 말씀은 "사성제(四聖諦)"였습니다. 부처님께서 설(說)하신 사성제는 해탈로 가는 길을 넷으로 나누어 말씀하신 것인데 네 길은 고성제(苦聖諦), 집성제(集聖諦), 멸성제(滅聖諦), 도성제(道聖諦)를 말합니다.

사성제(四聖諦)는 고집멸도(苦集滅道)에 성제(聖諦)라는 이름을 붙인 것인데 "성제(聖諦)"라고 하는 이유는 무명의 중생들이 성불하여 부처가 되는 길이 바로 사성제(四聖

諦) 안에 모두 들어 있기 때문입니다. 사성제는 부처님께서 정각을 이루신 후 그의 동료들에게 최초로 설하신 법문(法門)인데 이 사성제는 지금도 변함없이 무명의 중생들을 해탈의 길로 인도하고 있는 가장 소중한 법문(法門)입니다. 부처님은 그 후 "왕사성"으로 들어가 "빔비사라왕"을 교화한 후 그곳에 법문(法門)을 설하는 근거지를 만들고 열심히 중생들을 가르쳤습니다.

부처님의 소문을 들은 많은 사람들은 구름처럼 몰려왔고 부처님의 가르침을 받고 제자가 된 사람은 "사리자"를 비롯해서 약 2000명이나 되었습니다. 부처님은 "왕사성"에만 머무르지 않으시고 각 지방을 순회하며 45년의 기나긴 세월을 오직 중생을 제도(濟度)하는 일에 전력을 다하셨습니다. 부처님이 80세가 되시던 해에 "파바"라는 마을에 들렸는데 그곳에서 대장간을 하는 "춘다"라는 사람이 공양(供養)을 한 음식(돼지고기)을 먹고 배탈이 나셨습니다. 부처님은 아픈 몸에도 불구하고 "쿠시나가라"마을로 가셔서 마지막 설법(說法)을 하신 후 숲 속으로 들어가 "샤라"라는 나무 아래서 열반(涅槃)에 드신 것입니다.

이렇게 부처님의 모든 삶은 자신이 성불(成佛)하기 위해서 온갖 고난을 받으시며 최선을 다하셨고 성불하여 부처가 되신 후에는 중생들을 구제(救濟)하여 영원한 생명을 주시기 위해서 최선을 다하신 것입니다.

　　부처님의 유해(遺骸)는 부처님의 제자 "아난다"의 지시에 따라 화장(火葬)을 하였습니다. 불자들은 부처님의 시신을 화장(火葬)하여 타다 남은 유골(遺骨)을 "진신사리(眞身舍利)"라 말합니다. 부처님의 다비식(茶毘式)이 끝나자 부처님의 사리(舍利)를 서로 취하기 위해서 인도의 각처에 있는 왕들이 몰려와 쟁탈전(爭奪戰)까지 벌였는데 결국은 왕들이 부처님의 사리(舍利)를 여덟 나라에 고루 분배하기로 타협을 보았습니다. 이렇게 분배받은 부처님의 사리(舍利)를 각기 자기 고국으로 가지고 가서 사찰이나 탑에 봉안(奉安)하여 오늘날까지 모셔오고 있는 것입니다. 이렇게 한줌밖에 안 되는 부처님의 유골(遺骨)은 여덟 나라에 분배되어 지금까지 소장하고 있습니다. 그런데 어느 나라 어느 사찰에 가보아도 모두 부처님의 진신사리(眞身舍利)를 모셔놓았다고 말합니다.

　　한줌밖에 안 되는 부처님의 사리가 수십 톤으로 불어났다는 말인데 그것은 모두 부처님의 진신사리(眞身舍利)가 아니라 거짓사리라는 것을 말해주고 있는 것입니다. 진정한 진신사리(眞身舍利)가 무엇입니까? 불에 타다 남은 부처님의 뼈 몇 조각이 진정 부처님의 사리(舍利)란 말입니까? 부처님의 진신사리(眞身舍利)는 부처님의 육신이나 타다 남은 뼛 조각이 아니라 부처님 안에 담겨 있던 진리를 말하고 있습니다. 그러므로 부처님의 진신사리(眞身舍利)는 부처님의 유골(遺骨)이 아니라 부처님께서 생전에 중생들에게 가르쳐 주신 말씀(法文)들이 진정한 "진신사리(眞身舍利)"입니다.

즉 부처님께서 중생들에게 주신 사성제(四聖諦), 팔정도(八正道)가 "진신사리"이며 성불의 길을 가르쳐주신 반야심경(般若心經)과 금강경(金剛經)이 진정한 "진신사리(眞身舍利)"인 것입니다. 그보다 진정한 진신사리(眞身舍利)는 부처님의 법통(法統)을 이어받은 부처님의 제자들이며 오늘날 해탈(解脫)하여 부처가 되신 생불(生佛)을 말합니다. 부처님의 타다 남은 뼈 몇 조각이 중생들에게 무엇을 가르쳐주며 무엇을 할 수 있단 말입니까? 부처님께서 가르쳐주시는 말씀만이 지금도 우리를 해탈(解脫)로 가는 길을 밝혀주며 성불(成佛)할 수 있도록 도와주고 계십니다.

이와 같이 부처님의 진신사리(眞身舍利)는 불 속에서 타다 남은 부처님의 뼛 조각이 아니라 부처님 생전에 불자들에게 가르쳐 주셨던 고귀한 말씀들이며 "오늘날 생불(生

佛)의 입에서 나오는 말씀"을 말하는 것입니다. 그런데 무지(無知)한 불자들은 혜안(慧眼)이 없어 부처님의 진신사리(眞身舍利)를 올바로 보지 못하고 지금도 부처님의 뼈 몇 조각을 모셔놓고 서로 진신사리(眞身舍利)라 말하고 있는 것입니다. 이 때문에 부처님은 임종하시기 직전에 자신의 몸에서 나오는 사리 때문에 분쟁이 일어날 것을 미리 아시고 제자들에게 이러한 말씀을 남기신 것입니다.

　　제자들이여! 그대들은 각자 스스로를 등불로 하고 스스로를 의지처로 하라 남을 의지해서는 안 된다. 내 몸을 보고는 그 오예(汚穢, 더러움)를 생각하여 탐(貪)하지 말며 고(苦)도 낙(樂)도 모두가 고(苦)의 인(因)이라고 생각하여 지나치지 말며 내 마음을 관(觀)하고는 그 속에 아(我)가 없음을 생각하여 그것들에게 미혹되어서는 안 된다. 그렇게 하면 모든 고(苦)를 끊을 수가 있다. 내가 이 세상을 떠난 뒤에도 이와 같은 가르침을 지킨다면 이 사람이야말로 나의 진실한 제자이다.

　　부처님은 그의 제자들에게 상기의 말씀을 통해서 너희가 성불(成佛)을 하려면 내가 가르쳐준 법문(法門) 이외에 다른 어떤 사람들의 말도 믿거나 의지하지 말고 네가 받은 법문(法門)만을 등불로 삼고 스스로 노력하라고 말씀하고 있습니다. 또한 내 몸(살과 뼈)은 오예(汚穢), 즉 더럽고 추한 것이기 때문에 내가 죽더라도 내 몸(遺骨)을 탐내거나 우상시(偶像視)하지 말라고 엄히 경고를 하신 것입니다. 왜냐하면 정결하고 거룩한 진신사리(眞身舍利)는 부처님 안에 있는 말씀이지 부처님의 육신이나 타다 남은 뼛 조각은 중생들과 같이 더럽고 추한 것이기 때문입니다.

　부처님 안에 계신 말씀(반야)만이 영원한 생명이며 진리이며 진신사리(眞身舍利)입니다. 그런데도 불구하고 부처님의 더러운 유골(遺骨) 때문에 분쟁까지 하며 불에 타다 남은 유골 몇 조각을 절에다 모셔놓고 "진신사리(眞身舍利)"라고 서로 자랑하고 있습니다.

　부처님께서 임종하시기 전에 내 더러운 몸을 탐하지 말라고 엄히 경고까지 하셨는데도 불구하고 스님들은 부처님의 뼈 몇 조각을 절에다 모셔놓고 서로 진신사리(眞身舍利)라 자랑을 하며 그 사리(舍利)를 이용하여 욕심을 채우고 있는 것입니다. 이 모두가 스님들 안에 있는 욕심과 탐심 때문입니다. 즉 오늘날의 진정한 "진신사리(眞身舍利)"는 법당(法堂)이나 탑(塔) 속에 모셔놓은 사리(舍利)가 아니라 오늘날 살아계신 부처님(生佛)의 입에서 나오는 말씀들을 말하고 있습니다.

그러므로 오늘날 스님들은 부처님의 유골(遺骨)이나 돌부처를 절 당에 모셔놓으려 하지만 말고 오늘날 살아계신 부처님을 모셔야 합니다. 이어지는 부처님의 말씀은 불자들에게 다가오는 괴로움이나 즐거움, 즉 화(禍)나 복(福)도 고통의 원인이기 때문에 화(禍)나 복(福)에 너무 집착하지 말고 자신의 존재를 알기 위해 힘쓰라는 말씀입니다. 왜냐하면 생로병사(生老病死) 속에 윤회(輪廻)하는 "나(自我)"는 "참 나(眞我)"가 아니며 해탈하여 부처가 된 영원한 생명만이 "참 나(眞我)"이기 때문입니다.

부처님께서 이런 말씀을 유언(遺言)으로 하신 이유는 오늘날 불자들이 거짓 부처나 욕심 많은 패역(悖逆)한 스님들에게 미혹되어 이용당하지 말고 오늘날 살아계신 부처님(生佛)을 찾아서 올바른 가르침을 받아 해탈(解脫)을 하라는 뜻입니다.

부처님은 이어서 진리를 가지고 무명의 중생들을 가르치고 깨닫게 하여 미혹된 길에서 벗어나게 해주는 자가 바로 나의 제자라고 말씀하고 있습니다. 그러므로 모든 불자들은 이제부터 불교의 교리(敎理)와 제도(制度)의 틀에서 하루속히 벗어나 부처님의 말씀으로 돌아가야 합니다. 그보다 더 중요한 것은 오늘날 살아계신 생불(生佛)을 찾아서 올바른 가르침을 받아야 합니다. 그것만이 생로병사(生老病死)의 윤회(輪廻) 가운데서 벗어나 해탈(解脫)을 할 수 있는 유일한 길입니다.

　부처님은 지금 이 순간에도 무명의 중생들이 부처님의 말씀(眞身舍利)을 통해서 하루속히 해탈(解脫)하여 부처가 되기를 바라며 기도하고 계십니다.

5

금강경(金剛經)

본문: 구마라집(鳩摩羅什)

1) 법회인유분(法會因由分)

부처님께서 법회를 하시게 된 동기

1. 법회인유분(法會因由分) : 부처님께서 법회를 하시게 된 동기

如是我聞 一時 佛 在舍衛國 祇樹 給孤獨園 與大比丘衆 千二百五十人 俱 爾時 世尊 食時 着衣持鉢 入舍衛大城 乞食 於其城中 次第乞已 還至本處 飯食訖 收衣鉢 洗足已 敷座而坐

[번역] 나는 이와 같이 들었다. 어느 날 세존께서 사위국 기수급고독원에 큰 비구승 1250명과 함께 계셨다. 그때 세존께서 공양을 하실 때가 되어 가사를 입고 발우를 드시고 사위성에 들어가 차례대로 탁발(걸식)을 하시었다. 탁발을 마치신 후 처소로 돌아와 공양을 드셨다. 공양을 드신 후에 발우와 가사를 제자리에 놓으시고 발을 씻으시고 자리를 펴시고 앉으셨다.

[해설] 상기의 말씀은 법회인유분(法會因由分)이라 하여 부처님이 법회(法會)를 열게 된 동기(動機)를 말합니다. 그러나 상기의 말씀은 야단법석(野壇法席)과 같이 부처님의 말씀을 듣기 위하여 갑자기 마련해 놓은 자리가 아니라 평상시 부처님의 삶을 통해서 법문(法門)을 하시는 것입니다. 이 말은 부처님이 특별히 준비해놓은 장소에서 법회(法會)

나 법문(法門)을 설하시지 않아도 부처님의 삶 자체가 법문(法門)이요 가르침이라는 뜻입니다. 중요한 것은 부처님의 이러한 삶이 불자들에게 무엇을 말씀하시며 무엇을 가르치고 있느냐 하는 것입니다.

    부처님의 이러한 무언(無言)의 가르침을 통해서 부처님의 마음이나 그 뜻하는 바를 모른다면 부처님의 법문(法門)을 듣는다 해도 무슨 의미인지 알 수가 없습니다. 이 때문에 무명의 불자들은 오늘날 진리를 깨달아 혜안(慧眼)을 소유한 부처님들이 하신 화두(話頭)의 말씀을 한 절 한절 풀어서 해설(解說)해놓은 해설서(解說書)를 볼 수밖에 없는 것입니다. 이제 부처님의 삶을 통한 가르침을 알아보기로 하겠습니다.

(1) 如是我聞 一時 佛 在舍衛國 祇樹 給孤獨園 與大比丘衆 千二百五十人 俱

나는 이와 같이 들었다. 어느 날 세존께서 사위국 기수급고독원에 큰 비구승 1250명과 함께 계셨다.

[해설] 불교의 모든 경전(經典)은 여시아문(如是我聞), 즉

나는 이와 같이 들었다는 말로 시작되고 있습니다. 이 말씀은 부처님은 언제나 능동적(能動的)으로 말씀을 하시는 분이시고 불자들은 수동적(受動的)으로 부처님의 말씀을 듣는 입장이라는 것을 보여주는 것입니다. 금강경(金剛經)에서 부처님을 세존(世尊)이라는 명칭으로도 부르고 있는데 세존(世尊)이란 원어로 바가반(bhagavan)이며 단어의 뜻은 "복, 행운"이라는 의미입니다. 그러므로 세존(世尊)이란 "복을 가지신분" 혹은 "진리를 가지신 분"으로 곧 하늘의 영원한 생명을 소유하신 분이라는 뜻입니다.

　부처님이 머무셨던 사위국은 보통 사위성이라 부르는데 사위성은 당시 인도 중원의 16국 중 하나를 말합니다. 제따란 당시 사왓티 왕자의 이름이며 뜻은 승리자라는 의미를 가지고 있습니다. 그러므로 제따 숲이란 제따 태자의 숲을 말합니다.

　급고독원(給孤獨園)이라는 뜻은 무의탁(無依託)자들이나 가난한 자들에게 음식을 나누어 주는 곳이라는 의미입니다. 이 때문에 불교학자들은 급고독원(給孤獨園)을 독거노인들을 돕는 양노원이나 집 없는 어린아이들을 보호하고 육성하는 보육원(保育院)이나 자선단체 정도로 알고 있습니다. 그러나 여기서 말씀하는 급고독원(給孤獨園)이라는 뜻은 육신이 외롭고 굶주린 자들에게 음식을 보시(布施)한 다는 의미보다 진리에 갈급한 중생들이나 스님들에게 부처님의 말씀을 공급(供給)해주는 곳, 즉 법문(法門)을 설(說)하는 선원(禪院)이나 포교당(布敎堂) 같은 곳을 말합니다.

왜냐하면 부처님을 찾는 비구(比丘)들이나 불자들은 부처님께 먹을 양식을 얻으려는 것이 아니라 부처님의 말씀을 듣기 위해서 오기 때문에 부처님을 찾은 큰 비구 1250명은 부처님께 먹을 양식을 얻으러 온 자들이 아니라 부처님의 입에서 나오는 진리의 말씀을 들으러 온 자들입니다.

비구(bhikkhu)란 걸식자라는 뜻인데 비구들이 오직 생계수단으로 걸식을 한다면 일반 거지나 다름이 없습니다. 그러므로 부처님이 말씀하시는 진정한 비구(比丘)는 생계 때문에 음식물을 구걸하는 자들이 아니라 깨달음을 얻기 위해 진리를 구걸하는 자를 말합니다. 그런데 오늘날 타락한 스님들이나 부패(腐敗)한 불자들은 부처님께 진리를 찾고, 구하는 것이 아니라 썩어 없어질 육신의 복을 구하고 있습니다. 이 때문에 "중의 마음이 염불(念佛)에는 관심이 없고 젯밥에만 가있다"는 말이 나온 것입니다.

지금 부처님을 찾아 급고독원(給孤獨園)으로 모인 큰 비구 1250명은 부처님께 육신의 복이나 먹을 양식을 구하러 온자들이 아니라 부처님의 입에서 나오는 감로수(甘露水) 같은 말씀을 들으려고 온 것입니다. 그러므로 오늘날 스님들이나 불자들도 기복신앙(祈福信仰)에서 하루속히 벗어나 부처님의 뜻에 따라 성불(成佛)하기 위한 목적과 일념으로 신앙생활(信仰生活)을 열심히 해야 합니다. 이렇게 올바른 신앙생활을 한다면 부처님이 기뻐하실 것이며 진리도 반드시 깨닫게 될 것입니다.

(2) 爾時 世尊 食時 着衣持鉢 入舍衛大城 乞食 於其城中

그때 세존께서 공양을 하실 때가 되어 가사를 입고 발우를 드시고 사위성에 들어가 차례대로 탁발(걸식)을 하시었다.

[해설] 그때 세존(世尊)께서 공양(供養)을 하실 때가 되었다는 것은 식사를 하실 때가 되었다는 것입니다. 공양(供養)은 빠알리어로 바타(bbatta)라 말하며 뜻은 음식, 쌀밥이라는 의미입니다. 그러나 부처님께서 말씀하시는 공양의 진정한 뜻은 육신의 양식이 아니라 영적(靈的)양식, 즉 부처님의 말씀을 말하고 있습니다. 왜냐하면 수행불자들이 부처님을 믿고 찾는 것은 음식이 아니라 부처님의 말씀이

기 때문입니다.

　그리고 부처님이 입으신 가사(kasaya)는 적혈색 옷 혹은 적갈색 옷으로 주로 몸에 걸치고 다니는 옷을 말하고 있습니다. 그런데 가사(袈裟)라는 어원은 본래 인도의 걸사(거지)들이 입고 다니는 누더기 옷에서 나온 말입니다. 그러나 세존(世尊)이나 비구(比丘)들이 입고 있는 진정한 옷은 법의(法衣), 즉 진리의 옷을 말하고 있습니다.

　발우(鉢盂)란 그릇이라는 뜻으로 비구(比丘)들이 공양(供養)을 받은 음식을 담는 그릇, 즉 식기(食器)를 말합니다. 그러나 부처님이 말씀하시는 발우(鉢盂)란 진리를 담는 마음의 그릇을 말하고 있습니다. 탁발(托鉢)은 먹을 것을 구걸하는 행위를 말하는데 이것은 거지들이 깡통을 들고 집집마다 문을 두드리며 먹을 것을 구걸하는 행위와 동일한 것입니다. 만일 세존이나 비구들이 가사를 입고 발우(鉢盂)를 들고 먹을 것을 탁발(托鉢)하는 것이 전부라면 거지와 조금도 다를 것이 없는 것입니다. 그러나 부처님께서 평소에 이러한 삶의 모습을 손수 보여주시는 것은 불자들에게 커다란 가르침을 주시는 것입니다.

　지금 공양(供養)을 할 때가 되었다고 말씀하시는 것은 식사 할 시간이 되었다는 말입니다. 그러므로 부처님은 지금 부처님의 말씀을 들으러 온 비구승(比丘僧)들에게 육신의 양식을 주든지 아니면 진리의 양식을 주어야 하는데 부처님은 가사(袈裟)를 입으시고 발우(鉢盂)를 들고 탁발을 하기 위해 홀로 사위성으로 들어가시는 것입니다. 이 말씀을 읽는 불자들은 부처님께서 법문(法門)을 듣기 위해 찾아온 1250명이나 되는 비구승(比丘僧)들에게 공양시간에 아무런 양식도 주시지 않고 오직 자신의 배를 채우기 위해 탁발(托鉢)하려고 사위성으로 들어간다고 오해할 수도 있습니다.

그러나 부처님께서는 부처님의 말씀을 들으려고 온 비구승들에게 탁발(托鉢)을 통해서 중요한 법문(法門)을 하시려는 것입니다. 부처님은 일국의 태자(太子)로 부귀영화(富貴榮華)를 누리는데 조금도 부족함이 없었던 분입니다. 그런데 태자의 신분이며 부처님의 신분으로 거지와 같이 걸식을 하는 것은 지금 말씀을 듣기위해 모여 있는 비구(比丘)들에게 탁발(托鉢)을 통해서 큰 가르침을 주시려는 것입니다. 수행불자들이 수십 년 동안 수행(修行)을 하고 고행(苦行)을 하며 부처님의 가르침을 받아도 해탈(解脫)이 되지 않는 것은 자신 안에 들어있는 삼독(三毒), 즉 탐(貪), 진(瞋), 치(癡)와 외적으로 나타나는 교만(驕慢) 때문입니다.

불자들이 이러한 욕심과 교만한 마음을 없애기 위해 날마다 부처님의 가르침을 받으며 열심히 수행을 해도 버려지지 않아 고민(苦悶)을 하고 있습니다. 그런데 수십 년 동안 가르침을 받으며 수행을 해도 버려지지 않는 욕심과 교만이 가사(袈裟)를 입고 발우(鉢盂)를 들고 세속에 나아가 탁발(托鉢)을 행할 때 조금씩 소멸(消滅)되어 가는 것을 볼 수 있습니다. 사람들이 백문불여일견(百聞不如一見)이라는 말을 합니다. 이 말은 백번을 듣는 것보다 한번 직접 보는 것이 더 낫다는 말입니다. 이 말과 같이 백청불여일행(百聽不如一行), 즉 부처님의 말씀을 백번 듣는 것보다 부처님을 따라 가사(袈裟)를 입고, 발우(鉢盂)를 들고, 탁발(托鉢)을 한번 행하는 것이 더 낫다는 것을 부처님이 행동으로 보여주시는 것입니다. 사람들이 구걸을 하는 것은 생의 마지막 수단으로 모든 자존심(自尊心)을 내려놓지 않으면 할 수 없는 일입니다. 이 때문에 곤경에 처한 사람들이 구걸을 하느니 차라리 죽는 것이 낫다는 말을 하는 것입니다.

　　그런데 먹을 것과 입을 것이 부족함이 없는 사람들이 발우를 들고 사람들에게 먹을 것을 구걸을 한다는 것이 얼마나 힘든 일입니까? 탁발(托鉢)은 자존심과 교만함 그리고 비굴함과 수치스러운 마음도 모두 내려놓아야만 할 수 있는 것입니다. 그러므로 탁발(托鉢)을 할 때 교만한 마음이 부서지고 낮아져 겸손하게 되는 것입니다. 부처님이 손수 행하시며 보여주시는 탁발은 최고의 법문이며 수행의 극치(極致)입니다. 때문에 부처님께서 비구승(比丘僧)들에게 법문(法門)을 하시기 전에 먼저 가사(袈裟)를 입으시고 발우(鉢盂)를 들고 손수 탁발(托鉢)을 하신 것입니다. 그러므로 해탈을 위해 수행하는 불자들이라면 반드시 가사를 입고 발우를 들고 탁발을 하며 만행(萬行)이라는 과정을 통과해야 합니다.

왜냐하면 마음속에 욕심과 탐심 그리고 교만은 부처님의 가르침에 따라 반드시 탁발(托鉢)을 통한 실천적 삶을 살 때 조금씩 없어지기 때문입니다. 부처님은 지금 비구승들에게 탁발을 통해서 탐(貪), 진(瞋), 치(癡), 즉 자아(自我)가 부서져야 부처님의 말씀을 들을 수 있다는 것을 삶과 행동으로 가르쳐 주시는 것입니다. 왜냐하면 이러한 탁발(托鉢)수행을 통해서 자아(自我)가 부서지고 죽지 않으면 부처님의 말씀을 들을 수 없고 들어도 아무런 소용이 없기 때문입니다. 이와 같이 평소에 부처님의 삶 자체가 불자들에게 무언의 큰 가르침을 주고 있는 것입니다.

(3) 次第乞已 還至本處 飯食訖 收衣鉢 洗足已 敷座而坐

그 성에 들어가 차례대로 탁발을 하시고 나서 급고독원으로 돌아오셔서 공양하신 것을 드셨다. 부처님은 공양을 드시고 난후 발우와 가사를 있던 곳에 두시고 두 발을 씻고 자리를 펴시고 앉으셨다.

[해설] 부처님은 탁발(托鉢)을 매일 사시(오전 9시-11시)에 하시는데 칠가식(七家食), 즉 탁발을 시작하는 집에서 차례대로 일곱 번째 집까지만 걸식을 하셨습니다. 부처님께서 탁발(托鉢)을 일곱 집만 하시고 더하시지도 않고 덜하시지도 않으신 것은 일곱이란 수는 완전수로 완전한 탁발(托鉢)을 의미하고 있기 때문입니다. 이것은 부처님께서 육바라밀(六波羅蜜)을 통해서 천상(天上)에 올라 부처가 되는 과정을 화두(話頭)로 가르쳐주고 있는 것입니다. 이것은 성경에 하나님께서 땅에 속한 존재들을 하나님의 말씀으로 육일 동안 창조(創造)하신 후 창조된 하나님의 아들 안에 들어가 안식(安息)하시는 것과 동일합니다. 이렇게 칠가식(七家食) 속에는 무명(無明)의 중생(衆生)이 육바라밀(六波羅蜜)을 통해서 천상(天上)에 올라 부처가 되는 길을 부처

님께서 화두(話頭)로 가르쳐주고 있는 것입니다.

    부처님은 탁발(托鉢)을 온전히 마치시고 급고독원(給孤獨園)으로 돌아오셔서 공양(供養)을 드셨습니다. 부처님은 공양을 드시면서 공양(供養)을 한 사람들을 일일이 기억하시면서 그들을 위해 기도를 하셨습니다. 본문에 공양을 올린 사람들을 위해 기도하는 대목이 없지만 부처님은 반드시 정성을 드려 공양한 사람들을 위해 기도하신 것입니다. 왜냐하면 부처님께서 공양(供養)한 사람들에게 감사하는 마음과 그들이 성불(成佛)할 수 있도록 기도를 하지 않으신다면 일반 거지나 다를 바 없기 때문입니다.

    부처님은 공양(供養)을 드신 후 가사(袈裟)와 발우(鉢盂)를 거두시고 두발을 씻고 자리를 펴고 앉으셨습니다. 부처님께서 공양을 드신 후 두발을 씻으신 것은 탁발(托鉢)을 하며 더러워진 발을 깨끗이 닦는다는 의미와 피곤을 풀기 위함이라 생각할 수 있습니다. 그러나 부처님이 두발을 씻으신 것은 탁발(托鉢)을 하실 때 보고 들으시면서 머리에 입력된 잘못된 생각과 더러워진 마음을 모두 씻는 의미라 하겠습니다. 그리고 자리를 펴고 앉으신 것은 부처님을 찾아온 비구(比丘)들에게 법문(法門)을 하시기 위해서 앉으셨다고 말하고 있는데 이러한 모습은 부처님께서 특별히 법문(法門)을 설하기 위해서 준비한 자리가 아니라 평상시 부처님이 생활하시는 삶의 일부분입니다.

　이와 같이 부처님은 언제나 속세(俗世)에서 고통 받고 살아가고 있는 무명의 중생들을 구원하기 위해서 날마다 "아제아제 바라아제 바라승아제 보리사바하"라는 기도를 하고 계십니다.

극락과 지옥

칠흑 같은 어둠에 덮여
한치 앞도 못 볼 때
면전에 계신 부처님도 모르더니
반야의 광명이 비춰 오니
삼라만상 모두가 부처라네
무명속에 있으면 극락도 지옥이요
깨달으면 지옥도 극락이라네
모든 중생 부처님께 귀의하여
하루속히 불국정토를 이루세

2) 선현기청분(善現起請分)

선현이 법을 청하다

2. 선현기청분(善現起請分):
   선현이 법을 청하다

時 長老須菩提 在大衆中 卽從座起 偏袒右肩 右膝着地 合掌 恭敬 而白 佛言 希有世尊 如來 善護念諸菩薩 善付囑諸菩薩 世尊 善男子 善女人 發阿耨多羅三邈三菩提心 應云何住 云何降伏 其心 佛言 善哉善哉 須菩提 如汝所說 如來 善護念諸菩薩 善付 囑諸菩薩 汝今諦請 當爲如說 善男子 善女人 發阿耨多羅三邈三 菩提心 應如是住 如是降伏其心 唯然世尊 願樂欲聞

[번역] 그때 장로 수보리가 대중 가운데 있다가 자리에서 일어나 오른쪽 어깨의 가사를 벗어 왼쪽에 걸치고 오른쪽 무릎을 땅에 꿇고 세존을 향해 합장하여 인사를 드리며 세존께 이렇게 말씀드렸다. 희유한 세존이시여 여래께서는 모든 보살을 늘 생각하고 보살펴주시며 보살들에게 중생들을 제도하도록 당부를 하십니다. 세존이시여 선남자 선여인이 아뇩다라삼 먁삼보리의 마음을 발한 자는 응당 마음을 어떻게 머물러야 하며 어떻게 그 마음을 항복 받아야 합니까? 부처님께서 수보리에게 이렇게 말씀하셨다. 참으로 착하고 착하도다. 수보리여

네가 말한 바와 같이 여래는 모든 보살들을 늘 생각하고 보호하시며 보살들에게 중생들을 제도할 것을 당부하신다. 아뇩다라삼먁삼보리의 마음을 발한 선남자 선여자는 이러한 자세를 가지고 그 마음을 이렇게 굴복시켜야 한다. 알겠습니다. 세존이시여 바라옵건대 즐거운 마음으로 열심히 잘 듣겠습니다.

(1) 時 長老須菩提 在大衆中 卽從座起 偏袒右肩 右膝着地 合掌恭敬 而白 佛言 希有世尊 如來 善護念 諸菩薩 善付囑 諸菩薩

그때 장로 수보리가 대중 가운데 있다가 자리에서 일어나 오른쪽 어깨의 가사를 벗어 왼쪽에 걸치고 오른쪽 무릎을 땅에 꿇고 세존을 향해 합장하여 인사를 드리며 세존께 이렇게 말씀드렸다. 희유한 세존이시여 여래께서는 모든 보살을 늘 생각하고 보살펴주시며 보살들에게 중생들을 제도하도록 당부를 하십니다.

[해설] 세존(世尊)께서 자리에 앉으셨을 때 수보리는 때를 기다렸다는 듯이 자리에서 벌떡 일어나 오른쪽 어깨의 가사를 벗어 왼쪽 어깨에 걸치고 오른쪽 무릎을 꿇고 세존

(世尊)을 향해 합장(合掌)하여 정중히 인사를 드리고 질문을 하고 있습니다. 수보리 존자가 수많은 비구들 가운데 제일 먼저 일어나서 부처님께 예의를 올리고 칭송(稱訟)을 하며 질문을 하는 것을 보면 수보리 존자가 평소에 얼마나 부처님을 존경하며 부처님의 말씀을 사모하는지 짐작을 할 수 있습니다.

　수보리는 부처님 10대 제자의 한분으로 공(空)의 이치(理致)를 가장 잘 알고 있는 분입니다. 본문에서 수보리를 장로(長老) 수보리라고 칭한 것을 볼 수 있는데 장로(長老)는 주로 기독교에서 사용하는 명칭입니다. 장로(長老)라는 뜻은 나이가 많은 혹은 연장자(年長者)를 말하는데 이는 육신의 나이가 많다는 의미 보다 부처님에 대한 신앙과 진리에 앞선 자라는 뜻입니다.

　그리고 부처님이나 스님들이 입고 있는 가사(袈裟)는 옷을 말하는데 부처님이 말씀하시는 옷은 사람이 입고 다니는 옷이 아니라 법의(法衣) 곧 말씀의 옷을 비유(譬喻)하여 말한 것입니다. 때문에 지금 수보리가 입고 있는 가사(袈裟)도 말씀의 옷을 말하고 있는 것입니다. 그러므로 수보리가 부처님 앞에서 오른쪽 어깨의 가사를 벗었다는 것은 그동안 자신이 쌓아 가지고 있는 말씀을 내려놓았다는 뜻입니다. 그리고 수보리가 부처님 앞에서 오른쪽 무릎을 꿇은 것은 마음을 굴복시켰다는 의미와 부처님을 존경한다는 뜻입니다.

그리고 두 손을 합장(合掌)하였다는 것은 수보리의 생각과 마음이 부처님의 생각과 마음으로 하나가 되기를 바란다는 의미입니다. 수보리가 희유(稀有)한 세존(世尊)이라고 말씀드린 것은 세상에서 찾아볼 수 없는 귀하고 소중한 부처님이라는 뜻으로 말씀드린 것입니다. 수보리는 여래께서 모든 보살들을 늘 염려하고 보살펴주시며 또한 보살들에게 무명의 중생들을 제도(濟度)하도록 당부하신다고 말씀드리고 있습니다. 즉 자리(自利)를 행하여 보살(菩薩)이 된 부처님들은 이웃에 죽어가는 영혼(靈魂)들을 구원하여 살려서 모두 부처를 만들라고 당부를 하신다는 것입니다.

부처님이 항상 바라고 원하시는 것은 무명(無明) 속에서 고통 받고 있는 중생들을 구원하여 부처를 만드는 것입니다. 부처님은 평생을 상구보리(上求菩提)와 하화중생(下化衆生)을 하신 분이시기 때문에 자리(自利)를 마치고 부처가 된 보살(菩薩)들은 부처님이 행하신 것과 같이 이타(利他)를 행하도록 당부하시는 것입니다.

부처님을 여래(如來)라고도 말씀하시는데 여래(如來)라

는 뜻은 아무런 걸림이 없이 오신 분이라는 의미인데 여래라는 진정한 뜻은 점도 티도 없이 깨끗한 몸으로 오신분이라는 뜻입니다. 즉 부처님 안에 자리 잡고 있던 삼독(三毒)인 탐(貪), 진(瞋), 치(癡)를 모두 버리고 영원한 생명(진리)으로 오신 분이라는 것입니다.

(2) 世尊 善男子 善女人 發阿耨多羅三邈三菩提心 應云何住 云何降伏其心

세존이시여 선남자 선여인이 아뇩다라삼먁삼보리의 마음을 발한 자는 응당 마음을 어떻게 머물러야 하며 어떻게 그 마음을 항복 받아야 합니까?

[해설] 수보리는 부처님께 아뇩다라삼먁삼보리(阿耨多羅三邈三菩提)의 마음을 낸 자는 어떠한 마음의 자세를 가져야 하며 어떻게 마음을 굴복하여 자아를 버리고 무아가 되느냐 하는 것을 질문을 하고 있는 것입니다. 이 말씀을 이해하려면 우선 아뇩다라삼먁삼보리(阿耨多羅三邈三菩提)가 무슨 뜻인지를 알아야합니다.

아뇩다라삼먁삼보리(阿耨多羅三邈三菩提)는 불교에서

무상정등정각(無上正等正覺)이라 말하고 있습니다. 그런데 무상정등정각(無上正等正覺)은 삼먁삼보리(三藐三菩提)를 말하고 있으며 아뇩다라(阿耨多羅)는 전혀 다른 의미라는 것을 모르고 있는 것입니다. 즉 무상정등정각(無上正等正覺)인 삼먁삼보리(三藐三菩提)는 곧 아뇩다라(阿耨多羅)에 의해서 이루어지는 것입니다. 그러므로 아뇩다라(阿耨多羅)를 모르면 절대로 무상정등정각(無上正等正覺)은 이룰 수가 없습니다. 그런데 지금까지 아뇩다라(阿耨多羅)의 뜻을 모르고 막연히 아뇩다라삼먁삼보리(阿耨多羅三藐三菩提)가 곧 무상정등정각(無上正等正覺)이라고만 알고 있는 것입니다. 이 때문에 불자들이 지금까지 열심히 수행을 하며 아뇩다라삼먁삼보리(阿耨多羅三藐三菩提)를 깨달아 부처가 되려 해도 깨달을 수가 없었던 것입니다. 그러면 아뇩다라(阿耨多羅)의 뜻은 과연 무슨 의미일까요? 아뇩다라(阿耨多羅)의 진정한 뜻은 중생들 머릿속에 그물망이나 새털과 같이 수없이 쌓여 있는 고정관념(固定觀念), 즉 사상(四相)을 모두 제거(除去)하라는 뜻입니다. 즉 중생(衆生)들의 뇌리(腦裏) 속에 겹겹이 쌓여 있는 전도몽상(顚倒夢想) 곧 사상(四相)을 모두 뽑아버리라는 뜻입니다. 이렇게 사상(四相)을 모두 뽑아 버릴 때 삼먁삼보리(三藐三菩提)인 무상정등정각(無上正等正覺)이 이루어져 부처가 되는 것입니다. 지금 선남자 선여인이 아뇩다라삼먁삼보리(阿耨多羅三藐三菩提)의 마음을 냈다는 것은 진리를 깨달아 부처가 되려고 마음을 먹었다는 뜻입니다.

지금 수보리는 진리를 깨달아 부처가 되려는 마음의 각오(覺悟)를 한 선남자 선여인은 어떠한 자세로 수행을 해야 하며 어떻게 마음을 굴복시켜야 하느냐고 부처님께 말씀을 드리는 것입니다. 즉 수보리는 부처가 되기 위해 진리를 찾아가는 수행자들의 기본적 마음의 자세를 질문하고 있는 것입니다. 왜냐하면 어떠한 일의 시작이나 출발이 기본부터 잘못되어 있다면 그 일은 성사될 수 없기 때문입니다. 그러므로 진리를 깨달아 부처가 되려면 먼저 수행하는 자세와 가는 길을 분명히 알아야 합니다. 오늘날의 수행은 종파마다 조금씩 다른데 해탈을 위해 진리를 찾아가는 자들이 행하는 수행은 오직 부처님의 말씀을 통해서 더러운 마음을 깨끗이 닦는 것입니다. 즉 중생의 더러운 마음을 부처님의 말씀으로 깨끗이 닦아 부처님의 마음이 되기 위하여 노력하는 행위를 수행(修行)이라 말합니다.

수보리는 지금 부처님에게 성불하기 위해 정진하는 수행자들이 어떠한 마음의 자세를 갖추고, 어떻게 마음을 닦아야 교만한 마음을 굴복시켜 해탈(解脫)에 이를 수 있느냐고 질문하고 있는 것입니다. 수보리의 이 질문은 해탈(解脫)을 위해 진리를 따라 가는 수행자들은 물론 오늘날 불자들도 모두가 물어야 할 질문인 것입니다.

(3) 佛言 善哉善哉 須菩提 如汝所說 如來 善護念諸菩薩 善付囑諸菩薩 汝今諦請 當爲如說 善男子 善女人 發阿耨多羅三邈三菩提心 應如是住 如是 降伏其心 唯然世尊 願樂欲聞

부처님께서 수보리에게 이렇게 말씀하셨다. 참으로 착하고 착하도다. 수보리여 네가 말한 바와 같이 여래는 모든 보살들을 늘 생각하고 보호하시며 보살들에게 중생들을 제도할 것을 당부하신다. 아뇩다라삼먁삼보리의 마음을 발한 선남자 선여자는 이러한 자세를 가지고 그 마음을 이렇게 굴복시켜야 한다. 알겠습니다. 세존이시여 바라옵건대 즐거운 마음으로 열심히 잘 듣겠습니다.

[해설] 수보리의 말을 들으신 부처님께서 수보리에게 착하다고 말씀을 하신 것은 수보리가 수행자(修行者)들이 반드시 알아야하고 갖추어야 할 합당한 질문을 하였기 때문

에 칭찬을 하신 것입니다. 왜냐하면 수보리가 한 질문은 성불(成佛)을 위해 진리를 찾아가는 수행자들은 물론 불자들이라면 어느 누구나 반드시 알아야 할 중요한 말씀이기 때문입니다. 부처님은 수보리에게 네가 말한바와 같이 여래(如來)는 모든 보살(菩薩)들을 늘 염려하고 보살펴 주시며 보살들에게 항상 고통 받고 살아가는 무명의 중생들을 구원해줄 것을 당부하고 있다고 말씀하시며 이제 네게 아뇩다라삼먁삼보리(阿耨多羅三邈三菩提)의 마음을 발한 선남자 선여자는 어떠한 자세를 가지고 수행을 해야 하고 어떻게 마음을 굴복시켜야 하는지에 대하여 설명해 주겠다고 말씀하십니다.

  이 말씀을 들은 수보리는 "네 그렇게 하겠습니다. 바라옵건대 명심해서 잘 듣겠습니다"라고 화답을 하고 있는 것입니다.

3) 대승정종분(大乘正宗分)

대승의 바른 종지

3. 대승정종분(大乘正宗分): 대승의 바른 종지

佛告 須菩提 諸菩薩摩訶薩 應如是降伏其心 所有一切衆生之類 若卵生 若胎生 若濕生 若化生 若有色 若無色 若有想 若無想 若非有想非無想 我皆令入 無餘涅槃 而滅度之 如是滅度 無量無數無邊衆生 實無衆生 得滅度者 何以故 須菩提 若菩薩 有我相 人相 衆生相 壽者相 卽非菩薩

[번역] 부처님께서 말씀하셨다. 수보리여 모든 보살마하살들은 응당 이렇게 그 마음을 굴복 시켜야 한다. 이 세상의 모든 중생은 종류가 있느니라. 즉 알에서 태어나는 것, 태에서 태어나는 것, 습기에서 태어나는 것, 화현하여 태어나는 것, 색(형상)이 있는 것, 색이 없는 것, 상(생각)이 있는 것, 상이 없는 것, 상이 있는 것도 아니고 없는 것도 아닌 것들이 있다. 그런데 내가 이 모든 명령을 지켜서 무여열반에 들어가 여래가 되어 주변에 헤아릴 수 없이 수많은 중생을 멸도 했다 하여도 실로 멸도 하여 얻은 중생이 없어야 한다. 왜냐하면 수보리야 만일 보살이 자기 안에 아상과 인상과 중생상과 수자상을 가지고 멸도를 했다면 곧 진정한 보살이 아니기 때문이다.

(1) 佛告 須菩提 諸菩薩摩訶薩　應如是降伏其心 所有一切衆生之類 若卵生 若胎生 若濕生 若化生 若有色 若無色 若有想 若無想 若非有想非無想

부처님께서 말씀하셨다. 수보리여 모든 보살마하살들은 응당 이렇게 그 마음을 굴복 시켜야 한다. 이세상의 모든 중생은 종류가 있느니라. 즉 알에서 태어나는 것 태에서 태어나는 것, 습기에서 태어나는 것, 화현하여 태어나는 것, 색(형상)이 있는 것이나 색이 없는 것이나 상(생각)이 있는 것이나 상이 없는 것이나 상이 있는 것도 아니고 상이 없는 것도 아닌 것들이 있다.

[해설] 부처님께서 수보리에게 모든 보살마하살(菩薩摩訶薩)들은 이렇게 마음을 굴복시켜야 한다고 말씀하고 있습니다. 지금 부처님께서 마음을 굴복시켜야 한다는 보살마하살(菩薩摩訶薩)들은 깨달은 보살이 아니라 진리를 깨달아 보살마하살(菩薩摩訶薩)이 되려고 수행하려는 선남자 선여인을 말하는 것입니다. 왜냐하면 진정한 보살마하살(菩薩摩訶薩)이라면 이미 마음이 굴복되어 진리를 깨달아 부처님들이 되어있는 자들이기 때문입니다. 부처님은 수보

리에게 진리를 따라 수행하는 자들이 마음을 굴복시키는 길에 대해서 자세히 말씀하고 있습니다. 마음을 굴복시키는 길이 곧 해탈(解脫)로 가는 길이며 성불(成佛)하여 부처가 되는 길입니다. 이 길은 네길, 즉 네 과정이 있는데 첫째는 약난생(若卵生)이 가는 길이며 둘째는 약태생(若胎生)이 가는 길이며 셋째는 약습생(若濕生)이 가는 길이며 넷째는 약화생(若化生)의 길이라는 것을 화두(話頭)로 말씀하고 있습니다.

부처님께서 말씀하시는 난생(卵生)과 태생(胎生)과 습생(濕生)과 화생(化生)은 곤충이나 물고기나 짐승들을 말하는 것이 아니라 모두 무리지어 살고 있는 인간들을 사람의 차원에 따라 넷으로 분류하여 화두(話頭)로 말씀하신 것입니다. 그런데 불자들이 난생(卵生)이나 태생(胎生)은 잘 알고 있는데 습생(濕生)이나 화생(化生)에 대해서는 전혀 알 수가 없다는 것입니다. 불자들은 단순히 난생은 곤충이나 새 그리고 바다에 살고 있는 물고기를 말하며 태생은 육지에서 살고 있는 짐승이나 사람이라고 생각하고 있습니다. 그러면 습생(濕生)은 습기에서 태어나는 모기나 하루살이 같은 종류를 말한다고 생각할 수 있는데 화생(化生)은 무엇으로 태어나는지 알 수가 없는 것입니다.

문제는 불자들이 부처님이 말씀하시는 난생과 태생과 습생과 화생이 모두 인간의 존재라는 것을 이해하기도 어렵고 상상조차 할 수 없는 것입니다. 그렇기 때문에 부처님의 말씀 속에 감추어져 있는 화두(話頭)의 비밀은 혜안(慧眼)이 열리지 않으면 볼 수도 없고 들을 수조차 없는 것입니다.

부처님이 말씀하시는 난생(卵生)과 태생(胎生)과 습생(濕生)과 화생(化生)은 무명의 중생이 부처님으로 해탈(解脫)되는 과정을 차원적으로 말씀하고 있는데 해탈(解脫)되는 올바른 순서는 첫째가 습생(濕生)이고 둘째는 난생(卵生)이며 셋째는 태생(胎生)이고 넷째가 화생(化生)입니다. 그러면 부처님께서 화두로 말씀하신 습생과 난생과 태생과 화생은 과연 어떤 존재를 말씀하고 있는지에 대하여 알아보기로 하겠습니다.

습생(濕生) – 습생은 습기에서 태어나는 모기나 벌레 같은 종류 혹은 곤충이나 박테리아와 같이 무리지어 살고 있는 미생물들과 같은 것들을 말하고 있습니다. 그런데 습생은 실제 이러한 벌레나 곤충들이나 미물들을 말하는 것이 아니라 무명의 속세(俗世)에서 하루살이처럼 아무런 소망 없이 살다가 죽어가는 중생들을 화두(話頭)로 말씀하신 것입니다. 이들이 살아가는 곳이 바로 지옥계인데 습생이 지옥계에서 벗어나려면 보시(布施)를 끊임없이 행해야 지옥계(地獄界)를 벗어나 아귀계(餓鬼界)로 들어가 난생(卵生)으로 태어나게 되는 것입니다.

난생(卵生)- 난생은 알에서 태어나는 물고기나 새들과 같은 종류를 말하고 있는데 난생역시 물고기나 새들을 말씀하는 것이 아니라 습생(濕生)이 지옥계에서 벗어나 아귀계(餓鬼界)로 들어와 부처님의 계율(戒律)을 통해 정진(精進)을 하고 있는 수행자들을 말하고 있는 것입니다. 이러한 아귀계의 난생(卵生)들이 아귀계를 벗어나 축생계(畜生界)에 들어가 태생(胎生)으로 태어나려면 부처님의 계율(戒律)을 열심히 지키며 수행을 해야 합니다. 그러므로 아귀계의 난생(卵生)들은 부처님의 계율인 십계(十戒)를 열심히 지키며 수행정진을 해야 하는 것입니다. 그러면 난생(卵生)이 아귀계를 벗어나 축생계로 들어가 태생(胎生)의 몸으로 태어나게 되는 것입니다.

태생(胎生)- 태생은 태(胎)에서 태어나는 짐승이나 사람을 말하고 있습니다. 그런데 부처님께서 말씀하시는 태생(胎生)은 난생(卵生)의 탈을 벗고 축생계(畜生界)로 들어와 태생(胎生)으로 태어나 인욕수행(忍辱修行)을 행하고 있는 수행자들과 축생계에서 인욕수행(忍辱修行)을 마치고 수라계(修羅界)로 들어가 정진수행을 하고 있는 수행자들을 말하고 있습니다. 이렇게 축생계의 인욕정진(忍辱精進)과 수라계(修羅界)의 정진수행(精進修行)을 모두 마치면 인간계(人間界)로 들어가 사람의 몸으로 태어나게 되는 것입니다. 인간계에 들어간 사람은 부처님께서 가르쳐주신 삼학(三學)을 통해서 심신(心身)을 깨끗이 닦아야 진리를 깨달아 천상계(天上界)에 올라 화생(化生)하여 부처님으로 태어나게 되는 것입니다.

화생(化生)-화생은 인간계(人間界)에서 진리를 깨달아 인간의 탈을 벗고 천상계(天上界)에 들어간 보살(觀自在菩薩)을 말하고 있습니다. 이렇게 천상계에 올라 보살이 되신 부처님은 이타행(利他行), 즉 하화중생(下化衆生)을 행하여 보리살타(菩提薩陀)의 과정을 통해서 무상정등정각(無上正等正覺)인 아뇩다라삼먁삼보리(阿耨多羅三邈三菩提)를 깨달으면 성불(成佛)하여 삼세제불(三世諸佛)이 되는 것입니

다. (성경에서는 화생(化生)한 삼세제불(三世諸佛)을 그리스도라고 말함)

　이와 같이 부처님께서 수보리에게 말씀하신 습생(濕生)과 난생(卵生)과 태생(胎生)과 화생(化生)은 지옥계(地獄界)에 살고 있는 습생(濕生)이 난생과 태생을 거쳐 화생으로 해탈하여 천상계(天上界)에 올라 부처님이 되는 과정을 화두(話頭)로 말씀하신 것입니다. 이렇게 부처님은 아뇩다라삼먁삼보리(阿耨多羅三邈三菩提)의 마음을 낸 선남자 선여인이 마음을 굴복시키려면 이러한 해탈의 과정을 한 걸음 한걸음 걸어갈 때 굳어져 단단한 마음이 조금씩 부서져 굴복 된다는 것을 가르쳐 주신 것입니다. 이상과 같이 지옥계의 습생(濕生)이 습생의 탈을 벗고 난생(卵生)으로 해탈하고 난생(卵生)이 난생의 탈을 벗고 태생(胎生)으로 해탈되고 태생이 태생의 탈을 벗고 화생(化生)으로 해탈(解脫)되는 과정 속에서 중생의 마음이 모두 굴복되어 성불(成佛)하여 부처가 된다는 것을 화두(話頭)로 말씀하신 것입니다.

　이어서 하시는 말씀은 색(형상)이 있는 것이나 색이 없는 것이나 상(생각)이 있는 것이나 상이 없는 것이나 상이 있는 것도 아니고 상이 없는 것도 아닌 것이 있다는 말씀입니다. 그러면 색(형상)이 있는 것이나 색이 없는 것이나 상

(생각)이 있는 것이나 상이 없는 것이나 상이 있는 것도 아니고 상이 없는 것도 아닌 것들은 과연 무엇을 말할까요? 이 말씀들은 위에서 부처님이 말씀하신 습생(濕生)과 난생(卵生)과 태생(胎生)과 화생(化生)들의 내면(內面)의 실체(實體)를 다른 비유(譬喩)를 들어서 말씀 하신 것입니다.

부처님이 말씀하시는 색(色)이 있는 것은 지옥계에서 짐승과 같이 자기 욕심대로 살아가는 육적 존재들을 말하며 색(色)이 없는 것은 세상의 욕심을 버리기 위해 아귀계와 축생계에서 인욕수행을 하는 혼적 존재들을 말하며 상이 있는 것은 수라계에서 부처님의 계율과 말씀을 쌓아 가지고 해탈하기 위해 수행정진하는 영적존재들을 말하며 상이 없는 것은 인간계에서 부처님의 계율과 말씀도 모두 버리고 해탈된 보살들을 말하며 상이 있는 것도 아니고 없는 것도 아닌 것은 천상계에 올라 성불하여 부처가 된 부처님의 존재를 화두(話頭)로 말씀하신 것입니다.

(2) 我皆令入 無餘涅槃 而滅度之 如是滅度 無量無數無邊衆生 實無衆生 得滅度者 何以故 須菩提 若菩薩 有我相 人相 衆生相 壽者相 卽非菩薩

내가 이 모든 중생들을 무여열반에 들도록 제도할 것이다. 이와 같이 헤아릴 수 없이 수많은 중생을 제도 하였지만 실로 제도 하여 얻은 중생이 없어야 할 것이다. 왜냐하면 수보리야 만일 보살이 아상과 인상과 중생상과 수자상을 가지고 있다면 곧 보살이 아니기 때문이다.

[해설] 상기의 말씀은 내가 해탈(解脫)의 과정, 즉 습생(濕生)과 난생(卵生)과 태생(胎生)과 화생(化生)의 과정을 모두 마치고 무여열반(無如涅槃)에 들어가 보살(菩薩)이 되어 주변에 한량없고 수많은 중생들을 제도(濟度)하여 열반(涅槃)에 들게 하였다 해도 실로 멸도(滅度)한 중생이 한사람도 없어야 한다는 뜻입니다. 왜냐하면 만일 중생을 제도(濟度)한 보살(菩薩) 안에 아상(我相)이나 인상(人相)이나 중생상(衆生相)이나 수자상(壽者相)을 가지고 있다면 그는 곧 보살(菩薩)이 아니기 때문이라는 것입니다. 이 말은 보살(菩薩) 안에 사상(四相)이 있다면 아직 마음이 굴복되지 않은 자며 이런 자는 해탈(解脫)된 보살(菩薩)이 아니라는 뜻입니다.

이상과 같이 부처가 되기 위해 출가를 하는 수행불자들은 오직 무상(無上)의 도(道)인 아뇩다라삼먁삼보리(阿耨多

羅三邈三菩提)를 깨닫기 위한 일념(一念)으로 수행(修行)을 할 때 마음이 굴복된다는 말씀입니다. 부처님께서 중생(衆生)이라 말씀을 자주 하시는데 불자들은 중생(衆生)을 단순히 사람들이라고 알고 있습니다. 그런데 부처님께서 말씀하시는 중생(衆生)의 의미를 올바로 이해를 하지 못한다면 해탈(解脫)은 물론 성불(成佛)을 할 수가 없습니다. 중생(衆生)이라는 단어 속에는 아주 심오(深奧)한 뜻이 내포(內包)되어 있습니다. 중생(衆生)이라는 단어를 사전에서 찾아보면 "생존하고 있는 무리, 살아있는 무리" 등으로 기록되어 있는데 부처님께서 말씀하시는 중생은 부처님의 구제(救濟)의 대상(對象)인 인간의 존재들을 말하고 있습니다. 때문에 세존께서 말씀하시는 중생(衆生)은 습생(濕生)과 난생(卵生)과 태생(胎生)으로 모두 제도(濟度)할 인간의 존재를 차원적으로 분리하여 말씀하신 것입니다. 그러나 화생(化生)은 성불(成佛)한 부처님이기 때문에 제도(濟度)의 대상에서 제외되어야 합니다.

이렇게 부처님께서 말씀하시는 중생은 태생에만 국한(局限)해서 말씀하신 것이 아니라 중생들의 내면(內面)의 상태(狀態)에 따라 여러 종류(습생, 난생, 태생)로 분리하여 말씀하고 있습니다. 그런데 오늘날 불자들은 지금도 중생이라는 뜻을 태에서 나온 인간들만이 중생으로 알고 있습니다. 이렇게 중생들이 겉으로는 모두 사람의 탈을 쓰고 있으나 내면(內面)의 상태는 차원에 따라 각기 다른 것입니다. 왜냐하면 주역을 통해서 보듯이 이 세상에 태어나는 사람들이 모두 각기 자신의 띠(상태)를 가지고 태어나는데 예나 지금이나 사람의 띠를 가지고 태어나는 사람은 한 사람도 없고 모두 짐승의 띠를 가지고 태어나기 때문입니다. 왜냐하면 짐승들이 해탈하여 인간, 즉 보살이나 부처님이 되면 윤회(輪廻)되는 이 세상에서 벗어나 다시 태어나지 않기 때문입니다.

십이지(十二支) : 쥐(子) 소(丑) 호랑이(寅) 토끼(卯) 용(辰) 뱀(巳) 말(午) 양(未) 원숭이(申) 닭(酉) 개(戌) 돼지(亥)

상기의 십이지는 이 세상에 태어나는 중생들의 내면의 상태를 각종짐승으로 비유하여 표시한 것입니다. 이렇게 내면이 각종짐승들의 상태로 태어난 중생들은 이 세상사는 동안에 반드시 부처님의 말씀과 수행의 과정을 통해서 해탈(解脫)하여 사람으로 다시 태어나야 하는 것입니다. 부처님은 짐승의 상태에서 해탈(解脫)하여 인간이 된 보살(菩

薩)이나 부처만을 사람으로 인정을 하십니다. 그러므로 무명(無明)의 중생들은 이 세상사는 동안 반드시 부처님의 말씀을 통해서 해탈(解脫)하여 부처가 되어야 하는 것입니다. 이 때문에 부처님은 무명(無明)의 중생이 해탈(解脫)하여 부처가 되는 길을 반야심경(般若心經)의 육바라밀(六波羅蜜)을 통해서 불자들에게 이미 알려주신 것입니다.

부처님은 중생들이 살아가는 세계를 반야심경(般若心經)을 통해서 육계(六界)로 나누어 말씀하시며 부처가 되는 길은 육바라밀(六波羅蜜)이라 말씀하고 있습니다. 부처님께서 말씀하시는 육계(六界)는 이 세상에 살고 있는 중생들을 상태와 차원에 따라 여섯 차원으로 분류해서 말씀하신 것입니다. 육계(六界)는 지옥계(地獄界), 아귀계(餓鬼界), 축생계(畜生界), 수라계(修羅界), 인간계(人間界), 천상계(天上界)를 말하고 있으며 지옥(地獄)에서 나와 천상(天上)으로 오르는 성불(成佛)의 길은 보시(布施), 지계(持戒), 인욕(忍辱), 정진(精進), 선정(禪定), 지혜(智慧)라고 말씀하고 있는데 이를 육도(六度)라 말합니다.

그런데 무명(無明)의 중생들은 이러한 자신의 존재나 중생에서 벗어나는 성불(成佛)의 길도 모르고 이 세상을 오고 가며 생로병사(生老病死)의 윤회(輪廻) 속에서 살다가 허무하게 죽어가는 것입니다.

때문에 부처님께서 무명(無明)의 중생들에게 해탈(解脫)하여 성불(成佛)하는 길을 반야심경(般若心經)의 육바라밀(六波羅蜜)을 통해서 가르쳐주신 것입니다. 그러면 중생들이 살고 있는 육계(六界)는 어떤 곳을 말하며 육계에서 벗어나는 길인 육바라밀(六波羅蜜)은 구체적으로 어떤 길을 말할까요?

그런데 놀랍게도 부처님께서 말씀하시는 성불의 길은 성경 창세기 1장에 이미 기록되어 있는 천지창조(天地創造), 즉 하나님이 육일동안 말씀으로 땅을 하늘로 창조하시는 것과 동일하다는 것입니다. 왜냐하면 창세기는 하나님(반야)께서 땅에 속한 중생들을 육일동안(여섯 과정) 말씀으로 물고기를 기는 짐승으로 기는 짐승을 들짐승으로 들짐승을 육축으로 육축을 여자로 여자를 남자로 창조하여 하늘에 속한 하나님의 아들로 창조하고 있기 때문입니다. 이것은 불경(佛經)에 기록된 부처님의 말씀이나 성경(聖經)에 기록된 예수님의 말씀이나 모두 동일한 시대신주(是大神呪) 곧 유일신(唯一神)인 하나님(반야)의 말씀이라는 것을 말해 주는 것입니다. 그러면 이제부터 부처님께서 반야심경(般若心經)을 통해서 가르쳐주신 육바라밀(六波羅蜜),

즉 무명(無明)의 중생들이 지옥계(地獄界)에서 벗어나 해탈(解脫)하여 천상(天上)에 올라 부처가 되는 길을 자세히 알아보기로 하겠습니다.

육계(六界)와 육바라밀(六波羅蜜)

1. 지옥계(地獄界) : 지옥에서 벗어나는 길 – 보시(布施)

지옥(地獄)이라는 단어를 문헌(文獻)에서 찾아보면 지하에 있는 감옥, 고통이 가득한 세계, 현생에 악업을 행한 자들이 사후에 고통 받는 곳 등으로 나타나 있습니다. 이 때문에 오늘날 불교인들이나 기독교인들이나 한결같이 지옥은 현생에서 죄를 범한 사람들이 죽은 후에 가서 고통 받는 곳으로 알고 있습니다. 즉 지옥은 뜨거운 불가마 속과 같은 곳으로 귀신들이나 독사 같은 뱀들이 사람들에게 고통을 주는 곳으로 알고 있다는 것입니다.

그러나 부처님은 지옥을 장소적 개념보다 존재(存在)적 개념으로 말씀하고 있습니다. 부처님께서 말씀하시는 지옥(地獄)이란 마음속의 탐, 진, 치(貪, 瞋, 癡)로 인한 악업(惡業)에 의해서 육신의 고통과 정신적 고통을 받고 살아가는 중생들을 지옥(地獄)이라 말씀하고 있는 것입니다. 즉 혼이 육신에 갇혀서 몸에 종노릇하고 살아가는 존재들을 지옥이라 말합니다.

그런데 부처님께서 말씀하시는 지옥(地獄)은 삼악도(三惡道)의 하나로서 자신이 지은 악업(惡業) 때문에 온갖 고통을 받으며 살아가는 존재들을 말하고 있습니다. 이러한 지옥은 내생에는 물론 현생에도 분명히 존재하고 있다는 것을 알아야 합니다. 결국 지옥(地獄)이나 극락(極樂)은 전생이나 현생이나 내생에 항상 동일하게 존재하고 있다는 것입니다.

　부연(敷衍)하면 지옥은 글자 그대로 땅(地)에 갇혀있다(獄)는 말인데 부처님께서 말씀하시는 지옥의 진정한 의미는 사람의 영혼이 육신 안에 갇혀있는 상태를 말합니다. 왜냐하면 인간의 존재는 본래 흙으로 창조된 땅, 즉 지수화풍(地水火風)의 존재이기 때문에 땅에 갇혀있다는 말은 곧 몸 안에 영혼이 갇혀있다는 뜻입니다.

　결국 지옥은 자신의 영혼이 세상에 대한 집착(執着)때문에 육신에 사로 잡혀서 몸의 노예가 되어 살아가고 있는 존재들을 말합니다. 그러므로 해탈(解脫)이란 욕심으로 인해 육신 안에 갇혀있던 영혼이 몸의 집착(執着)에서 벗어나 자유자재(自由自在)하면서 몸을 굴복시키고 다스리는 상태를 말하는 것입니다. 이렇게 해탈(解脫)하신 부처님들은 육신에 갇혀있던 영혼이 육신으로부터 벗어나 자유자재(自由

自在)하는 존재들을 말합니다.

중생들은 자신 안에 있는 욕심, 즉 탐(貪), 진(瞋), 치(癡) 때문에 항상 번뇌망상(煩惱妄想)의 고통과 생로병사(生老病死)가 계속되는 윤회(輪廻)의 사슬에 매여서 살고 있습니다. 이렇게 현생의 지옥(地獄)은 전생(前生)에서 지은 악업(惡業)과 현생에서 짓고 있는 악업으로 인하여 지옥(地獄)과 같은 고통을 받으며 살아가고 있는 사람들을 말합니다. 이런 자들이 현생에서 선업(善業)을 쌓아 지옥에서 벗어나지 못하고 죽는다면 그 영혼은 내생(來生)에 더 깊은 지옥으로 떨어져 더 큰 고통을 받고 살게 되는 것입니다. 즉 이 세상을 살면서 지옥에서 벗어나지 못하고 죽는 영혼은 내생에도 열악(劣惡)한 육신의 몸을 갖고 태어나 지옥과 같은 환경 속에 다시 태어나게 된다는 것입니다.

그런데 만일 현생에서 육바라밀(六波羅蜜)을 열심히 행하여 해탈(解脫)이 된다면 현생에서도 극락(極樂)과 같은 삶을 살 뿐만 아니라 내생에 다시 윤회(輪廻)하지 않는 천상(天上)으로 올라가 부처님들과 함께 영원히 살게 되는 것입니다.

이렇게 지옥(地獄)은 욕심 때문에 육신의 고통과 번뇌(煩惱) 망상(妄想)의 고통을 받고 살아가는 존재들을 말하며 극락(極樂)은 현생에서 육바라밀(六波羅蜜)의 과정을 모두 마치고 해탈(解脫)하여 성불(成佛)한 부처님을 말씀하고 있습니다. 결국 부처님께서 육바라밀(六波羅蜜)을 통해서 말씀하고 계신 지옥(地獄)은 육신의 고통과 정신적인 고통 속에서 죽지 못해 살아가는 자들, 즉 현생에서 지옥과 같은 삶을 살고 있는 존재들을 말씀하고 있습니다. 그런데 지옥(地獄)도 다 같은 지옥이 아니라 사람의 상태와 차원에 따라 각기 다른 지옥으로 구분됩니다. 즉 사람들이 지은 죄의 양과 질에 따라 상(上) 지옥(地獄), 중(中) 지옥(地獄), 하(下) 지옥(地獄)으로 구별되어 있다는 것입니다.

이렇게 하(下) 지옥(地獄)은 태어날 때부터 기형아나 저능아로 태어나 평생을 멸시(蔑視)와 천대(賤待)를 받으며 매우 심한 고통 속에서 살아가는 사람들을 말하며, 중(中) 지옥은 종이나 노동자의 신분으로 태어나 평생을 육신적인 고통을 받고 살아가는 자들을 말하며, 상(上) 지옥은 정신적인 고통은 받으나 비교적 편안한 삶을 살아가는 자들을 말합니다.

현생에 지옥 속에서 살아가는 자들은 전생에서 탐(貪), 진(瞋), 치(癡)로 인한 욕심 때문에 악업(惡業)을 쌓고 살다가 이생에 태어난 자들입니다. 결국 중생들은 전생에 지은 악업을 현생에서 받고 현생에서 지은 악업은 내생에서 받게 되는 것입니다.

이렇게 지옥계는 사람들 안에 자리 잡고 있는 삼독(三毒), 즉 탐(貪), 진(瞋), 치(癡)의 척도(尺度)에 따라 결정되어 지는데 탐, 진, 치란 사람이 가지고 있는 욕심과 분냄과 어리석음을 말합니다. 사람들이 이 세상을 살아가면서 괴로움과 고통을 받는 근본적 원인은 모두가 삼독(三毒)인 탐, 진, 치 때문입니다. 그러므로 불자들이 흔히 말하는 삼재(三災)란 탐(貪), 진(瞋), 치(癡)로 인해 발생된 모든 재앙(災殃)들을 일컫는 말입니다.

이렇듯 지옥(地獄) 속에 살고 있는 중생들은 탐, 진, 치로 인한 삼재(三災)의 고통 속에서 지옥을 오르락 내리락 하면서 윤회(輪廻)하고 있는 것입니다. 그러므로 지옥의 고통에서 영원히 벗어나려면 먼저 자신 안에 자리 잡고 있는 탐, 진, 치를 분명하게 알아야 합니다. 그런데 불행한 것은 대부분의 불자들이 악업(惡業)의 근원이 되는 탐, 진, 치를 분명하게 모르는 상태에서 신앙생활을 하고 있습니다.

탐(貪)이란 인간내면에 자리 잡고 있는 욕심을 말씀하는 것이며 진(瞋)이란 사람들의 성급한 성격, 즉 혈기로 인한 성냄을 말합니다. 그런데 무엇 때문에 욕심이 생겨나고 혈기가 일어나는가 하면 치(癡) 때문에 일어난다는 것입니다. 왜냐하면 모든 고통과 괴로움은 욕심과 분을 억제하지 못하기 때문에 일어나는데 탐(貪)과 진(瞋)의 근원이 바로 치(癡) 곧 어리석음이기 때문입니다.

치(癡)란 인간의 어리석음을 가리키는 말인데 이 어리석음은 인간의 무지(無知), 즉 무식(無識)한 사람을 말합니다. 사람들이 욕심을 내고 혈기를 부리는 것은 결국 부처님의 뜻과 진리를 모르는 무지(無知) 때문입니다. 그러므로 부처님께서 이렇게 무지한 중생들을 가리켜 무명중생(無明衆生)이라 말씀하신 것인데 무명(無明)이란 빛이 없는 어두운 상태를 말하며 빛이 없다는 말은 곧 부처님의 진리(眞理)가 없다는 말입니다. 결국 지옥(地獄)이란 진리의 빛이 없는 어둠 속에서 악업(惡業)으로 인해 고통을 받고 살아가는 중생들의 세계를 말하는 것입니다.

그러므로 무명(無明)의 중생들이 지옥의 고통에서 벗어나려면 탐(貪), 진(瞋), 치(癡)를 버리고 자비심(慈悲心)을 가져야 합니다. 자비심(慈悲心)이란 상대방을 이해하고 감싸며 긍휼과 사랑하는 마음으로 베푸는 것입니다. 이렇게 지옥에서 벗어나려면 취하려는 욕심을 버리고 항상 베풀며 살아가야 합니다. 왜냐하면 전생에서 지은 악업은 현생에서 선업(善業)으로 갚아야만 자신이 지은 죄업(罪業)들이 모두 사(赦)해질 수 있기 때문입니다. 때문에 부처님께서 지옥(地獄)에서 벗어나는 길을 보시(布施)라 말씀하신 것입니다.

그런데 욕심으로 가득 차 있는 중생들이 보시를 행하며 살아간다는 것은 그리 쉬운 일이 아닙니다. 왜냐하면 지금까지 도적 같은 욕심으로 남의 것을 취하며 살았지 베풀며 살아 보지 않았기 때문입니다. 또한 보시(布施)를 행하려면 반드시 자신의 헌신(獻身)과 희생(犧牲)이 따라야 하기 때문입니다. 그러나 소수의 불자들이지만 지금도 불쌍한 이웃이나 수행자들을 찾아서 보시(布施)를 행하면서 살아가는 자들이 있습니다.

결국 지옥(地獄)에서 나올 수 있는 길은 지옥계에서 선한 마음을 가지고 고통 받는 이웃을 돌보며 보시(布施)를 행하는 것입니다. 이렇게 중생들이 지옥에서 벗어나는 길은 육바라밀의 첫 단계이며 첫 관문(關門)인 보시(布施)를 끊임없이 행해야 하는 것입니다. 그런데 부처님께서 말씀하고 있는 보시는 자신이 복을 받기 위하여 욕심을 가지고 행하는 보시(布施)가 아니라 아무런 조건이나 사심(私心) 없이 진실한 마음으로 베푸는 것을 말합니다.

이렇게 부처님의 뜻에 따라 진실한 마음으로 가난한 이웃들이나 수행자들을 도우며 보시 행으로 공덕(功德)을 쌓은 자들이 지옥(地獄)에서 벗어나 아귀계(餓鬼界)로 들어가게 되는 것입니다.

2. 아귀계(餓鬼界) : 아귀계(餓鬼界)에서 벗어나는 길 – 지계(持戒)

　아귀계(餓鬼界)란 어떤 세계를 말하며 아귀란 무슨 뜻일까? 아귀(餓鬼)란 단어의 뜻은 "굶주려 음식물을 찾는 자, 기갈로 고통을 받고 있는 자, 음식에 걸신들린 자" 등의 의미입니다. 며칠 굶은 사람이 미친 듯이 밥을 먹는 것을 보면 아귀같이 먹는다는 말을 합니다. 이렇게 먹을 것을 탐하는 자, 즉 식탐(食貪)이 많은 자들을 가리켜 아귀(餓鬼)라 말합니다.

　그런데 지옥계(地獄界)에서 보시행(布施行)을 마치고 아귀계(餓鬼界)로 나온 자들이 다시 식탐을 한다면 전혀 이치(理致)에 맞지 않습니다. 그러므로 부처님께서 말씀하신 아귀(餓鬼)의 진정한 뜻은 육신의 양식에 굶주린 자들을 가리키는 말이 아니라 진리(眞理)에 굶주린 자, 즉 부처님의 말씀에 갈급한 자들을 말합니다. 왜냐하면 이들이 지옥(地獄)에서 아귀계(餓鬼界)로 나온 것은 육신의 양식이 없어 나온 것이 아니라 부처님의 말씀을 찾아 나왔기 때문입니다. 이렇게 아귀계(餓鬼界)에 있는 자들은 육신의 양식에 굶주린 자들이 아니라 부처님의 말씀이 없어 걸신들린 귀신처럼 갈급한 마음으로 부처님의 진리를 찾아 헤매는 자들을 말합니다. 그러므로 아귀계(餓鬼界)는 지옥계에서 벗어난 자들이 천상계(天上界)에 오르기 위해 부처님의 말씀을 열심히 먹고(듣고) 있는 수행자(修行者)들의 세계를 뜻하는 말입니다.

이와 같이 아귀(餓鬼)들이 원하고 찾는 것은 육신의 양식 혹은 이 세상의 지식이나 부귀영화가 아니라 오직 부처님께서 주시는 계율이며 부처님의 가르침을 받아 그의 뜻대로 수행하는 것입니다.

아귀들이 축생계(畜生界)로 나아가려면 부처님의 계율을 받아 열심히 정진수행을 해야 합니다. 왜냐하면 부처님의 계율(戒律)에 따라 강도 높은 훈련과 연단을 받지 않으면 지옥계(地獄界)에서 탐(貪), 진(瞋), 치(癡)로 인해 굳어진 마음이 절대로 부서지지 않기 때문입니다. 이렇게 아귀(餓鬼)들은 삼독(三毒)인 탐, 진, 치를 날마다 버리고 부처님의 계율(戒律)에 따라 정진수행(精進修行)을 하며 살아가는 자들입니다.

때문에 부처님께서 아귀계(餓鬼界)에서 축생계(畜生界)로 나가는 길을 지계(持戒)라고 말씀하신 것입니다. 그러므로 아귀들은 오직 부처님의 계율(戒律)을 받아서 지키며 그 계율에 따라 끊임없이 정진수행을 해야 하는 것입니다.

그런데 부처님의 계율을 받기 위해서는 먼저 삼귀의(三歸依)를 해야 합니다.

삼귀의(三歸依)

삼귀의(三歸依)는 삼보(三寶)이신 불(佛), 법(法), 승(僧)에 돌아가서 삼보(三寶)를 의지하며 수행하는 것을 말합니다.

첫째 : 귀의 불(歸依佛) - 부처님(佛)께 돌아와서 부처님을 의지하겠습니다.
둘째 : 귀의 법(歸依法) - 부처님의 법으로 돌아와 계율(法)을 의지하겠습니다.
셋째 : 귀의 승(歸依僧) -승단(僧團)으로 돌아와 스님(僧)께 의지하겠습니다.

상기와 같이 무명(無明)의 중생들이 해탈(解脫)의 길을 가려면 먼저 삼보(三寶)이신 불(佛), 법(法), 승(僧)에 귀의(歸依)를 하여 가르침에 따라 수행(修行)을 해야 합니다. 불(佛)법(法)승(僧)에 따라 수행을 하려면 제일 먼저 승단(僧團)에 계신 스님을 찾아가서 스님의 가르침을 받아야 하며 둘째는 부처님의 법(法)인 계율(戒律)을 지키며 수행을 해야 하며 셋째는 살아계신 생불(生佛)을 찾아 생불(生佛)의 가르침을 받아야 하는 것입니다.

　이렇게 삼귀의(三歸依)를 하여 부처님의 법(法)인 계율(戒律)에 따라 정진수행(精進修行)을 하고 있는 자들이 바로 아귀(餓鬼)들입니다. 아귀들이 수행의 과정을 걸어가면서 반드시 지키며 수행해야할 부처님의 계율(戒律)은 곧 십계(十戒)입니다. 그런데 부처님께서 지키라고 명하신 십계(十戒)를 오늘날 스님들이나 수행자들이 세상의 윤리도덕(倫理道德)이나 세상의 법(法)정도로 알고 지키고 있는 것입니다. 왜냐하면 부처님께서 지키라고 명하신 계율(戒律)도 모두 화두(話頭)로 되어 있기 때문에 혜안(慧眼)이 없는 스님이나 불자들은 십계(十戒) 속에 감추어져 있는 깊은 뜻을 알 수가 없기 때문입니다. 때문에 지금 십계(十戒)를 윤리도덕(倫理道德)이나 세상의 법(法)으로 알고 지키는 스님들이나 불자들은 해탈(解脫)이 되지 않는 것은 물론 아귀계(餓鬼界)에서 벗어나지도 못하고 있는 것입니다.

　그러므로 이제부터 아귀(餓鬼)들이 지켜야하는 십계(十戒)와 십계(十戒) 속에 감추어진 화두(話頭)의 비밀을 자세히 말씀드리기로 하겠습니다.

십계(十戒)

첫째, 불살생계(不殺生戒) : 산목숨을 죽이지 말라

부처님께서 "산목숨을 죽이지 말라"는 말씀은 살아있는 생물은 모두 죽이지 말라는 뜻입니다. 이 말은 동물이나 곤충들에게 국한된 것이 아니라 생명을 가진 식물도 죽이지 말라는 뜻으로 생각할 수 있습니다. 왜냐하면 식물도 살아있는 생명체이기 때문입니다. 이 때문에 스님들이나 수행불자들은 이 계율(戒律)을 지키기 위해 살아 있는 짐승들은 물론 파리나 모기 한 마리도 죽이지 않고 있습니다. 그런데 스님들이 살아있는 채소나 나물들은 마음대로 채취하여 먹고 있습니다. 이러한 행위는 부처님의 계율(戒律)을 반쪽만 지키는 것이라 생각할 수 있습니다.

그러나 부처님께서 "산목숨을 죽이지 말라"는 진정한 뜻은 생명을 가진 곤충이나 짐승 혹은 식물들을 죽이지 말라는 뜻이 아니라 사람의 영혼을 죽이지 말라는 뜻으로 하신 말씀입니다. 이 때문에 성경에 기록된 십계명(十誡命)에는 "살생(殺生)하지 말라"가 아니라 "살인(殺人)하지 말라"로 기록되어 있는 것입니다. 그러므로 이 계율(戒律)에 숨겨진 화두(話頭)의 비밀은 사람들의 영혼을 죽이지 말고 구원하고 살려서 모두 부처를 만들라는 뜻입니다.

둘째, 불투도계(不偸盜戒) : 훔치거나 도둑질하지 말라

　오늘날 스님들이나 불자들은 부처님께서 훔치지 말라는 둘째 계율(戒律)의 뜻을 단순히 세상에 있는 다른 사람의 물건이나 돈을 도둑질 하지 말라는 의미로 알고 있습니다. 그러나 부처님께서 남의 것을 훔치지 말라는 진정한 뜻은 세상에 속한 물건이나 재물을 훔치지 말라는 것이 아니라 부처님의 말씀을 도둑질하여 자기 것으로 만들지 말라는 뜻입니다. 그런데 어떤 몰지각한 스님들은 부처님의 말씀을 도둑질 하여 자기의 것으로 만들어놓고 도둑질한 말씀을 가지고 불자들의 재물을 탈취하고 영혼까지 죽이고 있는 것입니다. 이 때문에 부처님은 지금도 너희는 나의 것을 도둑질 하지 말라고 명하고 계신 것입니다.

　성경 십계명(十誡命)에는 이 계율이 "도둑질 하지 말라"로 기록되어 있는데 이는 "훔치지 말라"는 말씀과 동일한 것입니다.

셋째, 불음계(不淫戒) : 음행(淫行)을 하지 말라

　부처님께서 음행(淫行)을 하지 말라는 뜻은 "간음을 하지 말라"는 의미입니다. 부처님의 이 계율(戒律)을 지키기 위해 신실(信實)한 스님들이나 수행을 하는 불자들은 끓어오르는 정욕도 참아가며 음행(淫行)을 하지 않으려고 많은 노력을 하고 있습니다. 그러나 부처님이 불자들에게 음행을 하지 말라는 진정한 뜻은 여자를 취하여 간음(姦淫)을 하지 말라는 뜻이 아니라 부처님의 말씀을 취하여 자기 사리사욕(私利私慾)을 채우지 말라는 뜻입니다. 그럼에도 불구하고 오늘날 일부의 패역한 스님들은 부처님의 말씀을 취하여 자신의 사리사욕을 취하려고 얼마나 애를 쓰고 있습니까?

　오늘날 부패한 스님들이 영혼을 구제한다는 명목으로 사찰(寺刹)이나 선원(禪院) 혹은 포교당(布敎堂)들을 세워놓고 자기 욕심을 채우기 위해 부처님의 말씀을 팔아서 사찰(寺刹)을 대형화(大型化)해가며 심지어 기업화(企業化)해가고 있는 것을 볼 수 있습니다. 이러한 스님들이 바로 음행(淫行)을 하는 자들입니다. 이 때문에 부처님께서 음행을 하지 말라는 뜻은 부처님의 말씀을 취하여 자기 욕심을 채우지 말라는 뜻입니다. 성경에 기록된 십계명(十誡命)에는 이 계율(戒律)이 "너희는 간음하지 말라"고 기록되어 있습니다.

넷째, 불망어계(不妄語戒) : 거짓말을 하지 말라

오늘날 불자들은 부처님께서 "거짓말하지 말라"는 계율(戒律)을 단순히 사람들 간에 거짓말을 하지 말라는 정도로 알고 있습니다. 그러나 부처님께서 거짓말을 하지 말라는 진정한 의미는 부처님의 말씀을 더하고 감하여 만든 비진리, 즉 왜곡(歪曲)된 교리나 계율(戒律)을 가지고 거짓증거를 하거나 불자들을 가르치지 말라는 뜻입니다. 이 말씀의 진정한 뜻은 부처님의 말씀으로 죽어가는 영혼들을 구제하고 살려서 생로병사(生老病死)의 윤회(輪廻)에서 벗어나게 하여 모두 부처를 만들라는 것인데 이러한 부처님의 뜻을 망각하고 부처님의 말씀을 모두 기복으로 바꾸어 불자들에게 오히려 욕심을 불어넣고 있는 것입니다.

오늘날 스님들이 신도들에게 부처님을 잘 믿고 시주(施主)를 많이 하면 부처님으로부터 많은 복을 받아 잘 살 수 있고 모든 일도 잘 된다고 미혹하며 운수대통(運數大通) 만사형통(萬事亨通)의 복을 빌어주는 것이 바로 부처님의 말씀을 왜곡(歪曲)하여 거짓증거를 하는 행위입니다. 부처님은 이러한 행위를 하는 자들에게 "거짓말을 하지 말라"고 엄히 명하시는 것입니다. 성경에는 이 계율을 "너희는 거짓증거 하지 말라"로 기록되어있는데 이는 동일한 말씀입니다. 하나님께서 하나님의 백성들에게 거짓증거를 하지 말라고 명하시는 것은 오늘날 목회자들도 거짓증거를 하고 있기 때문에 하시는 말씀입니다.

다섯째, 불음주계(不飮酒戒) : 술을 마시지 말라

다섯째 계율(戒律)은 부처님께서 불자들에게 "술 마시지 말라"는 말씀입니다. 이 때문에 스님들은 술을 마시지 않는데 어떤 스님은 술은 마시지 않아도 곡차(곡주)는 마시는 분들이 있습니다. 그런데 부처님께서 마시지 말라는 술은 세인들이 즐겨 마시는 술을 말씀하신 것이 아닙니다. 부처님이 말씀하시는 술은 누룩이 섞여 있는 말씀, 즉 부처님의 정확무오(正確無誤)한 말씀을 가감(加減)시켜 만들어 놓은 오염(汚染)된 비진리를 받아먹지 말라는 뜻입니다. 왜냐하면 수행불자들이 오염된 비진리를 먹으면 비진리에 의식화(意識化)되어 부처님의 말씀을 받아들일 수 없고 해탈(解脫)에도 이를 수 없기 때문입니다.

　이 때문에 마시는 술은 먹어도 큰 문제가 없지만 가감된 비진리를 먹으면 영원히 구제받지 못하고 멸망하게 되는 것입니다. 이렇게 부처님께서 "술을 마시지 말라"는 뜻은 오염된 비진리를 받아먹지 말라는 뜻입니다. 이렇게 부처님께서 말씀하시는 술은 부처님의 말씀을 가감시켜 만든 비진리, 즉 사람들이 영리를 취하기 위해서 부처님의 말씀을 가감시켜 만들어놓은 각종 교리(敎理)나 규범(規範) 혹은 제도(制度)나 각종 의식(儀式)들을 말합니다. 그러므로 오늘날 불자들은 오직 부처님의 말씀과 계율(戒律)만을 받아 마음속에 간직하고 부처님의 말씀에 따라서 신앙생활(信仰生活)을 해야 합니다.

여섯째, 불도식향만계(不塗飾香鬘戒) : 치장을 하거나 향을 바르지 말라

　여섯째 계율(戒律)은 "치장을 하거나 향을 바르지 말라"는 말씀입니다. 이 말씀은 수행불자에게 화려한 옷을 입거나 장신구를 달아 몸을 꾸미지 말며 얼굴이나 머리에 향이나 기름을 바르지 말라는 뜻으로 생각할 수 있습니다. 그러면 비구니(比丘尼)나 불자들은 절대로 얼굴에 화장을 하거나 향을 바를 수도 없는 것입니다. 그러나 부처님은 그러한 뜻으로 말씀하신 것이 아니라는 것입니다.

불자들이 반드시 알아야 할 것은 부처님이 하신 모든 말씀들은 세상에서 일어나는 일들을 말씀하신 것이 아니라 모두 해탈(解脫)이나 진리와 관계되는 말씀을 하고 있다는 것을 알아야 합니다. 왜냐하면 부처님은 진리이시고 또한 부처님은 오직 시대신(是大神)이신 반야(般若)의 뜻을 행하고 이루시는 분이시기 때문입니다. 그러므로 부처님께서 치장을 하거나 향을 바르지 말라는 것은 스님이나 불자들의 몸을 치장을 하거나 얼굴과 머리에 향을 바르지 말라는 뜻이 아니라 부처님의 몸이나 얼굴에 치장을 하거나 향을 바르지 말라는 뜻입니다. 그런데 부처님은 진리이시기 때문에 부처님의 몸을 치장하거나 얼굴에 향을 바르지 말라는 뜻은 곧 부처님의 말씀을 가감(加減)하여 미화(美化)시키지 말라는 뜻입니다. 그럼에도 불구하고 불교를 통해서 스님들이 부처님의 말씀을 가감(加減)하여 불교의 교리(教理)를 만들고 제도(制度)를 만들어 놓고 수행자나 불자들에게 각종교리(各種教理)와 전통의식(傳統儀式)을 가르치고 있는 것입니다. 그뿐만 아니라 오늘날 스님들은 부처님의 각종 형상까지 만들어 놓고 부처님의 몸과 얼굴을 금과 보석으로 장식하여 아름답게 꾸미고 있는 것입니다. 이렇게 부처님의 말씀을 가감(加減)하거나 부처님의 형상(形狀)을 만들어놓고 치장을 하는 행위들은 모두 부처님의 계율(戒律)을 범하고 있는 행위들입니다.

일곱째, 불가무관청계(不歌舞觀聽戒) : 노래하는 것이나 춤추는 것을 보거나 듣지 말라

부처님께서 "노래하는 것이나 춤을 추는 것은 보지도 말고 듣지도 말라"고 말씀하십니다. 왜 그럴까요? 오늘날 사람들의 세상사는 즐거움은 열린 음악회나 가요무대 등을 통해서 노래를 듣는 것이며 텔레비전이나 극장을 통해 무희들의 춤추는 것을 보고 즐거워하는 것입니다. 그러면 이 계율은 수행불자들에게만 국한해서 하시는 말씀이라 생각할 수 있습니다. 그러나 부처님께서 노래하는 것이나 춤추는 것을 보거나 듣지 말라는 뜻은 세상 사람들이 하는 노래나 춤을 보거나 듣지 말라는 뜻이 아니라 부처님이 가르쳐 주신 말씀의 의미나 뜻도 모르고 제멋대로 설법을 하거나 그 잘못된 설법을 듣고 즐겁다고 춤을 추는 사람들을 보지 말고 그들이 전하는 말도 절대로 듣지 말라는 뜻입니다. 왜냐하면 잘못된 설법을 듣거나 그들이 행하는 의식에 따라 신앙생활을 하면 영혼이 병들어 멸망하게 되기 때문입니다.

여덟째, 불좌고광대상계(不坐高廣大牀戒) : 높고 넓고 큰 평상에 앉지 말라

부처님은 여덟째 계율을 통해서 "높고 넓고 큰 평상에 앉지 말라"고 하십니다. 부처님이 말씀하시는 큰 평상은 커다란 식탁을 말하는 것이 아니라 사람이 앉기도 하고 누워 잠을 잘 수도 있는 평상을 말하고 있습니다. 그러면 부처님께서 말씀하시는 높고 넓고 큰 평상은 어떤 상을 말하는 것일까요? 높은 것은 교만을 나타내고 넓은 것은 욕심을 말하며 평평한 큰상은 안일함이나 안주하는 것을 말하고 있습니다. 그러므로 부처님께서 높고 넓은 큰 평상에 앉지 말라는 진정한 뜻은 해탈을 위해 수행을 하는 불자들은 교만하지 말고, 욕심을 내지 말고, 지금 머물고 있는 곳에서 편안히 안주하지 말라는 뜻으로 하신 말씀입니다.

왜냐하면 수행불자들이 마음이 교만해지거나 탐심을 가진다면 지옥으로 떨어지게 되고 마음이 편안하면 나태하게 되어 수행의 길을 갈 수가 없기 때문입니다. 수행 불자들이 마음을 닦는다는 것은 곧 부처님의 말씀이나 법을 통해서 날마다 교만하고 강팍한 마음을 깨고 부수어 겸손하게 만드는 것입니다. 이 때문에 성경에도 마음이 교만한 자는 패망의 선봉에 있는 자라 말씀하고 있습니다.

아홉째, 불비시식계(不非時食戒) : 때가 아니면 먹지 말라

부처님은 "때가 아니면 밥을 먹지 말라"고 말씀하고 있습니다. 불자들은 이 말씀을 단순히 식사는 정해진 시간에 맞추어 하라는 뜻으로 알고 있습니다. 왜냐하면 식사를 제시간에 하지 않으면 소화불량이 생길 수 있고 식사를 준비하는 사람도 힘들어지기 때문입니다. 그런데 부처님께서 과연 식사를 제 시간에 맞추어 하라는 것을 계율로 말씀을 하셨을까 하는 것입니다. 왜냐하면 식사를 제때에 하라는 말은 자라면서 부모님으로부터 항상 들어온 말이며 병원의 의사들도 위장병이 있는 환자에게 자주 하는 말이기 때문에 부처님께서 때가 아니면 식사를 하지 말라는 말씀은 그러한 의미가 아니라 화두로 말씀하셨다는 것을 알아야 합니다. 왜냐하면 무명의 중생들이 먹는 양식은 밥이지만 수행불자들이 먹는 양식은 밥이 아니라 부처님의 말씀이기 때문입니다. 이 때문에 성경에도 하나님의 백성들이 먹고 사는 양식은 떡이 아니라 하나님의 입에서 나오는 말씀으로 사는 것이라 말씀하고 있습니다. 이와 같이 부처님께서 먹지 말라는 양식은 밥이 아니라 부처님의 입에서 나오는 말씀을 뜻하고 있는 것입니다.

그러므로 부처님께서 때가 아니면 먹지 말라는 말씀의 진정한 뜻은 부처님의 말씀이나 법이 아닌 비진리는 먹지 말라는 것입니다. 수행불자들이 만일 가감된 비 진리, 즉 오염(汚染)된 말씀을 먹으면 멸망을 받아 지옥(地獄)으로 들어가게 됩니다. 이 때문에 부처님은 아홉째 계율을 통해서 부처님의 말씀이 아닌 것, 즉 오염(汚染)된 부처님의 말씀이나 변질된 말씀은 절대로 먹지 말라는 뜻으로 말씀하신 것입니다.

열 째, 불축금은보계(不蓄金銀寶戒) : 금, 은, 보석을 모으지 말라

부처님께서 수행불자들에게 마지막으로 지키라고 주신 계율(戒律)은 "금이나, 은이나, 보화(寶貨)를 모으거나 쌓지 말라"는 것입니다. 부처님께서 금, 은, 보화를 쌓지 말라는 것은 불자들이나 스님들은 물론 수행자들의 마음속에도 금은보화(金銀寶貨)를 쌓으려는 욕심이 있기 때문입니다. 그러므로 수행자들은 절대로 금은보화에 탐(貪)을 내거나 축적(蓄積)을 하지 말라는 것입니다. 그런데 부처님께서 말씀하신 금이나 은이나 보화는 실제 금은보화를 말씀하신 것이 아니라 부처님의 말씀과 계율(戒律)을 화두(話頭)로 말씀하신 것입니다.

그러므로 수행자나 스님들은 그 말씀과 계율을 받아서 쌓아만 둘 것이 아니라 진리에 비추어 자신의 상을 깨고 부스면서, 또한 무지에서 벗어나지 못하는 무명의 중생들에게 부처님의 말씀과 계율을 나누어 주어 죽어가는 영혼들을 구제하는 이타행을 해야 하는 것입니다. 다시말해서 법보시를 행할 때 공덕이 쌓여 자신의 업을 상쇄 시킬 수있기 때문입니다.

그런데 부처님의 말씀과 법을 가감하여 만든 불교의

교리와 각종 제도를 머리에 쌓아 상을 만들어 가지고 있는 스님이나 불자들은 부처님의 뜻에 따라 해탈(解脫)하여 부처가 되려는 마음보다 부처님의 말씀을 이용하여 재물을 쌓아 세상에서 부귀영화(富貴榮華)를 누리려는 마음이 더 크기 때문입니다.

　오늘날 사찰들이 점차 세속화(世俗化)되고 기업화(企業化)되어 가고 있는 것은 스님들 안에 욕심이 자리잡고 있다는 것을 말해주는 것입니다. 때문에 옛 말에 스님이 염불에는 생각이 없고 잿밥에 가있다는 말이 있는 것입니다. 그러므로 부처님께서 마지막 계율을 통해서 수행불자들에게 금은보화를 쌓지 말라고 명하시는 것은 세속의 금은보화는 물론 부처님의 말씀으로 만들어 놓은 각종교리나 제도(制度)들을 쌓아 자기 안에 상을 만들지 말라는 것입니다.

　이상과 같이 부처님께서 수행불자들에게 지키라고 주신 십계는 세상의 윤리(倫理)나 도덕(道德)이나 세상의 법이 아니라 부처님의 말씀을 올바로 알고 올바로 지키며 수행하라는 뜻입니다. 오늘날 아귀(餓鬼)의 상태에서 수행을 하고 있는 스님들이나 수행자들은 부처님의 계율(戒律)을 지키기 위해서 많은 노력을 하고 있습니다. 이렇게 부처님의 계율(戒律)에 따라 수행을 하고 있는 자들은 살생(殺生)

하지 말라는 계율(戒律) 때문에 파리나 모기 한 마리도 함부로 죽이지 않으며 남의 물건을 훔치지 말라는 계율을 지키기 위해 땅에 떨어져 있는 동전 하나도 취하지 않습니다. 또한 음행(淫行)하지 말라는 계명을 지키기 위해 끓어오르는 정욕도 참고 살아갑니다.

그럼에도 불구하고 일부 패역한 스님들은 거짓말을 수시로 하며 육류도 거침없이 먹고 또 어떤 스님들은 술은 물론 간음까지 하는 스님들도 있습니다. 왜냐하면 이들은 부처님의 뜻을 이루려는 것이 아니라 자신의 욕심을 채우기 위해서 겉으로만 스님노릇을 하고 있는 자들이기 때문입니다. 오늘날 불교계가 점점 부패(腐敗)해가는 것은 부처님의 가르침에 따라 욕심을 버리려는 올바른 불자들보다 오히려 부처님을 통하여 욕심을 채우려는 자들이 더 많기 때문입니다. 이런 자들은 부처님의 계율(戒律)을 범한 죄의 형벌이 얼마나 크다는 것을 모르고 있기 때문입니다.

이와 같이 부처님께서 말씀하시는 계율은 지옥계에서 벗어난 아귀들에게 주시는 말씀으로 지옥에 속한 자들에게는 모두 화두(話頭)와 같은 말씀입니다. 이렇게 부처님의 계명들은 모두 세상의 윤리나 도덕 차원의 말씀들이 아니라 죽어가는 영혼들을 살리기 위해서 주시는 귀한 말씀들입니다. 그런데 일부의 스님들은 부처님의 거룩한 진리를 도적질하여 자기의 것으로 만들어 가지고 부처님을 찾아오는 불자들의 영혼과 재물을 갈취하는데 이용하고 있는 것입니다. 이런 자들이 바로 내생에 더욱 깊은 지옥에 들어가 큰 형벌을 받게 될 자들입니다.

　이러한 일들은 오늘날 기독교에서도 똑같이 일어나고 있는데 기독교의 목사들이 성경 말씀을 이용하여 수많은 영혼들을 죽이며 그들의 재산을 갈취하고 있는 것입니다. 이들 또한 내생에 더 깊은 지옥의 형벌을 받게 될 자들입니다. 그러므로 부처님께서 말씀하신 십계(十戒)의 말씀들은 표면(表面)에 나타난 문자 그대로를 본다면 누구나가 쉽게 알 수 있는 세상의 윤리도덕(倫理道德)과 같은 평범한 말씀 같으나 모두 화두(話頭)로 되어 있기 때문에 무명의 중생들로서는 도저히 알 수가 없는 것입니다. 이 때문에 대다수의 스님들이나 불자들은 이러한 부처님의 말씀들을 단순히 세상 차원의 교훈으로 오해하여 문자적으로 해석하여 지키고 있는 것입니다.

　이렇게 오늘날 불자들은 부처님의 계율(戒律)을 세상의 법이나 윤리도덕(倫理道德) 차원의 교리(教理)로 지키고 있기 때문에 평생 동안 신앙생활을 해도 해탈이 되지 않으며 천상(天上)에도 들어가지 못하는 것입니다.

그러므로 불자들이 해탈하여 부처가 되려면 먼저 오늘날 깨달으신 바른 스승(覺者)이나 생불을 찾아서 그의 가르침에 따라 수행을 해야 합니다. 왜냐하면 부처님의 말씀은 중생들에게는 모두 화두(話頭)와 같아서 혜안(慧眼)이 없이는 그 감춰진 뜻을 도저히 알 수 없기 때문입니다. 그러나 소수의 무리지만 지금도 깨달으신 부처님을 모시고 그의 가르침에 따라 수행정진을 하는 자들이 있습니다. 이렇게 계율을 따라서 수행하는 자들은 세상을 돌아보거나 세상 생각을 할 겨를조차 없이 오직 부처님의 법(眞理)만을 생각하며 강도 높은 훈련을 받고 있는 자들입니다.

이와 같이 아귀의 세계를 벗어나기 위해서는 부처님의 계율을 통하여 그동안 세상에서 쌓아 놓은 탐, 진, 치와 번뇌 망상을 모두 버려야 합니다. 이러한 수행과 훈련의 모든 과정을 마쳤을 때에 비로소 아귀계에서 벗어나 축생계로 들어가게 되는 것입니다.

3. 축생계(畜生界) : 축생의 탈을 벗는 길 - 인욕(忍辱)

축생(畜生)이라는 말은 소나 돼지나 양과 같은 짐승들을 가리키는 말인데 부처님께서 말씀하시는 축생은 실제 짐승들이 아니라 축생의 상태에 있는 중생들을 말합니다. 지금까지 지옥에 있는 중생들이 지옥에서 벗어나려면 보시(布施)를 열심히 행하여야 한다는 것과 아귀계로 나온 불자들은 부처님의 계율(戒律)인 십계(十戒)를 열심히 지키며 수행을 해야 아귀계(餓鬼界)에서 벗어나 축생(畜生)계로 들어갈 수 있다는 것입니다.

불자들은 이 말씀을 통해서 중생들이 한 세대를 살아가면서 깨달아 부처가 되는 것이 아니라 지옥계(地獄界)에서 벗어나 아귀계(餓鬼界)로 진입한다는 것도 얼마나 힘들고 어렵다는 것을 알아야 합니다. 이렇게 불자들이 천상에 올라 부처가 되려면 육바라밀(六波羅蜜)을 통해서 죄업을 씻으며 전생에 자신의 쌓아놓은 잘못된 고정관념(固定觀念)과 더러운 마음을 한 꺼풀씩 모두 벗어야 합니다. 이러한 과정을 통해서 전생과 현생의 악업(惡業)을 하나하나 벗고 부처님과 같이 정결한 마음이 될 때 천상(天上)에 올라 부처가 되는 것입니다. 그런데 안타까운 것은 대부분의 사람들이 지옥세계에서 아귀계로 한번 나와 보지도 못한 채 수 억겁을 지옥에서 오르락 내리락 하면서 윤회(輪廻)하고 있는 것입니다. 이렇게 중생들이 아귀(餓鬼)나 축생(畜生)의 상태에 이르기 위해서도 수많은 세대를 윤회(輪廻)하면서 힘든 수행의 과정을 거쳐야 하는 것입니다. 부처님께서는 축생(畜生)의 상태까지를 삼악도(三惡道)라고 말씀하시는데 삼악도란 삼악(三惡)과 삼도(三道)를 말합니다. 삼악(三惡)은 지옥의 악과 아귀(餓鬼)의 악과 축생(畜生)의 악을 말하며 삼도(三道)는 삼악에서 벗어나는 세 길을 말합니다.

삼도(三道)는 부처님께서 말씀하신 보시(布施), 지계(持戒), 인욕(忍辱)을 말하는데, 중생들이 삼악(三惡)에서 벗어나려면 삼도(三道)를 통해서 끊임없이 정진해야 하는 것입니다. 그런데 축생(畜生)계에 머물고 있는 수행자들이 축생계에서 벗어나려면 무엇보다 오래 참고 인내하는 인욕(忍辱)의 수행을 끊임없이 행해야 합니다. 그러므로 부처님께서 축생계에서 벗어나는 길을 인욕(忍辱)이라 말씀하신 것입니다.

축생(畜生)들이 받는 인욕(忍辱)은 수행과정에서 발생되는 각종 치욕과 모욕을 참고 견디는 것인데 이것은 마치 주인의 명령과 지시에 따라서 무조건 순종하며 살아가는 머슴이나 종과 같이, 혹은 군인이 되기 위하여 훈련소에서 모진 훈련을 받고 있는 훈련병과 같이 부처님의 계율(戒律)과 명령에 절대 복종을 하면서 모든 고통과 괴로움을 참는 것입니다.

축생(畜生)계에서 인욕(忍辱)의 과정을 받고 있는 수행자들은 실제의 축생들과 같이 때로는 주인의 무거운 짐을 등에 지고 열심히 걸어가는 나귀와 같이 혹은 멍에를 씌워 놓은 소가 묵묵히 밭을 가는 것과 같이 그리고 사람을 등에 싣고 채찍을 맞아 가며 정신없이 달려가는 말과 같이 무조건 순종하는 자들입니다. 또한 이들은 자기 주인의 식탁을 위하여 자신의 몸을 희생하는 돼지나 닭과 같이 그리고 제사상 위에 오르는 각종 해산물이나 과일과 같이 아무런 불평 없이 순종을 하며 제물까지 되어야 하는 것입니다.

이렇게 축생의 탈(脫)을 벗기 위해서는 수많은 치욕(恥辱)을 참으면서 인내(忍耐)해야 합니다. 짐승의 탈을 벗고 인간이 된다는 것은 무척이나 힘들고 어려운 일입니다. 결국 축생(畜生)의 상태에서 인간(人間)이 되기 위해서는 이러한 과정의 훈련을 통과하여 축생(畜生)의 속성(屬性)과 성품(性品)이 모두 죽어 없어질 때 부처님의 속성과 성품으로 다시 태어나게 되는데 이것을 부분적인 해탈이라 말합니다. 이와 같이 축생들이 축생의 탈을 벗고 인간이 되려면 반드시 인욕(忍辱), 즉 모든 굴욕을 참고 견디는 인내심(忍耐心)이 있어야만 합니다. 그런데 오직 육바라밀(六波羅蜜)을 따라 수행하고 있는 축생들이 참고 인내해야 할 인욕(忍辱)은 그 무엇보다 오염된 비진리를 가지고 신앙생활을 하고 있는 불자들로부터 오는 비난과 핍박을 견디어 내는 일입니다.

왜냐하면 부처님의 오류 없는 진리는 불교의 전통과 교리로 만들어진 비진리와 항상 대적관계에 있기 때문입니다. 이렇게 오직 부처님의 말씀만을 붙잡고 천상을 향해 달려가는 수행자들은 육신적인 고통을 참는 것보다 비진리를 소유하고 있는 자들로부터 오는 각종 핍박과 유혹을 참아내기가 더 어렵고 힘든 것입니다.

이러한 인욕(忍辱)의 과정을 모두 마친 자라야 비로소 축생의 탈(脫)을 벗고 수라(修羅)의 세계에 이르게 되는 것입니다. 이렇게 축생들이 수라계(修羅界)에 들어가기도 힘들고 어렵지만 천상에 올라 부처가 되려면 축생계에서 받는 고통보다 더 큰 고통들을 모두 참고 이겨내야 하는 것입니다.

4. 수라계(修羅界) : 인간으로 해탈하는 길 —정진(精進)

육바라밀(六波羅蜜) 중에 지옥, 아귀, 축생의 삼계를 형이하학적(形而下學的)인 육신과 정신세계라면 수라, 인간, 천상의 삼계는 형이상학적(形而上學的)인 정신과 마음의 세계라 할 수 있습니다. 이 말은 지옥, 아귀, 축생의 존재들은 육신과 생각을 정결케 하는 세계이며 수라계(修羅界)부터는 정신과 마음을 정결케 하는 세계라는 말입니다. 그러므로 삼악도(三惡道)에서 벗어나 수라계(修羅界)에 있는 수행자들은 날마다 더러운 마음을 깨끗하게 씻어 부처님의 마음과 같이 정결케 되어야 합니다. 수라(修羅)라는 말은 아수라(阿修羅)라는 단어의 준말로 단어의 뜻은 "싸우기를 좋아하는 귀신"이라는 말입니다.

아수라(阿修羅)라는 단어는 사람들이 많이 모인 장소에서 갑자기 화재나 폭발사고가 발생했을 때 출입구를 향해 속히 빠져 나오려고 정신없이 아우성치며 서로 뒤엉켜 몸싸움을 할 때 사용하는 말입니다. 그런데 부처님께서 말씀하시는 수라(修羅)의 뜻은 이러한 몸싸움이 아니라 수행자들이 전도된 몽상과 탐, 진, 치(貪, 瞋, 癡)로 인해 일어나는 번뇌망상(煩惱妄想)에서 하루속히 벗어나기 위해 자신과 싸우고 있는 자들을 가리키는 말입니다.

　이렇게 천상을 향해 가는 수행자들은 자신 안에서 일어나는 갈등과 더불어 세상으로부터 오는 각종 유혹과 싸우기 위해 항상 전쟁을 하게 됩니다. 그런데 만일 수행자가 이러한 싸움에서 패배하게 되면 파계승이 되어 속세로 돌아가게 되는 것입니다. 사람들이 십년공부 나무아미타불이라고 하는 말은 바로 이 싸움에서 패배한 파계승들의 입에서 나온 말입니다. 이렇게 마음을 닦는 수행자들은 자신 안에 자리 잡고 있는 욕심과 속세의 미련을 버리기가 힘들고 어렵다는 것입니다. 그런데 그동안 잘못된 불교의 교리와 제도의 틀 속에서 의식화(意識化)된 고정관념(固定觀念)으로부터 벗어나기는 더욱 힘든 것입니다.

　이렇게 오온(五蘊)으로 구성된 자신의 존재, 즉 이 세상으로부터 지금까지 배우고 경험한 것들로 쌓아놓은 자신의 존재를 부수고 버리기가 어렵고 힘들다는 것입니다. 그러므로 부처님께서 수라계(修羅界)에서 벗어나기 위해 자신과 싸우고 있는 수행자들에게 가르쳐주신 길이 바로 정진(精進)입니다. 정진(精進)이라는 단어의 뜻은 "정력을 다하여 나아가는 것, 열심히 노력하는 것, 악을 버리고 선을 닦는 것, 앞만 보고 달려가는 것" 등의 의미입니다. 그런데 부처님께서 말씀하시는 정진(精進)의 뜻은 모든 생각과 마음을 모두 내려놓고 오직 한 생각과 한 마음으로 천상을 향해 전심으로 달려가라는 것입니다.

병들어 죽어가는 환자들에게 가장 중요하고 시급한 일은 병원으로 달려가 치료를 받는 것입니다. 이렇게 병들어 죽어가는 사람은 만사를 제쳐놓고 오직 살려는 일념(一念)으로 병원을 찾아가 의사에게 살려달라고 애원을 합니다. 왜냐하면 자신의 생명이 경각(頃刻)에 있기 때문에 아무리 중요한 일이나 약속이 있어도 안중에 없기 때문입니다.

이와 같이 수라계(修羅界)에 있는 수행자들은 속세의 미련을 모두 버리고 오직 천상을 향해 일심전력(一心專力)으로 정진(精進)하는 자들입니다. 일심전력(一心專力)이라는 말은 자신의 목적을 이루기 위해서 오직 한 마음을 가지고 최선의 노력을 다한다는 말입니다. 이렇게 수라계(修羅界)에서 정진(精進)을 하고 있는 수행자들의 소망과 목적은 오직 천상에 올라 부처가 되는 것인데 천상에 오르기 위해서는 먼저 수라계(修羅界)에서 벗어나 인간계로 들어가야 합니다. 그런데 수라계를 벗어나려면 그 무엇보다도 부처님의 말씀이 있어야 합니다.

왜냐하면 어둠 속을 항해하는 배가 등대의 불빛이 없으

면 향방을 모르듯이 무명(無明) 가운데 있는 수행자들은 부처님의 말씀이 없으면 아무리 몸부림을 쳐도 그곳에서 나올 수가 없기 때문입니다.

그러므로 수라계(修羅界)에 머물고 있는 수행자들은 부처님의 말씀을 붙잡고 전심을 다해 인간계를 향해 정진해야 하는 것입니다.

5. 인간계(人間界) : 천상에 오르는 길 – 선정(禪定)

인간이라는 단어는 사전에 "사람사이, 사람들이 사는 곳, 중생들이 윤회(輪廻)하는 곳, 사람의 세계" 등으로 설명되어 있습니다. 이렇게 인간이란 사람을 말하며 인간계란 사람들이 모여 사는 세계를 말하고 있습니다. 그러나 부처님이 말씀하시는 인간이나 인간계는 사람들이 살고 있는 이 세상을 말하는 것이 아니라, 지옥, 아귀, 축생, 수라의 세계를 벗어나 인간으로 해탈(解脫), 즉 중생(重生)한 자들의 세계를 말합니다. 역학(易學)자들은 사람들이 이 세상에 태어날 때 각기 자신의 띠 (十二支 : 子丑寅卯辰巳午未申酉戌亥)를 가지고 태어나는데 모두 짐승의 띠를 가지고 태어나며 사람의 띠를 가지고 태어나는 사람은 한사람도 없다고 합니다. 이것은 이 세상에 태어나는 인간들의 외형은 모두 사람의 탈을 쓰고 있으나 인간내면의 상태는 짐승들과 같다는 것을 말해 주는 것입니다.

그런데 열두 띠 중에 상징적 동물이 하나 있는데 바로 용(龍)이란 짐승입니다. 용(龍)은 사람들의 눈에 보이지 않는 추상적 짐승 혹은 상징적인 동물 정도로 생각하고 있습니다. 그런데 이 용이 바로 천상에 올라 부처님으로 성불

(成佛)할 수 있는 인간의 존재입니다. 수많은 짐승들 중에서 성불하여 부처가 될 수 있는 짐승은 오직 용뿐인데 부처님은 용의 상태에 있는 존재들을 육바라밀(六波羅蜜)을 통해서 인간(人間)이라 말하는 것입니다. 이렇게 부처님께서 말씀하시는 인간은 짐승의 탈을 벗고 중생(重生)한 영적인 존재들을 말합니다. 이 말씀을 통해서 불자들은 짐승의 상태에서 벗어나 진정한 인간(人間)이 된다는 것도 얼마나 힘들고 어렵다는 것을 알아야 합니다. 그런데 이런 과정을 통해서 인간으로 중생(重生)하였다 해도 성불(成佛)하여 부처가 되려면 다시 인간계에서 벗어나 천상(天上)계로 올라가야 하는 것입니다.

이렇게 부처님께서 말씀하시는 인간은 수라(修羅)와 천상(天上) 사이에서 수행하고 있는 수행자들을 가리키는 말입니다. 그러면 인간계에 있는 인간들이 천상에 오르려면 어떻게 해야 할까요? 그 길이 바로 부처님께서 말씀하시는 선정(禪定)입니다. 그러면 선정은 무슨 의미일까요?

선정(禪定)이라는 단어의 뜻은 "차분한 마음으로 명상하는 것, 마음의 번뇌(煩惱)를 가라앉히는 것, 사념(思念)을 없애는 것, 마음을 동요시키지 않는 것" 등으로 기록되어 있습니다. 그런데 부처님께서 말씀하시는 선정(禪定)의 진정한 뜻은 부처님의 마음에 이르기 위해 자신의 생각과 마음을 한 곳으로 집중하여 고요하고 청정(淸淨)한 상태가 되는 것을 말합니다. 이렇게 선정은 정신을 통일하여 삼매경(三昧境), 즉 무아(無我)의 경지에 들어가는 것입니다.

수도승이나 수행자들이 가부좌(跏趺坐) 자세로 벽을 향해 날마다 참선(參禪)을 하는 것은 오직 삼매경(三昧境)에 이르기 위해서입니다. 그런데 아무리 참선(參禪)을 해도 삼매경(三昧境)에 이르기가 쉽지 않고, 혹 잠시 삼매의 경지에 이른다 해도 지속이 되지 않습니다. 그 이유는 부처님께서 말씀하시는 선정(禪定)의 의미를 잘 모르기 때문이라 생각합니다. 선정(禪定)은 조용히 앉아서 참선(參禪)을 한다 해서 번뇌망상(煩惱妄想)이 떠나가고 마음이 청정(淸淨)해지는 것이 아니라 진리의 빛, 즉 부처님의 말씀과 그의 가르침에 의해서 초금씩 닦아져 청결(淸潔)하게 되어지는 것입니다.

그러므로 진정한 선정(禪定)은 부처님의 말씀을 화두(話頭)로 삼고 주야로 묵상을 하면서 자신이 지금까지 가지고 있던 잘못된 생각과 마음을 부처님의 생각과 마음으로 하나하나 바꾸어나가는 것입니다. 이런 과정을 통해서 지금까지 자신이 소유하고 있던 생각과 마음을 모두 버리고 부처님의 생각과 마음으로 변화될 때 삼매(三昧)의 경지에 이르게 되는 것입니다. 불자들이 이런 수행의 과정을 통해서 삼매의 경지에 들어가면 반드시 해탈(解脫)이 됩니다. 스님들이 도(道)를 닦는다는 말은 곧 마음(心)을 닦는다는 말인데, 이 말은 인간의 더러워진 마음을 진리(眞理)를 통해서 깨끗하게 씻는다는 말입니다. 이렇게 수라(修羅)의 상태에 있는 사람이 부처님의 말씀을 통해서 마음을 깨끗이 닦아서 청정심(淸淨心)이 된다면 곧 성불하여 부처가 되는 것입니다.

그러므로 인간의 상태에서 마음을 닦는다는 것은 매우 중요한 일입니다. 이렇게 인간계에서 벗어나 천상에 올라 부처가 되려면 부처님의 가르침을 받아서 마음을 닦아 부처님의 마음에 이르는 수행의 과정을 통과해야 합니다. 그런데 인간의 상태에서 부처가 되려면 무엇보다 부처님께서 가르쳐 주신 삼학(三學)을 지켜 행해야 합니다. 왜냐하면 인간들이 천상에 올라 부처가 되려면 반드시 삼학(三學)을 통하여 부처님의 자비(慈悲)와 지혜(智慧)를 갖추어야 하기 때문입니다. 자비(慈悲)는 심적(心的) 측면에서의 사랑과 긍휼의 품성을 갖추는 것이며 지혜(智慧)는 정신적이며 지적(知的)인 능력을 갖추는 것입니다.

삼학(三學)

첫째, 계학(戒學) : 불자들이 지켜야 할 부처님의 계율
둘째, 정학(定學) : 모든 생각을 버리고 마음을 닦아서 고요하고 평안한 경지에 이르게 하는 부처님의 가르침
셋째, 혜학(慧學) : 부처님의 지혜를 통해서 진리를 깨달아 견성에 이르는 가르침

인간계에 있는 인간들이 천상에 올라 부처가 되려면 반드시 삼학(三學)을 통한 자리(自利)와 이타행(利他行), 즉 상구보리(上求菩提)와 하화중생(下化衆生)을 행해야 합니다. 상구보리(上求菩提)는 자신이 성불하기 위해 정진하는 것이며 하화중생(下化衆生)은 아귀(餓鬼)계와 축생(畜生)계와 수라(修羅)계에 머물고 있는 자들을 가르치고 훈련시켜 인간으로 중생(重生)시키는 것을 말합니다. 이렇게 인간들이 천상(天上)에 올라 부처가 되려면 아귀와 축생(畜生)과 수라(修羅)계에 있는 자들을 부처님의 자비심(慈悲心)으로 열심히 가르치고 도와주는 이타(利他)를 행해야 합니다. 그런데 인간들이 천상에 오르기 위해서는 그 무엇보다 반야(般若)를 전적으로 의지해야 합니다. 왜냐하면 석가모니 부

처님께서도 행심반야바라밀다시(行深般若波羅蜜多時)에 해탈하여 관자재보살(觀自在菩薩)이 되셨기 때문입니다.

　행심반야바라밀다(行深般若波羅蜜多)라는 뜻은 부처님께서 피안(彼岸)(천상)에 오르기 위해서 오직 반야(般若)를 의지하며 열심히 육바라밀(六波羅蜜)을 행하였다는 뜻입니다. 이렇게 반야(般若)를 믿고 의지하며 이타(利他)를 행할 때에 반야(般若)의 도우심으로 천상계인 부처님의 세계로 들어가게 되는 것입니다.

　이와 같이 인간들이 해탈하여 부처가 되는 것은 인간의 노력이나 자신의 의지만으로 되는 것이 아니라 반야(般若)의 전적인 도움이 있어야 된다는 것을 명심해야 합니다. 이렇게 인간들은 반야(般若)의 존재를 절대 신으로 믿고 의지하며 부처님의 자비심(慈悲心)으로 날마다 이타(利他)를 행할 때 해탈이 되어 천상에 올라 부처가 되는 것입니다.

6. 천상계(天上界) : 지혜의 본체가 되는 길 – 지혜(智慧)

천상계(天上界)란 하늘의 세계 또는 신(부처님)들의 세계라는 말인데, 부처님께서 말씀하시는 천상계는 반야(般若)의 세계, 즉 무상정등정각(無上正等正覺)의 세계를 말합니다. 이렇게 천상의 세계는 육바라밀(六波羅蜜)을 통해서 해탈하여 성불하신 부처님들의 세계를 말하고 있습니다. 그런데 부처님들이 계신 천상의 세계도 모두 동일한 것이 아니라 깨달음의 상태와 그 차원에 따라 각기 그 위(位)가 다르다는 것을 알아야 합니다. 즉, 부처님이 계신 열반의 세계에 1차원에는 관자재보살(觀自在菩薩) 부처님이 계시고 2차원에는 보리살타(菩提薩陀) 부처님이 계시며 3차원에는 삼세제불(三世諸佛)이 계신다는 것입니다.

이것은 기독교에서 말하는 삼위(三位)의 하나님, 즉 성부(聖父)하나님, 성령(聖靈)하나님, 성자(聖子)하나님과 동일한 것입니다. 이것은 부처님의 세계와 하나님의 세계는 용어만 다를 뿐 모두 동일한 세계라는 뜻입니다. 단지 무지한 중생들이 혜안(慧眼)이 없고 영안이 없어 다르게 보고 다르게 말할 뿐입니다.

그러므로 인간계에서 천상계에 들어와 관자재보살(觀

自在菩薩) 부처님이 된다 해도 2차원의 보리살타(菩提薩陀) 부처님이 되기 위해서는 지혜(智慧), 즉 반야(般若)의 지혜(생명)를 가지고 오계(五界)에서 고통 받고 있는 중생들을 구제하여 성불(成佛)을 할 수 있도록 이타행(利他行)인 하화중생(下化衆生)을 끊임없이 행해야 합니다. 이렇게 오계(五界)에서 생노병사의 윤회(輪廻) 속에서 고통 받고 있는 중생들을 구제하여 성불을 시키면 보리살타(菩提薩陀) 부처님이 되는 것입니다.

그런데 이타를 행하여 보리살타(菩提薩陀)부처님이 된 후에도 무상정등정각(無上正等正覺)인 삼세제불(三世諸佛)로 완성되기 위해서는 반드시 반야(般若)를 의지해야하며 반야(般若)의 지혜를 가지고 끊임없이 이타행(利他行)인 하화중생(下化衆生)을 행해야 합니다. 왜냐하면 보리살타(菩提薩陀) 부처님이 이타를 행치 않으면 구경열반(究境涅槃)에 이르러 삼세제불(三世諸佛)이 될 수 없기 때문입니다. 이 때문에 석가모니 부처님께서 해탈을 하여 부처님이 되신 후에 그의 여생을 자신의 몸을 불태우며 하화중생을 하신 것입니다. 석가모니부처님은 그 결과 구경열반(究境涅槃)에 들어가 무상정등정각(無上正等正覺)의 지혜에 이르러 삼세제불(三世諸佛)이 되신 것입니다.

이와 같이 해탈하여 관자재보살이 되었다 하여도 삼세제불(三世諸佛)로 완성되기 위해서는 끊임없이 하화중생(下化衆生)을 계속해야 합니다. 천상의 세계는 반야(般若)의 세계이며 무상정등정각(無上正等正覺)의 세계입니다. 이 세계는 근원적 반야(般若)의 지혜를 말하는데 이 지혜를 가리켜 아뇩다라삼먁삼보리(阿耨多羅三邈三菩提)라 말합니다. 그러므로 부처님은 반야(般若)를 가리켜 시대신주(是大神呪)요 시대명주(是大明呪)요 시무상주(是無上呪)요 시무등등주(是無等等呪)라 말씀하시는 것인데, 주(呪)라는 뜻은 진언(眞言-진리의 말씀)이라는 것입니다.

　이렇게 반야(般若)는 이 우주 만물을 초월하여 계신 제일 큰 신(是大神呪)으로 한없이 밝고 깨끗하시며(是大明呪) 반야(般若) 이상의 신이나 지혜(是無上呪)는 존재하지 않으며 이 말씀과 비교할 어떤 말씀도 없다(是無等等呪)는 것을 알아야 합니다. 또한 삼세제불(三世諸佛) 부처님은 중생들을 모든 괴로움과 고통 속에서 건져주시는 무한한 원력을 가지고 계시기 때문에 반야(般若)는 곧 능제일체고(能除一切苦)라 말씀하고 있습니다. 또한 반야(般若)는 진실불허(眞實不虛), 즉 반야의 본체는 진실이시며 영원히 변치 않는 진리로서 그 안에는 거짓이나 가식이 전혀 없다는 뜻입니다. 이렇게 석가모니 부처님은 반야(般若)를 신이라고 분명하고도 확실하게 말씀하고 있습니다. 그런데도 불구하고 지금까지 스님들이나 불자들은 불교의 교리로 인한 전도몽상(顚倒夢想) 때문에 불교에는 신이 존재하지 않는다고 신을 전적으로 부정해 온 것입니다. 그러나 신(神)이 없는 신앙은 죽은 신앙이며 마치 생명이 없는 쭉정이와 같은 신앙입니다. 이 때문에 출가승이나 수행자들이 그토록 열심히 마음을 닦으며 수행을 하고 고행을 해도 해탈(解脫)이 되지 않는 것입니다.

그러므로 불자들이 무엇보다 시급한 일은 불교가 말살해 버린 반야(般若)의 신(神)을 다시 되찾아 불자들의 신(神)으로 모셔 들여야 합니다. 왜냐하면 불자들이 반야(般若)를 신으로 모시지 않으면 예불시간이나 법회(法會)시간에 반야심경(般若心經)을 아무리 독경(讀經)을 하고 법문(法門)을 들어도 그것은 공염불(空念佛)에 지나지 않으며 헛된 지식과 의식에 불과하기 때문입니다. 이렇게 불자들이 지금까지 반야(般若)를 모르는 것은 마치 자기 손에 보화(寶貨)를 쥐고 있으면서도 그 보화를 보지 못하는 것과 같은 형상(形象)입니다.

그러므로 오늘날 불자들은 반야심경(般若心經)의 육바

라밀(六波羅蜜)을 통해서 반야(般若)를 신으로 받아들여야 하며 반야를 믿고 의지하여 성불(成佛)에 이르도록 힘써야 합니다. 또한 불자들은 육바라밀(六波羅蜜)을 통해서 자신이 육계(六界) 중 어느 세계에 머물고 있는지를 확실히 알아야 합니다. 그리고 이 세상사는 동안에 혜안(慧眼)이 열린 부처님을 찾아서 그의 올바른 가르침을 받아야 합니다. 이렇게 부처님을 통해서 육바라밀(六波羅蜜)을 열심히 정진수행(精進修行)한다면 모두가 천상(天上)에 이르러 부처가 될 것입니다.

이상의 말씀과 같이 부처님은 무명의 중생이 육바라밀을 통해서 해탈하여 부처가 되는 것인데 부처님의 세계는 어떤 형상이나 인식작용도 없는 영원한 세계라 말씀하십니다. 즉 열반(涅槃)의 세계는 중생의 생각이나 마음이 모두 소멸되고 없는 세계라는 것입니다. 즉, 부처님의 세계는 반야의 세계이며 열반의 세계이며 무상정등정각(無上正等正覺)의 세계라는 것입니다. 이렇게 무명의 중생이 상구보리, 즉 반야를 구하고 의지하며 육바라밀을 행하여 천상에 올라 부처가 되는데 이렇게 해탈하여 부처가 되면 하화중생, 즉 주변에 있는 무명의 중생들을 구제하여 열반에 들게 하여 부처가 되게 해야 합니다.

그런데 부처님은 무명의 중생들을 모두 구제하여 열반에 들게 하였다 해도 자기가 중생을 구제하였다는 산냐(認識)가 생긴다면 부처가 아니라고 말씀하십니다. 왜냐하면 진정한 부처는 자아(自我)가 이미 소멸되어 그 안에 자아(自我)라는 인식(認識)이나 관념(觀念)이 없기 때문입니다.

부처님께서는 해탈로 가는 중생들에게 가장 중요하게 말씀하시는 것은 산냐(認識), 즉 고정관념(固定觀念)을 버리라는 것입니다. 왜냐하면 자기라는 인식이나 생각이 조금이라도 잔재하고 있으면 열반에 이르지 못하기 때문입니다. 이렇게 해탈이란 자기의 생각과 마음에서 벗어나는 것이요 성불은 부처님의 생각과 마음을 담는 것입니다. 그런데 자기의 생각과 마음에서 벗어난다는 것은 인간으로서는 불가능하리만치 힘들고 어렵습니다. 왜냐하면 자기의 생각과 마음에서 벗어나는 것이 곧 해탈이기 때문입니다.

지금까지 수많은 수행불자들이 수십년 혹은 평생 동안 수행을 해도 버리지 못하는 것이 바로 자기 머릿속에 쌓아 놓은 고정관념(固定觀念) 때문입니다. 이 때문에 부처님께서 금강경을 통해서 가장 핵심적으로 말씀하시는 것이 자아(自我), 즉 고정관념(固定觀念)을 버리라는 것입니다. 왜냐하면 중생들이 가지고 있는 고정관념은 모두 전도(顚倒)

된 몽상(夢想)이기 때문입니다.

부처님은 무명의 중생이 해탈하여 부처가 되어서 무명의 중생들을 모두 구제 하였다 해도 만일 자기가 구제 하였다는 생각이나 자신이 부처라는 인식을 가지고 있다면 그는 부처가 아니라고 말씀하십니다. 왜냐하면 열반은 자신의 존재가 모두 소멸되어 아무것도 없는 무아(無我)의 상태를 말하기 때문입니다. 즉 무아(無我)는 자신의 존재가 진리의 불로 모두 타버려 아무것도 없는 상태를 말합니다. 이렇게 열반(涅槃)하신 부처님은 자아(自我)라는 존재가 없는 것입니다.

열반(涅槃)은 유여열반(有如涅槃)과 무여열반(無如涅槃)으로 나누어지데 육신을 가지고 있는 부처는 유여열반(有如涅槃)이라 말하며 육신까지 모두 벗어버린 부처는 무여열반(無如涅槃)이라 말합니다. 즉 반야심경에 관자재보살(觀自在菩薩)은 유여열반(有如涅槃)을 하신 부처님이며 삼세제불(三世諸佛)은 무여열반(無如涅槃)을 하신 분입니다. 이것은 성경에 육신을 소유하고 있는 예수는 유여열반을 하신분이며 그리스도는 무여열반(無如涅槃)을 하신분으로 같은 상태를 말하고 있습니다.

이와 같이 열반은 자아(自我)가 무아(無我)가 되어 해탈한 부처님을 말합니다. 이 때문에 자아(自我)가 진리로 불타 없어져 무아(無我)가 된 부처님에게는 고정관념(固定觀念)이란 존재할 수 없습니다. 이렇게 열반하신 부처님(진아) 안에는 오직 반야의 생명과 지혜(진리)만 존재하기 때문에 산냐, 즉 고정관념(固定觀念)이 없는 것입니다. 그런데 만일 깨달았다는 부처나 보살이 그 안에 자아(自我)라는 생각이나 중생(衆生)이라는 생각이나 영혼(靈魂)이라는 생각이나 개아(個我)라는 생각이 조금이라도 남아 있다면 그는 진정한 보살이 아니라는 것입니다.

때문에 부처님은 지금 수보리에게 보살이 자아(自我)라는 생각이나 중생(衆生)이라는 생각이나 영혼(靈魂)이라는 생각이나 개아(個我)라는 생각이 있는 자는 보살이 아니라고 말씀하시는 것입니다. 이 네가지 생각을 불교에서 사람의 네 가지 모양다리, 즉 사상(四相)이라고 말하며 이 사상은 아상(我相), 인상(人相), 중생상(衆生相), 수자상(壽者相)을 말하고 있습니다.

이제 사상(四相)에 대하여 말씀드리겠습니다.

사상(四相)

1. 아상(我相)

아상(我相)은 자상(自相) 혹은 자아(自我)의 상(相)으로 불교에서는 자기라는 관념, 즉 나라는 존재가 있다고 생각하는 것을 말하고 있습니다. 그러나 진정한 아상(我相)은 내가 어려서부터 듣고 배우고 경험한 것들을 머리에 입력하여 소유하고 있는 상(相), 즉 고정관념(固定觀念)을 말하고 있습니다. 이렇게 아상(我相)은 후천적(後天的)으로 형성된 자아(自我) 곧 자기 존재를 말하고 있습니다. 사람들은 모두 이 아상(我相)을 가지고 이 세상을 살아가고 있는 것입니다.

2. 인상(人相)

인상(人相)은 불교에서 위인(偉人)의 상(相)으로 인간이 만물 가운데 가장 위대하며 만물은 모두 사람을 위해 존재하고 있다는 생각을 말하고 있습니다. 이 때문에 사람들이 인간은 만물의 영장이라 말하는 것입니다. 그러나 진정한 인상(人相)은 타인(他人)의 상(相)으로 내가 지금까지 각 사람들을 보고 듣고 접촉하면서 경험하여 인식된 생각들이 머리 속에 굳어진 상(相), 즉 고정관념(固定觀念)을 말합니다. 나 외에 다른 사람들을 보고 옳다, 그르다, 혹은 악하다, 선하다, 밉다, 곱다 하면서 남을 판단하는 것이 바로 인상(人相)입니다.

3. 중생상(衆生相)

중생상(衆生相)은 불교에서 중생들이 가지고 있는 잘못된 소견으로 자기 몸은 오온(五蘊)이 화합하여 생겨난 것이라 고집하는 견해라 말합니다. 이 때문에 중생들은 누구나 모두 동일한 존재라고 생각을 하고 있는 것입니다. 그러나 부처님께서 말씀하시는 중생상은 단체나 무리에 대한 상(想), 즉 가족이나 사회 혹은 종교단체나 국가와 같은 단체들을 보고 듣고 체험하여 인식(認識)된 생각들이 굳어진 상(相) 곧 무리나 집단에 대한 고정관념(固定觀念)을 말합니다.

4. 수자상(壽者相)

　수자상(壽者相)은 불교에서 인간이 개체라는 생각으로 사람의 운명(運命), 곧 자신의 삶은 태어날 때 이미 정해져 있다고 생각하는 것을 말하고 있습니다. 즉 자신의 운명은 이 세상에 태어날때 이미 정해져서 수명(壽命)이 보장되어 있기 때문에 그 동안은 절대로 죽지 않는다는 생각입니다. 이렇게 수자상은 사람의 운명이 자신이 타고 나는 사주팔자(四柱八字)에 의해서 이 세상을 살다가 죽게 된다고 생각하는 것을 말하고 있습니다. 그러나 부처님이 말씀하시는 수자상은 성인(聖人)의 상(相), 즉 부처님이나 예수님과 같은 성인(聖人)들을 경전(經典)을 통해서 알고 있거나 사람을 통해서 듣거나 공부하여 머리 속에 가지고 있는 인식(認識)이 쌓여서 굳어진 고정관념(固定觀念)을 말하고 있습니다.

　이상과 같이 사상(四相)은 자신 안에 듣고 보고 경험하여 인식되어 있는 고정관념(固定觀念)을 말하고 있습니다. 그런데 자신이 소유하고 있는 사상(四相)이 바로 수행불자들이 해탈(解脫)로 가는 길을 가로막고 있는 가장 큰 장애물(障碍物)입니다. 왜냐하면 중생들이 가지고 있는 사상(四相)은 부처님의 올바른 가르침을 받아 소유하고 있는 것이 아니라 거짓과 비진리가 난무(亂舞)하는 속세(俗世)로부터 보고 듣고 경험하여 쌓아놓은 고정관념(固定觀念)이기 때문입니다. 이렇게 사상(四相)은 사람이 가지고 있는 모든 생각, 즉 중생들의 고정관념(固定觀念)을 총칭하는 말입니다. 그런데 사람들의 집착(執着), 즉 모든 욕심은 사상(四相) 때문에 일어나는 것입니다. 그런데 사상은 나라는 존재가 있기 때문에 일어나는 것이며 내 존재가 없다면 사상도 일어날 수가 없습니다. 그렇다면 내가 없다면 사상(四相)이나 집착(執着)도 없다는 것입니다.

결국 내가 존재하기 때문에 사상이 생기고 삼독(三毒)인 탐, 진, 치도 생겨나는 것입니다. 왜냐하면 사람들은 모두 자신의 머리 속에 입력되어 있는 생각으로 이 세상을 살아가기 때문입니다. 이러한 사람들의 생각이 머릿속에 쌓이고 쌓여 굳게 자리를 잡게 되면 고정관념(固定觀念)이 됩니다. 이렇게 사람들의 모든 집착과 욕심은 자신이 가지고 있는 고정관념(固定觀念) 때문에 발생하는 것입니다. 이 때문에 부처님은 중생들이 해탈을 하려면 자신이 가지고 있는 인식(認識)이나 생각을 모두 버리라고 말씀하시는 것입니다.

　부처님은 자신에 대한 집착을 반야심경을 통해서 오온(五蘊)의 집착(執着)이라 말씀하십니다. 오온이란 불교에서만 사용되는 철학적 용어로 인간의 존재를 색, 수, 상, 행, 식(色受想行識)으로 분리하여 말한 것입니다. 인간은 오온(五蘊), 즉 다섯 부분으로 구성되어 있는 존재로 각 기관의 개체들이 쌓여 하나로 형성된 존재라는 말입니다. 부처님은 해탈을 위해 수많은 스승을 찾아다니며 그들의 가르침대로 수행과 고행을 수도 없이 해보았지만 부처님의 뜻을 이루지 못하신 것입니다.

　그런데 부처님은 행심반야바라밀다시(行深般若波羅蜜多時)에 조견오온개공(照見五蘊皆空)하여 도일체고액(度一切苦厄)을 하셨다고 말씀하고 있습니다. 즉 행심반야바라밀다시(行深般若波羅蜜多時)에 자신이 오온(五蘊)으로 구성되어 있는 무상한 존재라는 것을 밝히 보시고 도일체고액(度一切苦厄)을 하여 관자재보살(觀自在菩薩)이 되셨다는 말입니다. 문제는 부처님께서 자신이 오온(五蘊)으로 구성되어 있다는 것을 밝히 본 것이나 도일체고액(度一切苦厄)을 하여 관자재보살(觀自在菩薩)이 되신 것이 모두 반야바라밀다시(般若波羅蜜多時), 즉 반야를 향해 육바라밀을 행하고 있을 때라고 말씀하고 있습니다.

   이렇게 부처님께서 반야심경을 통해서 말씀하신 조견 오온개공(照見五蘊皆空)은 해탈의 길을 가고 있는 수행불자들에게 아주 중요한 화두(話頭)입니다. 만일 오늘날 수행불자들이 반야바라밀다(般若波羅蜜多)를 통해서 자신의 존재가 오온(五蘊)으로 구성되어 있는 무상한 존재라는 것을 깨닫고 오온의 집착에서 벗어난다면 부처님과 같이 모두 해탈하여 관자재보살(觀自在菩薩)이 될 것입니다. 이렇게 수행불자들에게 오온이란 매우 중요한 부처님의 가르침입니다. 그러면 오온은 과연 무엇을 말하는 것일까요?

   이제 부처님이 반야심경(般若心經)을 통해서 가르쳐주신 오온(五蘊)에 대해서 구체적으로 알아보기로 하겠습니다.

조견오온개공(照見五蘊皆空)

오온(五蘊)이란 단어의 뜻은 "다섯의 집합(集合) 혹은 다섯 가지를 쌓아 놓은 것"이라는 의미입니다. 부처님께서는 인간의 존재가 오온(五蘊), 즉 색, 수, 상, 행, 식(色, 受, 想, 行, 識)의 다섯 부분으로 구성되어 있다는 것과 오온(五蘊)은 육근(六根)과 육경(六境)에 의해서 쌓이고 쌓여 조성된 것이라 말씀하고 있습니다. 이렇게 인간은 색, 수, 상, 행, 식의 각 기관이 연합하여 오온으로 구성된 것인데 색(色)은 물질적 요소인 몸을 말하며 수(受)와 상(想)은 마음과 생각을 말하며 행식(行識)은 색수상의 행동을 통해서 인식된 것들을 말합니다.

이어지는 말씀에 개공(皆空)이라는 말은 허공(虛空)과 같이 존재하는 것이 없다는 의미로 오온(五蘊)으로 구성되어 있는 인간의 존재는 이 세상의 허망(虛妄)한 것으로부터 하나하나 쌓여 형성된 것이기 때문에 모두 허무(虛無)하다는 뜻입니다.

그러므로 부처님께서 조견오온개공(照見五蘊皆空)이라고 하신 말씀은 반야를 통해서 자신의 존재를 바라보니 실체가 없는 허상(虛像)과 같은 존재라는 것을 밝히 보았다는 뜻입니다. 이렇게 부처님이 오온(五蘊)이 개공(皆空)한 것을 보게 된 것은 자각(自覺)에 의해서가 아니라 조견(照見), 즉 반야(般若)의 도우심으로 보게 되었다는 것입니다. 이 말은 석가모니(釋迦牟尼)께서 반야의 도우심이 없었다면 자신의 존재가 무상(無常)하다는 것을 발견하지 못했다는 뜻입니다.

 이와 같이 자신의 존재를 확실하게 보고 아는 것은 해탈을 하는 것만큼이나 어렵고 힘들다는 사실을 알아야 합니다. 그런데 오늘날 불자들이나 스님들은 석가모니가 아무 것도 의지하지 않고 스스로의 노력으로 깨달았다고 말하면서 자신들도 본래가 부처라 말하고 있습니다. 그렇다면 석가모니도 본래 부처란 말인데 무엇 때문에 해탈하여 부처가 되려고 수 억겁을 윤회(輪廻)하며 온갖 고행의 수행을 하셨나요? 석가모니는 본래 부처가 아니라 무명의 중생이기 때문에 육바라밀의 수행을 하셨고 반야의 도우심으로 자신의 존재가 무상(無常)함을 알았고 보리수나무에 의해서 득도(得道)를 하여 부처가 된 것입니다. 때문에 무지가 죄라는 말을 하는 것입니다.

 오늘날 대부분의 불자들이 오온(五蘊)이라는 자체도 모르고 평생 동안 신행생활을 하다가 이 세상을 떠나가고 있습니다. 그러므로 이제부터 인간의 존재인 오온(五蘊)에 대하여 구체적으로 설명하기로 하겠습니다.

오온(五蘊) – 색수상행식(色受想行識)

1. 색온(色蘊): 육신(몸)

색온(色蘊)은 물질적 요소로 오온(五蘊)에서 말하는 색(色)은 사람의 육신인 몸을 말하고 있습니다. 그런데 사람의 몸을 다시 분류하면 사대(四大), 즉 지수화풍(地水火風)으로 구성되어 있습니다. 이 때문에 어떤 사람들은 인간은 소우주이며 삼라만상은 대우주라고 말하기도 합니다. 그런데 몸의 구성요소를 보면 지구와 인간이 유사하다는 것을 알 수 있습니다. 왜냐하면 지구도 인간처럼 지수화풍으로 구성되어 있기 때문입니다. 이것은 사람이 지수화풍으로 구성되어 살아 숨 쉬듯이 지구도 지수화풍으로 구성되어 있기 때문에 살아있는 생명체(生命體)라는 뜻입니다. 만일 지구에 생명이 없다면 인간은 물론 지구 안의 어떤 생물도 존재할 수 없고 살아갈 수도 없습니다.

이것은 지구가 지수화풍으로 구성되어 있고 살아 숨쉬

는 생명체이기 때문에 인간들과 모든 생물들이 지구라는 거대한 몸에 기생(寄生)하며 살고 있다는 뜻입니다. 이는 사람들의 몸속에 박테리아와 같은 미생물이 기생하며 사는 것과 같은 것입니다.

생명이 없는 것은 활동할 수가 없습니다. 사람을 비롯해서 모든 생물들이 활동할 수 있다는 것은 생명이 있기 때문입니다. 이처럼 생명이 없거나 생명이 죽어있는 것은 움직일 수가 없는데 어떤 물체가 활동을 하고 있다는 것은 생명, 즉 에너지가 있기 때문입니다. 이와 같이 이 거대한 지구가 수억만년 전부터 지금까지 공전(空轉)과 자전(自轉)을 하면서 활동하고 있는 것은 지구에 생명이 있기 때문입니다. 이렇게 지구가 살아있기 때문에 지구 속에 존재하는 생물들도 지구와 더불어 오늘도 살아가고 있는 것입니다. 만일 지구가 지수화풍(地水火風)으로 구성되어 있지 않거나 지구에 생명이 없다면 지구 속의 인간은 물론 모든 생물도 존재할 수가 없습니다.

그러므로 불자들은 지수화풍으로 구성되어 있는 자신의 몸을 바라보면서 자신의 존재를 생각해 보아야 합니다. 이 우주공간 속에는 수많은 별들이 존재하지만 지구와 같이 살아 있는 별이 없다는 것은 지수화풍(地水火風)으로 구성되어 있는 별이 없다는 말과 같습니다.

　이제 잠시 우주 속에 존재하고 있는 지구와 지구에 기생(寄生)하며 살고 있는 인간의 존재를 살펴보겠습니다. 왜냐하면 이것은 오온(五蘊)으로 구성된 인간의 존재가 얼마나 보잘것없는 무상(無常)한 존재라는 것을 깨닫는데 많은 도움을 주기 때문입니다.

　우리가 살고 있는 이 지구를 거대한 우주공간 속에서 바라보면 공중에 떠돌고 있는 자그마한 먼지 털 하나에 불과합니다. 그러면 먼지 털과 같은 지구 속에 붙어서 살고 있는 인간의 존재는 과연 얼마만한 존재입니까? 우주적 관점에서 인간을 바라본다면 고도의 현미경으로도 찾아보기 힘든 미생물에 불과한 존재가 바로 인간입니다. 이렇게 반야께서 우리 인간들을 바라볼 때 인간의 존재는 티끌보다 작은 미생물과 같은 존재들입니다. 그럼에도 불구하고 인간들은 이렇게 미약한 존재라는 사실도 잊은 채 안하무인(眼下無人)처럼 만물(萬物)의 영장(靈長)이라고 큰소리치며 살아가고 있습니다. 그러므로 불자들은 부처님의 말씀을 통해서 자신의 존재나 반야의 실체에 대하여 알아야만 합니다. 그리고 부처님의 뜻을 따라서 이 세상사는 동안에 반드시 그 뜻을 이루어야 합니다.

인간의 몸은 지구와 같이 지수화풍(地水火風), 즉 흙과 물과 불과 바람으로 구성되어 있습니다. 그런데 지수화풍(地水火風)중에서 화풍(火風)에 대해서 더욱 확실하게 알아야 합니다. 왜냐하면 사대(四大) 가운데 지수는 화풍에 의해서 움직이고 있기 때문입니다. 화풍은 사람 속에 존재하는 근원적 에너지를 말하는데 이 에너지가 바로 사람의 몸 속에 존재하고 있는 생명의 실체입니다. 이 생명을 사람들은 혼(魂), 혹은 혼령, 또는 영혼이라고 부릅니다. 이 혼이 육신 안에서 몸을 운행하고 있는 것입니다.

　이 혼의 생명은 몸이 병들거나 노쇠하여 죽게 되면 몸에서 분리되어 구천(九天)을 떠돌다가 다른 몸속에 다시 들어가 새로운 생명으로 태어나게 됩니다. 이렇게 사람의 몸이 죽고 다시 태어나는 것을 윤회(輪廻)라 말합니다.

　지수화풍으로 구성되어 있는 사람의 몸은 여섯 기관이 존재하고 있는데 그 기관들을 불교에서 육근(六根)이라 말합니다. 육근(六根)은 안(眼), 이(耳), 비(鼻), 설(舌), 신(身), 의(意), 즉 사람의 몸에 붙어서 활동하는 눈, 귀, 코, 혀(입), 몸(피부), 생각(두뇌)입니다. 그런데 육근은 상대적으로 보고, 듣고, 느끼고, 알 수 있는 대상인 육경(六境)이 존재할 때만이 활동할 수 있습니다. 즉 육근이 있다 해도 상대적인 육경이 없다면 아무런 활동을 할 수 없다는 것입니다. 육경(六境)은 색(色), 성(聲), 향(香), 미(味), 촉(觸), 법(法)을 말합니다.

- 색(色) : 눈으로 볼 수 있는 모든 것
- 성(聲) : 귀로 들을 수 있는 소리들
- 향(香) : 코로 맡을 수 있는 냄새들
- 미(味) : 혀로 맛볼 수 있는 것
- 촉(觸) : 몸의 감각으로 느낄 수 있는 것
- 법(法) : 머리로 생각할 수 있는 세상의 이치, 법 등

이러한 육근과 육경의 상호작용(相互作用)에 의해서 알음알이, 즉 육식(六識)이 발생하게 됩니다. 육식이란 안식(眼識), 이식(耳識), 비식(鼻識), 설식(舌識), 신식(身識), 의식(意識)의 여섯 가지를 말하는데 이렇게 육근과 육경에 의해서 인식된 관념들이 쌓이고 쌓여 자신의 존재가 형성되는데 이를 자아(自我)라 말합니다. 이와 같이 육근과 육경에 의해서 육식이 발생된 것인데 이 모두를 합쳐서 18계(界)라고 합니다. 사람들이 사물을 볼 때 육근과 육경과 육식이 현재와 과거와 미래로 전개되어 번뇌가 나타나는데

불교에서는 이를 백팔번뇌(百八煩惱)라고 말합니다.

　백팔번뇌(百八煩惱)는 육근(眼耳鼻舌身意)의 대상인 육경(色聲香味觸法)을 만날 때 각기 좋다는 생각, 나쁘다는 생각, 좋지도 나쁘지도 않다는 생각이 나타나 18번뇌가 일어나게 되고 또한 즐겁다는 생각과 괴롭다는 생각과 즐겁지도, 괴롭지도, 않다는 생각으로 18번뇌가 일어나 모두 36번뇌가 일어나게 되는데 이 36번뇌가 과거의 생각 현재의 생각 미래의 생각으로 나타나게 되어 모두 108번뇌로 나타난다는 것입니다. 불자들의 머리 속에 번뇌망상(煩惱妄想)을 일으키고 고통을 주는 근본 실체가 바로 육근에 의해 나타나는 108번뇌입니다.

　이 때문에 삼독(三毒)인 탐(貪), 진(瞋), 치(癡)가 일어나며 이로 인해 악업(惡業)을 쌓아 고통을 받다가 결국 지옥(地獄)으로 가게 되는 것입니다. 그러므로 절에 가서 부처님께 절을 108번 올리라는 것은 바로 108번뇌에서 벗어나 해탈을 하기 위한 목적으로 절을 하라는 것입니다. 그런데 불자들이 부처님께 108번 절을 하는 목적은 108번뇌에서 벗어나기 위함이 아니라 가정의 만사형통(萬事亨通)이나 사업에 운수대통(運數大通) 혹은 가족의 건강과 환자의 치유(治癒)의 목적으로 하며 심지어 승진(昇進)이나 합격(合

格)을 위해 하며 어떤 사람은 아들을 낳게 해달라고 108배를 하는 사람도 있습니다.

어떤 사찰은 절에 오르는 계단을 108개로 만들어 놓은 곳이 있습니다. 이것은 108 계단을 오르면서 108번뇌를 하나씩 내려놓고 청정한 마음이 되라는 뜻으로 만들어 놓은 것입니다. 이렇게 불자들이 해탈하여 부처가 되려면 108번뇌에서 벗어나야 합니다. 그런데 부처님의 이러한 뜻을 망각(忘却)한 채 자신의 욕심을 채우려고 108배를 올리고 있는 것입니다. 이러한 사람의 욕심과 탐심은 바로 육신의 몸이 있기 때문에 나타나는 것인데 이를 색(色)이라 말합니다.

이와 같이 색(色)은 사람의 몸과 그 몸에 붙어있는 각 기관을 포함하고 있는데 사람의 번뇌(煩惱)와 망상(妄想) 그리고 욕심과 탐심은 모두 육신 때문에 나타나는 것입니다. 그러나 육신의 몸은 인간의 실체가 결코 아니며 단지 인간의 생명인 혼을 담고 있는 그릇에 불과한 것입니다. 그러므로 이 세상을 살면서 육신에 사로잡혀 몸에 종노릇하면서 허무한 인생을 살 것이 아니라 부처님의 가르침에 따라서 자신의 존재를 올바로 알고 자신의 내적완성(內的完成)을 위해 끊임없이 정진해야 합니다.

2. 수온(受蘊): 느끼는 기관(心)

수온(受蘊)은 오온의 한 부분인 느끼는 감각기관으로 사람의 가장 중추적이고 핵심이 되는 마음을 말하고 있습니다. 사람이 이 세상을 살아가면서 슬픔과 괴로움 그리고 기쁨과 행복감을 느끼는 것은 모두 수온인 마음이 있기 때문입니다.

불교에서는 수온을 느끼는 기관으로 말할 뿐 마음의 실체를 구체적으로 분명하게 제시하지 못하고 있습니다. 그래서 수온을 단지 오온의 하나인 감각기관으로 말하고 있습니다. 그리고 마음을 사람의 생명이라 말하기도 합니다. 그러나 마음도 육경(六境)과 육근(六根)을 통해서 느끼며 감지하는 일종의 감각기관이지 사람의 생명이나 실체가 아닙니다. 사람은 감정이 있기 때문에 마음을 통해서 희로애락(喜怒哀樂)을 느끼는 것인데 느끼는 주체(主體), 즉 생명이 없다면 아무 것도 느낄 수 없습니다. 왜냐하면 생명이 없는 죽은 자는 몸과 마음의 감각기관이 존재한다 해도 아무 것도 느끼지 못하기 때문입니다.

그러므로 기독교에서는 마음이 사람의 실체가 아니라 피를 인간의 생명이라 말하고 있습니다. 그러나 피도 생명

자체가 아니라 피 속에 존재하고 있는 생기(生氣)를 생명이라 말합니다. 생명의 실체는 피를 작용케 하는 힘, 즉 원동력(原動力)인 에너지를 말하는데 이를 성경에서는 생기라 말하고 있습니다. 사람들은 생기를 혼(魂) 혹은 혼령이라고도 말하는데 이 혼을 기(氣)라고도 말합니다. 이렇게 육안으로 보이지 않는 기(힘, 에너지)의 작용에 의해 피가 운행되고 있는 것이며 이 에너지의 활동에 의해서 사람이 살아가고 있는 것입니다.

 사람들은 모두 생명인 혼이 있기 때문에 살아가는 것인데 혼의 활동이 잠시 정지되거나 혼이 몸에서 떠나갔을 때 사람들은 혼이 나갔다 혹은 정신 나간 사람이라 말을 합니다. 그런데 만일 몸에서 혼의 활동이 정지되거나 잠시 분리된 혼이 오랫동안 다시 되돌아오지 않는다면 그 사람은 곧 죽은 사람이 되는 것입니다. 이렇듯 사람의 몸에는 각 기관이 있고 사람의 몸속에 피가 존재한다 해도 생명의 실체인 혼, 즉 기가 빠져나가면 그 사람은 전혀 활동이 불가능한 죽은 사람이 되는 것입니다. 그러므로 인간의 죽음이란 곧 혼과 몸이 분리되는 것을 말합니다. 이와 같이 사람의 몸은 생명이 아니며 단지 혼을 담고 있는 그릇에 불과하다는 사실입니다.

사람들은 어린아이가 이 세상에 태어날 때에 막연히 한 생명이 태어났다고만 할 뿐 사람의 생명이 어떻게 구성되어 있는지, 어떻게 하여 사람이 태어나는가를 구체적으로 모르고 있을 뿐만 아니라 이러한 문제에 대하여 별 관심 없이 살아가고 있습니다. 사람의 생명은 이미 앞서 언급한 것처럼 육신과 혼으로 구성되어 있는데 사람의 육신은 육신의 씨에 의해서 잉태할 수 있으나 사람의 혼은 사람이 잉태할 수도 낳을 수도 없습니다. 즉 사람의 생명은 전생에 존재하던 영혼이 죽은 후 구천을 떠돌다가 반야께서 정하신 때가 이르면 이 세상에 태어나는 어린아이의 몸 속으로 들어가 다시 태어나게 되는 것입니다.

이와 같이 사람이 죽고 사는 것은 몸이며 혼은 죽는 것이 아닙니다. 인간 속에 있는 혼의 생명은 부처님의 영원한 생명으로 완성될 때까지 전생과 현생과 내생을 오고가며 계속하여 윤회하게 되는 것입니다. 그러면 사람들의 근본 생명인 혼은 본래 어디서부터 온 것인가요? 사람이라면 누구나 반드시 알아야 할 중요한 문제입니다. 혼은 본래 오직 반야에 의해 인간에게 주어진 것이며 또한 모든 혼들은 반야의 주관 하에 지금도 존재하고 있습니다. 사람들이 인간의 힘으로는 어쩔 수 없는 운명이 닥칠 때 혹은 죽음을 눈

앞에 둔 사람 앞에서 인명(人命)은 재천(在天)이라 말합니다. 이 말은 사람의 생명이 하늘에 달려 있다는 뜻인데 하늘은 저 창공을 말하는 것이 아니라 하늘에 계신 반야, 즉 절대신(神)을 가리키는 말입니다. 이러한 사실들을 인간들이 분명하게 안다면 어느 누구나 반야를 의지하며 신앙생활을 할 수밖에 없고 반야께 귀의할 수밖에 없는 것입니다. 그러므로 불교에서 마음을 닦으라고 하는 말의 정확한 의미는 이 세상의 욕심으로부터 더러워진 혼을 깨끗이 닦으라는 뜻입니다. 이렇듯 생로병사 속에서 윤회하는 인간의 생명이 바로 혼인 것입니다. 불교에서의 수온은 오온의 가장 중추적이며 핵심이 되는 인간의 마음을 말하고 있습니다. 그러므로 중생들이 해탈하기 위하여 도를 닦는다는 것은 곧 마음을 닦는다는 것이며 마음을 깨끗이 닦아 청정심이 되면 바로 부처가 되는 것입니다.

이와 같이 사람이 해탈되어 영원한 극락세계로 이어지는 생명은 부처님의 마음 곧 반야의 생명이며 지옥 불에서 고통 받는 것은 중생들의 마음, 즉 혼적인 생명인 것입니다. 결국 이 세상에서 해탈되지 못한 혼의 생명이 몸이 죽어 구천을 떠돌고 있다가 내생에 다시 어린아이의 몸속에 들어가 환생(還生)되는 생명체가 바로 인간의 혼입니다. 이렇게 자신이 전생부터 가지고 나온 혼의 상태를 천성(天性) 혹은 성품이라고도 말하는 것입니다. 그런데 이 세상에서 해탈하지 못해 내생에 다시 태어날 때에 타고나는 사주팔자(四柱八字), 즉 좋은 환경과 나쁜 환경 혹은 좋은 조건과 악조건들은 모두 자신이 지은 업, 즉 행업(行業) 때문입니다.

3. 상온(想蘊): 생각하는 기관(두뇌)

상온(想蘊)은 생각하는 기관, 즉 사람의 두뇌를 지칭(指稱)하는 말입니다. 사람들이 살아가면서 두뇌 속에 기록되는 생각을 관념(觀念)이라고도 하는데 이 관념들이 쌓여서 고정관념(固定觀念)이 되는 것입니다. 사람들의 머릿속에 이러한 생각들이 눈 덩이처럼 불어나게 되는데 이것이 바로 인간들의 고뇌(苦惱)와 번뇌망상(煩惱妄想)을 일으키는 근본 원인입니다.

이 세상에 태어날 때 본래 사람의 두뇌는 아무것도 입력되지 않은 컴퓨터의 디스크와 같이 맑고 깨끗한 상태에서 시작됩니다. 이렇게 깨끗한 두뇌가 육근(眼耳鼻舌身意)과 육경(色聲香味觸法)에 의해 이 세상으로부터 경험한 것들을 두뇌 속에 하나하나 기록하게 되는데 이렇게 사람의 뇌리 속에 입력된 생각들이 사람들의 인격으로 나타납니다. 이와 같이 사람들은 이 세상에 태어나서 부모로부터 배우고 또 학교에서 선생님들의 가르침을 받으며 사회에 나아가서 경험하고 익힌 모든 생각, 즉 뇌리 속에 기억된 것을 가지고 이 세상을 살아가고 있는 것입니다.

사람들이 무식하다 혹은 유식하다고 말하는 것은 바로 뇌리 속에 기록된 양이 많다 혹은 적다는 말과 같습니다. 그러므로 사람들의 인격이나 품격은 곧 그 사람의 머리에 기록된 지식과 비례합니다. 이렇게 인간의 뇌리 속에 입력된 관념들이 쌓여서 사람의 고정관념이 되는 것이며 이 고정관념이 바로 이 세상으로부터 형성된 자신의 실체인데 이것을 부처님은 전도몽상(顚倒夢想)이라고 말씀하고 있습니다.

왜냐하면 진리만이 영원하며 이 세상에 존재하고 있는 모든 것들은 잠깐 보이다가 사라지는 안개와 같은 것들이기 때문입니다. 그런데 사람들은 이렇게 세상의 헛된 것으로부터 배우고 익히고 경험한 모든 것을 자기의 존재로 내세우며 살아가고 있습니다. 그러나 이 세상의 헛된 것으로부터 형성된 자기 존재(自我)는 모두 무너져야 하며 모두 버려야 합니다. 그리고 영원한 반야의 생명으로 다시 태어나야 하는 것입니다. 그러므로 중생들은 자아를 모두 버리고 무아(無我)의 상태로 돌아가서 반야로부터 다시 부처님의 영원한 생명(眞我)으로 창조를 받아야 하는 것입니다.

이렇게 반야에 의해 해탈하여 다시 태어난 생명을 관자재보살이라 말합니다. 그런데 불자들이 해탈을 하려고 해도 해탈이 되지 않는 이유는 허상(虛像)인 자아(自我)를 실상(實像)으로 착각하며 그 썩어 없어질 육신의 생명에 종노릇하며 포기하지 않기 때문입니다. 그러나 자신의 혼적 존재가 없어져 무아의 상태가 되지 않고는 해탈 할 수가 없습니다. 잘못된 생각이 몸을 범죄하게 만들며 마음까지 병들게 합니다. 마음이 병든다는 것은 곧 나무의 뿌리가 썩을 때 나무 전체가 시들어 무너져 내리듯이 인간의 마음도 병들어 부패하게 되면 인간들도 결국 죽게 되는 것입니다.

인간의 죽음은 결국 잘못된 생각으로부터 시작된다는 것을 알아야 합니다. 잘못된 관념이 마음을 병들게 하며 자신을 죽이며 남들도 망하게 하는 근본 원인이 됩니다.

그러므로 부처님께서는 이 세상과 자신 안에 자리 잡고 있는 탐(貪), 진(瞋), 치(癡)로부터 뇌리 속에 잘못 입력된 고정관념(固定觀念)들, 즉 전도(顚倒)된 몽상(夢想)을 버리고 무아(無我)가 되라고 말씀하시는 것입니다. 그러나 인간이 무아가 된다는 것은 결코 쉬운 일이 아닙니다. 무아(無我)가 되라는 말의 의미는 결국 머리에 잘못 입력된 모든 고정관념과 더러운 마음을 깨끗이 씻으라는 뜻인데 사람의 잘못된 생각을 버린다는 것은 바로 자신의 존재를 포기하라는 말과 같으며 이 말은 곧 자신을 죽이라는 것과 같습니다. 왜냐하면 자신이 죽지 않으면 다시 태어나는 해탈(解脫)이 없기 때문입니다. 그러나 부처님의 가르침에 의해서 죽는 죽음은 삶이 전제된 죽음이며 그것은 곧 해탈의 생명을 보장하고 있는 죽음입니다.

 이렇듯 무아(無我)의 진정한 뜻은 거짓된 생각과 탐, 진, 치로 인해 더러워진 마음을 깨끗이 씻어 모든 생각과 마음을 진실로 바꾸라는 말입니다. 그래서 지금까지 이 세상으로부터 형성된 잘못된 고정관념(固定觀念)을 모두 버리고 참이시며 진실의 본체이신 부처님의 가르침을 받아 영원한 생명으로 다시 태어나야 합니다. 불자들이 오늘날 해탈하신 부처님의 가르침을 받아서 날마다 잘못된 생각을 버리고 더러워진 마음을 깨끗이 씻는다면 모두가 부처님의 생명으로 거듭날 수 있을 것입니다.

4. 행온(行蘊): 인간의 행동, 행위(인간의 삶)

　행온(行蘊)은 수(受)와 상(想), 즉 마음과 생각에 의해서 혹은 수상의 지시에 따라 행해지는 몸의 행동, 즉 사람의 행위를 말합니다. 사람들이 현생에서 받는 행복과 불행은 전생에 지은 선업(善業)과 악업(惡業)에 의해서 나타나는 것인데 이것을 가리켜 불교에서는 업보(業報) 혹은 인과응보(因果應報)라 합니다. 이렇게 사람들의 선행은 덕(德)을 지어 복(福)으로 나타나며 악행은 죄(罪)가 쌓여 화(禍)로 나타나는 것입니다. 그러므로 인간들이 받는 복이나 화는 모두 자신의 행동에 의한 결과로 나타나는 것이지 우연적으로 발생되는 것이 아닙니다.
　그러나 몸의 행동은 감각기관인 마음과 생각에 의해 결정된 지시에 따라서 행동하는 것이지 몸 자체가 스스로 행동할 수 있는 것이 아닙니다. 그러므로 모든 행동, 즉 행온(行蘊)은 신중한 마음과 생각에 의해서 행해져야 합니다.
　사람들이 타고나는 운명이나 이 세상에 태어날 때에 주어진 사주팔자는 우연적으로 주어진 것이 아니라 전생의 행업, 즉 업보에 의해서 나타나는 것입니다. 이렇게 현생에 자신이 타고 나는 운명이나 사주팔자는 모두가 전생의 업보의 결과로 나타난 것이며 또한 내생의 운명도 현생의 업에 의해서 결정되어지는 것입니다. 그러므로 불자들은 신앙생활을 통해서 현생의 삶이 얼마나 중요한가를 알아야 합니다.

그러므로 현생에 사주팔자를 잘 타고나서 행복하게 잘 살고 있는 사람은 전생에 선행으로 선업을 쌓은 결과인 것이며 현생에 고통과 괴로움 속에서 벗어나지 못하고 불행한 삶을 사는 것도 역시 전생의 악업의 결과로 그 죄의 대가를 받는 것이라는 사실을 명심해야 합니다.

이렇게 인간들이 받는 복이나 화는 자신이 만들어낸 것이지 그 어느 것에 의해서 혹은 우연히 주어진 것이 결코 아닙니다. 그러므로 불자들은 부처님의 가르침에 따라 욕심으로 가득 찬 거짓된 마음을 버리고 진실한 마음으로 변화시켜 올바른 삶을 살아야 합니다. 그럼에도 불구하고 오늘날 불자들은 부처님의 가호(加護)로 화는 피하고 복만을 받으려는 욕심에서 열심히 신앙생활을 하고 있습니다. 그러나 이러한 기복(祈福)신앙은 잘못된 신앙이라는 것을 알아야 합니다.

부처님의 모든 가르침은 진실한 마음과 올바른 생각으로 자신을 변화 받아 오직 해탈에 이르라고 말씀하고 있습니다. 이렇게 해탈된 생명은 이 세상에서 다시 윤회(輪廻)되지 않는 생명으로서 생사화복이 초월(超越)된 영원한 열반의 세계 곧 극락에서 영원한 삶을 누리는 것입니다.

이와 같이 부처님의 참 뜻은 인간들이 이 세상에서 신앙생활을 잘하여 복을 받아 잘 살라고 하는 것이 아니라 부처님의 가르침을 통해 해탈이 되어 번뇌망상(煩惱妄想)과 고통이 계속되는 이 세상으로부터 완전히 벗어나라고 말씀하고 있습니다.

그러므로 진정한 불자라면 이 세상사는 동안에 화나 복만을 지을 것이 아니라 부처님의 가르침을 받아서 이생의 모든 삶을 오직 해탈(解脫)에 힘써야 합니다. 즉 행온(行蘊)이 우리에게 주는 진정한 교훈은 부처님의 진리로 마음을 잘 닦아서 해탈이 되라는 것입니다.

이것이 부처님께서 우리에게 가르쳐 주시는 행온의 의미이며 부처님의 뜻입니다.

5. 식온(識蘊): 의식(意識)과 인식(認識)의 집합체(集合體)

식온(識蘊)은 육근(六根 : 眼, 耳, 鼻, 舌, 身, 意)과 육경(六境 : 色, 聲, 香, 味, 觸, 法)에 의해서 형성된 인식의 집합체를 말합니다. 즉 육근과 육경에 의해서 이 세상으로부터 배워서 알고 경험함으로 인식된 것들을 말하는데 이것을 알음알이라고도 합니다. 이렇게 색, 수, 상, 행(色, 受, 想, 行)에 의해서 인식이 하나하나 쌓이고 쌓여 형성된 것을 식온이라 말합니다. 이렇게 식온이란 색, 수, 상, 행에 의해 후천적으로 만들어진 것을 말하는데 이러한 형성체를 후천적 자아(後天的 自我) 혹은 자기존재(自己存在)라 말하는 것입니다.

결국 식온은 본래적 자신의 존재가 아니라 후천적으로 나타난 혹은 만들어진 자기의 존재입니다. 이 때문에 부처님께서 중생들에게 이 세상으로부터 만들어진 전도된 몽상인 자기 존재(自我)를 버리고 무아(無我)가 되라고 말씀하시는 것입니다. 왜냐하면 오온으로 형성된 존재가 깨끗이 비워지지 않으면 해탈하여 반야의 생명(眞我)으로 다시 태어날 수 없기 때문입니다. 그럼에도 불구하고 중생들은 이렇게 세상으로부터 전도된 몽상에 의해서 형성된 존재를 자신의 실체로 착각하면서 살아가고 있습니다. 그보다 자신이 어떠한 존재인가에 대하여 아무런 관심도 없이 한 세상을 살다가 허무(虛無)하게 죽어 가는 것입니다.

사람들이 죽어가면서 인생을 무상하다 혹은 인생은 일장춘몽(一場春夢)과 같다고 하는 것은 인생의 의미도 모르면서 인생을 무가치하게 살았기 때문에 하는 말입니다. 그러나 자신의 무상한 존재를 알고 부처님의 뜻에 따라서 내생을 열심히 준비한 사람들은 인생이 가치 있고 소중하다고 말합니다.

석가모니 부처님께서 중생들에게 해탈하여 부처가 되라고 말씀하시는 것은 무상한 혼적 존재로부터 벗어나 영원한 존재로 거듭나라는 뜻입니다. 이렇게 인간들은 무상한 존재들이기 때문에 다시 반야에 의해서 영원한 존재로 재창조를 받아야 하는 것입니다. 영원한 생명이신 반야만이 무상한 중생들을 영원한 존재로 만들 수 있습니다. 그 길은 곧 영원불변하신 부처님의 가르침을 받는 것이며 그 가르침에 따라 모든 자아를 버리고 반야로부터 새롭고 영원한 반야의 생명으로 다시 태어나는 것입니다.

이렇게 해탈하여 영원한 생명으로 다시 창조될 때 윤회(輪廻)도 없고 죽음도 없는 영원한 부처님의 생명이 되는 것입니다. 그런데 불행한 것은 사람들이 이 세상을 살아가면서 자신이 어떠한 존재라는 것을 알려고 하지 않고 오직 세상의 부귀영화(富貴榮華)만을 좇아 살다가 허무하게 죽어 가는 것입니다. 사람이 철나자 망령든다는 옛말과 같이 젊을 때는 자신의 존재가 무상하다는 것을 전혀 생각지도 않고 살다가 늙고 병들어 죽음이 눈앞에 다가오면 인생의 무상함을 깨닫게 되는 것입니다.

만일 인생의 무상(無常)함을 젊어서 분명히 알 수 있다면 어느 누구나 현생의 모든 삶을 영원한 생명을 위해서 투자할 것이며 이 세상사는 동안에 해탈(解脫)을 위하여 정진할 것입니다. 석가모니(釋迦牟尼) 부처님께서 해탈하신 이유 중의 하나가 바로 인간의 존재가 무상한 것을 젊어서 깨달아 일찍부터 해탈의 생명을 준비했기 때문입니다. 결국 해탈을 할 수 있느냐 없느냐 하는 것은 자신의 무상(無常)한 존재를 일찍 깨달아 젊어서부터 영원한 생명을 준비하느냐 못하느냐에 달려있습니다.

그러므로 조견오온개공(照見五蘊皆空)이란 우리 중생들에게 아주 중요한 가르침입니다. 만일 인간의 존재가 모두 무상하다는 것을 하루라도 일찍 발견하여 젊어서부터 해탈을 위하여 준비할 수 있다면 어느 누구나 반드시 도일체고액(度一切苦厄)을 할 수가 있습니다. 부처님께서 우리에게 설하신 모든 법문들은 결국 인간은 오온으로 구성되어 있는 무상한 존재이기 때문에 모두 해탈하여 부처가 되라는 말씀입니다. 이 때문에 부처님께서는 반야심경(般若心經)을 통하여 오온(五蘊)인 인간의 존재가 모두 무상(無常)한 존재라는 것을 가르쳐 주고 있는 것입니다. 그러나 부처님의 가르침을 통하여 자신의 존재가 무상하다는 것을 관념적으로 알았다고 해서 자신의 존재를 모두 안 것은 결코 아닙니다.

불가(佛家)에서 안다는 것은 발견이요 깨달음입니다. 그러므로 알았다면 절실한 마음으로 해탈을 위하여 행동에 옮길 수 있을 때 알았다고 하는 것입니다. 중생들이 해탈하기 힘들다고 말하는 것은 행동에 옮기기가 어렵다는 말과 같습니다. 예를 들면 학생들이 공부를 열심히 하지 않으면서 공부가 어렵다고 말합니다. 그러나 공부를 열심히 하는 학생은 공부가 결코 어렵다고 불평하지 않습니다. 이와 같이 해탈을 위해 열심히 정진한다면 해탈은 결코 어려운 것이 아니며 누구나 반드시 이루어질 수 있는 일입니다.

지금까지 오온이 모두 공(空)한 것을 설명한 이유는 바로 자신의 존재가 무상(無常)하다는 것을 알아야 해탈의 길을 갈 수 있으며 해탈하여 부처가 될 수 있기 때문입니다. 반야심경(般若心經)의 핵심사상은 오온(五蘊)을 조견(照見)하여 자신의 존재가 모두 허상(虛像)임을 깨닫는데 그 중요성을 두고 있습니다. 석가모니께서 해탈을 하여 부처가 되신 것도 오온, 즉 자신의 존재가 모두 허상인 것을 깨달았기 때문입니다. 이렇게 자신의 존재를 발견한다는 것은 중요한 것이며 자신의 존재를 분명히 알 수 있다면 어느 누구나 해탈을 할 수 있는 가능성이 있다는 것을 반야심경은 가르쳐 주고 있는 것입니다.

그런데 중요한 것은 석가모니(釋迦牟尼) 부처님께서도 자신의 존재가 모두 허상(虛像)인 것을 발견할 수 있었던 것이 바로 행심반야바라밀다시(行深般若波羅蜜多時)라고 말씀하고 있습니다. 즉 육바라밀(六波羅蜜)을 깊이 묵상하며 열심히 정진하고 있을 때에 자신을 밝히 볼 수 있었다는 것인데 이 뜻은 자신을 밝히 본 것이 스스로 본 것이 아니라 바로 반야를 의지하여 정진수행 할 때 자신이 무상한 존재임을 발견할 수 있었다는 것입니다.

그러므로 오늘날의 불자들도 자신의 존재를 분명히 알기 위해서는 반드시 반야(般若)를 의지하면서 육바라밀(六波羅蜜)을 향하여 열심히 정진수행을 해야 합니다.

불자들이 지금부터라도 전도(顚倒)된 몽상(夢想)을 버리고 부처님의 가르침에 따라 반야바라밀다(般若波羅蜜多)를 깊이 행한다면 부처님과 같이 자아(自我)의 실체인 오온(五蘊)이 모두 허상(虛像)인 것을 분명히 보고 깨닫게 될 것이며 도일체고액(度一切苦厄)을 하여 부처가 될 것입니다.

4) 묘행무주분(妙行無住分)

묘행은 상에 걸림이 없다

4. 묘행무주분(妙行無住分):
보시는 상에 머무름 없이 해야 한다

復次 須菩提 菩薩 於法 應無所住 行於布施 所謂 不住色 布施 不住聲香味觸法 布施 須菩提 菩薩 應如是布施 不住於相 何以故 若菩薩 不住相布施 其福德 不可思量 須菩提 於意云何 東方虛空 可思量不 不也 世尊 須菩提 南西北方 四維上下虛空 可思量不 不也 世尊 須菩提 菩薩 無住相布施福德 亦復如是 不可思量 須菩提 菩薩 但應如所 敎住

[번역] 또 수보리여 보살은 마땅히 법에 머무른바 없이 보시를 행해야한다. 이른바 색에 머물지 않고 소리 향기 맛 감촉에도 머문바 없이 보시를 해야 한다. 수보리여 보살이 마땅히 이와 같이 보시를 하되 상에 머물러서 행하면 안 된다. 왜냐하면 만약 보살이 상에 머물지 않고 보시를 하면 그 복덕이 측량할 수 없이 많기 때문이다. 수보리여 어떻게 생각하는가? 동쪽 하늘의 허공이 얼마나 넓고 큰지 가히 측량할 수 있는가? 측량할 수 없습니다. 세존이시여! 수보리여 남서북방 상하의 공간을 측량할 수 있겠는가? 측량할 수 없습니다. 세존이시여! 수보리여 보살이 상에 머무르지 않고 행하는 보시의 복

덕이 이와 같이 측량할 수 없느니라 수보리여 보살은 오직 위의 가르친 바와 같이 보시를 행해야 하느니라.

(1) 復次 須菩提 菩薩 於法 應無所住 行於布施 所謂不住色布施 不住聲香味觸法 布施 須菩提 菩薩 應如是布施 不住於相

또 수보리여 보살은 마땅히 법에 머무른바 없이 보시를 행해야한다. 이른바 색에 머물지 않고 소리 향기 맛 감촉에도 머문바 없이 보시를 해야 한다. 수보리여 보살이 마땅히 이와 같이 보시를 하되 상에 머물러서 행하면 안 된다.

[해설] 부처님은 다시 이어서 수보리에게 보살이 보시(布施)를 행할 때에 어떠한 생각이나 의식을 가지고 행하지 말라고 말씀하십니다. 즉 육경(六境)인 색(色)이나 성(聲)이나 향(香)이나 미(味)나 촉(觸)이나 법(法)에 집착하지 말고 보시를 하라는 것입니다. 육경(六境)은 육근(六根)이 존재하기 때문에 나타나며 육근(六根)은 육경(六境)이 존재하기 때문에 나타나는 것입니다. 육근(六根)인 안이비설신의(眼耳鼻舌身意)는 곧 자아(自我)를 말하고 있습니다. 그러므로 지금 부처님께서 보살은 눈에 보이는 사물이나 귀로 듣는

소리나 코로 맡을 수 있는 향기나 혀로 맛볼 수 있는 맛이나 몸으로 느끼는 촉감이나 머리의 생각을 가지고 보시(布施)를 행하지 말라는 것입니다. 즉 보시(布施)를 행할 때 자신이 보시를 행한다는 의식(意識) 없이 순수한 마음으로 보시를 하라는 것입니다. 왜냐하면 보살들이 보시를 행할 때 자신이 보시(布施)를 행한다는 의식(意識)을 가지고 행하며 더 나아가서는 보시를 행하면 부처님께서 복을 주신다는 생각을 가지고 보시(布施)를 행하고 있기 때문입니다.

    이렇게 자신을 나타내기 위한 보시나 복을 받기위한 목적이나 욕심으로 행하는 보시는 오히려 업장(業障)을 짓는 행위입니다. 그러므로 보살이 보시를 행할 때는 아무런 조건이나 의식 없이 순수하고 진실한 마음으로 해야 한다는 말씀입니다. 왜냐하면 자신이 보시(布施)를 행한다는 의식이나 어떠한 조건도 없이 순수한 마음으로 보시를 행하는 것이 진정한 보시며 부처님께 큰 공덕(功德)을 쌓는 것이기 때문입니다.

    (2) 何以故 若菩薩 不住相布施 其福德 不可思量 須菩提 於意云何 東方虛空 可思量不 不也 世尊 須菩提 南西北方 四維上下虛空 可思量不 不也 世尊 須菩提 菩薩 無住相布施福德 亦

復如是 不可思量 須菩提 菩薩 但應如所 教住

왜냐하면 만약 보살이 상에 머물지 않고 보시를 하면 그 복덕이 측량할 수 없이 많기 때문이다. 수보리여 어떻게 생각하는가? 동쪽 하늘의 허공이 얼마나 넓고 큰지 가히 측량할 수 있는가? 측량할 수 없습니다. 세존이시여! 수보리여 남서북방 상하의 공간을 측량할 수 있겠는가? 측량할 수 없습니다. 세존이시여! 수보리여 보살이 상에 머무르지 않고 행하는 보시의 복덕이 이와 같이 측량할 수 없느니라 수보리여 보살은 오직 위의 가르친 바와 같이 보시를 행해야 하느니라.

[해설] 상기의 말씀은 부처님께서 보시(布施)를 행할 때 자신이 보시를 한다는 생각을 해서는 안 되는 이유를 말씀하고 있습니다. 왜냐하면 만약 보살이 보시(布施)를 행할 때 자신이 보시를 한다는 생각을 버리고 순수한 마음으로 행한다면 그 공덕(功德)이 측량(測量)할 수 없이 크기 때문이라는 것입니다. 부처님은 수보리에게 너는 동, 서, 남, 북의 공간을 헤아려 측량(測量)할 수 있느냐고 물으십니다. 수보리는 부처님께 측량할 수 없다고 말씀을 드립니다.

왜냐하면 인간은 우주의 공간(空間)의 크기와 넓이는

알 수도 없고 측량(測量)할 수도 없기 때문입니다. 부처님은 수보리에게 이렇게 자기 마음이나 생각에 집착(執着)하지 않고 아무런 조건 없이 순수한 마음으로 무주상보시(無住相布施)를 행하는 자의 공덕(功德)은 이렇게 측량할 수조차 없이 크다고 말씀하시는 것입니다. 보시는 유주상보시(有住相布施)와 무주상보시(無住相布施)가 있습니다. 유주상보시(有住相布施)는 내가 보시(布施)를 한다는 생각을 가지고 행하거나 또는 내가 보시를 행하기 때문에 부처님께서 복을 주실 것이라는 마음을 가지고 행하는 보시입니다. 그리고 무주상보시(無住相布施)는 내가 보시(布施)한다는 생각이나 마음도 없이 그리고 아무런 조건이나 바람도 없이 순수한 마음으로 행하는 보시를 말합니다. 부처님은 수보리에게 이러한 비유(譬喻)를 들어서 보살은 보시를 행할 때 아무런 욕심이나 조건 없이 순수한 마음으로 무주상보시(無住相布施)를 해야 한다고 가르쳐주고 있는 것입니다.

    그러므로 보살승(菩薩僧)에 나아가는 불자들은 보시를 행할 때 어떠한 마음이나 생각에 집착(執着)하지 말고 순수한 마음으로 무주상보시(無住相布施)를 해야 하는 것입니다. 그럼에도 불구하고 오늘날 불자들 대부분이 자신이 보시를 한다는 생각을 버리지 못하고 자랑스럽게 보시를 행하며 또한 자신이 행하는 보시를 통해서 부처님께 복을 받으려는 욕심으로 보시를 하고 있는 것입니다. 이렇게 자신을 드러내어 행하는 보시를 유주상보시(有住相布施)라고 합니다.

부처님은 자신을 드러내거나 복을 받으려는 욕심으로 행하는 유주상보시(有住相布施)는 아무런 공덕(功德)이 없다는 것입니다. 왜냐 하면 자기가 보시(布施)를 행한다는 생각을 가지고 행하는 것은 자신의 의가되며 부처님께 복을 받기 위해서 조건적으로 하는 보시(布施)는 일종의 뇌물(賂物)과 같기 때문입니다. 이 때문에 부처님께서 보살승(菩薩僧)에 나아가는 불자들은 보시(布施)를 행할 때 자신의 마음이나 생각을 모두 내려놓고 순수한 마음으로 무주상보시(無住相布施)를 하라고 가르쳐주시는 것입니다.

교만

높이 들린 교만한 눈
마음속에 숨어 있는
악을 내뿜으며
내장이 썩어가는 줄도
모르는 자신은
교활한 숨소리로
정죄하면서
정죄로 말미암아
죽음을 재촉하듯
입벌리고 있다네

5) 여리실견분(如理實見分)

여래(진리)의 실체를 보는 것

5. 여리실견분(如理實見分):
여래(진리)의 실체를 보는 것

須菩提 於意云何 可以身相 見如來不 不也 世尊 不可以身相 得見如來 何以故 如來所說身相 卽非身相 佛告 須菩提 凡所有相 皆是虛妄 若見諸相非相 卽見如來

[번역] 수보리여 네 생각에는 어떠하냐? 몸과 상(身相)으로 여래(如來)를 볼 수 있느냐? 아닙니다. 세존이시여, 몸과 상으로는 여래를 보지 못합니다. 무슨 까닭인가 하면 여래께서 말씀하시는 몸과 상은 곧 몸과 상이 아니기 때문입니다. 부처님께서 수보리에게 말씀하셨다. 무릇 있는바 모든 상은 모두 허망한 것이다. 만약 모든 상이 상 아닌 것을 본다면 곧 여래를 볼 것이니라.

[해설] 부처님은 수보리에게 네 생각은 어떠냐고 물으시면서 몸이나 상(相)으로 여래(如來)를 볼 수 있느냐고 묻고 있습니다. 수보리는 부처님에게 몸이나 상(相)으로는 여래를 볼 수 없다고 말씀을 드리는 것입니다. 왜냐하면 부처님이 말씀하시는 여래의 몸(身)이나 상(相)은 진정한 여래의 몸과 상이 아니기 때문입

니다. 즉 부처님의 몸이나 외모(外貌)를 통해서는 여래의 실체인 진리를 볼 수 없다는 뜻입니다. 이와 같이 여래의 진정한 실체(實體)는 여래 안에 들어있는 반야(般若)의 진리(法身)와 반야의 생명이기 때문에 외적으로 나타나 있는 몸이나 형상으로는 볼 수 없는 것입니다. 그런데 사람들이 부처님의 형상을 만들어 절에 모셔놓은 금불상이나 석불상을 통해서 어떻게 부처님을 볼 수 있느냐는 것입니다. 여래의 참모습은 여래 안에 있는 진리의 생명이기 때문에 진리를 통해서만 여래를 볼 수 있는 것입니다.

어느 시대를 막론하고 진리와 생명은 성불(成佛)하신 부처님의 몸 안에만 있습니다. 이것은 과일이 아무리 아름답고 탐스럽게 보여도 과일의 생명은 과일의 몸 안에 있는 씨에 들어있는 것과 같습니다. 이와 같이 부처님의 진리와 생명도 부처님의 몸 안에 들어 있기 때문에 부처님의 몸이나 상(相)으로는 볼 수없고 알 수도 없는 것입니다. 이렇게 여래의 몸이나 상(相)을 직접 보아도 내면에 있는 진리와 생명은 볼 수없고 알 수도 없는데 사람들의 손으로 금이나 돌로 만들어 놓은 각종 부처님의 형상들을 보고 어떻게 여래를 알 수 있느냐는 것입니다.

여래는 오직 혜안이 열린 부처님 곧 살아계신 부처님의

입에서 나오는 말씀을 통해서만 알 수 있습니다. 이 때문에 부처님을 보고 알려면 오늘날 살아계신 부처님을 친견(親見)하고 그 입에서 나오는 말씀을 직접 들어야 합니다. 때문에 부처님께서 수보리에게 상(相)이 있는 것은 모두 허망(虛想)한 것이니 만일 외적으로 나타난 상이 진정한 상이 아님을 본다면 곧 여래를 볼 수 있다는 것입니다. 이렇게 육안으로 보이는 부처님의 몸이나 상(相)을 통해서는 부처님(眞理)을 볼 수 없지만 부처님 안에 들어 있는 진리(眞理)를 통해서는 부처님의 참 모습, 즉 진리를 볼 수 있다는 것입니다.

왜냐하면 부처님의 실체나 부처님의 뜻은 돌부처나 금부처 속에 있는 것이 아니라 오늘날 살아계신 부처님 안에 있기 때문에 불자들이 불경(佛經)을 열심히 공부를 하고 금강경(金剛經)을 날마다 독경(讀經)을 하여도 부처님의 말씀 속에 감추어져 있는 부처님의 뜻을 알 수가 없는 것입니다. 불경(佛經)은 단지 반야(般若)가 신(神)이라는 것과 오늘날 살아계신 부처님이 어떤 분이라는 것을 알려주고 있습니다. 이 때문에 불경(佛經)을 자세히 보면 반야(般若)가 신(神)이라는 것과 오늘날 살아계신 부처님이 누구라는 것을 알 수 있습니다. 그런데 반야나 부처님의 실체는 부처님의 말씀을 통해서 자기 마음이 닦여진 만큼만 보입니다. 왜냐하면 그동안 잘못된 비진리가 머릿속에 쌓이고 굳어져 사상(四相)이 되고 고정관념(固定觀念)으로 굳어져 있고 마음은 욕심과 탐심으로 더러워져 있기 때문입니다. 그러므로 불자들은 여래를 알려고 하지 말고 먼저 부처님의 말씀을 통해서 더러워진 마음을 날마다 닦아야 하는 것입니다. 이것만이 부처님을 볼 수 있는 유일(唯一)한 길입니다.

　부처님께서 반야심경(般若心經)을 통해서 색즉시공(色卽是空) 공즉시색(空卽是色)이라 말씀하신 뜻은 보이는 물질세계나 각종 형상들은 모두 허상이며 실상은 보이지 않는 공(空)의 세계, 즉 열반(涅槃)의 세계에 있다는 뜻입니다. 이 때문에 부처님께서 오온개공(五蘊皆空)이라 말씀하신 것인데 오온개공(五蘊皆空)이란 외적인 자아(自我)는 안개와 같이 잠깐보이다 없어질 허상(虛像)이라는 말이며 여래의 실상(實相)인 진리는 부처님 안에 감추어져 있다는 뜻입니다.

존 재

바람에 뒹굴며 물 흐름 따라 살아온 나날들
그 안에서 벗어나려 온갖 애를 썼었네
그러나 내 존재가
한낱 바람에 흩날리는 낙엽의 존재임을
이제야 알았네

돌이 되려 돌을 삼키고 또 삼켰네
점차 자신의 중력을 느끼며
세찬 바람에도 견딜 수 있게 되니

이제 하늘의 푯대를 향해
한 걸음 두 걸음 제길 찾아 달려가건만
아직도 푯대는 멀고 희미하게 보인다네

6) 정신희유분(正信希有分)

말법시대에 올바르게 믿는 사람이 드물다

6. 정신희유분(正信希有分):
   말법시대에 올바르게 믿는 사람이 드물다

　須菩提 白佛言 世尊 頗有衆生 得聞如是 言說章句 生實信不 佛告 須菩提 莫作是說 如來滅後 後五百歲 有持戒修福者 於此 章句 能生信心 以此爲實 當知是人 不於 一佛二佛三四五佛 而 種善根 已於無量 千萬佛所 種諸善根 聞是章句 乃至一念 生淨 信者 須菩提 如來 悉知悉見 是諸衆生 得如是無量福德 何以故 是諸衆生 無復 我相 人相 衆生相 壽者相 無法相 亦無非法相 何以故 是諸衆生 若心取相 卽爲着我人 衆生 壽者 何以故 若取 法相 卽着我人衆生壽者 何以故 若取非法相 卽着我人衆生壽者 是故 不應取法 不應取非法 以是義故 如來常說 汝等比丘 知我 說法 如筏喩者 法尙應捨 何況非法

　[번역] 수보리는 부처님께 여쭈었다. 세존이시여 훗날에 무명의 중생이 이런 글귀를 얻어 듣고 참다운 믿음을 내겠습니까? 세존께서 말씀하셨다. 수보리여 그런 말을 하지 말라. 여래가 열반한 후 오백세대가 지나도 계를 가지고 복을 닦는 자가 이 글귀를 얻어 듣는다면 능히 믿는 마음이 나서 참답게

여길 것이다. 마땅히 알라 이 사람은 한 부처님이나 두 부처, 셋 넷 다섯 부처님께만 선근을 심은 것이 아니라 한량없는 천만 부처님이 계신 곳에서 모든 선근을 심었기 때문에 이 글귀를 듣고 한 생각에 깨끗한 믿음을 내는 것이다.

수보리여 여래는 이 모든 중생이 이와 같이 헤아릴 수 없는 복덕을 얻을 것이라는 것을 다 보고 다 알고 있다. 왜냐하면 이 모든 중생은 다시는 아상 인상 중생상 수자상이 없고 법상이나 또 비법상도 없기 때문이다. 왜냐하면 이 모든 중생이 만약 마음에 상을 취하면 곧 아상 인상 중생상 수자상에 집착한 것이니 만약 법상을 취하면 곧 아상 인상 중생상 수자상에 집착한 것이기 때문이다. 어째서 그런가 하면 만약 법이 아니라는 상을 취해도 곧 아상 인상 중생상 수자상에 집착하게 되기 때문이다. 그러므로 마땅히 법을 취하지 말고 법이 아닌 것도 취하지 말아야 한다. 이런 까닭에 여래가 항상 말씀하기를 너희 비구들은 나의 법문이 뗏목에 비유한 것임을 알라한 것이다. 법도 버려야 하거늘 법이 아닌 것을 버리는 것은 당연하지 않는가?

(1) 須菩提 白佛言 世尊 頗有衆生 得聞如是 言說章句 生實信不 佛告 須菩提 莫作是說 如來滅後 後五百歲 有持戒修福者

於此章句 能生信心 以此爲實 當知是人 不於 一佛二佛三四五佛 而種善根 已於無量 千萬佛所 種諸善根 聞是章句 乃至一念 生淨信者

　수보리는 부처님께 여쭈었다. 세존이시여 훗날에 무명의 중생이 이런 글귀를 얻어 듣고 참다운 믿음을 내겠습니까? 세존께서 말씀하셨다. 수보리여 그런 말을 하지 말라. 여래가 열반한 후 오백세대가 지나도 계를 가지고 복을 닦는 자가 이 글귀를 얻어 듣는다면 능히 믿는 마음이 나서 참답게 여길 것이다. 마땅히 알라 이 사람은 한 부처님이나 두 부처, 셋 넷 다섯 부처님께만 선근을 심은 것이 아니라 한량없는 천만 부처님이 계신 곳에서 모든 선근을 심었기 때문에 이 글귀를 듣고 한 생각에 깨끗한 믿음을 내는 것이다.

　[해설] 정신희유분(正信希有分)이라는 뜻은 부처님의 말씀은 깊고 넓어 올바른 믿음을 갖는 사람이 드물다는 의미입니다. 수보리는 부처님의 말씀을 듣고 난후 훗날에 중생들이 이러한 부처님의 말씀을 듣는다 해서 과연 올바른 믿음을 내어 깨달을 자가 있겠느냐고 부처님에게 질문을 하는 것입니다. 수보리가 부처님에게 이러한 질문을 하는 것

은 지금 부처님의 말씀을 직접 듣고 있는 우리도 깨닫기가 힘든데 부처님이 열반(涅槃)하시고 없는 상태에서 중생들이 부처님의 말씀을 기록한 경(經)을 보고 깨달을 수가 있느냐는 것입니다.

수보리가 하는 말을 들으신 부처님은 수보리에게 그런 말을 하지 말라고 하시면서 내가 멸도(滅度)한 뒤 오백년이 지난 후에도 진정으로 내 계율(戒律)을 지키며 자기 마음을 닦는 자는 올바른 믿음을 갖게 될 것이며 깨달아 여래가 될 수 있다고 말씀하십니다. 부처님의 말씀은 지금이나 훗날이나 그리고 내가 있을 때나 없을 때나 전혀 관계없이 진정한 마음으로 부처님의 계명(誡命)을 지키며 진리(眞理)를 깨닫기 위해 마음을 날마다 닦는 자는 누구나 깨달아 부처가 될 수 있다는 것입니다.

왜냐하면 부처님의 말씀은 제자들에게 법통(法統)으로 계속 이어져 오백년 혹은 오천년 후 그보다 영원토록 항상 존재하기 때문입니다. 이렇게 부처님은 석가모니(釋迦牟尼) 한분만 계신 것이 아니라 수백 혹은 수천 부처님께서 어느 시대에나 항상 존재하고 계신 것입니다. 이렇게 부처님은 어느 시대나 항상 계시지만 부처님의 말씀을 어느 누구나 보고 듣는 다하여 깨끗한 믿음을 내어 진리를 깨닫는 것이 아니라 평소에 수많은 부처님을 모시고 공양을 하며 선근을 심은 자가 깨닫게 된다는 것입니다.

(2) 須菩提 如來 悉知悉見 是諸衆生 得如是無量福德 何以故 是諸衆生 無復我相 人相 衆生相 壽者相 無法相 亦無非法相 何以故 是諸衆生 若心取相 卽爲着我人 衆生 壽者 何以故 若取法相 卽着我人衆生壽者 何以故 若取非法相 卽着我人衆生壽者 是故 不應取法 不應取非法 以是義故 如來常說 汝等比丘 知我說法 如筏喩者 法尙應捨 何況非法.

수보리여 여래는 이 모든 중생이 이와 같이 헤아릴 수 없는 복덕을 얻을 것이라는 것을 다 보고 다 알고 있다. 왜냐하면 이 모든 중생은 다시는 아상 인상 중생상 수자상이 없고 법상이나 또 비법상도 없기 때문이다. 왜냐하면 이모든 중생이 만약 마음에 상을 취하면 곧 아상 인상 중생상 수자상에 집착한 것이니 만약 법상을 취하면 곧 아상 인상 중생상 수자상에 집착한 것이기 때문이다. 어째서 그런가 하면 만약 법이 아니라는 상을 취해도 곧 아상 인상 중생상 수자상에 집착하게 되기 때문이다. 그러므로 마땅히 법을 취하지 말고 법이 아닌 것도 취하지 말아야 한다. 이런 까닭에 여래가 항상 말씀하기를 너희 비구들은 나의 법문이 뗏목에 비유한 것임을 알라 한 것이다. 법도 버려야 하거늘 법이 아닌 것을 버리는 것은 당연하지 않는가?

[해설] 부처님은 이어서 수보리에게 여래는 이 모든 중생 중에 어느 누가 헤아릴 수 없는 복덕을 얻을 것이라는 것을 다 보고 다 알고 있다고 말씀하십니다. 왜냐하면 진리를 깨달아 헤아릴 수 없는 복덕을 받는 중생은 그 안에 아상 인상 중생상 수자상이 없고 법상이나 또 비법상도 없기 때문이라는 것입니다. 그런데 만일 중생의 마음속에 상을 취한다면 그는 곧 아상 인상 중생상 수자상에 집착을 한 것이며 또 만약 법상이나 법이 아닌 상을 취해도 그는 아상 인상 중생상 수자상에 집착한 자라는 것입니다. 그러므로 헤아릴 수 없는 복덕을 받으려면 사상이나 법상이나 법이 아닌 것도 취하거나 그것에 집착하면 안 된다는 말씀입니다.

왜냐하면 속세(俗世)의 미련을 모두 버리고 부처님의 진리를 찾아가는 자들은 그 안에 아상(我相)이나 인상(人相)이나 중생상(衆生相)이나 수자상(壽者相)이 없고 법상(法相)이나 비법상(非法相)도 없어야 하기 때문입니다. 이렇게 깨달음을 위해 수행정진하고 있는 불자들에게 가장 큰 장애와 적은 사상, 곧 자신의 뇌리(腦裏) 속에 자리 잡고 있는 고정관념(固定觀念)입니다. 이 고정관념(固定觀念)은 어릴 때부터 세상에서 듣고 보고 가르침을 받으며 성장하면서 체득하여 쌓아놓은 관념(觀念)들입니다. 부처님은 이렇게 쌓아놓은 고정관념(固定觀念)을 전도(顚倒)된 몽상(夢想)이라고도 합니다. 만일 수행불자가 이러한 고정관념(固定觀念)을 모두 제거 할 수 있다면 반드시 해탈이 되어 부처가 되는 것입니다. 그런데 수행불자들이 무엇 때문에 자기 안에 쌓아놓은 관념들을 버리지 못하는 것일까요? 그 이유는 사람들안에 자리 잡고 있는 욕심 때문입니다. 부처님은 사람들안에 자리 잡고 있는 욕심을 삼독(三毒), 즉 탐,진,치(貪, 瞋, 癡)라고 말씀하십니다.

그런데 욕심은 자아(自我)라는 존재가 있기 때문에 나타나는 것입니다. 이 때문에 욕심의 근원은 자아(自我) 곧 자기 존재입니다. 그러므로 욕심을 없애려면 자아가 소멸(燒滅)되어 무아(無我)가 되어야 합니다. 그런데 자기의 존재를 버리고 무아(無我)가 된다는 것은 불가능(不可能) 하리만치 어렵고 힘든 것입니다. 왜냐하면 자신을 버리거나 포기하는 것은 죽음과 같기 때문에 해탈(解脫)하기가 어렵다는 것은 자신을 포기하고 버리기가 어렵다는 것입니다.

때문에 부처님께서 해탈의 길을 걸어가는 자들에게 뗏목의 비유를 들어서 말씀을 하신 것입니다.

　강을 건너야 할 사람에게 뗏목은 그 무엇보다 중요한 것이지만 강을 건넌 후에는 소중했던 뗏목을 버려야 하듯이 부처님의 법문(法門)도 깨달은 후에는 버려야 한다는 것입니다. 그런데 하물며 비 진리나 잠간 보이다 사라져 없어질 자신의 존재(自我)를 버리는 것은 당연하지 않느냐고 말씀하는 것입니다.

　수행불자들에게 가장 큰 문제는 자신의 존재가 잠깐 보이다가 사라지는 안개나 물거품과 같다는 것을 모른다는 것입니다. 만일 수행불자들이 수행을 하면서 자신의 존재가 잠시 있다가 사라지는 안개와 같이 무상한 존재라는 것을 알게 된다면 아무 미련 없이 버릴 수 있는데 버리지 못하는 것은 아직 자신의 존재가 무상하다는 것을 모르고 있기 때문입니다.

감추인 악

혀 밑에 감추인 악을
토해 버리지 않으면
독사의 쓸개가 되며
감추인 악을 진토에 버리면
해맑은 빛이 되어 어둠을 비추리
교만은 덫이 되어
멸망에 이르고
겸손은 생수되어
영원하리라

7) 무득무설분(無得無說分)

얻을 것도 없고 설할 것도 없다

7. 무득무설분(無得無說分):
얻을 것도 없고 설할 것도 없다

須菩提 於意云何 如來得 阿耨多羅三邈三菩提耶 如來 有所 說法耶 須菩提言 如我解佛所說義 無有定法 名阿耨多羅三邈三 菩提 亦無有定法 如來可說 何以故 如來所說法 皆不可取 不可 說 非法 非非法 所以者何 一切賢聖 皆以無爲法 而有差別

[번역] 수보리여 너는 어떻게 생각하느냐? 여래가 아뇩다라 삼먁삼보리를 얻었다고 생각하느냐? 또한 여래가 설한 법이 있다고 생각하느냐? 수보리가 말씀드리되 제가 부처님이 말씀 하신 뜻을 알기로는 정한 법이 없는 것을 이름하여 아뇩다라 삼먁삼보리라 하셨으며 또한 여래는 정해진 법 없이 설하셨습 니다. 왜냐하면 여래께서 설하신 법은 모두 취할 수 없고 또 말할 수도 없는 말씀으로 법도 아니고 법아님도 아니기 때문 입니다. 왜냐하면 모든 현성들은 모두 무위의 법으로 말씀하 시나 차별이 있기 때문입니다.

[해설] 무득무설분(無得無說分)이란 뜻은 얻을 것도 없고 설할 것도 없다는 의미입니다. 부처님은 수보리에게 너는

여래가 무상정등정각(無上等正覺)인 아뇩다라삼먁삼보리를 얻었다고 생각하느냐 그리고 또 여래가 설한 법이 있다고 생각하느냐고 물으십니다. 부처님의 질문에 수보리는 제가 부처님이 말씀하신 뜻을 알기로는 정한 법이 없는 것을 이름하여 아뇩다라삼먁삼보리라 하셨다고 말씀드리고 있습니다.

   이 말씀은 정한 법이 없는 법은 곧 모든 법을 초월한 진리를 아뇩다라삼먁삼보리라 하셨기 때문이라는 것입니다. 또한 여래가 정해진 법 없이 설하셨다는 말씀도 여래는 모든 법을 초월해서 설하셨다는 뜻입니다. 왜냐하면 여래께서 설하신 법은 모두 취할 수 없고 또 말할 수도 없는 초월된 진리로 법도 아니고 법아님도 아니기 때문이며 또한 성현들이 설한 법도 위가 없는 법이나 차별은 있기 때문이라 말씀드리고 있습니다.

   부처님께서 이렇게 수보리에게 하문(下問)하신 것은 여래는 부처님의 말씀만이 진리가 아니라 삼라만상(森羅萬象) 모두가 진리이며 중생들을 깨우치는 법문(法門)이라는 것을 알려주시기 위함입니다. 이 말은 깨달은 부처님에게는 모두가 진리이지만 깨닫지 못한 자들에게는 진리도 진리가 아니라는 뜻입니다. 이렇게 깨달은 부처님들은 진리

(眞理)만 진리가 아니라 삼라만상(森羅萬象) 모두가 진리(眞理)요 법문(法門)이라는 뜻입니다.

이렇게 진리는 부처님이 설하신 말씀만이 아니라 어린 아이의 울음소리나 들에 풀벌레 소리 혹은 진흙 속에서 피어나는 연꽃이나 들에 풀 한포기도 중생들을 가르치고 깨닫게 해주는 진리(眞理)요 법문(法門)이라는 것입니다. 이 때문에 부처님께서 무위법을 반야심경(般若心經)을 통해서 시제법공상(是諸法空相)이라 말씀하신 것인데 시제법공상(是諸法空相)이라는 뜻은 모든 법에는 상이 없다는 의미입니다.

이제 부처님께서 반야심경을 통해서 사리자에게 말씀하신 시제법공상(是諸法空相)의 뜻을 알아보기로 하겠습니다.

사리자(舍利子) 시제법(是諸法) 공상(空相) 불생불멸(不生不滅) 불구부정(不垢不淨) 부증불감(不增不減)

상기의 말씀을 통해서 부처님은 사리자에게 시제법(是諸法)은 모두 공상(空相)이라 말씀하고 있습니다. 시제법공상(是諸法空相)이라는 뜻은 모든 법에 상(相)이 없다는 말입니다. 세상에서 말하는 제법(諸法)은 "모든 법, 우주공간에 존재하는 유형무형(有形無形)의 사물, 개체를 구성하는 모든 요소" 등을 말합니다. 그러나 부처님께서 반야심경(般若心經)을 통해서 말씀하시는 시제법(是諸法)은 부처님께서 설하신 모든 법과 말씀을 말하고 있습니다.

그러므로 부처님께서 말씀하시는 시제법 공상은 부처님이 하신 말씀에 상(相)이 없다는 의미보다 부처님께서 말씀하신 모든 말씀에는 오류나 걸림이 없다는 뜻으로 해석되어야 합니다. 왜냐하면 부처님의 말씀은 정확무오(正確無誤)한 반야(般若)의 말씀 곧 지혜(知慧)의 말씀이기 때문입니다. 이와 같이 시제법(是諸法)은 부처님께서 설하신 모든 법문(法門)을 말하는데 불교에서 이를 삼장(三藏)이라고 말합니다. 삼장은 부처님께서 설하신 법문을 셋으로 분류하여 말한 것입니다.

가. 경장(經藏): 부처님이 설(設)하신 모든 말씀을 기록한 책

나. 율장(律藏): 수행 불자들이 지켜야 할 불교의 제도적 계율을 기록해놓은 책

다. 논장(論藏): 부처님의 말씀을 기록해 놓은 경전을 불자들이 알기 쉽게 논술 혹은 해설하여 기록해 놓은 책

상기와 같이 부처님께서 설하신 모든 법문을 경장, 율장, 논장으로 분류하여 이를 가리켜서 삼장(三藏)이라 말합니다. 이 삼장을 한문 문화권에서 대장경(大藏經)이라 부르고 있습니다. 그런데 반야심경(般若心經)을 통하여 부처님께서 말씀하고 계신 시제법(是諸法)이란 진리의 본체이며 실체이신 반야(般若)를 가리키는 말입니다. 또한 시제법은 반야지(般若智), 즉 반야(般若)에 의해 나타난 모든 근원적인 지혜 또는 영원한 생명을 말합니다.

반야는 천수천안(千手千眼)을 가지고 중생들에게 여러 모양과 형태로 나타납니다. 이렇듯 반야의 모습은 관자재보살(觀自在菩薩)로 혹은 보리살타(菩提薩陀)로 혹은 삼세제불(三世諸佛)로 나타내시는데, 때로는 빛으로 또는 진리로 또는 시제법(是諸法) 등으로 다양한 모습으로 나타나십니다. 이와 같이 반야는 여러 형상(形像)과 여러 형태(形態)로 우리 중생들에게 그 모습을 나타내시지만, 분명한 것은 반야는 어떤 환경에서도 반드시 진실과 진리로 나타나신다는 것입니다. 이렇듯이 반야(般若)는 시제법(是諸法)으로서

반야에 의해서 성불하신 부처님들 속에 항상 계시며 오늘 이 순간도 중생들의 구제(救濟)를 위하여 불자들 가운데 오셔서 역사(役事)하고 계신 것입니다.

이렇게 부처님께서 시제법공상(是諸法空相)이라고 하시는 말씀의 뜻은 모든 법에 모양이나 형상이 없다는 말이 아니라 부처님의 거룩한 말씀은 모든 것에 걸림이나 막힘이 없는 시공(時空)을 초월(超越)해 계신 말씀이라는 뜻입니다. 바람은 그물에 걸리지 않는 것처럼 부처님의 말씀은 모든 것을 초월해 있기 때문에 그 어느 것에도 걸림이나 막힘이 없습니다. 이와 같이 부처님께서 말씀하신 시제법은 삼장(三藏)에 국한된 것이 아니라 모두가 진리요 부처님의 말씀이라는 뜻입니다.

그런데 오늘날 스님들이나 불자들은 부처님의 말씀만이 진리며 경(經)이라 말하고 있습니다. 그러나 부처님께서 말씀하고 계신 시제법은 삼라만상(森羅萬象) 모두가 진리요 부처님의 법문(法門)이라는 것입니다. 이 것은 들에 피어나는 들꽃이나 풀 한포기도 진리요, 새들이 지저귀는 소리나 땅 속 깊이 웅크리고 있는 굼벵이도 중생들을 가르치고 깨우치는 법문이라는 것입니다. 또한 물 속 깊은 진흙 속에서 자라 피어나는 연꽃 한 송이도 부처님의 진리요 법문으로서 연꽃이 피어나는 과정을 통해서 부처님의 해탈하는 모습을 보여주고 가르치는 법문입니다.

　이렇게 중생들이 성불(成佛)하여 혜안(慧眼)의 눈으로 보면 모두가 부처님의 진리요 부처님의 법문(法門)입니다. 그러나 무명(無明)의 중생들에게는 진리로 볼 수 있는 눈이 없다는 것입니다. 시제법공상(是諸法空相)은 성불하신 부처님들의 세계를 말하는 것으로서 그곳은 언제나 변함없는 영원불멸(永遠不滅)의 세계를 가리키는 말입니다. 또한 시제법공상(是諸法空相)의 또 다른 의미는 시제법은 진공실상(眞空實相)의 영원한 실체로서 모든 중생들의 빛이며 구원의 본체이며 생명이라는 것입니다. 그러므로 부처님의 모든 법을 중생들이 밥을 먹듯이 날마다 양식으로 먹으면서 부처님의 뜻대로 수행(修行)하며 살아가야 합니다. 이렇게 부처님의 말씀에 따라서 정진(精進)을 계속한다면 진공실상(眞空實相)의 반야지(般若智)가 불자들에게도 반드시 나타날 것입니다.

　부처님께서 말씀하시는 시제법공상(是諸法空相)은 부처님의 가르침은 물론 삼라만상(森羅萬象)을 통해서도 눈으로 보고 귀로 들으면서 부처님의 뜻을 깨달아 모두 해탈이 되어 부처가 되라는 뜻으로 하신 말씀입니다.

이어지는 부처님의 말씀에 모든 성인(聖人)들의 말씀은 위가 없는 법(法)이지만 차별은 있다는 말씀입니다. 무위법(無爲法)이란 해탈하신 부처님의 입에서 나오는 말씀을 말합니다. 그런데 부처님은 성인(成人)들, 즉 깨달으신 부처님들의 말씀에도 차별이 있다고 말씀을 하고 있습니다. 이 말씀의 뜻은 성불하신 부처님의 말씀에도 차별이 있다는 것입니다. 왜냐하면 부처님의 세계도 삼보(三寶), 즉 불(佛) 법(法) 승(僧)의 삼위(三位)가 있고 따라서 관자재보살(觀自在菩薩)과 보리살타 부처님과 삼세제불(三世諸佛)이 계시기 때문입니다.

　이것은 기독교회(基督敎會)에서 말하는 삼위일체(三位一體)하나님, 즉 성부(聖父)하나님, 성령(聖靈)하나님, 성자(聖子)하나님이 계신 것과 같습니다. 삼위일체(三位一體)라는 뜻은 삼위(三位)의 하나님 곧 성부하나님과 성령하나님과 성자하나님의 위(位)는 각기 다르나 그 안에 계신 생명은 동일하다는 의미입니다. 이것은 아버지와 아들과 손자의 생명(씨)은 모두 동일한 생명이지만 그 위(位置)는 각기 다르다는 뜻입니다.

　이와 같이 부처님들 안에는 모두 동일한 생명과 동일한 말씀이 있지만 부처님들의 위(位)는 각기 차별이 있다는 것입니다. 이것은 세상에 위계질서(位階秩序)가 있듯이 하늘(부처님)의 세계도 위계질서(位階秩序)가 있다는 것을 말해 주는 것입니다.

8) 의법출생분(依法出生分)

법에 의해 출생한다

8. 의법출생분(依法出生分): 법에 의해 출생한다

　須菩提 於意云何 若人 滿三千大千世界七寶 以用布施 是人 所得福德 寧爲多不 須菩提言 甚多 世尊 何以故 是福德 卽非福 德性 是故 如來說 福德多 若復有人 於此經中 受持乃至四句偈 等 爲他人說 其福 勝彼 何以故 須菩提 一切諸佛 及諸佛 阿耨 多羅三邈三菩提法 皆從此經出 須菩提 所謂佛法者 卽非佛法

　[번역] 수보리여 어떻게 생각하는가? 만약 어떤 사람이 삼천대천세계에 가득한 칠보를 가지고 보시를 한다면 이 사람이 얻을 복덕이 얼마나 많겠느냐? 수보리가 말하되 심히 많겠습니다. 세존이시여! 왜냐하면 이 복덕은 곧 복덕의 성품이 아니기 때문에 여래께서 복덕이 많다고 말씀하신 것입니다.

　만약 또 어떤 사람이 있어 이 경 가운데서 사구게(四句偈) 만이라도 받아 지니고 다른 사람을 위해 설해준다면 그 복덕이 칠보로 보시한 복덕 보다 더 크니라. 왜냐하면 수보리여 일체의 모든 부처님과 부처님의 아뇩다라삼먁삼보리 법이 다 이 경에서 나왔기 때문이다. 수보리여 이른바 불법이라는 것도 곧 불법이 아니니라.

(1) 須菩提 於意云何 若人 滿 三千大千世界七寶 以用布施 是人 所得福德 寧爲多不 須菩提言 甚多 世尊 何以故 是福德 卽非福德性 是故 如來說 福德多

수보리여 어떻게 생각하는가? 만약 어떤 사람이 삼천대천 세계에 가득한 칠보를 가지고 보시를 한다면 이 사람이 얻을 복덕이 얼마나 많겠느냐? 수보리가 말하되 심히 많겠습니다. 세존이시여! 왜냐하면 이 복덕은 곧 복덕의 성품이 아니기 때문에 여래께서 복덕이 많다고 말씀하신 것입니다.

[해설] 보시(布施)는 자비로운 마음으로 남에게 베푸는 것을 말합니다. 즉 가난한 이웃을 사랑하는 마음으로 보살 피며 그들에게 필요한 것들을 공급해주는 것을 보시라 합니다. 지금 세존께서 수보리에게 어떤 사람이 삼천대천세 계(三千大天世界)를 칠보(七寶)로 가득 채운 그 칠보를 가지고 보시(布施)를 한다면 그 사람은 복덕(福德)이 많지 않 겠느냐고 묻고 있습니다. 수보리는 부처님께 그 복덕이 매우 많겠다고 대답을 합니다. 왜냐하면 부처님께서 말씀하신 복덕은 곧 진정한 복덕이 아니기 때문입니다.

　　복덕은 세상에 잠시 있다가 사라지는 복덕이 있고 부

처님이 주시는 영원한 복덕이 있습니다. 부처님은 지금 수보리를 통해서 잠시 있다가 사라져 버리는 세상의 복덕의 가치와 영원히 사라지지 않는 하늘의 복덕의 가치에 대해서 알려주려고 말씀하시는 것입니다.

　칠보(七寶)란 일곱까지의 보석 곧 금, 은, 유리, 자거, 마노, 산호, 호박 혹은 진주를 말합니다. 이러한 보석을 태산만큼 가지고 헐벗고 굶주린 가난한 자들을 도와 보시를 한다면 그 공덕은 대단히 클 것입니다. 오늘날 평생을 모은 재산을 장학기금(奬學基金)이나 불우이웃을 위해 보시(布施)하는 사람들을 볼 수 있습니다. 이런 보시(布施)를 행하는 사람들은 현생이나 내생에 실로 큰 복을 받을 것입니다. 수보리는 부처님의 말씀에 "예, 그런 사람은 복덕이 많습니다"라고 대답을 하고 있습니다.

　이 때문에 오늘날 중생들도 신자(信者)나 불신자(不信者)를 막론하고 선한 마음을 가진 사람들은 자신의 공덕(功德)을 쌓아 현세(現世)와 내세(來世)에서 복을 받기 위해 가난한 이웃을 찾아 보시를 하고 있습니다. 그런데 부처님은 삼천대천세계(三千大天世界)를 칠보(七寶)로 가득 채워서 모두 보시(布施)하는 복덕보다 무명의 중생들에게 부처님의 말씀 중 사구게(四句偈)만이라도 가르치고 깨우쳐주는 복덕이 더 크다고 말씀을 하시는 것입니다.

 (2) 若復有人　於此經中　受持乃至四句偈等　爲他人說　其福勝彼　何以故　須菩提　一切諸佛　及諸佛　阿耨多羅三邈三菩提法　皆從此經出　須菩提　所謂佛法者　卽非佛法

 만약 또 어떤 사람이 있어 이 경 가운데서 사구게(四句偈)만이라도 받아 지니고 다른 사람을 위해 설해준다면 그 복덕이 칠보로 보시한 복덕 보다 더 크니라. 왜냐하면 수보리여 일체의 모든 부처님과 부처님의 아뇩다라삼먁삼보리 법이 다 이 경에서 나왔기 때문이다. 수보리여 이른바 불법이라는 것도 곧 불법이 아니니라.

 [해설] 부처님은 이어서 만약 또 어떤 사람이 있어 이 경 가운데서 사구게(四句偈)만이라도 받아 지니고 다른 사람을 위해 설해준다면 그 복덕이 칠보로 보시한 복덕 보다 더 크다고 말씀하고 있습니다. 왜냐하면 모든 부처님과 아뇩다라삼먁삼보리의 법이 모두 경에서 나왔기 때문입니다. 그러면 부처님이 말씀하시는 사구게(四句偈)는 어떤 말씀을 말하는 것인가요? 부처님께서 말씀하시는 사구게(四句偈)는 다음과 같습니다.

사구게(四句偈)

사구게(四句偈)는 4절로 된 게문(偈文)을 말하는데 불교의 게송(偈頌)은 대부분 4자 내지 8자를 1구로 하고 4구를 1 게송으로 하고 있습니다. 그러므로 부처님이 말씀하시는 사구게는 어느 특정한 것을 말씀하시는 것이 아니라 경(經)에 기록된 부처님의 모든 말씀이라 할 수 있습니다. 그러나 지금까지 사구게는 아래의 말씀으로 전해오고 있습니다.

1. 범소유상(凡所有相) 개시허망(皆是虛妄) 약견제상비상(若見諸相非相) 즉견여래(卽見如來)

[번역] 상이 있는 모든 것은 모두 허망하니 만약 모든 상이 상이 아님을 본다면 곧 여래를 보리라.

2. 불응주색생심(不應住色生心) 불응주성향미촉법생심(不應住聲香味觸法生心) 응무소주(應無所住)이생기심(以生其心)

[번역] 응당 색에 머물러서 마음을 내지 말고 응당 소리나 향이나 맛이나 느낌이나 생각에 머물러서 마음을 내지 말고 응당 머무름이 없이 그 마음을 낼지니라.

3. 약이색견아(若以色見我) 이음성구아(以音聲求我) 시인

    행사도(是人行邪道) 불능견여래(不能見如來)

[번역] 만약 형상으로 나를 보려거나 음성으로 나를 구하려 하면 이 사람은 사도를 행함이라 여래를 보지 못하리라.

4. 일체유위법(一切有爲法) 여몽환포영(如夢幻泡影) 여로역

    여전(如露亦如電) 응작여시관(應作如是觀)

[번역] 모든 유위법은 꿈과 같고 환영과 같고 물거품과 같고 그림자 같고 이슬과 같고 번개와 같으니 마땅히 이와 같이 보아야 하리라.

상기와 같이 부처님께서 말씀하시는 사구게는 자신이 소유하고 있는 모든 상이 허상임을 본다면 곧 여래를 볼 수 있다는 말인데 여래를 볼 수 있다는 뜻은 진리를 볼 수 있다는 말씀입니다. 진리를 본다는 것은 곧 진리를 깨닫게 된다는 말씀이며 진리를 깨달으면 부처가 된다는 뜻입니다. 그러므로 사구게를 받아 지니고 이웃에 있는 중생들에게 설해주는 법 보시는 삼천대천세계에 가득한 칠보로 보시한 복덕보다 더 크다는 것을 가르쳐 주신 것입니다.

이렇게 보시는 물질적인 보시와 법 보시(法布施)가 있

습니다. 물질적인 보시는 자신의 재물을 내어주는 것이며 법 보시는 자신이 가지고 있는 부처님의 말씀을 가르쳐주고 깨우쳐 주는 것입니다. 중생들의 생각은 자신이 애써 모은 재물을 내어주는 것이 부처님의 말씀을 전해주는 것보다 공덕(功德)이 더 많다고 생각할 수 있습니다. 왜냐하면 부처님의 말씀을 듣고 아는 것은 쉽지만 재물을 모으는 것이 더 어렵다고 생각하기 때문입니다. 그러나 세상의 재물은 누구나 노력만하면 얻을 수 있지만 부처님의 말씀을 깨닫고 아는 것은 노력을 한다 해도 누구나 얻을 수 있는 것이 아닙니다.

왜냐하면 부처님의 말씀을 깨닫고 아는 것은 마치 하늘에 있는 별을 따오는 것만큼이나 어렵기 때문입니다. 그리고 가난한 이웃에게 물질로 보시(布施)하는 것은 살아 있는 동안 육신의 생활에 도움을 줄 뿐이지만 부처님의 말씀으로 법을 보시(法布施)하는 것은 죽어가는 영혼을 구제하여 영원한 생명을 줄 수 있기 때문입니다.

이렇게 부처님의 말씀으로 법 보시하는 것은 죽은 영혼을 소생시켜 생로병사(生老病死)의 윤회(輪廻)에서 벗어나게 할 수 있지만 삼천대천세계(三千大天世界)에 쌓여있는 재물로는 죽은 영혼을 구제하거나 살릴 수가 없습니다. 이 때문에 여래께서 삼천대천세계(三千大天世界)에 쌓여있는 물질로 보시를 하는 것보다 부처님의 말씀을 가르치고 깨우쳐주는 복덕(福德)이 더 크다고 말씀하신 것입니다. 즉 진정한 보시(布施)는 물질적인 보시가 아니라 법 보시(法布施), 즉 진리를 한 마디라도 깨우쳐주는 것이 진정한 보시이며 이로 인해 받는 공덕(功德)이 진정한 복덕(福德)이라는 것입니다. 이 때문에 부처님께서 경 가운데 사구게(四句偈)만이라도 법보시(法布施)를 하는 것이 삼천대천세계(三千大天世界)를 칠보(七寶)로 가득 채우고 보시를 행하는 복덕보다 더 크다고 말씀하시는 것입니다.

　이상과 같이 부처님께서 말씀하신 사구게(四句偈)는 무명의 중생들이나 불자들이 반드시 알아야 할 기초적인 법문이며 수행자들도 깨달아야 할 중요한 법문입니다.

인생무상

욕망에 사로잡혔던
허수아비 인생
시절을 쫓아 끌려 다니며
만족하지 못한 생의 바퀴 속에서
늘어진 불평과 불만의 불꽃을 튕기며
불꽃놀이 하던 때가 엊그제

타다만 잿더미 속에
이리저리 뒹굴며 발 끝에 채이다가
작은 불씨 하나 만나서
모두 태워 버리고

이제야 잿가루되어
불어 오는 바람에 흩날리고
욕정의 자취도 그림자도 사라져 버리고
텅 빈 자리에 다가 온
소리 없는 그대 고요하여라.

9) 일상무상분(一相無相分)

하나의 상(相)도 상이 아니다

9. 일상무상분(一相無相分):
하나의 상(相)도 상이 아니다

　須菩提 於意云何 須陀洹 能作是念 我得須陀洹果不 須菩提言 不也 世尊 何以故 須陀洹 名爲入流 而無所入 不入色聲香味觸法 是名須陀洹 須菩提 於意云何 斯陀含 能作是念 我得斯陀含果不 須菩提言 不也世尊 何以故 斯陀含 名一往來 而實無往來 是名斯陀含 須菩提 於意云何 阿那含 能作是念 我得阿那含果不 須菩提言 不也 世尊 何以故 阿那含 名爲不來 而實無不來 是故 名阿那含 須菩提 於意云何 阿羅漢 能作是念 我得阿羅漢道不 須菩提言 不也 世尊 何以故 實無有法 名阿羅漢 世尊 若阿羅漢 作是念 我得阿羅漢道 卽爲着 我人衆生壽者 世尊 佛說 我得無諍三昧人中 最爲第一 是第一離欲阿羅漢 世尊 我不作是念 我是離欲阿羅漢 世尊 我若作是念 我得阿羅漢道 世尊 卽不說 須菩提 是樂阿蘭那行者 以須菩提 實無所行 而名 須菩提 是樂阿蘭那行

　[번역] 수보리여 네 생각이 어떠하냐? 수다원이 생각하기를 나는 수다원과를 얻었다 하겠느냐? 수보리가 대답했다. 아닙니다. 세존이시여! 왜냐하면 수다원은 성인에 들었다는 이름이오나 실로 들어간 일이 없고 색, 성, 향, 미, 촉, 법에 들어가

지 않음을 이름 하여 수다원이라 하기 때문입니다.

　수보리야 어떻게 생각하느냐? 사다함이 능히 이런 생각을 하되 나는 사다함과를 얻었노라 하겠느냐? 수보리가 대답하되 아닙니다. 세존이시여! 무슨 까닭인가 하면 사다함은 한번 다녀온다는 뜻이나 실은 가고 옴이 없는 까닭에 사다함이라 이름 하는 것입니다. 수보리야 어떻게 생각하느냐? 아나함이 능히 이런 생각하되 나는 아나함과를 얻었다 하겠느냐? 수보리가 대답하되 아닙니다. 세존이시여! 왜냐하면 아나함은 그 이름이 오지 않는다는 뜻이오나 실은 다시 오지 않음이 없는 까닭에 아나함이라 이름 합니다.

　수보리야 어떻게 생각하느냐? 아라한이 능히 이런 생각을 가지되 내가 아라한의 도(道)를 얻었다 하겠느냐? 수보리가 대답하되 아닙니다. 세존이시여! 만약 아라한이 이런 생각을 가지되 내가 아라한의 경지를 얻었다 하면 이는 곧 아상, 인상, 중생상, 수자상에 집착하는 것입니다. 세존이시여 부처님께서 말씀하시되 저를 번뇌와 다툼이 없는 삼매를 얻은 사람 가운데 제일이기 때문에 욕심을 떠난 아라한 중에 으뜸이라 말씀하셨사오나 제가 이러한 생각을 가지되 저는 욕심을 떠난 아라한이라고 생각하지 않습니다. 제가 만약 아라한의 경지를 얻었다는 생각을 가졌으면 세존께서는 수보리가 아란나행을 즐기는 자라고 말씀하지 아니하셨을 것이오나 실은 수보리가 행하는 일이 없기 때문에 수보리에게 아란나행을 즐기는 자라고 이름하신 것입니다.

[해설] 상기의 말씀은 세존께서 소승보살들이 수행을 통해 성불하는 순서를 4단계(四段階)로 분류하여 단계별(段階別), 즉 그 차원에 따라 수보리에게 질문하고 있는 장면입니다. 성불(成佛)하는 과정의 4단계를 사과(四果) 혹은 사계위(四階爲)라고도 말하는데 일과(一果)는 수다원(須陀洹)이며 이과(二果)는 사다함(斯陀含)이며 삼과(三果)는 아나함(阿那含)이며 사과(四果)는 아라한(阿羅漢)이라고도 말합니다. 이 사과(四果)를 사계성도(四階成道) 혹은 사계성불(四階成佛)이라고 말합니다. 이것은 대학생이 되기 위해 처음에 초등학교를 입학하여 중학교와 고등학교를 거쳐 대학교에 들어가 대학생이 되는 과정과 같습니다.

이렇게 불자들이 성불(成佛)하여 부처가 되려면 이러한 과정들을 어느 누구나 반드시 통과해야 하는 것입니다. 이 길은 모든 중생들이 깨달아 부처가 되는 과정, 즉 성불의 길을 말하고 있는 것입니다. 그러면 이제부터 성불의 과정인 사계성도(四階成道)에 대하여 말씀드리겠습니다.

(1) 須菩提 於意云何 須陀洹 能作是念 我得須陀洹果不 須菩提言 不也 世尊 何以故 須陀洹 名爲入流 而無所入 不入色聲香味觸法 是名須陀洹

수보리여 네 생각이 어떠하냐? 수다원이 생각하기를 나는 수다원과를 얻었다 하겠느냐? 수보리가 대답했다. 아닙니다. 세존이시여! 왜냐하면 수다원은 성인에 들었다는 이름이오나 실로 들어간 일이 없고 색, 성, 향, 미, 촉, 법에 들어가지 않음을 이름 하여 수다원이라 하기 때문입니다.

1. 수다원(須陀洹)

지금 부처님은 수보리에게 수다원(須陀洹)의 과위(果位)를 얻은 자가 수다원의 과위를 얻었다고 생각하겠느냐고 하문하고 계십니다. 수다원(須陀洹)이란 사계위(四階爲)의 초급과정인 입류(入流)를 말하고 있는데 이는 수행의 과정에 처음 입문(入門)했다는 뜻입니다. 부처님의 하문(下問)에 수보리는 그렇지 않다고 하면서 수다원(須陀洹)은 수다원의 과위를 얻었다는 생각을 하지 않는다고 말씀을 드리고 있습니다.

왜냐하면 수다원이 성자(聖子)의 반열(班列)에 들어가기 위해서는 세상의 모든 집착과 번뇌를 끊어야 하기 때문입니다. 이렇게 수다원(須陀洹)은 성불을 위해서 세상의 욕심은 물론 지금까지 머릿속에 쌓아놓은 고정관념(固定觀念)을 모두 제거하기 위한 일념으로 신앙생활을 하는 자를 말합니다. 그런데 만일 수다원(須陀洹)이 내가 수다원과를 얻었다거나 내가 수다원이라는 생각을 한다면 그는 진정한 수다원이 아니라는 것입니다.

진정한 수다원(須陀洹)은 속세의 미련과 욕심을 모두 끊어 버리기 위해 승단에 들어가 스님들을 통해서 부처님의 가르침을 받으며 열심히 수행을 하고 있는 자를 말합니다. 이렇게 성불을 위해 열심히 수행을 하고 있는 자들은 자신이 수다원(須陀洹)이라는 생각조차도 버려야 하는 것입니다. 그러므로 수다원은 성불의 길을 가기 위해서 부처님의 말씀에 따라 기초적인 훈련을 받고 있는 자들을 말하는 것입니다.

이렇게 수다원은 부처님께 귀의하여 기본적인 가르침과 그에 따른 수행의 과정을 모두 마쳐야 사다함의 과위로 나가게 되는 것입니다.

(2) 須菩提 於意云何 斯陀含 能作是念 我得斯陀含 果不 須菩提言 不也 世尊 何以故 斯陀含 名一往來 而實無往來 是名斯陀含

수보리야 어떻게 생각하느냐? 사다함이 능히 이런 생각을 하되 나는 사다함과를 얻었노라 하겠느냐? 수보리가 대답하되 아닙니다. 세존이시여! 무슨 까닭인가 하면 사다함은 한번 다녀온다는 뜻이나 실은 가고 옴이 없는 까닭에 사다함이라 이름 하는 것입니다.

2. 사다함(斯陀含)

이어서 부처님은 수보리에게 사다함(斯陀含)이 생각하기를 내가 사다함(斯陀含)의 과위를 얻었노라고 하겠느냐고 하문(下問)을 하십니다. 이에 수보리는 "그렇지 않습니다" 라고 말씀드립니다. 사다함은 사과위(四果位)중 제 이과(二果)에 들어간 자로 뜻은 "일왕래(一往來)" 즉 "한번 오는 자"라는 의미를 가지고 있습니다. 이렇게 사다함(斯陀含)은 이 세상에 한번 다녀간다는 뜻입니다. 즉 사다함은 한번 와서 열반에 이르러 다시는 이 세상에 태어나지 않는다는 각오로 수행을 하는 자들을 말합니다. 사다함이 해야 하는 일은 수도혹(修道惑), 즉 도(道)를 닦는데 장애가 되는 번뇌망상(煩惱妄想)을 모두 끊어 버리는 것입니다.

수도혹(修道惑)은 욕계(欲界)의 탐(貪), 진(瞋), 치(癡), 만(慢)인 네 가지의 미혹을 말하는데 어떤 학자들은 색계(色界), 무색계(無色界)의 탐, 진, 치, 만의 여섯 가지를 합쳐서 모두 열이라 말하는 분들도 있습니다. 그러나 이러한 수도혹(修道惑)을 인간의 자력(自力)이나 수행(修行)으로 끊는다는 것은 불가능한 일입니다. 그런데 이러한 수도혹은 자아(自我)라는 내 존재가 있기 때문에 발생하는 것입니다. 그러므로 수도혹을 끊으려 애쓰지 말고 자아라는 내 존재를 버린다면 수도혹(修道惑)은 발생할 수도 없고 끊을 필요도 없게 됩니다. 그러나 자아(自我)를 버린다는 것은 결코 쉬운 일이 아닙니다. 왜냐하면 수행불자들이 지금까지 자력(自力)으로 자아(自我)를 버린 사람은 한사람도 없었기 때문입니다. 이 때문에 수행불자들은 수도혹을 끊기 위해서 시대신(是大神)이신 반야(般若)를 믿고 의지해야 하며 반야의 도움을 받아야 합니다. 반야는 전지전능(全知全能)한 신(神)으로 우리의 모든 생사화복(生死禍福)을 주관하고 계십니다. 반야(般若)는 중생들의 생명은 물론 천지만물(天

地萬物)까지 죽이기도 하고 살리기도 하시는 분입니다.

　그러므로 반야(般若)를 믿고 의지 할 때 반야에 의해서 자아(自我)를 버릴 수 있고 생로병사(生老病死)의 윤회(輪廻)에서 벗어나게 되는 것입니다. 부처님께서 수보리에게 사다함(斯陀含)이 사다함과를 얻었냐는 말씀하실 때 수보리는 아니라고 대답을 하고 있습니다. 왜냐하면 진정한 사다함은 한번 왔다가 간다는 생각이나 자신이 사다함(斯陀含)의 과위를 얻었다는 생각조차 없기 때문입니다.

　(3) 須菩提 於意云何 阿那含 能作是念 我得阿那含 果不 須菩提言 不也 世尊 何以故 阿那含 名爲不來 而實無不來 是故名阿那含

　수보리야 어떻게 생각하느냐? 아나함이 능히 이런 생각하되 나는 아나함과를 얻었다 하겠느냐? 수보리가 대답하되 아닙니다. 세존이시여! 왜냐하면 아나함은 그 이름이 오지 않는다는 뜻이오나 실은 다시 오지 않음이 없는 까닭에 아나함이라 이름 합니다.

3. 아나함(阿那含)

　　아나함(阿那含)은 성문(聖門)의 사과(四果)중 세 번째 위(位)를 말합니다. 아나함은 불환(不還) 혹은 불래(不來)라는 뜻으로 미혹된 세상에 다시 오지 않는다는 뜻입니다. 이렇게 아나함은 육바라밀을 통한 수행으로 색계(色界)와 무색계(無色界)의 모든 욕망을 끊어버리고 해탈(解脫)하여 다시는 내생(來生)에 환생(還生)하지 않는 자들을 말합니다. 즉, 아나함(阿那含)은 육바라밀을 통해서 육계(六界)의 과정에서 오계(五戒)의 과정을 모두 마치고 인간으로 해탈한 자를 말하고 있습니다. 이렇게 아나함은 생로병사(生老病死)의 윤회에서 벗어나 해탈하여 내생에 다시 태어나지 않는 부처님들입니다. 즉 아나함(阿那含)은 삼보(三寶)인 불(佛), 법(法), 승(僧) 중에서 삼위(三位)인 관자재보살(觀自在菩薩)의 위치에 계신 보살(菩薩)을 말합니다.

　　본문에 부처님께서 수보리에게 아나함이 내가 아나함(阿那含)의 과위를 얻었다고 하겠느냐고 하문(下問)하고 있습니다. 수보리는 그렇지 않다고 대답을 합니다. 왜냐하면 아나함은 다시 환생(還生)을 하지도 않지만 다시 태어나지 않는다는 생각조차 하지 않기 때문입니다. 즉 진정한 아나함(阿那含)은 생사(生死)의 윤회에서 벗어나 이 세상에 다시 태어나지 않는다는 것입니다. 그런데 만일 아나함이 아나함의 과위(果位)를 얻어 나는 내생에 다시 태어나지 않는다는 생각을 한다면 그는 진정한 아나함(阿那含)이 아니라는 것입니다. 이 때문에 수보리는 부처님의 질문에 그렇지 않다고 말씀을 드린 것입니다.

(4) 須菩提 於意云何 阿羅漢 能作是念 我得阿羅漢道不 須菩提言 不也 世尊 何以故 實無有法 名阿羅漢 世尊 若阿羅漢 作是念 我得阿羅漢道 卽爲着 我人衆生壽者 世尊 佛說我得無諍三昧 人中 最爲第一 是第一離欲阿羅漢 世尊 我不作是念 我是離欲阿羅漢 世尊 我若作是念 我得阿羅漢道 世尊 卽不說 須菩提 是樂阿蘭那行者 以須菩提 實無所行 而名 須菩提 是樂阿蘭那行

수보리야 어떻게 생각하느냐? 아라한이 능히 이런 생각을 가지되 내가 아라한의 도(道)를 얻었다 하겠느냐? 수보리가 대답하되 아닙니다. 세존이시여! 만약 아라한이 이런 생각을 가지되 내가 아라한의 경지를 얻었다 하면 이는 곧 아상, 인상, 중생상, 수자상에 집착하는 것입니다. 세존이시여, 부처님께서 말씀하시되 저를 번뇌와 다툼이 없는 삼매를 얻은 사람 가운데 제일이기 때문에 욕심을 떠난 아라한 중에 으뜸이라 말씀하셨사오나 제가 이러한 생각을 가지되 저는 욕심을 떠난 아라한이라고 생각하지 않습니다. 제가 만약 아라한의 경지를 얻었다는 생각을 가졌으면 세존께서는 수보리가 아란나행을 즐기는 자라고 말씀하지 아니하셨을 것이오나 실은 수보리가 아란나를 행하는 일이 없기 때문에 수보리에게 아란나행을 즐기는 자라고 이름하신 것입니다.

4. 아라한(阿羅漢)

아라한(阿羅漢)은 흔히 나한이라 부르며 뜻은 "존경할 만한 사람, 수행을 완성한 사람, 깨달음이 끝난 사람, 예배(禮拜)를 받을 만한 성자(聖者)"라는 의미입니다. 이렇게 아라한(阿羅漢)은 수행의 극치(極値)에 올라 더 이상 배울게 없다고 하여 무학(無學)이라고 하며 적이 없다는 뜻에서 무적(無敵)이라고도 말합니다.

아라한(阿羅漢)은 수다원과 사다함과 아나함의 멀고도 험한 수행의 과정을 모두 마치고 성불(成佛)하신 부처님을 말합니다. 그런데 아라한이 나는 아라한(阿羅漢)의 과위(果位)를 얻었다는 생각을 하거나 내가 아라한이라는 생각을 한다면 그는 진정한 아라한이 아니라는 것입니다.

왜냐하면 내가 아라한(阿羅漢)이라는 생각을 하는 자는 아직 아상(我相), 인상(人相), 중생상(衆生相), 수자상(壽者相)에 집착(執着)하고 있는 자이기 때문입니다. 이 때문에 부처님은 수보리에게 아라한(阿羅漢)이 나는 아라한의 과위(果位)를 얻었다는 생각을 하겠느냐고 묻는 것입니다. 수보리는 아니라고 대답을 합니다. 왜냐하면 아라한(阿羅漢)이 내가 아라한이 되었다는 생각을 한다면 그는 자아에 대한 집착, 중생에 대한 집착, 영혼에 대한 집착이 있다는 증거이기 때문입니다. 진정한 아라한(阿羅漢)들은 이러한 사상(四相)은 물론 모든 것을 초월하여 무지역무득 이무소득고(無智亦無得 以無所得故)의 존재를 말합니다.

무지역무득 이무소득고(無智亦無得 以無所得故)는 반야(般若)의 세계에 이른 자는 깨달을 것도 없고 취할 것도 없다는 말씀입니다. 왜냐하면 반야(般若)의 세계는 모든 것이 완성된 세계이기 때문에 더 이상 깨닫거나 취할 것이 없다는 것입니다. 불교학자들이 무지역무득 이무소득고(無智亦無得 以無所得故)를 논한 것을 보면 무지(無智)는 능관지(能觀智)가 공(空)함을 나타내는 말이며 무득(無得)은 소관지(小觀智)가 공(空)함을 나타내는 것이라고 말합니다. 그런데 부처님께서 말씀하고 계신 진정한 지(智)와 득(得)이 무엇을 의미하고 있는지를 확실히 모른다면 이 말씀을 올바로 이해 할 수가 없습니다.

불자들이 지(智)는 이 세상에서 배운 지식이나 인간들의 지혜로 생각하며 득(得)은 세상의 재물이나 명예나 권력을 취하는 것으로 알고 있지만 부처님께서 말씀하고 계신 지(智)와 득(得)의 진정한 의미는 전혀 다릅니다. 부처님께서 말씀하시는 지(智)는 세상의 지식이나 지혜가 아니라 반야의 지혜를 말하는 것이요 득(得)이란 깨달음을 얻는 것을 말하고 있습니다. 그러므로 무지역무득(無智亦無得)은 부처님의 세계는 알 것도 없고 깨달을 것도 없다는 것입니다. 그런데 모든 집착을 끊고 해탈하여 아라한(阿羅漢)이 된 자가 사상(四相)에 집착을 한다면 진정한 아라한이 아니라는 것입니다.

이어지는 말씀은 수보리가 부처님에게 "세존이시여 부처님께서 말씀하시되 저를 무쟁삼매(無爭三昧), 즉 다툼이 없는 삼매를 얻은 사람 가운데 제일이라 하셨는데 이는 욕심을 여읜 아라한이라는 뜻이지만 저는 스스로 욕심을 여읜 아라한이라고 생각하지 않나이다.

세존이시여 제가 만일 이런 생각을 하되 내가 아라한의

도를 얻었노라고 한다면 세존께서는 저를 아란나행(阿蘭那行)을 좋아하는 사람이라 하지 않으셨을 것입니다. 하지만 수보리는 실로 그렇지 않음을 아시고 수보리는 아란나행을 좋아한다고 말씀하셨습니다"라고 말씀드리고 있습니다.

그러면 수보리가 말하는 "아란나(阿蘭那)"가 무엇을 말하고 있는지를 먼저 알아야 합니다.

5. 아란나(阿蘭那)

아란나(阿蘭那)란 뜻은 "수행승(修行僧)이 수행하는 장소, 즉 수행승들이 부처님을 모시고 수행하는 단체나 거처로 주로 사원(寺院)이나 선원(禪院)"을 말합니다. 이렇게 아란나(阿蘭那)는 성불(成佛)을 하기위해 수행하는 자들이 모여 살아가는 곳을 말합니다. 부처님께서 수보리에게 무쟁삼매(無爭三昧), 즉 다툼이 없는 삼매(三昧)를 얻은 사람 가운데 제일이라고 말씀을 하셨는데 이는 모든 욕심을 여윈 아라한(阿羅漢)이라는 뜻입니다.

그런데 수보리는 부처님에게 자신은 스스로 욕심을 여윈 아라한이라고 생각하지 않는다고 말씀을 드리고 있습니다. 왜냐하면 수보리가 만일 "내가 아라한(阿羅漢)의 도(道)

를 얻었노라"고 한다면 세존께서는 수보리에게 아란나행(阿蘭那行)을 좋아하는 사람이라 인정하지 않으셨기 때문입니다. 그런데 부처님께서 수보리는 실로 그렇지 않은 사람이라는 것을 아시고 수보리는 아란나행을 좋아한다고 말씀하신 것입니다. 아란나행은 자신이 깨닫기 위해 승단(僧團)을 찾아가는 중생과 타인을 깨닫게 하기 위해 찾아가는 아라한(阿羅漢)이 있습니다. 이를 상구보리(上求菩提) 하화중생(下化衆生)이라 말합니다.

    상구보리(上求菩提)는 자신이 깨달아 부처가 되기 위해 위로 보리(菩提), 즉 반야(般若)를 구하고 찾는 자를 말하며 하화중생(下化衆生)은 깨달은 아라한(阿羅漢)이 이웃에 죽어가는 영혼들을 구원하여 부처를 만들기 위해 중생들을 찾아가는 부처님을 말합니다.

    부처님께서 수보리에게 아란나행을 좋아한다고 말씀하신 것은 수보리는 힘들고 어려운 성불(成佛)의 길, 즉 자리(自利)와 이타(利他)행 하기를 좋아한다는 뜻입니다.

    그러므로 오늘날 불자들이 성불하여 부처가 되려면 어느 누구나 예외 없이 즐거운 마음으로 아란나를 행하며 사과(四果), 즉 사계성도(四階聖道)의 길을 가야 합니다.

10) 장엄정토분(莊嚴淨土分)

위대하고 장엄한 불국정토

10. 장엄정토분(莊嚴淨土分):
위대하고 장엄한 불국정토

　佛告 須菩提 於意云何 如來 昔在然燈佛所 於法 有所得不 不也 世尊 如來 昔在然燈佛所 於法 實無所得 須菩提 於意云何 菩薩 莊嚴佛土不 不也 世尊 何以故 莊嚴佛土者 卽非莊嚴 是名莊嚴 是故 須菩提 諸菩薩摩訶薩 應如是生淸淨心 不應住色生心 不應住聲香味觸法生心 應無所住 而生其心 須菩提 譬如有人 身如須彌山王 於意云何 是身 爲大不 須菩提言 甚大 世尊 何以故 佛說非身 是名大身

　[번역] 부처님께서 수보리에게 이르시되 어떻게 생각하는가? 여래가 옛적에 연등부처님(燃燈佛)의 처소에 있을 때에 법을 얻은 바가 있다고 생각하느냐? 없습니다. 세존이시여, 여래께서 연등부처님의 처소에 있을 때에 실로 법을 얻은바가 없습니다. 수보리야 어떻게 생각하는가? 보살이 불국토(佛國土)를 장엄하다 하느냐? 아닙니다. 세존이시여, 왜냐하면 불국토를 장엄하다는 것은 곧 장엄이 아니고 이름이 장엄이기 때문입니다. 그러므로 수보리야, 모든 보살마하살은 이와 같이 응당 청정한 마음을 내어야 한다. 형상에 머물러 마음을 내지

말고 소리와 냄새와 맛과 닿음과 법에 머물러서 마음을 내지 말고 응당 아무데도 집착하지 말고 그 마음을 내야 한다. 수보리여 비유하건데 어떤 사람의 몸이 수미산만큼 크다면 어떻게 생각하는가? 이 몸을 크다고 하겠느냐? 수보리가 대답하되, 매우 큽니다. 세존이시여, 왜냐하면 부처님이 말씀하시는 큰 몸은 몸이 아니기에 큰 몸이라 이름 하셨기 때문입니다.

[해설] 부처님은 수보리에게 전생의 연등(燃燈)부처님과 불국토(佛國土) 그리고 수미산(須彌山)과 같은 큰 몸에 대해서 하문(下問)하고 계십니다. 부처님의 말씀은 모두 화두(話頭)로 되어있기 때문에 무명의 중생들은 아는 것은 물론 보거나 듣기조차 힘든 말씀입니다. 이 때문에 부처님의 말씀은 수보리 존자나 혜안이 열린 부처님들만이 보고 알 수 있는 것입니다. 이제 부처님이 수보리에게 말씀하신 연등(燃燈)부처님과 불국토와 수미산(須彌山)에 대하여 말씀드리겠습니다.

(1) 佛告 須菩提 於意云何 如來 昔在然燈佛所 於法 有所得不 不也 世尊 如來 昔在然燈佛所 於法 實無所得

부처님께서 수보리에게 이르시되 어떻게 생각하는가? 여래가 옛적에 연등부처님(燃燈佛)의 처소에 있을 때에 법을 얻은 바가 있다고 생각하느냐? 없습니다. 세존이시여, 여래께서 연등부처님의 처소에 있을 때에 실로 법을 얻은바가 없습니다.

연등부처 (燃燈佛)

부처님께서 수보리에게 이르시되 어떻게 생각하느냐? "여래가 옛적에 연등(燃燈)부처님의 처소에 있을 때에 법에 대하여 얻은 바가 있다고 생각하느냐"고 말씀하십니다. 수보리는 여래께서는 연등(燃燈)부처님께 아무런 법도 얻은 바가 없다고 대답합니다. 연등(燃燈)부처님은 과거세(過去世)에 출연하여 석존(釋尊)에게 미래에 성불(成佛)할 것이라고 예언하신 부처님을 말합니다. 이 말씀을 보면 전생에 석존(釋尊)은 물론 연등(燃燈)부처님도 계셨다는 것을 알 수 있습니다. 그런데 부처님께서 전생에 연등(燃燈)부처님에게 얻은 바가 없다는 뜻은 석존(釋尊)께서 연등부처님의 처소에 함께 있을 때에 가르침은 받았으나 깨달음은 얻지 못했다는 뜻입니다. 왜냐하면 석존께서 전생에 연등(燃燈)부처님의 가르침을 받고 깨달음을 얻어 부처가 되셨다면 생로병사(生老病死)의 윤회(輪廻)에서 벗어나 이 생(生)에 다시 태어나시지 않았기 때문입니다.

(2) 須菩提 於意云何 菩薩 莊嚴佛土不 不也 世尊 何以故 莊嚴佛土者 卽非莊嚴 是名莊嚴 是故

수보리야 어떻게 생각하는가? 보살이 불국토(佛國土)를 장엄하다 하느냐? 아닙니다. 세존이시여, 왜냐하면 불국토를 장엄하다는 것은 곧 장엄이 아니고 이름이 장엄이기 때문입니다.

불국토(佛國土)

부처님은 수보리에게 "보살이 불국토(佛國土)를 장엄하다 하느냐, 하지 않느냐"고 묻고 계십니다. 수보리는 부처님에게 아니라고 대답을 합니다. 왜냐하면 불국토를 장엄하다는 것은 장엄(莊嚴) 아닌 것을 장엄(莊嚴)하다고 하셨기 때문입니다.

불교학자들이나 스님들은 불국토(佛國土)를 장엄정토(莊嚴淨土)라 말하면서 부처님들이 계신 천상(天上)의 세계는 위대하고 위엄이 있고 티 없이 맑고 깨끗한 극락세계라 말하고 있습니다. 즉 불국토(佛國土)는 이 세상과 비교조차 할 수 없는 아름답고 깨끗하고 살기 좋은 특정한 곳(장소)으로 알고 있습니다.

그러나 부처님께서 말씀하시는 장엄한 불국토는 장소적 개념이 아니라 존재적 개념으로 성불(成佛)하신 부처님들을 말합니다. 즉 해탈(解脫)하여 부처가 되신 분들은 위대하고 위엄이 있으며 또한 티 없이 맑고 깨끗한 마음을 가지신 분들이라는 뜻입니다. 이렇게 불자들은 불국토를 속세보다 환경이 좋고 살기 좋은 곳처럼 생각을 하고 있지만 부처님은 해탈하여 성불한 부처님들을 불국토라 말씀하시는 것입니다.

(3) 須菩提 諸菩薩摩訶薩 應如是生淸淨心 不應住色生心 不應住聲香味觸法生心 應無所住 而生其心 須菩提 譬如有人 身如須彌山王 於意云何 是身 爲大不 須菩提言 甚大 世尊 何以故 佛說非身 是名大身

그러므로 수보리야, 모든 보살마하살은 이와 같이 응당 청정한 마음을 내어야 한다. 형상에 머물러 마음을 내지 말고 소리와 냄새와 맛과 느낌과 법에 머물러서 마음을 내지 말고 응당 아무데도 집착하지 말고 그 마음을 내야 한다. 수보리여 비유하건데 어떤 사람의 몸이 수미산만큼 크다면 어떻게 생각하는가? 이 몸을 크다고 하겠느냐? 수보리가 대답하되, 매우 큽니다. 세존이시여, 왜냐하면 부처님이 말씀하시는 큰 몸은 몸이 아니기에 큰 몸이라 이름 하셨기 때문입니다.

보살 마하살(菩薩摩訶薩)

부처님께서 말씀하시는 불국토는 해탈하신 보살마하살들을 말씀하십니다. 그러므로 부처님은 수보리에게 모든 보살마하살(菩薩摩訶薩)은 이렇게 깨끗한 마음을 내어야 하나니 마땅히 형상에 머물러서 마음을 내지 말고 소리와 냄새와 맛과 느낌과 법진에 머물러서 마음을 내지 말라고 하시면서 보살들은 어느 곳에도 머무름이 없는 마음을 내야 한다고 말씀을 하시는 것입니다.

수미산(須彌山)

수미산(須彌山)은 산 중에 가장 큰 산으로 우주 중심에 있는 높고 거대한 산을 말합니다. 부처님은 수보리에게 가령 여기 어떤 사람이 있어 몸이 수미산(須彌山)과 같다고 하면, "너는 어떻게 생각하느냐? 이 몸이 크다 하겠느냐"라고 묻고 계십니다. 수보리는 부처님에게 심히 크다고 답변을 합니다. 왜냐하면 부처님이 말씀하시는 큰 몸은 중생의 큰 몸을 가리켜서 하신 말씀이 아니기 때문이라는 것입니다. 이렇게 부처님은 수보리에게 모두 화두로 말씀을 하고 계십니다.

화두(話頭)라는 말은 "감추어져있는, 혹은 숨겨져 있는 비밀"이라는 뜻입니다. 그러면 부처님께서 말씀하신 큰 몸은 과연 무엇을 말하는 것일까요? 부처님께서 말씀하신 큰 몸은 큰 육체가 아니라 부처님과 같은 마음, 즉 하늘과 바다와 같이 넓은 마음을 말합니다. 그러므로 수보리는 부처님께 깨달은 사람의 몸(마음)은 수미산(須彌山)과 같이 크다고 말씀을 드린 것입니다.

이렇게 장로 수보리는 부처님께서 말씀하시는 연등(燃燈)부처와 불국토(佛國土)와 수미산(須彌山)에 대한 뜻을 이미 알고 있기 때문에 정확히 답변을 하고 있는 것입니다.

11) 무위복승분(無爲福勝分)

무위의 복이 수승하다

11. 무위복승분(無爲福勝分):
무위의 복이 수승하다

　須菩提 如恒河中 所有沙數 如是沙等恒河 於意云何 是諸恒河沙 寧爲多不 須菩提言 甚多 世尊 但諸恒河 尙多無數 何況其沙 須菩提 我今 實言 告汝 若有善男子善女人 以七寶滿爾所恒河沙數 三千大千世界 利用布施 得福 多不 須菩提言 甚多 世尊 佛告須菩提 若善男子善女人 於此經中 乃至受持四句偈等 爲他人說 而此福德 勝前福德

　[번역] 수보리여 항하(恒河)강의 모래수와 같이 그렇게 많은 항하가 있다고 하면, 어떻게 생각하느냐? 이 항하의 모래가 얼마나 많다 하겠는가? 수보리가 대답하되 심히 많습니다. 세존이시여 항하만 해도 셀 수 없이 많은데 하물며 여러 항하의 모래이겠습니까? 수보리여 지금 진실로 너에게 말하노니 어떤 선남 선여인이 그렇게 많은 항하의 모래 수 같은 삼천대천세계에 칠보(七寶)를 가득 채워서 보시를 한다면 그 복덕이 얼마나 많겠는가? 수보리가 대답하되 매우 많습니다 세존이시여! 부처님께서 수보리에게 이르시되 만일 선남자 선여인이 이 경 가운데서 사구게(四句偈) 만이라도 받아 지니고 다른 사람에게 설명해 준다면 그 복덕이 저 칠보로 보시한 복덕보다 더 많으니라.

[해설] 부처님은 수보리에게 항하의 모래수와 같이 많은 항하가 있고 그 항하에 모래가 있다면 그 모래 수가 많지 않겠느냐고 묻고 계십니다. 이에 수보리는 그 모래 수는 헤아릴 수 없이 심히 많다고 대답을 합니다. 부처님께서 말씀하시는 항하(恒河)는 갠지스강을 말합니다.

부처님은 이어서 수보리에게 어떤 선남 선여인이 그렇게 많은 항하의 모래수와 같은 삼천대천세계에 칠보(七寶)를 가득 채워서 보시(布施)를 한다면 그 복덕이 많지 않겠느냐고 묻고 계십니다. 수보리는 이에 매우 많겠다고 말씀을 드리고 있습니다. 부처님은 다시 이어서 말씀하시기를 만일 선남 선여인이 이경에 사구게만이라도 받아 지니고 다른 사람에게 설명해 준다면 그 복덕은 앞서 말한 항하의 모래로 보시를 한 사람의 복덕보다 더 크다고 말씀을 하고 계십니다.

이렇게 부처님은 경에 기록된 사구게(四句偈)만이라도 받아 지니고 이웃에 있는 사람에게 깨우쳐 주는 공덕(功德)이 항하의 모래와 같은 칠보로 보시한 사람의 복덕보다 더 크다고 말씀하고 있습니다. 그러나 현실은 그렇지 않습니다. 왜냐하면 불자들은 물론 스님들도 진리를 전해주고 깨우쳐 주는 사람은 뒷전이고 물질로 보시(布施)하는 사람들을 좋아하고 존경하며 공덕(功德)도 많다고 그들을 위해 복을 빌어주고 있기 때문입니다. 왜 그럴까요? 그들의 가치기준(價値基準)은 부처님의 말씀이 아니라 세상의 재물이기 때문입니다.

이렇게 중생들의 가치기준(價値基準)은 그 사람의 상태에 따라서 각기 다릅니다. 즉 해탈이나 성불을 위해서 살아가는 사람들의 가치는 물론 진리며 부처님의 말씀이지만 세상의 부귀영화(富貴榮華)나 육신의 안일을 위해 살아가는 사람들의 가치(價値)는 돈과 재물입니다. 이렇게 진리를 찾는 자들은 부처님의 말씀을 단 한마디라도 듣는 것이 귀하고 소중하고 중요하지만 세상의 부귀영화(富貴榮華)를 위해 살아가는 사람들은 진리가 오히려 부담스럽고 무거운 짐만 되는 것입니다. 성경에 진주를 개나 돼지에게 주지 말라는 말씀이 있습니다.

진주나 보석이 사람에게는 소중한 보물이지만 영적인 상태가 아직 개나 돼지와 같은 존재들에게 보석은 꿀꿀이죽만도 못한 것입니다. 오늘날 복을 받기 위해서 그리고 편안히 잘살기 위해서 부처님을 찾고 절에 다니는 불자들은 많으나 진리나 산부처를 찾는 불자들은 찾아보기 힘듭니다.

이것은 경의 사구게(四句偈)를 얻어 지니고 깨우쳐 주려는 스님은 물론 진리를 찾거나 들으려는 불자도 없다는 것을 말해 주는 것입니다. 이렇게 오늘날 곳곳에 사찰(寺刹)도 많고 스님들도 많이 계시지만 부처님의 말씀을 찾아 해탈하려고 수행하는 스님이나 불자들은 찾아보기 힘든 것입니다.

이런 자들의 신앙생활이란 법당(法堂)에 모셔놓은 부처님의 형상을 섬기며 윤리도덕(倫理道德)차원의 선행으로 가난한 이웃들에게 물질적인 보시(布施)를 하는 것이 고작입니다. 이 때문에 부처님은 항하(恒河)의 모래와 같은 칠보(七寶)로 보시(布施)하는 것 보다 부처님의 말씀을 가르치고 깨우치는 공덕이 더 크다고 말씀하시는 것입니다. 보시(布施)는 위에서 말씀드린 바와 같이 물질로 하는 보시가 있고 부처님의 말씀으로 하는 법보시(法布施)가 있습니다.

부처님께서 본문에서 항하(恒河)의 모래와 같은 칠보(七寶)로 보시(布施)하는 것 보다 부처님의 말씀을 사구게(四句偈)만이라도 가르치고 깨우치는 공덕이 더 크다는 것을 강조하시는 것은 물질로 하는 보시(報施)보다 법(法)을 보시하는 것이 얼마나 중요하다는 것을 가르쳐 주려는 것입니다.

왜냐하면 물질로 하는 보시는 가난한 자들에게 잠시 육신의 도움을 주는 것이지만 법보시(法布施)는 죽은 영혼을 구원하여 영원한 생명을 주는 것이기 때문입니다.

12) 존중정교분(尊重正敎分)

바른 가르침을 존중하라

12. 존중정교분(尊重正教分) :
   바른 가르침을 존중하라.

復次 須菩提 隋說是經 乃至四句偈等 當知此處 一切世間 天人阿修羅 皆應供養 如佛塔廟 何況有人 盡能受持讀誦 須菩提 當知 是人 成就最上 第一稀有之法 若是經典所在之處 卽爲有佛 若尊重弟子

[번역] 또 수보리여 이 경 내지 사구게(四句偈)등만을 가지고 설하더라도 온 세간의 하늘과 사람과 아수라가 모두 공경하기를 부처님의 탑묘(塔廟)같이 할 것이거늘 하물며 어떤 사람이 이경을 모두 읽고 지니고 외움 이겠는가? 수보리여 이 사람은 가장 높고 제일가는 희유(稀有)한 법을 성취하게 되리니 만약 이 경전이 있는 곳은 곧 부처님과 훌륭한 제자들이 계신 곳이라 할 것이니라.

[해설] 부처님은 수보리에게 계속해서 사구게(四句偈)에 대하여 말씀하고 있습니다. 이것은 불자들이나 수행자들에게 사구게(四句偈)가 얼마나 중요한 가를 말씀하고 있는 것

입니다.

　그러므로 금강경(金剛經)을 접하시는 분들은 다른 것은 몰라도 진정한 사구게(四句偈)에 대하여 분명하게 알아야 하는 것입니다. 그런데 수행불자들에게 사구게도 부처님의 소중한 법문이지만 해탈을 위해 수행하고 있는 불자들에게는 부처님이 녹야원에서 최초로 설법하신 사제(四諦), 즉 사성제(四聖諦)가 더 중요하다고 사료됩니다.

　왜냐하면 부처님께서 가르쳐주신 사성제(四聖諦) 속에는 중생들이 해탈하여 부처가 되는 길이 모두 담겨 있기 때문입니다. 이렇게 사성제는 부처님이 성불하신 후 함께 수행을 하였던 동료들을 녹야원으로 찾아가 최초로 설하신 법문으로 불경의 모든 핵심이 담겨있는 가르침이며 팔만대장경(八萬大藏經)을 대변 할 수 있는 법문(法文)이라 해도 과언이 아닌 것입니다. 왜냐하면 사성제(四聖諦) 속에는 해탈(解脫)로 가는 길과 성불(成佛)하여 부처가 되는 길이 모두 함축적으로 담겨 있기 때문입니다.

　때문에 사제(四諦)인 고집멸도(苦集滅道)에 성제(聖諦)라는 성호(聖號)를 붙이게 된 것입니다. 그러므로 만일 오늘날 불자들이 부처님께서 가르쳐 주신 사성제(四聖諦)를 모두 이해하고 깨닫게 된다면 해탈하여 성불하게 될 것입니다.

　이렇게 지금 해탈을 위해 수행을 하고 있는 불자들에게 중요한 법문(法文)이 바로 사성제(四聖諦)입니다.

　이제 사성제(四聖諦)에 대하여 보다 구체적으로 자세히 말씀을 드리겠습니다.

사성제 (四聖諦) : 해탈에 이르는 길

　사성제(四聖諦)는 부처님께서 해탈로 가는 길을 넷으로 분류하여 가르쳐주신 법문으로 고집멸도(苦集滅道)를 말합니다. 사성제(四聖諦)는 부처님께서 보리수나무 아래서 해탈을 하신 후 당시에 부처님과 함께 수행을 하였던 동료들이 머물고 있는 녹야원(鹿野園)으로 찾아가서 그들에게 설한 최초의 법문(法門)입니다.

　사성제(四聖諦)는 모든 불경을 대표하는 법문이라 해도 과언이 아닐 만큼 중요한 법문(法門)입니다. 왜냐하면 팔만대장경(八萬大藏經) 안에 있는 모든 법문이 바로 부처님께서 가르쳐주신 사성제를 중심으로 하여 설(說)해 놓았다 해도 과언이 아닐 만큼 중요하기 때문입니다. 이렇게 모든 경(經)들은 사성제로 집약(集約)되어 있기 때문에 사성제(四聖諦)는 부처님께서 중생들에게 가르쳐 주신 최고의 법문(法門)이며 한없이 거룩하며 성스러운 말씀이기에 성제(聖諦)라고 말하는 것입니다.

　사성제(四聖諦)는 부처님께서 불자들이 해탈로 가는 길을 네 가지로 분류하여 말씀을 하신 것입니다.

　이 네 길은 첫째, 인간의 모든 고통을 가르쳐주는 고성제(苦聖諦), 둘째, 고통의 원인을 가르쳐주는 집성제(集聖諦), 셋째, 모든 고통을 멸하는 멸성제(滅聖諦), 넷째, 모든 고통에서 벗어나는 길인 도성제(道聖諦)입니다.

이제 사성제(四聖諦)에 대하여 한절 한절 구체적으로 알아보기로 하겠습니다.

1. 고성제(苦聖諦) : 고통을 통해서 진리를 찾게 해주는 성스러운 진리

고성제(苦聖諦)는 해탈로 가는 길의 첫 번째 가르침으로 고(苦)는 육신의 고통과 정신적 괴로움을 총칭(總稱)하고 있습니다. 인간들의 고통은 무엇 때문에 일어나는 것이며 부처님은 무슨 이유로 고(苦)를 거룩한 성제(聖諦)라고 말씀하신 것일까? 불자들은 부처님이 말씀하시는 고를 단순히 인간의 삶 속에서 환난(患難)이나 재앙(災殃)을 통해서 나타나는 고통이라 생각하겠지만 부처님께서는 인간 자체를 고(苦)라 말합니다. 왜냐하면 고(苦)는 인간내면에 자리 잡고 있는 욕심, 즉 삼독(三毒)인 탐(貪), 진(瞋), 치(癡)에 의해서 나타나기 때문입니다. 즉 욕심이 없으면 고통도 발생하지 않는다는 것입니다. 그런데 욕심의 주체가 바로 자신입니다. 이렇게 인간의 욕심은 자신이 존재하기 때문에 나타나는 것입니다. 이 때문에 부처님은 인간의 고통은 자신에 대한 집착(욕심), 즉 오온(五蘊)의 집착이라고 말씀하고 있는 것입니다.

불교에서는 고(苦)를 셋으로 분류하고 있는데 삼고(三苦)는 다음과 같습니다.

첫째, 고고성(苦苦性) : 인간들이 전생과 현생의 삶 속에서 자신이 지은 악업(惡業) 때문에 인과응보(因果應報)로 받는 일반적인 고통과 괴로움.

둘째, 괴고성(壞苦性) : 생활환경이나 상호조건들이 변하여 받는 괴로움과 고통, 예를 들면 큰 사업을 하던 부자가 갑자기 망하게 되어 받게 되는 고통이나 사랑하던 연인의 마음이 변하여 떠나갔을 때 나타나는 고통 등을 말함.

셋째, 행고성(行苦性) : 행고성(行苦性)이란 오온(五蘊)에 대한 집착, 즉 자신 안에 있는 욕심(貪瞋癡)에 의해서 나타나는 괴로움과 고통.

상기와 같이 고(苦)를 셋으로 분류하는데 부처님께서 말씀하시는 고(苦)는 행고성(行苦性)에 해당됩니다. 부처님께서는 인간들이 이 세상에 태어난 그 자체를 고(苦)라고 말씀하고 있는데, 그 이유는 오온(五蘊)으로 구성되어 있는 인간이 바로 고의 실체이기 때문입니다.

이렇게 육적 고통과 정신적 고통은 모두 자신의 마음속에서 일어나는 욕심 때문에 나타나는 것입니다. 그런데 무지한 인간들은 자신 안에 있는 욕심을 버리려 하지 않고 자신이 받는 고통만 괴로워하면서 어떤 방법으로든지 고통을 피해가려고 합니다.

이렇게 중생들이 가장 싫어하는 것이 화(禍)요, 가장 좋아하는 것은 복(福)입니다. 이 때문에 중생들은 절이나 교회 혹은 만신집이라도 찾아가서 복(福)은 받으려하고 화(禍)는 피하려 하는 것입니다. 그런데 부처님은 고통이 바로 해탈로 가는 길이며 거룩한 진리라 말씀하고 있습니다. 그러면 부처님께서 불자들에게 가르쳐 주는 고(苦)의 진정한 의미는 과연 무엇일까? 사람들은 불신자나 신자를 막론하고 복은 받고 싶어 하지만 고통은 어떠한 방법으로도 피하려고 합니다. 이렇게 중생들이 싫어하고 피하려는 고통을 부처님은 오히려 해탈로 가는 길이며 성스러운 진리라 말씀하고 있습니다.

이렇게 중생들을 괴롭히는 고(苦)를 거룩한 성제(聖諦)라고 하시는 부처님의 말씀을 불자들은 도저히 이해할 수 없는 것입니다. 그러나 부처님의 가르침을 통해서 그 깊은 뜻을 알게 된다면 고(苦)가 바로 성스럽고 거룩한 최고의 진리라는 것을 누구나 자인(自認)하게 될 것입니다. 그러면 부처님께서 말씀하시는 고(苦)의 실체는 무엇이며 고(苦)가 중생들에게 가르쳐주는 진정한 의미는 무엇인가?

중생들은 단순히 인간들에게 다가오는 화(禍)나, 재앙(災殃)이나, 각종재난(災難)들을 고(苦)라 생각하고 있지만 부처님은 고(苦)가 잘못된 삶을 살아가는 인간들을 올바로 잡아주는 채찍이요 몽둥이라고 말씀하십니다. 이렇게 고(苦)는 인생이 무상(無常)하다는 것을 일깨워 주며 인간의 욕심이 곧 죄라는 것을 깨닫게 하여 진리(신)를 찾아 신앙생활을 할 수 있도록 인도해 주는 것입니다.

또한 인간의 잘못된 생각과 잘못된 삶을 깨닫게 해주는 것이 고(苦)요, 부패된 마음을 회개시켜 올바른 길로 인도하여 주는 것이 바로 고(苦)입니다. 병들어 죽어가는 사람만이 병원의 의사를 찾아가 살려달라고 애원하듯이 심한 고통을 받아 사경(死境)을 헤매고 있는 사람만이 신(神)을 찾게 되고 신앙생활도 하게 됩니다. 이렇게 목마른 사슴이 시내 물을 찾듯이 고통 받고 있는 사람만이 인간의 한계(限界)를 느끼고 부처님을 찾아 진리를 따라 가는 것입니다.

이 때문에 사람들이 젊어 고생은 사서도 한다, 실패는 성공의 어머니다, 그리고 아이를 키울 때 사랑하는 자식은 매로 키운다는 말을 하는 것입니다. 이렇게 고(苦)는 잘못된 인간을 올바르게 잡아주고 미완성된 인간을 완성으로 만드는 실체가 바로 고(苦)입니다. 이렇게 화(禍)를 당한 자나 혹은 고통을 받고 있는 자만이 자신의 잘못을 돌아볼 수 있고 잘못된 삶을 참회(懺悔)하면서 올바른 길을 찾아 가게 됩니다. 출가수행을 하는 스님들이 고행을 자청(自請)하는 것은 바로 이러한 이유 때문입니다.

석가모니 부처님께서 세상의 부귀영화(富貴榮華)를 미련 없이 버리고 출가를 하신 것도 고통 속에서 살아가는 중생들을 통해서 자신의 무상(無常)함을 보았기 때문입니다. 만일 중생들에게 고통이나 괴로움이 없다면 진리나 영생을 찾는 사람은 단 한사람도 없을 것입니다. 이렇게 고통은 무명(無明)의 중생들을 진리로 인도하고 영원한 세계로 인도해주는 소중한 것입니다.

출가 수행자들은 반드시 만행(萬行)이라는 고행(苦行)의 과정을 겪는데 이것은 고행(苦行)을 통해서 진리를 깨달으려는 것입니다. 만행(萬行)이란 세속에 나가 걸식을 해가면서 많은 고통을 직접 체험하는 것인데 이러한 고통을 통해서 내적 자신의 존재를 발견하고 깨닫는 것입니다. 이렇게 고(苦)만이 중생들의 삶을 새롭게 변화시킬 수 있으며 인간들에게 해탈(解脫)의 길을 열어주는 것입니다. 이렇듯 고(苦)는 중생들에게 없어서는 안 될 보약(補藥)과 같은 것으로 무명의 중생들에게는 빛과 같고 병들어 죽어가는 자에게는 의사와 같은 것이며 해탈의 길을 찾아가는 자들에게는 부처님과 같이 소중한 것입니다.

중생들이 이러한 사실을 깨닫는다면 고통을 거부하고 피하려는 것이 아니라 오히려 고통을 향해 감사하게 될 것입니다. 이렇게 중생들에게 보화 같이 소중한 고통을 어떻게 싫다고 배척하며 적대시할 수 있단 말입니까? 부처님께서 가르쳐주신 이러한 고(苦)에 성제(聖諦)라는 단어를 붙인 것은 당연지사(當然之事)가 아닙니까?

그러면 인간들이 받는 고통은 무엇 때문에 일어나는 것이며 고(苦)의 근본 뿌리는 과연 무엇인가? 부처님은 중생들에게 고(苦)의 근원(根源)을 집(集)이라 말씀하시면서 고(苦)의 근본뿌리인 집성제(集聖諦)에 대하여 가르쳐주신 것입니다.

이제 부처님이 가르쳐주신 집성제(集聖諦)를 통해서 고의 근원인 집(集)에 대해서 알아보기로 하겠습니다.

2. 집성제(集聖諦) : 집착하는 마음(욕심)을 가르쳐주는 성스러운 진리

집성제(集聖諦)는 해탈로 가는 두 번째의 길로 부처님께서 말씀하시는 집성제(集聖諦)는 인간의 고통을 일으키는 집(集), 즉 고(苦)의 근원에 대하여 말씀하신 것입니다. 집(集)이라는 뜻은 "집념, 집착, 고집" 등의 의미로 집은 인간의 욕심 때문에 나타납니다. 그러므로 부처님께서 말씀하시는 집은 곧 인간의 욕심을 말합니다. 이렇게 집(集)은 고(苦)를 일으키는 원인이 되는 욕심을 말하는데, 부처님께서 집성제를 통해서 말씀하시는 집은 사람들의 내면에 깊이 자리 잡고 있는 인간의 욕심을 말합니다.

왜냐하면 모든 고통은 자신 안에 있는 욕심으로 인해서 집(集)이 발생되기 때문입니다. 이렇게 인간들의 번뇌망상(煩惱妄想)은 욕심 때문에 일어나는 것이며 모든 고통도 과욕(過慾) 때문에 발생되는 것입니다. 출가 수행자들이 수행정진(修行精進)을 하다가 결국 해탈(解脫)에 이르지 못하고 도중에 포기하는 것도 자신 안에 있는 욕심을 버리지 못하기 때문입니다. 이렇게 인간의 고통을 발생시키는 근원이 욕심과 탐심(貪心)인데 부처님은 이를 집(集)이라 말씀하신 것입니다. 이와 같이 인간의 욕심은 내적 탐심(貪心)에 의해서 외적으로 표출되어 나타나는 것인데 이를 탐욕(貪慾)이라고도 말합니다. 불교에서 탐욕을 셋으로 분류하여 말하는데 다음과 같습니다.

첫째, 욕애(欲愛) : 심적, 정신적, 감각의 쾌락에 대한 집착.
둘째, 유애(有愛) : 물질의 소유욕에 대한 집착과 갈등.
셋째, 무유애(無有愛) : 무소유와 보이지 않는 세계에 대한 집착.

인간들의 이러한 욕심과 집착심(執着心)이 생존경쟁의 삶 속에서 거짓과 다툼을 일으키며 나아가서는 죄를 범하게 하고 살인도 불사하게 만드는 것입니다. 오늘날 국내외적으로 일어나는 노사 분규(紛糾)나 정치적 당파(黨派)싸움이나 국가간의 전쟁이 모두 탐심(貪心)과 욕심(慾心) 때문에 일어나는 것입니다.

문제는 부처님을 모시고 신앙생활을 하는 불교 안에서도 욕심과 탐심 때문에 신도들이나 스님들 간에 분쟁이 일어나고 서로 폭언과 폭행까지 하고 있다는 것입니다.

스님들은 무엇 때문에 거룩한 부처님의 존전(尊前)에서 날마다 합장(合掌)을 하며 발원(發願)하고 있습니까? 또한 신도들은 무엇 때문에 부처님을 향해 무릎이 닳도록 절을 하며 불공을 드리고 있습니까? 불자들의 대부분은 세상의 복을 받기위한 신앙, 즉 기복신앙(祈福信仰)으로 자신이 하고 있는 일들이나 가정에 만사형통(萬事亨通)이나 운수대통(運數大通)을 바라는 것입니다. 때문에 스님들은 불자들이 바라고 원하는 욕심을 채워주기 위해 부처님께 중보(仲保)기도를 해주는 것입니다.

　이 모두가 자신의 욕심을 채우기 위한 집착심(執着心) 때문인데 이들은 욕심이 곧 악이요, 죄라는 것을 전혀 모르고 있습니다. 부처님께서는 불자들에게 욕심이 곧 죄이기 때문에 신앙생활을 통해서 자신 안에 들어있는 욕심과 탐심을 버리라고 말씀하고 있습니다. 성경에도 "욕심이 잉태하면 죄를 낳고 죄가 장성하면 사망에 이르게 된다"는 말씀이 있습니다. 그런데도 불구하고 스님들은 부처님을 통해 만사형통(萬事亨通)과 운수대통(運數大通)의 복을 받으라고 신도들의 욕심을 부추기며 신도들은 부처님으로부터 넘치는 복을 받으려고 온갖 정성을 다하고 있습니다.

　이렇게 오늘날 불교나 기독교나 할 것 없이 모두 기복

신앙과 무속신앙으로 전락(轉落)해 버린 것입니다. 이 때문에 출가수행(出家修行)을 하는 수행자들도 평생 동안 수행을 해도 해탈이 되지 않는 것입니다. 왜냐하면 출가수행을 하는 자들 안에도 속세로부터 뿌리 깊게 박혀있는 전도몽상(顚倒夢想)과 고정관념(固定觀念)으로 말미암아 자신 안에 들어있는 욕심을 버리지 못하기 때문입니다.

이렇게 중생들 안에 뿌리 깊게 박혀 있는 욕심들은 무명의 중생들을 괴로움과 고통의 지옥으로 몰아넣는 것이며 결국 죽음에까지 이르게 하는 것입니다. 그러면 이러한 욕심들은 언제 어디로부터 시작되었는가를 알아보기로 하겠습니다. 욕심은 어린아이들이 이 세상에 태어나면서 자신의 부모로부터 시작이 된다는 놀라운 사실입니다. 왜냐하면 부모들이 세상에서 못다 채운 욕심을 자식에게라도 채워보려는 마음으로 자식을 키우기 때문입니다.

부모들은 자식이 어릴 때부터 "너는 언제나 이겨야 한다, 일등이 되어야 한다, 너는 커서 장군이 되어야 한다, 대통령이 되어야 한다" 는 등으로 순수한 어린 아이들에게 욕심을 가르치며 욕심과 탐심(貪心)을 불어 넣어주는 것입니다. 그런데 어린이들이 학교에 들어가면 욕심이 다시 선생님으로부터 이어집니다. 선생님들은 학생들에게 "너희들은 공부를 열심히 해야 한다, 일등을 해야 한다, 일류대학에 들어가야 한다" 하면서 철모르는 아이들에게 계속 경쟁심과 탐심(貪心)을 키워주는 것입니다. 이러한 인간들의 욕심은 세상의 빛과 소금이 되는 종교, 즉 불교나 기독교가 앞장서서 제거해주고 착하고 진실하게 살도록 가르쳐 생명의 길로 인도를 해야 하는 것입니다. 그럼에도 불구하고 불교는 신도들에게 만사형통(萬事亨通), 운수대통(運數大通)을 빌어주며 기독교는 삼십배, 육십배, 백배의 축복으로 교인들의 욕심을 부추기고 있습니다. 이 때문에 신앙인들은 복을 받으려는 욕심으로 혈안이 되어 신앙생활을 열심히 하는 것입니다.

그러므로 불자들의 신심(信心)이 많다는 말이나 신앙에 열심이라는 말을 듣는 자들은 그만큼 욕심이 많다는 뜻입니다. 스님들은 신도들에게 부처님의 뜻에 따라 욕심을 버리라고 가르치고 진실한 마음으로 변화시켜 주어야 하는 사명을 가지고 있어야 함에도 불구하고 오히려 욕심으로 부채질하고 있는 것입니다.

그러므로 순수한 신앙인들의 마음은 더욱 부패해지고 더 사악해지는 것입니다. 이렇게 어릴 때부터 부모로부터 시작된 욕심이 학교 선생님들로 이어져 결국 종교지도자들에 의해서 완숙(完熟) 되어지는 것입니다.

　만일 부모님들이 어린아이들에게 처음부터 선(善)을 가르치며 진실을 가르쳐 자신의 이익이나 욕심보다 진실을 마음속에 심어 주었다면 이 세상은 다툼이나 분쟁이 없는 평안하고 행복한 세상이 되었을 것입니다.

　인간들 안에서 계속되는 욕심과 그에 따른 욕구는 과학문명의 발전을 가져왔지만 그와 더불어 지구의 공해(公害)를 발생시키게 되었고 지구의 오존층을 파괴하여 기상이변(氣狀異變)을 일으켜 결국 지구를 병들게 만든 것입니다. 지구가 병들어 균형을 잃게 되면 그에 따른 지진이나 홍수가 발생되는 것이며 그 결과 가뭄과 기근과 질병으로 나타나게 됩니다. 결국 지구가 파괴되면 인간들은 지구와 함께 모두 멸망(滅亡)하게 된다는 것입니다. 처음에 작은 곳에서부터 시작된 욕심이 이렇게 무서운 결과를 초래하게 되는 것입니다.

　그러므로 부처님은 고(苦)의 원인이 곧 집(集)이라고 말씀하시면서 인간들이 고통에서 벗어나려면 집(集)의 근원인 욕심을 버리라고 가르쳐 주신 것입니다. 만일 인간들 안에 있는 욕심을 모두 멸(滅)하거나 깨끗하게 제거할 수 있다면 인간의 고통과 괴로움은 자연히 소멸(消滅)될 것이며 언제나 평안하고 행복한 삶을 영유(永有)하게 될 것입니다. 그러므로 부처님은 집(集)과 욕심을 멸하는 길인 멸성제(滅聖諦)를 가르쳐 주신 것입니다.

3. 멸성제(滅聖諦) : 집(욕심)을 멸할 수 있는 성스러운 진리

　부처님께서 해탈로 가는 세 번째의 길을 멸성제(滅聖諦)라 말씀하고 계신데 멸(滅)이라는 뜻은 "소멸, 소실, 죽음, 사라짐" 등의 의미를 가지고 있습니다. 부처님께서 해탈로 가는 세 번째의 길을 멸성제(滅聖諦)라고 말씀하신 것은 욕심의 근원인 집(集)을 소멸하지 않으면 해탈이 될 수 없기 때문입니다. 만일 부처님의 말씀대로 인간들 안에 있는 욕심을 모두 제거할 수 있다면 이 세상이 언제나 평안과 행복이 계속되는 극락(極樂)과 같은 세상이 될 것입니다.
　문제는 인간들 안에 뿌리 깊게 자리 잡고 있는 욕심을 어떻게 제거하느냐 하는 것입니다. 출가수행(出家修行)을 하는 스님들이 평생 동안 수행정진(修行精進)을 해도 욕심을 제거하지 못하는데 아직 출가도 하지 않은 불자들이 어떻게 욕심을 버릴 수 있단 말입니까? 그러나 부처님은 욕심을 멸(滅)할 수 있는 길이 있기 때문에 불자들에게 멸성제(滅聖諦)를 가르쳐주신 것입니다. 그런데 스님들이나 불자들이 지금까지 욕심을 버리지 못한 것은 첫째, 욕심을 멸(滅)하는 길이나 방법을 몰랐기 때문이며 둘째는, 욕심을 버리려는 마음이 없기 때문입니다. 왜냐하면 인간 자체가 욕심으로 형성되어있기 때문에 신앙생활이나 수행(修行)도 욕심을 버리기보다 오히려 채우려 하기 때문입니다.

　인간의 욕심은 전생부터 가지고 온 것이기 때문에 욕심을 버리기가 힘들기도 하지만 그에 따라 욕심을 버리는 기간도 무척 오래 걸린다는 것을 알아야 합니다. 즉 얼음이 어는 시간이 있고 녹는 시간이 있듯이 욕심을 쌓은 기간만큼 버리는 기간도 걸린다는 것입니다. 그러므로 사람에 따라서 몇십년 혹은 몇백년 혹은 몇천년이 걸리는 사람도 있습니다. 그런데 심각한 문제는 중생들이나 불자들이 한결같이 지금도 욕심을 버리는 것이 아니라 더 쌓고 있다는 것입니다. 그 이유는 불신자나 신자나 한결같이 욕심이 있어야 잘 살 수 있고 욕심이 많아야 출세를 하여 성공할 수 있다고 생각하기 때문입니다. 이렇게 불자들도 부처님의 가르침과는 전혀 상반(相反)되는 신앙생활을 하고 있는 것입니다.

　부처님은 불자들에게 세속(世俗)의 모든 욕심을 버리고 진실하고 청정(淸靜)한 마음이 되라고 가르치고 있습니다. 부처님도 세상의 모든 욕심을 버리고 출가를 하셨기 때문에 해탈을 하게 되신 것입니다. 그런데도 불구하고 오늘날 불자들은 어떻게 하든지 출세를 하고 성공을 해서 이 세상의 부귀영화를 마음껏 누리려는 욕심으로 신앙생활도 하고 있는 것입니다. 이들은 욕심은 많을수록 좋은 것이며 욕심에 비례(比例)하여 성공도 크게 할 수 있다고 생각합니다. 이렇게 이 세상을 살아가는 중생들에게 욕심은 필요하고 소중한 것이기 때문에 버리지 못하는 것입니다. 만일 어떤 사람이 정말 욕심이 없다거나 가지고 있는 욕심을 버린다면 그 사람은 이 세상의 삶을 포기한 사람처럼 취급을 당하게 됩니다. 사람들이 욕심을 포기한다는 것은 바로 자신의 삶을 포기한 것으로 간주(看做)하기 때문입니다.

그러므로 신앙생활도 욕심이 있는 사람 혹은 욕심이 다른 사람보다 많은 사람들이 더욱 열심히 하는 것입니다. 이 때문에 신앙생활을 열심히 한 사람들이 내생에 더 깊은 지옥으로 들어가게 되는 것입니다. 부처님께서 불자들에게 가르쳐 주시는 참뜻은 세상에 대한 집착심(執着心), 즉 욕심을 버리라는 것입니다. 그런데 불자들은 정반대로 어떻게 하든지 부처님으로부터 복을 많이 받아 이 세상의 부귀영화(富貴榮華)를 마음껏 누리려 하고 있습니다. 이렇게 불자들의 욕심은 신앙생활을 통해서 더욱 더 가중(加重)될 뿐입니다. 이 때문에 해탈의 길은 오히려 멀어져 간 것이며 불자들에게 해탈의 소망은 이미 사라져 버린지 오래인 것입니다. 그러면 불자들이 욕심에서 벗어나 해탈할 수 있는 길은 정녕 없단 말입니까? 그렇지 않습니다. 왜냐하면 부처님께서 이미 육바라밀(六波羅蜜)과 사성제(四聖諦)를 통하여 욕심에서 벗어나는 길을 분명하게 알려 주셨기 때문입니다. 그럼에도 불구하고 불자들이 욕심을 버리지 못하고 욕심에 종노릇을 하며 살아가는 것은 진리에 대한 무지 때문입니다. 즉, 부처님의 뜻을 모르고, 인생의 진정한 의미를 모르고, 오온(五蘊)이 개공(皆空)한 것을 모르기 때문이라는 것입니다. 중생들이 인생은 무상(無常)하며 아침에 잠깐 보이다 사라지는 안개와 같다고 말은 잘 하면서도 인생의 무상함을 피부로 느끼지 못하고 살아갑니다.

만일 인간의 존재가 무상하다는 것을 분명히 알고 깨닫는다면 자신 안에 있는 집(集)을 멸(滅)할 수가 있습니다. 왜냐하면 인간의 집, 즉 욕심의 근본실체가 바로 오온(五蘊)인 자신의 존재이기 때문입니다. 그러므로 석가모니 부처님께서는 오온의 집착이 바로 고(苦)며 오온의 집착을 벗는 것이 바로 해탈(解脫)이라고 말씀하고 있습니다. 즉 모든 욕심과 집착심(執着心)은 자신의 존재인 오온(五蘊)에서 시작된다는 것입니다. 만일 무상(無常)한 존재인 자신을 포기하거나 자신의 존재가 부정되어 무아(無我)의 상태가 된다면 집착(執着)은 발생할 수도 없고 욕심 역시 존재할 수가 없습니다.

　이와 같이 불교에서 열반(涅槃)이란 탐욕(貪慾)을 완전히 끊어 버림이요 탐욕으로부터의 분리(分離)를 말합니다. 이렇듯 마음속에 있는 모든 탐욕의 불이 꺼지고 마음이 맑고 평온한 상태가 되면 그것을 바로 열반(涅槃)이라 합니다. 결국 탐욕의 발생은 자신의 존재인 오온(五蘊)에서 발생이 되는데 오온의 실체는 바로 자신입니다. 그러므로 욕심을 버린다는 것은 자신을 버린다는 말이며 곧 자신의 의지를 모두 포기한다는 말입니다. 부처님께서 자아(自我)를 버리고 무아(無我)가 되라고 하시는 것은 바로 이 때문입니다. 왜냐하면 자아(自我)를 버리고 무아(無我)가 되어야 해탈(解脫)이 되어 진아(眞我)로 태어나기 때문입니다. 부처님께서 말씀하시는 진아(眞我)는 곧 해탈된 부처님의 생명을 말합니다. 그런데 불자들이 자기의 존재이며 생명인 자아를 버리거나 포기한다는 것은 불가능한 일입니다.

　그러므로 부처님께서 자아(自我)를 버리고 욕심과 탐심을 소멸(燒滅)할 수 있는 길을 가르쳐 주신 것입니다. 그 길이 바로 사성제의 마지막 길인 도성제(道聖諦)입니다. 이렇게 중생들이 자아(自我)를 버리고 무아(無我)가 되는 길은 오직 부처님의 말씀, 즉 도(道)밖에 없습니다. 그러면 부처님의 말씀인 도(道)는 무엇이며 불자들에게 어떻게 말씀하고 있는가? 부처님께서 말씀하시는 도(道)는 해탈로 가는 길이며, 진리이며, 생명을 말합니다. 왜냐하면 도(道)는 곧 부처님을 말하는데 부처님 안에는 반야(般若)의 생명(진리)이 존재하기 때문입니다.

부처님은 해탈을 하기 위해 수많은 고행(苦行)을 참아내며 수행(修行)을 하셨고, 유명한 스승의 가르침을 받아보았지만 아무런 소용이 없었다고 말씀하십니다. 그런데 부처님께서 모든 수행(修行)을 포기하고 보리수나무 아래서 오직 반야(般若)를 의지하고 참선(站船)을 하고 있을 때 해탈이 되셨다고 말씀하십니다. 결국 부처님은 반야에 의해서 해탈이 되셨고 그때 부처님 안에 반야(般若)의 생명이 임하게 된 것입니다. 이 때문에 부처님은 반야의 생명이며 그의 입에서 나오는 말씀도 진리요 생명인 것입니다. 그러므로 불자들이 자아를 버리고 해탈을 할 수 있는 길은 오직 부처님의 말씀입니다. 이 때문에 부처님께서 집(集)을 버리고 자아(自我)를 버리는 유일한 길은 오직 도성제(道聖諦)라고 말씀하시는 것입니다. 그러므로 불자들이 자아를 버리고 해탈을 하려면 오직 부처님의 가르침을 받아야 합니다. 문제는 오늘날 부처님과 같이 살아있는 생불(生佛)이 있느냐 하는 것입니다. 그런데 부처님은 오늘날도 성불(成佛)한 부처님이 변함없이 살아 계시다고 말씀하십니다. 왜냐하면 석가모니 부처님은 떠나 가셨지만 부처님의 안에 있던 생명은 부처님의 제자들을 통해서 지금까지 이어져 내려오고 있기 때문입니다. 그러므로 불자들은 오늘날 부처님이 계시느냐 보다 부처님이 지금 어디 계시느냐고 물어야 합니다.

그런데 안타까운 것은 오늘날 부처님이 계시다는 것을 믿지도 않을 뿐만 아니라 설령 부처님이 지금 불자들 앞에 계신다 해도 전혀 알아보지를 못하고 있다는 것입니다. 이것은 불자들이 지금까지 신앙생활을 하면서 세상의 복에만 관심을 두었지 부처님의 실체나 그의 가르침에 대해서는 알려고 하지도 않았기 때문입니다. 그러므로 오늘날 불자들은 하루속히 기복신앙(祈福信仰)에서 벗어나 부처님의 진리를 찾아가야 합니다. 부처님께서 무명(無明)의 중생(衆生)이라고 말씀하시는 것은 중생들에게 빛이 없다는 말이요, 빛이 없다는 것은 곧 부처님의 진리가 없다는 말입니다. 이렇게 중생들이 어둠뿐인 것은 중생들안에 삼독(三毒)

인 탐(貪), 진(瞋), 치(癡)가 들어 있기 때문입니다.

그러므로 불자들이 수행을 통해서 삼독(三毒)을 멸(滅)하고 어둠에서 벗어나려 하지만 지금까지 어둠에서 벗어나 해탈이 된 자가 별로 없었습니다. 왜냐하면 어둠은 벗으려 한다 해서 벗어지고 버린다 해서 버려지는 존재가 아니기 때문입니다. 아침에 밝은 태양이 떠오를 때 한밤의 칠흑 같은 어둠이 물러가듯이 부처님의 진리가 중생들 안에 비춰질 때 어둠은 사라져 버리는 것입니다. 이렇게 해탈은 어둠을 버리고 물리쳐서 되는 것이 아니라 진리의 빛을 받아들이는 것입니다. 부처님의 진리를 받아들이면 무명의 중생들안에 있는 어둠은 탐심(貪心)과 더불어 사라져 버리고 찬란한 진리의 빛(진리)이 임하게 되는 것입니다.

이것이 바로 고(苦)와 집(集)을 동시에 멸(滅)하는 길이며 곧 부처님께서 말씀하시는 도성제(道聖諦)입니다. 이 때문에 부처님께서 해탈의 마지막 길을 도성제라 말씀하신 것입니다. 이제 해탈의 마지막 길인 도성제에 대하여 살펴보기로 하겠습니다.

4. 도성제(道聖諦) : 해탈의 길로 가는 성스러운 진리

　도성제(道聖諦)는 해탈로 가는 길에 가장 중요한 핵심이 되는 부처님 진리를 말합니다. 도(道)는 깨달음의 길, 해탈(解脫)의 길, 성불(成佛)의 길, 열반(涅槃) 등을 말하는데 부처님께서 말씀하시는 도(道)는 진리를 말합니다.

　불교에서 진리는 참이며, 진실이며, 영원한 것이라 말하는데 부처님은 진리 안에 생명이 없다면 진리가 아니라고 하십니다. 즉 진리는 영원한 생명이고 생명은 곧 진리라는 말입니다. 그런데 부처님이 말씀하시는 생명은 인간들의 생명이 아니라 반야(般若)의 생명, 즉 신(是大神呪)의 영원한 생명을 말합니다. 이것은 성경 요한복음 1장 1절에 기록된 말씀(진리)이 곧 하나님이라는 것과 같은 뜻입니다. 이렇게 부처님께서 반야(般若)를 시대신주(是大神呪)라 말씀하신 것은 반야가 곧 신(神)이시며 반야심경(般若心經)은 신의 말씀이라는 뜻입니다.

　그러므로 부처님께서 말씀하시는 도는 반야(般若)의 생명, 즉 진리를 말하는 것입니다. 이 때문에 불자들이 고(苦)와 집(集)을 멸(滅)하기 위해서는 반드시 부처님의 말씀

(道), 즉 진리(신의 말씀)를 받아들여야 합니다. 불자들은 그보다 먼저 반야(시대신주(是大神呪))를 신으로 믿고 의지해야 합니다. 그런데 불자들이 반야(般若)를 단순히 지혜로만 믿고 신으로 받아들이지 않는다면 절대로 고(苦)와 집(集)을 멸할 수 없고 해탈도 될 수 없다는 것을 알아야 합니다. 왜냐하면 시대신주(是大神呪)이신 반야만이 능제일체고(能除一切苦), 즉 중생들의 모든 고통(苦와 集)을 제거해주실 수 있기 때문입니다.

부처님께서 오온(五蘊)이 개공(皆空)한 것을 보시고 도일체고액(度一切苦厄)을 하여 부처가 되신 것도 반야(般若)를 의지했기 때문입니다. 이 때문에 부처님께서 해탈의 길을 도성제(道聖諦)라 말씀하신 것입니다. 그러므로 불자들이 고(苦)와 집(集)을 멸하고 해탈하려면 반드시 반야(般若)를 의지하고 부처님의 말씀에 따라 수행을 해야 합니다. 왜냐하면 반야를 의지한다 해도 깨달음은 정도(正道)의 수행 과정을 통하지 아니하면 이루어지지 않기 때문입니다. 이 때문에 부처님께서 해탈을 하기위해 수행하는 길을 팔정도(八正道)라 말씀하신 것입니다.

불자들이 성불을 하려면 먼저 팔정도의 삶을 통해서 자신 안에 있는 욕심을 모두 버려야 하는 것입니다.

그러므로 팔정도(八正道)는 오늘날 성불을 위해 수행하는 불자들이라면 어느 누구나 반드시 지키고 행해야할 부처님의 가르침입니다.

　이제 팔정도에 대하여 알아보겠습니다.

팔정도(八正道)

팔정도(八正道)는 팔성도(八聖道)라고도 말하는데 팔정도는 문헌(文獻)에 중생들의 고통의 원인이 되는 탐, 진, 치(貪, 瞋, 癡)인 삼독(三毒)을 없애고 해탈을 얻어 부처님의 세계로 들어가기 위한 실천적 삶을 수행해야 할 부처님의 여덟 가지 가르침 혹은 여덟 가지 올바른 길로 기록되어 있습니다.

팔정도(八正道)는 1. 정견(正見) 2. 정사유(正思惟) 3. 정어(正語) 4. 정업(正業) 5. 정명(正命) 6. 정정진(正精進) 7. 정념(正念) 8. 정정(正定)입니다.

즉 부처님의 말씀을 올바로 보고, 올바로 생각하고, 올바로 말하고, 올바로 행하고, 올바르게 살고, 올바르게 정진을 하고, 올바른 명상(선정)을 하고, 올바른 마음을 가지라는 말입니다. 그런데 팔정도에 두 가지 중요한 가르침, 즉 두 길이 결여(缺如)되어 있는 것을 볼 수 있습니다. 그것은 곧 정신(正信)과 정청(正聽)입니다. 왜냐하면 부처님의 말씀을 올바로 보려면(正見) 먼저 부처님의 말씀을 올바로 들어야 하고(正聽) 올바로 듣기 위해서는 부처님을 올바로 믿어야(正信) 하기 때문입니다. 이 말은 부처님을 올바로 믿지 않으면 부처님의 말씀을 올바로 들을 수 없고 또한 부처님의 말씀을 올바로 듣지 않고는 부처님을 올바로 볼 수 없다는 말입니다. 그런데 부처님께서 정신(正信)과 정청(正聽)을 생략하고 정견(正見)부터 말씀하신 것은 부처님을 이미 알고 있는 그의 제자들에게는 부처님을 믿으라거나 말씀을 들으라고 할 필요가 없기 때문입니다.

어린아이는 아무것도 모르기 때문에 부모를 믿을 수밖에 없고 학교에 들어가면 선생님을 믿어야 가르침을 받을 수 있습니다. 그런데 어린아이가 자기 부모를 믿지 않는다면 양육하기 어렵고 선생을 믿지 않으면 학생을 가르칠 수가 없습니다. 그러나 장성한 자들은 이미 부모도 알고 선생님도 알고 있기 때문에 믿으라거나 들으라고 할 필요가 없는 것입니다.

이와 같이 부처님께서 팔정도(八正道)를 말씀하시는 대상은 이미 부처님을 믿고 말씀을 듣고 있는 자들이기 때문에 정신(正信)이나 정청(正聽)을 생략 하신 것입니다. 그러나 아직도 부처님을 잘 모르는 불자들은 먼저 부처님을 바르게 믿고 말씀을 올바르게 들어야 하는 것입니다. 왜냐하면 진리의 부처님을 기복의 부처님으로 그리고 부처님의 말씀을 자신의 욕심을 채우기 위해서 듣는다면 오히려 해가 되기 때문입니다.

　오늘날 불자들이 팔정도(八正道)의 가르침에 따라 수행정진(修行精進)을 해도 해탈이 되지 않는 이유는 정신(正信)과 정청(正聽)의 과정을 모르고 있거나 두 과정을 생략하고 수행을 하기 때문입니다.

　그러므로 본문에서는 팔정도(八正道)의 기본이 되는 정신(正信)과 정청(正聽)을 삽입 하여 십정도(十正道)로 기록하였습니다. 이제 십정도(十正道)에 대해서 구체적으로 알아보기로 하겠습니다.

십정도(十正道)

① 정신(正信)

　모든 일의 시작은 믿음, 즉 신뢰로부터 시작됩니다. 왜냐하면 어떠한 일을 시작 할 때나 가르침을 받을 때에 믿음, 즉 하고자 하는 일에 믿음이 가지 않는다거나 가르치는 사람을 신뢰하지 못한다면 아무것도 할 수 없기 때문입니다. 이렇게 부처님에 대한 믿음이나 신뢰가 없다면 절대로 부처님의 말씀을 듣거나 보거나 할 수 없습니다. 이 말은 부처님을 믿지 않는다면 부처님의 말씀을 들을 수 없고 부처님의 말씀을 듣지 않는다면 절대로 부처님의 말씀을 보거나 깨달을 수 없다는 말입니다. 그런데도 불구하고 팔정도는 부처님에 대한 믿음(正信)과 들음(正聽)을 제거하고 정견(正見)부터 시작하고 있습니다.

　이것은 부처님을 믿지 않고도 부처님의 말씀을 들을 수 있고 말씀을 듣지 않고도 볼 수 있다는 말입니다. 만일 어떤 사람이 부처님을 믿지 않고도 부처님의 말씀을 들을 수 있고 부처님의 말씀을 듣지 않고도 부처님의 말씀을 볼 수 있다면 그 사람은 깨달은 사람이거나 부처님입니다. 이렇게 해탈의 길을 가는 불자들에게 정신(正信)과 정청(正聽)은 중요한 것입니다. 오늘날 불자들이 지금까지 해탈의 길을 가지 못하고 교리에 머물러 있는 것은 해탈로 가는 길의 시작과 근원인 정신(正信)과 정청(正聽)을 모르기 때문입니다. 이렇게 믿음은 모든 일의 근원이라 할 수 있는데 마치 건축을 할 때 기초석(基礎石)과 같은 것입니다. 사람이 옷을 입을 때 양복의 첫 단추를 잘못 끼우면 옷이 모두 뒤틀리듯이 처음에 부처님을 올바로 믿지 않으면 해탈의 길은 오히려 더 멀어지게 됩니다.

　이렇게 해탈의 길을 출발하는 불자들에게 믿음은 그 무엇보다도 중요한 것입니다. 예수님께서 나를 믿는 자는 구원을 얻고 내 말을 듣는 자는 살아날 것이라고 말씀하신 것은 구원의 시작이 곧 예수를 신뢰하는 믿음이기 때문입니다. 이렇게 팔정도(八正道)에 믿음이 없다면 기초석(基礎石)을 놓지 않은 상태에서 집을 짓는 것과 같은 것입니다. 이 때문에 해탈의 길을 가는 불자들은 무엇보다 먼저 부처님을 믿어야 합니다. 이렇게 부처님을 올바로 믿고 신뢰할 때 부처님의 가르침을 들을 수 있는 것입니다.

　이와 같이 해탈로 가는 수행불자들에게 가장 중요한 것은 부처님에 대한 올바른 믿음이라 할 수 있습니다. 그러므로 해탈로 가는 길의 첫 관문이며 첫 길은 정견(正見)이 아니라 정신(正信)이며 팔정도가 아니라 십정도(十正道)입니다. 이 때문에 해탈로 가는 두 번째 길은 정신(正信)에 이어 정청(正聽)인 것입니다.

② 정청(正聽)

정청(正聽)은 부처님의 말씀을 올바로 들으라는 말입니다. 왜냐하면 부처님의 말씀을 아무리 많이 듣고 열심히 공부를 한다 해도 부처님의 가르침을 잘못 듣거나 자기 욕심을 채우기 위해서 듣는다면 아무런 소용이 없기 때문입니다. 이렇게 부처님을 올바로 믿고 부처님의 말씀을 올바로 듣는 것은 매우 중요한 것입니다. 오늘날 불자들을 가르치는 스님들이 불자들에게 부처님의 말씀을 왜곡(歪曲)하거나 거짓증거를 하는 것은 스님들의 사심(私心) 때문에 부처님의 올바른 가르침을 듣지 못하고 불자들을 가르치기 때문에 나타나는 현상입니다. 결국 스님들이 부처님의 말씀을 사심(私心) 없이 올바로 듣느냐 아니면 자기 욕심을 채우기 위해서 듣느냐 하는데 따라서 불자들을 올바로 가르칠 수 있고 그릇 가르칠 수도 있는 것입니다. 오늘날 스님들이 불자들에게 부처님의 말씀을 통해서 운수대통(運數大通)과 만사형통(萬事亨通)을 빌어주며 부처님의 거룩한 말씀을 기복(祈福)으로 왜곡(歪曲)시키고 있는 것은 스님들 안에 내재 되어 있는 욕심 때문입니다. 이 때문에 지금까지 불교 안에 부처님의 진리를 올바로 깨달은 스님들이 없고 해탈의 길은 멀어져만 가는 것입니다. 이렇게 부처님의 말씀을 올바로 듣는 정청(正聽)은 스님들이나 불자들에게 중요한 것입니다. 그러므로 욕심을 버리고 해탈로 가는 길이 정신(正信) 뒤에 정청(正聽)입니다.

    그런데 이렇게 중요한 정신(正信)과 정청(正聽)을 팔정도에서 제외시켜 버린 것입니다. 이 때문에 스님들이 기독교는 믿는 신앙이지만 불교는 보는 신앙이라 자랑스럽게 말하고 있습니다. 이것은 마치 스님들이 불교는 초등학교나 중학교를 거치지 않고 고등학생이 되었다고 주장하는 것과 같습니다. 이것은 모두 부처님의 진정한 뜻이나 말씀을 모르는 무지(無智)의 소치(所致)입니다. 그러나 불자들이 가는 해탈(解脫)의 길이나 기독교가 가는 부활(復活)의 길은 오직 반야(하나님)가 정해놓은 길을 순서대로 걸어가야 이루어지는 길입니다. 그리고 영생(永生)의 길은 오직 한 길이며 절대로 둘이 될 수없고 다른 길도 없다는 것을 알아야 합니다.

　왜냐하면 신(神)은 하나이며 진리도 하나이고 영생(永生)으로 가는 길도 하나이기 때문입니다. 이렇게 부처님의 말씀을 잘못 듣는다거나 욕심으로 잘못 받아들인다면 해탈의 길은 오히려 점점 멀어질 수밖에 없습니다. 그러므로 부처님을 올바로 믿는 것도 중요하지만 부처님의 말씀을 올바로 듣는 것도 매우 중요합니다. 이 때문에 첫째는 부처님을 올바로 믿어야 하며 둘째는 부처님의 말씀을 올바로 듣고 이해해야 하는 것입니다. 왜냐하면 부처님을 올바로 믿고 부처님의 가르침을 올바로 듣지 않고는 부처님의 말씀을 올바로 볼 수 없기 때문입니다. 이 때문에 정견(正見)을 하려면 먼저 정신(正信)과 정청(正聽)을 해야 합니다. 이렇게 정신과 정청을 하는 수행자들이 정견(正見)을 할 수 있는 것입니다.

③ 정견(正見)

　정견(正見)은 부처님의 말씀을 올바로 보라는 말입니다. 부처님의 말씀을 올바로 보기 위해는 먼저 부처님을 올바로 믿고 그의 가르침을 올바로 들어야 합니다. 그런데 부처님을 올바로 믿지 않거나 부처님의 말씀을 올바로 듣지 않는다면 절대로 부처님의 말씀을 올바로 볼 수 없습니다. 이 때문에 정견(正見)을 할 수 있는 부처님의 제자들은 정신(正信)과 정청(正聽)의 과정을 모두 거친 자들입니다. 그러므로 수행불자들이 정견(正見)을 올바로 행하려면 먼저 정견에 대하여 올바로 이해하는 것이 중요합니다. 정견(正見)이란 바르게 보라는 뜻인데 부처님께서 말씀하시는 정견의 깊은 뜻은 육안으로 보이는 외적세계는 물론 보이지 않는 내면의 세계까지 분명하고도 확실하게 보라는 말입니다. 이렇게 부처님께서 말씀하시는 정견은 열반(涅槃)의 세계, 즉 진리를 올바로 보라는 것입니다. 불자들이 사물을 정확히 보지 못하면 실수를 하게 되고 진리를 올바로 보지 못하면 해탈의 길을 갈 수가 없습니다. 그러므로 올바로 보는 것은 무엇보다 중요한 것입니다. 그런데 불자들이 진리나 열반(涅槃)의 세계를 올바로 보지 못하는 것이 아니라 육안으로 보이는 현실도 바로 보지 못하고 있습니다. 이렇게 불자들이 부처님의 진리를 올바로 보지 못하기 때문에 평생을 신앙생활을 하고 산속에 들어가 수행을 해도 해탈이 되지 않는 것입니다. 그러므로 진리를 분명하고 확실하게 본다는 것은 무엇보다 중요합니다. 모든 문제의 시작은 듣거나 보는 데서부터 시작되는 것이며 올바르게 듣고 보느냐 아니면 올바로 듣고 보지 못하느냐에 성공과 실패가 결정이 되는 것입니다.

　수행자들이 화두(話頭) 하나를 붙잡고 1년 혹은 10년 혹은 평생토록 참선(參禪)을 하는 것은 정견(正見), 즉 바르게 보고 올바르게 이해하여 화두의 배후에 숨겨져 있는 깊은 뜻을 깨닫기 위함입니다. 이렇게 정견(正見)은 중생들에게 가장 기초적이며 가장 중요한 위치를 차지하고 있는 것입니다. 만일 중생들이 언제나 바른 생각과 바른 마음과 올바른 눈으로 진리를 바라보며 사물을 자세히 관찰하는 삶이 생활화 된다면 부처님의 진리도 깨달아서 반드시 견성성불(見性成佛)을 하게 될 것입니다. 그런데 불자들이 정진수행(精進修行)을 하면서 올바르게 볼 수 없는 것은 올바른 생각, 즉 맑고 깨끗한 정신이 없기 때문입니다.

　중생들이 올바른 생각을 가지려면 마음에 사심(私心)이나 욕심이 없어야 합니다. 욕심을 버릴 때만이 모든 사물과 진리를 올바르게 관찰할 수 있고 그 배후에 숨겨진 비밀까지도 볼 수 있습니다. 결국 정견(正見)을 할 수 있는 사람은 바른 눈을 가진 사람이 아니라 바른 생각을 가진 자라는 것입니다. 그러므로 불자들이 깨달음을 얻으려면 먼저 참회

(懺悔)하는 마음을 가지고 더러워진 생각, 즉 전도(顚倒)된 몽상(夢想)을 버리고 올바른 생각을 가져야 하는 것입니다. 이 때문에 이어지는 말씀이 정사유(正思惟)입니다.

④ 정사유(正思惟)

정사유(正思惟)는 정견(正見) 뒤에 이어지는 말씀으로 부처님께서 말씀하시는 정사유는 보고 느낀 것을 올바르게 생각을 하라는 말입니다. 왜냐하면 어떠한 문제나 사건들을 아무리 올바로 직시하였다 해도 잘못된 생각, 즉 사심이나 욕심을 가지고 생각을 하게 된다면 잘못된 판단과 나쁜 결과를 가져오게 되기 때문입니다. 이 때문에 올바르게 보는 것도 중요하지만 올바른 생각을 해야 한다는 것입니다.

그러므로 정견(正見) 뒤에 바른 이해와 바른 생각은 무엇보다 중요한 것입니다. 사람들이 잘못된 생각을 하는 것은 곧 정의(正義)를 생각하지 않고 오직 자신의 실리(實利)나 자신의 욕심만을 채우려는 데서 발생합니다. 불자들이 욕심을 버리고 언제나 올바른 생각과 진실한 마음으로 바른 판단을 하고 살아간다면 언젠가는 부처님과 같은 생각과 마음으로 변화될 것이며 반드시 해탈에도 이르게 될 것입니다. 그러나 중생들은 전도(顚倒)된 몽상(夢想), 즉 이 세상의 외식(外飾)과 거짓으로 포장된 것을 듣고 보면서 머리 속에 입력시켜 이 세상을 살아가고 있습니다. 이렇게 이 세상의 무상(無常)한 것들에 의해서 머리 속에 쌓인 생각들이 바로 고정관념(固定觀念)이 되는 것인데 이것이 곧 자신의 존재입니다. 불자들이 거짓되고 욕심이 많은 것은 부처님의 말씀에 따라 살아가는 것이 아니라 세상을 바라보고, 세상을 의지하며 살았기 때문입니다. 이것은 불자들이 부처님의 말씀을 도외시하고 어릴 때부터 자신의 실리(實利)와 유익만을 추구하며 욕심으로 살아왔기 때문에 나타나는 현상입니다.

그러므로 부처님은 불자들에게 자신의 유익만을 생각하고 행동하지 말고 양심에 묻고 행동하라는 것입니다. 왜냐하면 생각은 거짓되지만 마음은 진실하기 때문입니다. 선한 양심은 바로 부처님의 마음을 말하는데 부처님의 마음은 진리를 통해서 불자들에게 잘 보여주고 있습니다. 이렇게 정사유(正思惟)는 선한 양심을 가지고 살아갈 때만이 가능합니다. 그러므로 진정한 불자라면 오직 부처님의 진리만을 주야로 묵상하며 진리에 따라서 진실한 마음을 가지고 살아가야 합니다. 이렇게 진실한 마음을 가진 사람은 자신이 본 것을 올바르게 생각하게 됩니다. 그러므로 정견(正見)을 한 후에는 반드시 정사유(正思惟)를 하고 정사유를 하기 위해서는 진실한 마음을 가지라는 것입니다. 이것이 곧 부처님께서 말씀하신 정사유(正思惟)입니다. 그런데 아무리 잘 보고 올바로 생각을 한다 해도 그 보고 생각한 바를 올바르게 말로 전달하지 못한다면 아무런 소용이 없습니다. 이 때문에 부처님은 정사유에 이어 정어(正語)를 가르쳐주신 것입니다.

⑤ 정어(正語)

정어(正語)란 바른말, 즉 진실한 말을 말합니다. 중생들이 바른 말을 하기위해서는 사물을 올바로 보고 정확히 판단해야 합니다. 만일 사물을 올바로 보지 못하거나 올바른 생각을 하지 않고는 절대로 바른 말을 할 수가 없습니다. 이렇게 바른 말은 반드시 바르게 보고 올바른 생각을 가진 자만이 할 수 있는 것입니다. 요즈음 이 세상에 사기꾼과 도적들이 들끓고 부정부패(不淨腐敗)가 난무하는 사회가 된 것은 바로 잘못된 사고(思顧)와 거짓된 말에서 비롯된 것입니다. 그러므로 사람들이 이것만은 "진실이다, 진실이다" 하는 말 속에도 거짓이 숨어있는 부패한 사회가 되었습니다. 그보다 더 중요한 것은 진실과 진리를 가르치고 전해야 하는 종교지도자들도 진리를 왜곡(歪曲)하여 비진리를 진리인 것처럼 가르치며 전파하는 세상이 되어버린 것입니다.

옛말에 "입은 삐뚤어졌어도 말은 똑바로 하라"는 말이 있습니다. 이것은 너무나 거짓과 외식(外飾)이 난무(亂舞)하는 세상이 되었다는 것을 말해주는 것입니다. 사람의 말 한마디가 상대의 마음을 상하게 할 수도 있고 기쁘게 할 수도 있습니다. 더 나아가서는 진실한 말 한마디로 인하여 죽을 사람이 살 수도 있으며, 거짓말이나 부주의한 말 때문에 사람이 억울하게 죽을 수도 있는 것이 바로 말입니다. 요즈음 인터넷에 올린 악성 댓글로 인해서 유명배우가 자살을 하게 되고 그에 따른 동반자살자들이 등장을 하는 것을 매스컴을 통에서 볼 수 있습니다. 이렇게 있지도 않은 사실을 만들어 사람을 곤경에 빠뜨려 자살하도록 만드는 것은 간접살인에 해당하는 것입니다. 이러한 범죄를 하면서도 자신은 통쾌하게 생각을 하겠지만 앞으로나 내생에 자신이 받아야 할 그 죄값의 고통에 대해서는 전혀 모르고 있습니다. 그러므로 말 한마디를 하더라도 신중을 기울여서 올바르고 진실하게 해야 합니다. 그런데 만일 수행 불자들이 말을 바르게 하지 않거나, 거짓을 말한다면 진리의 길은 갈수가 없고 가서도 안 됩니다. 이 때문에 부처님께서 불자들에게 정어(正語)를 가르쳐주신 것입니다.

사람들이 하는 말을 세분화 하면 여러 부류의 종류들이 있습니다.

(가) 쓸데없는 말을 주고받는 잡담
(나) 사람을 웃기려는 농담
(다) 사람을 저주하는 악담
(라) 사람에게 도움을 주는 덕담
(마) 진리를 전하는 도담.

상기의 말 중에 가장 귀하고 소중한 말을 도담(道談)이라 하는데, 도담은 깨달은 부처님들의 입에서 나오는 말씀을 말합니다. 중생들이 열심히 듣고 알아야 하는 말이 곧 도담(道談)입니다. 오늘날 불자들이 부처님의 입에서 나오는 감로수(甘露水)와 같은 말씀을 날마다 듣고 그 말씀대로 살아간다면 반드시 해탈에 이르게 될 것입니다. 문제는 오늘날 득도(得道)를 하여 성불(成佛)한 산부처가 존재하고 있느냐하는 것입니다. 그러나 부처님께서 말씀하시기를 산부처는 어느 시대 어느 곳에나 항상 계시다고 말씀하십니다.

반야(般若)가 영원 전부터 영원까지 시공(時空)을 초월하여 계신 것과 같이 성불한 부처님들도 삼세제불(三世諸佛)이 되어 전생(前生)이나 현생(現生)에 그리고 내생(來生)까지도 항상 불자들과 함께 계신 것입니다. 단지 중생들이 혜안(慧眼)이 없어 부처님이 눈앞에 와 계신다 해도 보지 못할 뿐입니다. 그러므로 불자들은 부처님을 향하여 자신의 욕심을 채우기 위해 구하고 찾지 말고 오늘날 살아 계신 부처님을 친견(親見)하기 위해 간절한 마음으로 기도해야 합니다. 그러면 부처님의 가피(加被)로 오늘날 살아계신 부처님을 만나게 될 것입니다. 이렇게 진실한 마음을 가지고 올바른 말을 하면서 신앙생활을 열심히 한다면 부처님을 만나게 될 것이며 해탈에도 이르게 될 것입니다. 그러므로 오늘날 불자들은 부처님의 말씀에 따라 정견(正見)과 정사유(正思惟)에 이어 정어(正語)를 반드시 생활화해야 합니다. 그런데 아무리 올바른 생각을 하고 올바른 말을 한다 해도 그의 삶이 올바르지 않다면 아무소용이 없는 것입니다. 이 때문에 부처님은 정어(正語)에 이어 정업(正業)을 가르쳐주신 것입니다.

⑥ 정업(正業)

　정업(正業)은 사람의 바른 행위나 행동을 말합니다. 불교에서 업(業)이라 함은 행업(行業), 즉 전생에 지은 선업(善業)이나 악업(惡業)을 말하고 있는데 부처님께서 말씀하시는 정업(正業)은 선한 직업이나 악한 직업을 말하는 것이 아니라 올바른 일, 즉 정당한 행위를 말합니다. 그런데 어떤 불교 학자들은 정업(正業)을 올바른 직업 혹은 정당한 직업이라 말합니다. 예를 들면 불자들은 정육점이나 술장사 혹은 보신탕집 같은 직업을 갖지 말라는 것입니다. 그러나 부처님께서 말씀하시는 정업(正業)은 불자들이 가지고 있는 직업에 국한된 것이 아니라 불자들의 모든 행위, 즉 올바른 삶을 말씀하고 있습니다. 이것은 수행불자들이라면 모든 삶이 정직하고 진실하여 세상의 빛과 소금과 같은 존재가 되어 중생들에게 모범이 되어야 한다는 뜻입니다.
　중생들이 세상을 살아가면서 말은 진실한 척하면서 실제 행동은 전혀 다른 사람들이 많습니다. 즉 언행(言行)이 일치하지 않는다는 것입니다. 이렇게 언행이 다른 사람들은 대개 자신의 허물이나 불리함은 감추고 자기 의(義)만 나타내려는 자들입니다. 이런 자들은 언제나 자기의 실리(實利)나 이권을 취하려는 욕심 때문에 언행이 일치(一致)하지 않는 것입니다. 이렇게 거짓된 행동을 하게 되면 그 악업이 쌓여 현생이나 내생에 고통을 받게 되는 것입니다.

중생들의 모든 화복(禍福)은 행업(行業), 즉 사람의 행위에서 나타납니다. 선업(善業)은 복으로 나타나며 악업(惡業)은 고통으로 나타나는 것입니다. 이렇게 사람의 행위가 앞으로 나타날 삶의 중요한 결과를 가져오게 됩니다. 이렇게 중생들의 생활 속에 고의(故意)로 혹은 무심코 짓는 업이 이생 뿐만 아니라 내생에까지 이어지게 되는 것입니다. 그런데 중생들이 짓는 행업 중에 제일 많이 짓는 악업이 구업(口業)입니다. 왜냐하면 중생들은 이 세상을 살아가면서 말을 제일 많이 하고 분별없이 함부로 하기 때문입니다. 이 세상에서 사람들이 하는 말을 녹취 혹은 도청을 하듯이 불자들이 하는 말도 천상에 모두 녹음이 된다는 것을 알아야 합니다.

그러므로 수행불자들은 물론 중생들도 말을 함부로 해서는 안 됩니다. 수행불자들은 항상 선한 말을 하고 남에게

덕이 되는 말을 해야 합니다. 이렇게 중생들의 업(行業)이 현생이나 내생에 인과응보(因果應報)로 나타나기 때문에 수행불자들은 항상 부처님의 가르침에 따라 올바르게 행동하면서 진실하게 살아야하는 것입니다. 오늘날의 종교, 즉 불교나 기독교는 신앙인들에게 진실과 올바른 삶을 가르쳐 이 어두운 세상을 밝히는 빛으로 만들어 이 세상을 극락과 천국과 같이 평온하고 행복한 곳으로 만들기 위해서 세워진 것입니다. 그런데 안타깝게도 오늘날 종교는 이러한 사명(使命)을 감당하지 못하고 있습니다. 왜냐하면 옛말에 "중이 염불에는 관심이 없고 잿밥에만 가있다"는 말과 같이 오늘날 종교는 영혼을 구제(救濟)하는 것보다 욕심에 치우쳐 있기 때문입니다. 이 때문에 오늘날 종교들이 사업화 되고 기업화 되어 가고 있는 것입니다.

　그러므로 스님들은 서로 자기 절만이 진실하다고 말하며 목사들은 자기 교회만이 올바른 교회라고 주장을 하고 있는 것입니다. 이렇게 자기 종교가 옳다고 주장하는 스님들이나 목사님들도 많은데 세상은 점점 더 악해져 가고 더욱 부패해가고 있습니다. 이것은 오늘날의 종교, 즉 스님들이나 목회자들이 모두 부처님이나 하나님의 뜻을 망각하고 욕심에 치우쳐 있기 때문입니다. 그러므로 오늘날 종교인들은 모두 참회(懺悔)하고 진리에 따라 본연(本然)의 자세로 돌아가야 합니다. 특히 수행하는 불자들은 더욱 언행(言行)을 올바로 가져야 합니다. 부처님은 이 때문에 정견(正見), 정사유(正思惟), 정어(正語)에 이어 정업(正業)을 가르쳐 주신 것입니다. 그러므로 수행불자들은 부처님의 가르침에 따라 모든 수행을 올바르게 해야 하는 것입니다.

⑦ 정명(正命)

정명(正命)이란 뜻을 불교사전에서 찾아보면 팔정도(八正道)의 하나로 올바른 생활, 그리고 올바른 생활방법이라고 기록되어 있습니다. 그러나 부처님께서 말씀하시는 정명은 올바른 명령, 즉 수행자(修行者)들이 반드시 지켜야할 부처님의 말씀을 말합니다. 왜냐하면 부처님의 말씀을 명령으로 알고 올바로 지키지 않으면 올바른 생활을 할 수 없기 때문입니다. 그러므로 수행자들은 부처님의 말씀을 법과 같이 엄히 지키고 부처님의 말씀을 조금이라도 가감(加減)해서는 안됩니다. 오늘날 불교가 부패해가는 것은 부처님의 말씀을 가감하여 교리(敎理)와 제도(制度)의 틀을 만들어 부처님의 뜻을 왜곡(歪曲)하고 있기 때문입니다.

불자들이 이렇게 오염(汚染)된 말씀이나 가감(加減)된 말씀을 듣거나 받아먹으면 그것이 독(毒)이 되어 그 영혼은 죽게 되는 것이며 결국 지옥으로 가게 됩니다. 그러므로 수행불자들은 오늘날 살아계신 부처님을 찾아 올바른 가르침을 받아야 하는 것입니다. 부처님께서 말씀하시는 정명(正命)은 부처님께서 가르쳐주신 모든 말씀을 말하는데 특히 삼학(三學)인 계(戒), 정(定), 혜(慧)를 말합니다.

　삼학(三學) : 불도를 수행하는 자들이 반드시 알고 지켜야 하는 부처님의 가르침.

(가) 계학(戒學) : 지옥계에서 아귀계로 나와 천상계에 들어가기 위해 지켜야 하는 부처님의 계율. (오계와 십계)
(나) 정학(定學) : 아귀계와 축생계를 거쳐 수라계로 나온 자들이 심신을 정결케 하기 위해서 받아야 하는 부처님의 가르침.
(다) 혜학(慧學) : 계학과 정학을 통해서 심신이 정결하게 된 자가 견성에 이르기 위하여 받아야 하는 부처님의 가르침.

상기의 삼학(三學)은 수행불자들이 천상에 올라 부처가 되려면 누구나 지켜야할 부처님의 가르침입니다. 수행자들이 삼학에 따라 정진수행(精進修行)을 계속한다면 견성성불(見性成佛)하여 관자재보살(觀自在菩薩)이 되는 것입니다. 그런데 오늘날 수행불자들이 깨달은 산부처님들을 만나지 못해 올바른 가르침을 받지 못하고 있습니다. 그러므로 수행불자들은 스님들을 통해서 가르침을 받고 있는 실정입니다.

　이렇게 수행불자들이 오늘날 살아계신 부처님을 만나지 못해서 아직 성불(成佛)하지 못한 스님들의 가르침을 받고 있기 때문에 해탈의 길은 오히려 멀어져 가고 있는 실정입니다. 그러므로 오늘날 수행자들은 이제부터라도 불교의 식과 제도의 틀에서 벗어나 오늘날 살아계신 부처님을 찾아서 올바른 가르침을 받아야 합니다. 이렇게 수행불자들이 부처님과 삼학(三學)을 통해서 가르침을 열심히 받는다면 삼악도(三惡道)인 지옥(地獄)과 아귀(餓鬼)와 축생(畜生)의 탈을 벗어나 수라(修羅)와 인간계로 들어가서 해탈(解脫)이 될 것입니다.

　그러므로 부처님은 수행불자들에게 반드시 필요한 정명(正命)을 가르쳐주신 것입니다. 그런데 아무리 부처님의 말씀을 지상명령으로 지킨다 해도 인내(忍耐)와 지구력(持久力)을 가지고 열심히 정진(精進)을 하지 않는다면 아무런 소용이 없습니다. 이 때문에 부처님은 정명(正命)에 이어 정정진(正精進)을 가르쳐 주신 것입니다.

⑧ 정정진(正精進)

정정진(正精進)은 올바르게 정성을 다해 나가라는 뜻입니다. 정진(精進)의 뜻을 불교사전에서 찾아보면 사물에 정성을 들여 오로지 나아가는 것, 힘써 노력하는 것, 용감하게 깨달음의 길을 걷는 것 등으로 나타나 있습니다. 그런데 부처님께서 말씀하시는 정정진(正精進)의 진정한 뜻은 진리의 길, 즉 해탈의 길을 마음과 정성을 다해 열심히 나아가라는 말씀입니다.

이와 같이 올바른 정정진은 부처님의 가르침에 따라 일순간의 머무름도 없이 인내와 지구력(持久力)을 가지고 끊임없이 정진(精進)하는 것입니다. 그런데 수행불자들이 해탈을 위해 정진수행(精進修行)을 할 때에 부처님의 가르침에 근거하지 않고 불교의 교리나 자신의 노력으로 해탈을 하려고 하면 절대로 안 됩니다. 왜냐하면 부처님만이 능제일체고(能除一切苦)로서 무지한 중생들의 고통을 제거해주시고, 깨닫게 하시며, 해탈에 이를 수 있도록 도와주시기 때문입니다.

그러므로 해탈은 부처님의 말씀을 벗어나서는 절대로 다른 길이나 다른 방법이 없다는 것을 명심해야 합니다. 이것은 예수님께서 "내가 길이요 진리요 생명이니 나로 말미암지 않고는 아버지(천국)께 갈자가 없다"고 하신 말씀과 같은 뜻입니다. 사람들이 하는 말 중에 "길이 아니면 가지 말라"는 말이 있는데 이 말은 길이 다르거나 길을 모르면 출발도 하지 말라는 뜻입니다. 이렇게 해탈을 하기 위해 정진수행(精進修行)을 하는 자들이 성불(成佛)의 길을 모르면 떠나지 말아야 하고 만일 지금 잘못가고 있다면 가는 길을 중단해야 합니다. 그런데 불행하게도 오늘날의 수행자들이 부처님의 참 뜻과 부처님께서 가르쳐 주신 해탈의 길에 대한 수행방법을 확실히 모르는 상태에서 수행을 하고 있는 것입니다. 올바른 해탈의 길이나 올바른 수행방법은 부처님께서 말씀하듯이 행심반야바라밀다(行深般若波羅蜜多), 즉 반야(般若)를 믿고 의지하면서 육바라밀(六波羅蜜)을 열심히 행하는 것입니다.

그러므로 오늘날 수행불자들이 해탈을 하려면 오직 반

야를 믿고 의지하면서 반야의 뜻에 따라 육바라밀을 향해 혼신(渾身)을 다해 정진수행을 해야 합니다. 이것이 바로 부처님께서 오늘날 수행불자들에게 가르쳐주신 정정진의 뜻입니다. 정정진(正精進)에 이어지는 말씀은 정념(正念)입니다.

왜냐하면 정진(精進)을 하는 수행자들이 올바른 생각과 마음을 가지고 하지 않으면 아무 소용이 없기 때문입니다.

⑨ 정념(正念)

부처님께서 팔정도(八正道)를 통해서 말씀하시는 정념(正念)의 뜻은 정사유(正思惟)와 유사하여 혼동할 수 있습니다. 정사유(正思惟)는 올바른 사고(思考)나 바른 견해(見解)로 올바로 생각하라는 뜻이며 정념(正念)은 세상의 번뇌망상(煩惱妄想)을 버리고 오직 부처님의 말씀에 착념(着念)하라는 뜻입니다. 그런데 세상의 생각을 버리고 부처님의 말씀만을 생각하면서 산다는 것은 결코 쉬운 일이 아닙니다. 그보다 부처님의 말씀대로 수행을 한다는 것은 더더욱 힘든 일입니다.

지금까지 출가수행자들이 수십년 혹은 수백년 동안 도

(道)를 닦아도 번뇌망상(煩惱妄想)에서 벗어나 해탈된 산부처가 없었다는 것은 정념(正念)이 그만큼 어렵다는 것을 말해주는 것입니다. 이 때문에 부처님은 불자들에게 반야(般若)를 신(神)으로 믿고 의지하라고 말씀하시는 것입니다. 왜냐하면 부처님도 반야(般若)를 신(神)으로 믿고 의지할 때 반야의 도움에 의해서 해탈이 되셨기 때문입니다. 그런데도 불구하고 오늘날 불교는 신(神)은 존재하지 않는다고 가르치며 부처님의 해탈도 자각(自覺)에 의한 것이라고 가르치고 있습니다.

그러나 신(神)이 존재하지 않는다면 해탈이나 성불은 물론 이 세상에 존재하는 인간이나 생물들이 하나도 존재할 수 없다는 것을 알아야 합니다. 타종교에서 불교를 일종의 철학이며 종교로 인정하지 않는 것은 불교가 신(神)을 부정하고 있기 때문입니다. 이렇게 불교는 신(神)을 인정하지 않기 때문에 수행자들이 신을 의지하지 않고 자각(自覺)에 의해서 해탈을 하려고 온갖 노력을 해보지만 해탈은 되지 않는 것입니다.

그러므로 오늘날 불자들은 무엇보다 먼저 반야(般若)를 신(神)으로 인정하고 반야를 믿고 의지 하는 것이 시급한 일입니다. 만일 불교나 수행자들이 지금부터라도 반야를 신으로 믿고 의지 한다면 반야의 도우심으로 반드시 해탈될 것입니다. 이와 같이 부처님께서 말씀하시는 정념(正念)은 신을 올바로 알고 신만을 주야로 묵상하라는 말씀입니다. 왜냐하면 부처님도 행심반야바라밀다시(行深般若波羅蜜多時) 조견오온개공(照見五蘊皆空) 도일체고액(度一切苦厄)을 하여 관자재보살(觀自在菩薩)이 되셨기 때문입니다. 오늘날 불자들이 부처님을 믿는다는 것은 부처님이 하신 말씀을 믿는 것입니다. 그런데 불자들이 이러한 부처님의 말씀을 믿지 않고 부처님만 믿는다면 그것이 바로 우상을 섬기는 것이며 무속신앙(巫俗信仰)인 것입니다.

그러므로 부처님께서 말씀하시는 정념(正念)은 전도(顚倒)된 몽상(夢想)을 버리고 오직 부처님의 말씀만을 생각하여 해탈에 이르라는 뜻입니다. 이렇게 부처님은 해탈의 길을 가는 수행자들에게 올바른 생각을 가지고 반야를 주야(晝夜)로 묵상(默想)하며 수행하라는 뜻에서 정념(正念)을 가르쳐 주신 것입니다. 그런데 올바른 정념을 하려면 청정(淸淨)하고 평안한 마음이 있어야 합니다. 왜냐하면 수행자의 마음이 더럽거나 혼탁하면 올바른 정념(正念)을 할 수가 없기 때문입니다. 그러므로 부처님께서 수행자들의 마음을 깨끗하고 평온케 하는 정정(正定)을 말씀하신 것입니다.

⑩ 정정(正定)

　십정도(十正道)의 마지막 가르침인 정정(正定)은 마음에 대하여 말씀하신 것입니다. 정정이라는 뜻은 편안한 마음, 안정된 마음, 깨끗한 마음 등의 의미를 가지고 있습니다. 이렇게 정정(正定)은 정결하고 진실한 마음을 말하는데 부처님께서 말씀하시는 정정(正定)의 뜻은 수행자들의 마음속에 자리 잡고 있는 탐, 진, 치(貪, 瞋, 癡)를 모두 버리고 청정심(淸淨心)이 되라는 뜻으로 말씀하신 것입니다. 왜냐하면 불자들의 번뇌망상(煩惱妄想)은 마음속에 들어있는 탐, 진, 치(貪, 瞋, 癡)로 인해서 일어나기 때문입니다.

　그러므로 부처님이 말씀하시는 정정(正定)의 뜻은 마음의 수행을 통해서 욕심을 버리고 청정(淸靜)한 마음이 되라는 것입니다. 절에서 스님들이 법문(法文)을 할 때 욕심을 버리라고 하며 어떤 스님은 무소유(無所有)를 강조하는 것은 바로 이 때문입니다. 이렇게 욕심을 버리라고 가르치는 스님도 많고 무소유를 주장하는 스님도 있지만 아직까지 욕심을 버리거나 무소유(無所有)가 된 스님은 한분도 없습니다. 왜냐하면 욕심을 버리고 무소유가 된 스님은 이미 스님이 아니라 부처님이기 때문입니다.

오늘날 절마다 금부처나 돌부처를 모시고 있는 것은 아직 불교 안에는 산부처가 없다는 것을 말해주는 것이며 이것은 지금까지 불교 안에 욕심을 버린 스님이 없다는 것을 증명하는 것입니다. 이렇게 욕심을 버린다는 것은 어렵고 힘든 것입니다. 이 말은 부처가 되는 것이 힘든 것이 아니라 욕심을 버리고 무소유(無所有)가 되는 것이 어렵다는 것입니다.

오늘날 큰 스님이라는 분이 무소유(無所有)를 주장하며 모든 재산과 직분을 버리고 산속의 암자로 들어가신 분이 있습니다. 그러나 큰스님의 무소유(無所有)는 얼마 안되어 모두 거짓이라는 것이 드러난 것을 볼 수 있습니다. 왜냐하면 큰 스님은 더 큰 욕심을 채우기 위해서 잠시 무소유(無所有)라는 원맨쇼를 한 것에 불과하기 때문입니다. 부처님께서 말씀하시는 무소유(無所有)는 재물을 버리는 것이 아니라 자신 안에 들어있는 욕심과 탐심(貪心)을 모두 버리는 것입니다. 즉, 진정한 무소유는 자아(自我)를 버리고 무아(無我)가 되는 것을 말합니다.

이렇게 부처님이 말씀하시는 정정(正定)은 자신 안에 있는 더러운 욕심과 탐심을 버리고 청정(淸淨)한 마음이 되는 것입니다. 그런데 문제는 전생에서부터 쌓이고 쌓여 굳어진 욕심을 어떻게 버리느냐 하는 것입니다. 부처님은 불자들에게 욕심을 버리는 것은 자기의 의지나 노력으로 되는 것이 아니라 시대신(是大神)이시며 능제일체고(能除一切苦)이신 반야(般若)를 믿고 의지할 때 반야에 의해서 없어진다고 말씀하고 있습니다. 이렇게 불자들이 반야를 신으로 믿고 의지하면서 부처님의 가르침을 받을 때 욕심과 탐심(貪心)은 점진적(漸進的)으로 조금씩 없어지게 됩니다.

그러므로 수행자들은 반드시 반야(般若)를 신(神)으로 믿고 오늘날 살아계신 부처님을 찾아서 그 가르침에 따라 정진수행(正進修行)을 해야 합니다. 이렇게 부처님의 말씀에 따라서 마음의 수행을 계속한다면 혼탁한 마음과 번뇌망상(煩惱妄想)이 사라질 것이며 언제나 고요하고 평안한 부처님의 마음으로 변화가 될 것입니다. 이렇게 행하는 수행이 곧 부처님께서 말씀하시는 정정(正定)입니다. 지금까지 사성제(四聖諦)와 팔정도(八正道)에 대해서 말씀드렸습니다.

이상과 같이 부처님께서 보리수 나무아래서 정각(正覺)을 이루시고 난후 녹야원에 있는 동료들을 찾아가 최초로 설법(說法)하신 사성제는 해탈(解脫)로 가는 길의 가장 중요한 법문(法門)이요 성불의 길에 최상(最上)의 법문(法

門)입니다. 그러므로 오늘날 불자들이 해탈의 길인 사성제(四聖諦)를 수지독송(受持讀誦)하면서 팔정도(八定道)에 의한 수행을 지속적으로 행한다면 반드시 해탈하여 부처가 될 것입니다.

지금까지 부처님께서 사성제와 팔정도(八正道)를 가르쳐 주신 것은 모든 불자들이 하루속히 탐, 진, 치(貪, 瞋, 癡)를 버리고 해탈하여 부처가 되기를 바라는 마음에서입니다. 그러므로 수행불자들이 지금까지 설(說)한 부처님의 가르침에 따라서 사성제(四聖諦)와 팔정도(八定道)를 마음속에 화두(話頭)로 간직하고 열심히 수행정진(修行正進)을 한다면 모두 해탈하여 부처가 될 것입니다.

이어지는 말씀은 부처님께서 상기의 말씀을 통하여 수보리에게 사구게(四句偈)의 중요성을 말씀하시면서, 이 경(經) 속에 있는 사구게(四句偈) 곧 사성제(四聖諦)만 자세히 설명을 해주더라도 온 세계에 존재하는 하늘의 무리나 세상 사람이나 아수라(阿修羅)들이 모두 공경하기를 부처님의 탑묘(塔廟)처럼 할 것인데, 하물며 어떤 사람이 이 경을 끝까지 읽고, 지니고, 가르치고, 깨우치게 한다면 그의 공덕(功德)이 얼마나 크겠느냐고 말씀을 하시는 것입니다.

부처님은 만일 이러한 사람이 있다면 그 사람은 부처님

의 탑묘(塔廟)처럼 공경을 받을 것이며 가장 높고 제일 희유(稀有)한 법을 성취하게 될 것이라 말씀하십니다.

부처님은 이어서 희유(稀有)한 법이 있는 곳이 바로 거룩하신 부처님과 부처님의 제자들이 계신 곳이라 말씀하고 있습니다.

그러면 가장 높고 제일 희유(稀有)한 법은 어떤 법을 말하는 것일까요? 희유(稀有)라는 뜻은 "이상한, 불가사의(不可思議)한, 놀라운, 진귀한"등의 의미인데 희유(稀有)한 법은 곧 부처님의 입에서 나오는 말씀으로 무명의 중생들은 알 수도 없고, 볼 수도 없고 들을 수조차 없는 화두(話頭)의 말씀을 말합니다. 이렇게 엄청난 희유(稀有)의 법을 가지고 있는 분들이 바로 해탈(解脫)하여 성불(成佛)하신 부처님들입니다. 그러면 세계에 존재하는 하늘의 무리나 세상 사람이나 아수라(阿修羅)들이 모두 공경하는 부처님의 탑묘(塔廟)는 무엇을 말하는 것일까요?

부처님께서 말씀하시는 탑묘(塔廟)의 비밀은 바로 희유(稀有)의 법(法)을 받아 지닌 부처님들만이 알 수 있는 화두(話頭)의 비밀입니다.

부처님의 탑묘

　탑묘(塔廟)는 부처님이나 성자들의 유골을 안치하고 공양하기 위해 퇴토(堆土)나 돌이나 기와 혹은 나무로 높게 쌓아 만든 탑(塔)을 말합니다. 즉 탑묘(塔廟)는 부처님이나 성자들의 유해(遺骸)를 모셔놓은 묘(廟)로 곧 성자들의 무덤을 말합니다. 오늘날 사찰(寺刹)에 모셔놓은 탑(塔)을 사리탑(舍利塔)이라고 말하는 것은 탑 안에 부처님의 유골(遺骨)을 모셔놓았다는 뜻입니다. 이 때문에 불자들이 절에 가면 부처님의 사리(舍利)가 안치된 탑(塔) 주변을 열심히 돌며 탑을 향해 예의(절)를 올리는 것입니다.

　그런데 불자들이나 스님들이 부처님의 사리(舍利)를 모셔놓은 사리탑(舍利塔)을 날마다 돌며 수없이 절을 하여도 탑은 아무런 가르침이나 깨달음을 주지 못합니다. 왜냐하면 탑묘는 부처님이나 성자들의 유해(遺骸)를 모셔놓은 일종의 무덤일 뿐이기 때문입니다. 부처님께서 말씀하시는 진정한 사리(舍利)는 부처님의 입에서 나오는 말씀을 말하며 부처님의 유해가 담긴 진정한 사리탑(舍利塔)은 사구게(四句偈)와 사성제(四聖諦)를 수지독송(受持讀誦)하여 깨달아 성불하신 부처님들을 말합니다. 즉 진정한 사리(舍利)는 부처님의 입에서 나온 말씀이며 사리탑(舍利塔)은 부처님의 말씀이 담겨있는 오늘날 산부처(生佛)를 말하고 있는 것입니다. 왜냐하면 오늘날 불자들을 가르칠 수 있고 깨닫게 하여 부처를 만들 수 있는 분은 절에 모셔놓은 사리탑(舍利塔)이 아니라 오늘날 살아있는 부처님(生佛)이시기 때문입니다. 이렇게 오늘날 깨달아 부처가 되신 생불(산부처)만이 진정한 부처님의 사리탑(舍利塔)이며, 경이며, 불자들 모두가 공경하며 섬겨야 하는 진정한 법당(法堂)입니다.

그러므로 오늘날 불자들은 절에 모셔놓은 사리탑(舍利塔)만을 공경할 것이 아니라 오늘날 깨달은 산부처를 찾아 공경하며 그의 가르침을 받아야 합니다. 왜냐하면 부처님이 말씀하시는 진정한 사리탑(舍利塔)은 오늘날 살아계신 생불(生佛)이며 사구게(四句偈)나 사성제(四聖諦)는 모두 오늘날 살아계신 부처님의 입에서 나오기 때문입니다. 그런데 문제는 오늘날 산부처님이 어느 곳에 계신지 그리고 그분은 어떤 사람인지를 알 수가 없다는 것입니다.

그러나 불자들이 오늘날 살아계신 부처(生佛)님을 찾기 위해 부처님께 간절한 마음으로 열심히 기도하며 찾는다면 부처님의 자비(慈悲)와 가피(加被)로 반드시 친견(親見)하게 될 것입니다.

부처님은 불자들의 주변에서 항상 불자들을 위해 기도하고 계십니다. 모든 불자들이 오늘날 살아계신 부처님을 만나서 감로수와 같은 소중한 가르침을 받아 모두 성불(成佛)하여 부처가 되기를 진심으로 기원(祈願)하는 바입니다.

잃어버린 현실

환상의 촛불이 꺼져 갈때에
보이는 현실이 가엽기만 하고

잃어버린 현실을 다시 찾으려
애쓰고 힘써도 어렵기만 해

아무것도 할 수 없는 자신을 보고
이제야 손 흔들어 그대를 부르며
생명의 실상을 그리워하네

13) 여법수지분(如法受持分)

받아서 지녀야 할 부처님의 법

13. 여법수지분(如法受持分):
   받아서 지녀야 할 부처님의 법

　　爾時 須菩提 白佛言 世尊 當何名此經 我等 云何奉持 佛告須菩提 是經 名爲金剛般若波羅蜜 以是名字 汝當奉持 所以者何 須菩提 佛說般若波羅蜜 卽非般若波羅蜜 是名般若波羅蜜 須菩提 於意云何 如來 有所說法不 須菩提 白佛言 世尊 如來無所說 須菩提 於意云何 三千大天世界 所有微塵 是爲多不 須菩提言 甚多 世尊 須菩提 諸微塵 如來說非微塵 是名微塵 如來說世界 非世界 是名世界 須菩提 於意云何 可以三十二相 見如來不 不也 世尊 不可以三十二相 得見如來 何以故 如來說 三十二相 卽是非相 是名三十二相 須菩提 若有善男子善女人 以恒河沙等身命 布施 若復有人 於此經中 乃至受持四句偈等 爲他人說 其福甚多

　　[번역] 그때에 수보리가 부처님께 말씀드렸다. 세존이시여 마땅히 이 경의 이름을 무엇이라 하며 우리들이 어떻게 받들어 지녀야 합니까? 부처님께서 수보리에게 말씀하셨다. 이 경의 이름은 금강반야바라밀(金剛般若波羅蜜)이니 그 이름으로

너희들이 마땅히 받들어 지녀야 하느니라. 왜냐하면 수보리야 부처님이 말씀하신 반야바라밀이란 곧 반야밀이 아니라 그 이름이 반야바라밀이기 때문이니라.

　수보리야 너는 어떻게 생각하느냐? 여래가 말씀하신 법이 있느냐? 수보리가 부처님께 말씀드렸다. 세존이시여 여래께서 설하신 바가 없나이다. 수보리야 너는 어떻게 생각하느냐? 삼천대천세계(三千大天世界)에 있는 티끌이 많다고 하겠느냐? 수보리가 말씀드렸다. 세존이시여 심히 많습니다. 수보리야 이 모든 티끌은 여래가 설한 티끌이 아니요 이름이 티끌이며 여래가 설한 세계도 세계가 아니라 그 이름이 세계라 하느니라.

　수보리야 너는 어떻게 생각하느냐? 가히 삼십이상(三十二相)으로 여래를 볼 수 있느냐? 아니옵니다. 세존이시여 삼십이상(三十二相)으로는 여래를 볼 수 없습니다. 왜냐하면 여래께서 말씀하신 삼십이상(三十二相)은 곧 상이 아니라 그 이름을 삼십이상(三十二相)이라 하셨기 때문입니다.

　수보리야 만약 선남자와 선여인이 항하의 모래와 같은 목숨으로 보시하고 또 어떤 사람이 이 경 가운데 사구게(四句偈)만이라도 받아 지니고 다른 사람을 위해 설해주었다면 그 복덕(福德)이 저 복덕보다 심히 많으니라

(1) 爾時 須菩提 白佛言 世尊 當何名此經 我等 云何奉持 佛告須菩提 是經 名爲金剛般若波羅蜜 以是名字 汝當奉持 所以者何 須菩提 佛說般若波羅蜜 卽非般若波羅蜜 是名般若波羅蜜

그때에 수보리가 부처님께 말씀드렸다. 세존이시여 마땅히 이 경의 이름을 무엇이라 하며 우리들이 어떻게 받들어 지녀야 합니까? 부처님께서 수보리에게 말씀하셨다. 이 경의 이름은 금강반야바라밀(金剛般若波羅蜜)이니 그 이름으로 너희들이 마땅히 받들어 지녀야 하느니라. 왜냐하면 수보리야 부처님이 말씀하신 반야바라밀이란 곧 반야바라밀이 아니라 그 이름이 반야바라밀이기 때문이니라.

[해설] 본문을 여법수지분(如法受持分)이라고 한 것은 불자들이라면 마땅히 받아서 간직해야 할 부처님의 법(法), 즉 부처님의 말씀이라는 뜻입니다. 오늘날 불자들이 부처님을 알 수 있는 길은 오직 부처님의 말씀이 기록되어 있는 경(經)들입니다. 그런데 만일 부처님의 말씀이 기록된 경(經)이 없다거나 있어도 보지 않는다면 부처님을 알 수가 없습니다.

이렇게 부처님의 말씀이 기록된 경(經)들은 불자들에게

아주 중요한 법문(法門)이며 감로수(甘露水)이며 보화(寶貨)와 같은 말씀입니다.

그런데 모든 경(經)중에서도 특히 금강반야바라밀경(金剛般若波羅蜜經)은 경(經)중의 경(經)입니다. 때문에 지금 수보리가 부처님께 경(經)의 이름이 무엇이며 이 경을 어떻게 마음에 지녀야 하느냐고 질문을 하는 것입니다. 이 질문에 부처님은 수보리에게 이 경(經)의 이름은 금강반야바라밀(金剛般若波羅蜜)이라고 말씀하시면서 너희들은 마땅히 받들어 지니라고 말씀하십니다.

그런데 부처님은 곧 이어서 금강반야바라밀(金剛般若波羅蜜)이라는 것은 곧 반야바라밀이 아니라 그 이름만 반야바라밀이라는 것입니다.

반야바라밀이라는 뜻은 지혜의 완성이라는 뜻을 가지고 있습니다. 즉 금강반야바라밀다경은 불자들에게 지혜를 완성시켜주는 경이라는 뜻입니다. 이렇게 금강반야바라밀(金剛般若波羅蜜)은 불자들이 반야(般若)를 통해서 무상정등정각(無上正等正覺)을 이루어 부처가 되는 길을 가르쳐주는 최고의 법문(法門)입니다.

때문에 해탈(解脫)을 위해 성불(成佛)의 길을 가는 불자라면 반드시 금강반야바라밀(金剛般若波羅蜜)을 마음에 받아 지녀야 하는 것입니다. 그런데 부처님은 지금 수보리에게 금강반야바라밀(金剛般若波羅蜜)은 곧 반야바라밀이 아니라 이름만 반야바라밀(般若波羅蜜)이라고 말씀하고 있습니다.

오늘날 불자들은 부처님의 이러한 말씀은 도저히 이해할 수 없는 말씀입니다. 왜냐하면 부처님께서 지금 불자들이 소지하고 날마다 독경(讀經)하고 있는 금강반야바라밀경(金剛般若波羅蜜經)은 이름뿐이지 진정한 반야바라밀(般若波羅蜜)이 아니라고 말씀하고 있기 때문입니다. 이 말씀은 지금 불자들이 소지하고 날마다 보고 있는 금강경(金剛經)의 말씀은 이름만 금강경이며 불자들을 지혜의 완성, 즉 온전히 깨닫게 해줄 수 없다는 뜻입니다.

그러면 오늘날 불자들을 지혜의 완성에 이르게 할 진정한 반야바라밀(般若波羅蜜)은 어떤 경(經)을 말하는 것일까요? 오늘날 불자들을 지혜의 완성에 이르게 해줄 수 있는 진정한 반야바라밀(般若波羅蜜)은 종이위에 기록된 법문(法門)이 아니라 오늘날 성불(成佛)한 부처님의 입에서 나오는 말씀이 곧 진정한 금강반야바라밀(金剛般若波羅蜜)이라는 뜻입니다.

왜냐하면 불자들을 깨닫게 하여 부처를 만들 수 있는

지혜의 말씀은 종이에 기록된 경이나 스님들이 가르치는 말씀이 아니라 오직 살아계신 부처님들의 입에서 나오는 말씀이기 때문입니다.

그러므로 부처님께서 수보리에게 지금 불자들이 보고 있는 금강반야바라밀(金剛般若波羅蜜)은 진정한 반야바라밀이 아니라 이름만 반야바라밀(般若波羅蜜)이라고 말씀하신 것입니다.

(2) 須菩提 於意云何 如來 有所說法不 須菩提 白佛言 世尊 如來無所說

수보리야, 너는 어떻게 생각하느냐? 여래가 말씀하신 법이 있느냐? 수보리가 부처님께 말씀드렸습니다. 세존이시여, 여래께서 설하신 바가 없나이다.

[해설] 이어지는 말씀은 부처님께서 수보리에게 "여래(如來)가 말씀하신 법(法)이 있느냐"고 하문하는 말씀입니다. 수보리는 부처님에게 여래께서 말씀하신 법이 없다고 대답을 합니다. 수보리의 이러한 말은 오늘날 불자들로서는 이해하기 힘든 말씀입니다.

왜냐하면 부처님께서 설한 법은 부처님이 하신 말씀으로 부처님 당시에도 있었고 지금도 엄연히 존재하고 있기 때문입니다. 그런데 수보리는 부처님이 말씀하신 법이 없다고 대답을 하고 있는 것입니다. 왜냐하면 부처님이 설(說)하신 진정한 법(法)은 불자들에게 없기 때문입니다. 이 말은 경(經)에 기록되어 있는 말씀이나 불자들이 지금 지식(知識)적으로 알고 있는 법(法)은 진정한 법(法)이 아니라는 뜻입니다.

　성철스님 생전에 하신 유명한 말씀이 있습니다. "산은 산이요 물은 물이로다" 이 말씀은 불신자나 초등학생도 알 수 있는 평범한 말씀 같습니다. 그러나 성철스님은 사람들이 육안으로 볼 수 있고 누구나 알고 있는 산이나 물을 말씀하신 것이 아니라 산 너머에 있는 산과 물 속에 감추어져 있는 물을 보시고 하신 말씀입니다.

　이와 같이 지금 부처님께서 수보리에게 여래가 말씀하신 법(法)이 있다고 생각하느냐고 묻는 법(法)은 중생들이 알고 있는 법이 아니라 부처님의 말씀 속에 감추어져 있는 진정한 법을 말씀하시는 것입니다.

　부처님이 말씀하시는 진정한 법은 살아계신 부처님의 입에서 나오는 말씀들을 말하고 있습니다. 때문에 수보리는 부처님께서 여래가 설한 법(法)이 없다고 대답을 한 것입니다.

(3) 須菩提 於意云何 三千大天世界 所有微塵 是爲多不 須菩提言 甚多 世尊 須菩提 諸微塵 如來說非微塵 是名微塵 如來說世界 非世界 是名世界

수보리야, 너는 어떻게 생각하느냐? 삼천대천세계(三千大天世界)에 있는 티끌이 많다고 하겠느냐? 수보리가 말씀드렸다. 세존이시여, 심히 많습니다. 수보리야, 이 모든 티끌은 여래가 설한 티끌이 아니요 이름이 티끌이며 여래가 설한 세계도 세계가 아니라 그 이름이 세계라 하느니라.

[해설] 부처님은 수보리에게 삼천대천세계(三千大千世界)에 있는 티끌이 많다고 생각하느냐고 묻고 계십니다. 수보리는 부처님에게 심히 많다고 대답을 합니다. 이에 부처님은 수보리에게 모든 티끌은 여래(如來)가 설(說)한 티끌이 아니요 단지 이름이 티끌이며 여래가 설하신 세계도 세계가 아니라 이름만 세계라고 말씀하십니다. 그러면 부처님이 말씀하시는 삼천대천세계(三千大天世界)는 어느 곳을

말하며 티끌은 무엇을 말하는가요?

그리고 여래가 말씀하신 세계는 과연 어떤 세계를 말씀하는 것인가요? 부처님이 말씀하시는 말씀들은 모두가 화두(話頭)이며 비유(譬喩)와 비사의 말씀이기 때문에 무명의 중생들은 알 수도 없고 들을 수조차 없는 말씀입니다.

불교학자들은 삼천대천세계(三千大千世界)를 소천세계(小千世界), 중천세계(中千世界), 대천세계(大千世界)를 모두 합쳐 삼천세계(三千世界)라 말하고 있습니다. 그러나 부처님이 말씀하신 삼천대천세계(三千大千世界)는 반야(般若)의 세계를 말하고 있습니다. 삼천(三天)은 곧 소천(小天), 중천(中天), 대천(大天)을 말하고 있습니다. 그런데 하나님의 말씀이 기록되어 있는 성경에도 삼천세계(三千世界)가 기록되어 있는데 성경에 일층 천은 첫째하늘을 말하며 이층 천은 둘째하늘을 말하며 삼층 천은 셋째하늘로 말씀하고 있습니다.

이것은 삼보(三寶), 즉 불(佛)의 세계와 법(法)의 세계와 승(僧)의 세계를 차원에 따라 셋으로 분리하여 말씀하신 것입니다.

그러면 부처님이 말씀하시는 티끌이 아닌 티끌은 무엇을 말할까요? 티끌이라는 단어는 원문에 대지의 티끌

(prthivi rajas)로 기록되어 있으며 티끌(rajas)의 뜻은 먼지, 티끌, 미진 등으로 티끌은 대지를 구성하고 있는 흙의 입자를 말하고 있습니다. 그런데 부처님이 말씀하시는 티끌이 아닌 티끌은 흙을 말하는 것이 아니라 흙으로 만들어진 인간을 말씀하고 있는 것입니다.

성경말씀이 시작되는 창세기를 보면 하나님께서 인간을 흙으로 빚어 만드셨다고 기록되어 있는데 흙은 원문성경에 분명히 티끌(아파르)로 기록되어 있습니다.

여호와 하나님이 흙(티끌)으로 사람을 지으시고 생기를 그 코에 불어 넣으시니 사람이 생령(혼령)이 된지라.
(창세기 2장 7절)

이와 같이 부처님이 말씀하시는 티끌이 아닌 티끌은 공중에 떠있는 먼지나 흙을 말하는 것이 아니라 인간의 존재를 화두(話頭)로 말씀하신 것입니다.

사람이 죽으면 흔히 돌아가셨다는 말을 하는데 이 말은 사람이 흙에서 왔다가 다시 흙으로 돌아갔다는 말입니다. 또한 사람들이 인간들을 미물과 같은 존재라고 말하는데 미물이란 미생물이라는 뜻으로 미물은 바로 티끌과 같은 사람의 존재들을 말하는 것입니다.

　오늘날도 못된 인간을 보면 미물과 같은 존재라고 말하는데 태초에 사람을 미물이라고 칭한 분은 바로 여호와 하나님이십니다. 왜냐하면 성경(창세기)에 하나님께서 하늘로 창조 받아야할 인간(티끌)의 존재를 미물(세레쯔)이라 말씀하고 있기 때문입니다. 미물의 존재는 육바라밀의 육계(六界) 중에 지옥계에 있는 존재들을 말하고 있습니다. 그러면 세계가 아닌 세계는 어느 곳을 말하는 것일까요? 이제 부처님께서 말씀하신 세계가 아닌 세계에 대하여 알아보기로 하겠습니다.

　세계는 세상과 동일한 뜻인데 부처님이 말씀하시는 세상 역시 인간들이 살아가는 세상을 말하는 것이 아니라 존재적 개념(概念)으로 인간들의 존재를 화두(話頭)로 말씀하신 것입니다. 부처님이 말씀하시는 세계는 중생들이 살아가고 있는 이 세상이 아니라 사람들의 존재라는 것을 이미 성경을 통해서도 말씀하고 있습니다.

> 하나님이 세상을 이처럼 사랑하사 독생자를 주셨으니 이는 저를 믿는 자마다 멸망치 않고 영생을 얻게 하려 하심이니라 (요한복음 3장 16절)

이 말씀에 하나님이 세상을 이처럼 사랑하는 세상(코스모스)은 곧 인간들의 존재들을 말합니다.

이와 같이 여래께서 세계가 아닌 세계는 이 세상을 말하는 것이 아니라 어둠 속에서 살아가는 무명의 중생들을 말하고 있는 것입니다. 이 때문에 부처님께서 수보리에게 내가 말하는 티끌은 티끌이 아니며 내가 말하는 세계도 너희가 알고 있는 세계가 아니라 이름만 세계이며 이름만 티끌이라고 말씀하고 계신 것입니다.

이와 같이 부처님의 말씀은 모두 화두(話頭)로 되어 있기 때문에 무명의 중생들은 알 수도 없고 볼 수도 없는 것입니다.

(4) 須菩提 於意云何 可以三十二相 見如來不 不也 世尊 不可以三十二相 得見如來 何以故 如來說 三十二相 卽是非相 是名三十二相

수보리야, 너는 어떻게 생각하느냐? 가히 삼십이상(三十二相)으로 여래를 볼 수 있느냐? 아니옵니다, 세존이시여! 삼십이상(三十二相)으로는 여래를 볼 수 없습니다. 왜냐하면 여래께서 말씀하신 삼십이상(三十二相)은 곧 상이 아니라 그 이름을 삼십이상(三十二相)이라 하셨기 때문입니다.

  [해설] 부처님은 이어서 수보리에게 너는 삼십이상(三十二相)으로 여래를 볼 수 있느냐고 묻고 계십니다. 이에 수보리는 부처님에게 삼십이상(三十二相)으로는 여래를 볼 수 없다고 말씀을 드립니다. 왜냐하면 여래께서 말씀하신 삼십이상(三十二相)은 곧 상이 아닌 것을 삼십이상(三十二相)이라 말씀을 하셨기 때문이라는 것입니다. 그러면 부처님께서 말씀하시는 삼십이상(三十二相)은 무엇을 말씀하시는 걸까요? 여래의 삼십이상(三十二相)은 32대인상(大人相)이라고도 말하는데 부처님의 몸에 갖추고 있는 32가지의 서상(瑞相)을 말합니다.
  서상(瑞相)은 상호(相好)라고도 말하는데 서상(瑞相)이란 뜻은 성인이나 위인이 갖추고 있는 뛰어난 특징을 말합니다. 즉 전륜성왕(轉輪聖王)이나 부처님의 신체에 갖추고 있는 32가지 특별한 표상(表象)을 말합니다.
  전륜성왕(轉輪聖王)은 실제 인물이 아니라 인도의 신화적(神話的)인 군주(君主)입니다. 인도에서 세속에 있는 사람이 32상을 갖추면 전륜성왕(轉輪聖王)이 되고 출가(出家)를 하여 수행(修行)을 하면 부처님이 된다고 말하고 있습니다.

　사찰(寺刹)에 모셔놓은 부처님들을 보면 모두 동일한 모습이 아니라 각기 다른 형상(形象)을 하고 있는 것을 볼 수 있습니다. 이는 사람들이 불상(佛像)을 제작할 때 반드시 부처님의 뛰어난 32상에 따라 머리나 얼굴 혹은 손이나 발에 특이한 각종 모양을 만드는데 이는 부처님의 32상을 나타내려는 것입니다.

　문제는 이렇게 사람들이 만들어 놓은 부처님의 각종 형상들 때문에 불자들의 머리 속에 부처님의 각종 형상들이 의식화(意識化) 되어 고정관념(固定觀念)으로 자리 잡고 있다는 것입니다. 그러므로 부처님의 각종형상들 때문에 부처님의 참모습을 모르고 부처님이 오셔도 알아보지 못하고 오히려 배척을 하고 있다는 것입니다.

　불자들이 부처님은 천수천안(千手千眼)을 가지고 있다고 말합니다. 이 말은 부처님이 천개의 손과 천개의 눈을 가지고 있다는 뜻이 아니라 부처님은 모든 것을 보고 알며 그에 따른 모든 일도 할 수 있는 능력을 가지고 있다는 의미로 말한 것입니다.

　불자들의 이러한 오해(誤解) 때문에 수보리는 외적으로 보이는 여래의 32상으로는 여래를 볼 수 없다고 말씀드린 것입니다. 여래의 진정한 32상은 부처님의 외모(外貌)에 있는 것이 아니라 머리와 마음속에 들어있는 진리(眞理)를 말하기 때문에 32상은 혜안(慧眼)이 열린 부처님들만이 볼 수 있습니다.

 그러므로 불자들은 부처님의 참모습을 부처님의 32상을 통해서 보는 것이 아니라 경(經)에 기록된 부처님의 말씀을 통해서 간접적으로 희미하게 볼 수 있는 것입니다.

 (5) 須菩提 若有善男子善女人 以恒河沙等身命 布施 若復有人 於此經中 乃至受持四句偈等 爲他人說 其福 甚多

 수보리야 만약 선남자와 선여인이 항하의 모래와 같은 목숨으로 보시하고 또 어떤 사람이 이 경 가운데 사구게(四句偈)만이라도 받아 지니고 다른 사람을 위해 설해주었다면 그 복덕(福德)이 저 복덕보다 심히 많으니라.

 [해설] 부처님은 수보리에게 만일 어떤 선남자(善男子) 선여인(善女人)이 항하(恒河: 인도북부의 갠지스강)의 모래와 같이 많은 목숨으로 남을 위해 보시(布施)하고 또 어떤 사람은 이 경 가운데서 사구게(四句偈)만을 받아 지니고 다

른 사람을 위하여 설해 준다면 그 복덕(福德)이 많은 목숨으로 보시한 사람보다 사구게(四句偈)를 전해준 사람의 복덕이 더 많다고 말씀하고 있습니다.

　자기 한 목숨을 희생하면서 보시(布施)를 한다는 것이 얼마나 힘들다는 것은 보시(布施)를 실제 해본 사람만이 알 수가 있습니다. 자신의 목숨은 천하보다 더 소중한 것인데 어떻게 자신의 목숨을 남을 위해 보시(布施)를 할 수가 있단 말입니까? 그런데 많은 목숨으로 남을 위해 보시를 한다 해도 이 경 가운데 사구게(四句偈)를 받아 지니고 다른 사람을 깨우쳐 준다면 그 복덕(福德)이 더 크다는 것입니다.

　왜냐하면 목숨이나 물질로 보시(布施)를 하는 것은 목숨이 살아 있을 동안만 도움을 주는 것이지만 부처님의 말씀으로 그 영혼을 깨우쳐 주는 것은 영원한 생명을 주는 것이기 때문입니다. 이 세상에는 어려운 이웃을 찾아 물질이나 몸으로 보시하는 사람들이 있고 부처님의 말씀으로 중생을 구제하기 위하여 법(法)을 보시(布施)하는 스님들이나 불자들도 많이 있습니다.

　그런데 상기의 말씀은 세상의 물질이나 자신의 목숨으로 보시를 하는 사람보다 법보시(法布施)를 하는 분들이 더 큰 복덕을 받게 된다고 말씀하고 있습니다.

즉 물질로 보시하는 보살님들 보다 부처님의 말씀을 가지고 법 보시를 하는 스님들의 공덕이나 복덕(福德)이 더 크다는 것입니다. 그런데 지금 부처님께서 한량없이 큰 복덕을 받는다는 사람은 사구게(四句偈)를 지식적으로 알고 복덕(福德)을 받기위해 가르치는 사람이 아니라 사구게(四句偈)를 통해서 자신이 먼저 받아 지녀서 깨닫고 난후 다른 사람을 깨우쳐 주는 사람 곧 부처님과 같은 분들을 말하고 있습니다.

사구게(四句偈)는 상권에서 자세히 말씀드린 대로 4절로 된 게문(偈文)을 말하고 있습니다.

사구게(四句偈)는 자신 안에 자리 잡고 있는 상(相), 즉 고정관념(固定觀念)을 모두 제거(除去)하면 부처님을 볼 수 있고 깨달아 부처가 될 수 있다는 가르침입니다. 그런데 자신 안에 자리 잡고 있는 각종 상(相)들은 보기도 힘들지만 깨어 부수기란 무명의 중생들로서는 불가능(不可能)하리만치 어렵습니다.

이렇게 다른 사람을 깨우쳐 줄 수 있는 사람은 사구게(四句偈)를 깨달아 부처가 된 사람만이 할 수 있는 일입니다. 이 때문에 다른 사람을 깨우치기 전에 자신이 먼저 깨우쳐 부처가 되어야 하는 것입니다.

　그러나 사구게(四句偈)를 깨달아 부처가 되기 위해서는 먼저 지식적으로라도 알고 남에게 가르치는 작은 공덕(功德)도 쌓아가야 하는 것입니다.

영혼의 메아리

그대 진실한
영혼의 메아리가
내 가슴에 울려오네

언제나 그대와 내가
사랑으로 하나가 되어
그리움을 잊을까

사랑안에 함께 거할때까지
그날이 속히 오기까지
오래 참고 기다리리

영혼의 입맞춤으로
하나가 되어지는 날
그리움도 기다림도 없는
평안한 안식에서
영원히 함께 살게 되리라

14) 이상적멸분(離相寂滅分)

상을 떠나야 적멸하다

14. 이상적멸분(離相寂滅分):
상을 떠나야 적멸하다

爾時 須菩提 聞說是經 深解義趣 涕淚悲泣 而白佛言 稀有世尊 佛說如是甚深經典 我從昔來所得慧眼 未曾得聞如是之經 世尊 若復有人 得聞是經 信心淸淨 卽生實相 當知是人 成就第一稀有功德 世尊 是實相者 卽是非相 是故 如來說名實相 世尊 我今得聞如是經典 信解受持 不足爲難 若當來世 後五百歲 其有衆生 得聞是經 信解受持 是人 卽爲第一稀有 何以故 此人 無我相 無人相 無衆生相 無壽者相 所以者何 我相 卽是非相 人相 衆生相 壽者相 卽是非相 何以故 離一切諸相 卽名諸佛 佛告須菩提 如是如是 若復有人 得聞是經 不驚不怖不畏 當知是人 甚爲稀有 何以故 須菩提 如來說第一波羅蜜 卽非第一波羅蜜 是名第一波羅蜜 須菩提 忍辱波羅蜜 如來說非忍辱波羅蜜 是名忍辱波羅蜜 何以故 須菩提 如我昔爲歌利王 割截身體 我於爾時 無我相 無人相 無衆生相 無壽者相 何以故 我於 往昔節節支解時 若有 我相 人相 衆生相 壽者相 應生瞋恨 須菩提 又念過去 於五百世 作忍辱仙人 於爾所世 無我相 無人相 無衆生相 無壽者相 是故 須菩提 菩薩 應離一切相 發阿耨多羅三邈三菩提心 不應住色生

心 不應住聲香味觸法生心 應生無所住心 若心有住 卽爲非住 是故 佛說菩薩心 不應住色布施

須菩提 菩薩 爲利益一切衆生 應如是布施 如來說一切諸相 卽是非相 又說一切衆生 卽非衆生 須菩提 如來 是眞語者 實語者 如語者 不誑語者 不異語者 須菩提 如來所得法 此法 無實無虛 須菩提 若菩薩 心住於法 而行布施 如人入闇 卽無所見 若菩薩 心不住法 而行布施 如人有目 日光明照 見種種色 須菩提 當來之世 若有善男子善女人 能於此經 受持讀誦 卽爲如來 以佛智慧 悉知是人 悉見是人 皆得成就無量無邊功德.

[번역] 그 때에 수보리가 이 경의 말씀을 듣고 그 뜻을 깊이 깨달아 알고 눈물을 흘리며 슬피 울며 부처님께 말씀드렸다. 희유하십니다. 세존이시여 부처님께서 이와 같이 심히 깊은 경전을 설하심은 제가 옛적부터 닦아 얻은 지혜의 눈으로는 일찍이 이런 경(經)을 얻어 듣지 못하였나이다. 세존이시여 만약 어떤 사람이 이 경을 얻어 듣고 믿는 마음이 청정하면 곧 실상(實相)을 알고 이 사람은 제일 희유(稀有)한 공덕을 성취할 것입니다. 세존이시여 이 실상(實相)이라는 것도 곧 실상(實相)이 아니므로 여래께서 이름만 실상(實相)이라 말씀하셨나이다. 세존이시여 제가 지금 이 경전을 얻어 듣고 믿어 알고

받아 지니는 것은 어렵지 않사오나 만일 이 다음 세상 오백세 (世) 뒤에 있을 중생들이 이 경을 얻어 듣고 말씀을 믿고 이해 하여 받아 지니게 된다면 그 사람은 곧 제일 희유한 사람이 될 것입니다. 왜냐하면 이 사람은 아상도 없고, 인상도 없고, 중생상도 없고, 수자상도 없기 때문입니다. 그 까닭은 아상은 곧 상이 아니며 인상, 중생상, 수자상도 곧 상이 아니기 때문 입니다. 왜냐하면 일체의 모든 상을 떠난 사람을 곧 부처라 이 름 하기 때문입니다. 부처님께서 수보리에게 말씀하셨다. 옳고 옳도다. 만일 또 어떤 사람이 있어 이 경을 듣고 놀라지 아니 하며, 겁내지 아니하고, 두려워하지 아니하면, 마땅히 알라 이 사람은 참으로 희유한 사람이니라. 어찌 그런가 하면, 수보리 야 여래가 말한 제일 바라밀은 곧 제일 바라밀이 아니라 다만 그 이름이 제일 바라밀이기 때문이다.

　수보리야 인욕바라밀도 여래가 설한 인욕바라밀이 아니며 그 이름이 인욕바라밀이니라. 왜냐하면 수보리야 내가 전생에 가리왕(歌利王)에게 몸을 베이고 잘릴 그 때에 내가 아상이 없 고, 인상이 없고, 중생상이 없고, 수자상이 없었느니라. 무슨 까닭이냐 하면, 내 몸의 마디마디와 사지를 찢길 때 만약 아상 인상 중생상 수자상이 있었다면 마땅히 성을 내고 원망하는 마음을 내었을 것이다. 수보리야 또 과거 오백세(世)동안 인욕선인(忍辱仙人)이 되었을 때를 생각하니 그 세상에서도 아상이 없고 인상이 없고 중생상이 없고 수자상이 없었느니라. 그러므로 수보리야, 보살은 마땅히 일체상(一切相)을 떠나 아뇩다라삼먁삼보리의 마음을 낼 것이니, 마땅히 형상(形象)에 머물러서 마음을 내지 말고 소리와 냄새와 맛과 닿는 것과 법(法塵)에 머물러서 마음을 내지 말고 응당 마음에 머무름이 없이 마음을 낼지니라. 그러면 만약 마음에 머무름이 있어도 그것은 머무름이 아니 되느니라. 그러므로 부처님께서 보살의 마음은 마땅히 형색(形色)에 머물지 말고 보시하라 말씀하셨느니라. 수보리야 보살은 일체 중생을 이롭게 하기 위해 응당 이와 같이 보시하나니 여래가 말씀한 일체 모든 상이 곧 상이 아니며 또 일체 중생이라 말한 것도 곧 중생이 아니니라. 수보리야 여래는 진리를 말하는 이며, 진실을 말하는 이며, 그대로 말하는 이며, 속이는 말을 하지 않는 이며, 다른 말을 하지 않는 이니라. 수보리야 여래가 얻어 소유하고 있는 이 법은 실다움도 없고, 허망함도 없느니라.

 수보리야 만약 보살이 법에 머물러서 보시한다면 이 사람은 어둠에 들어가 보지 못하는 것과 같고 만일 보살이 마음을 법에 머물지 않고 보시하면, 이 사람은 눈이 있어서 햇빛 아래서 여러 가지를 보는 것과 같으니라. 수보리야 장차 오는 세상에 만약 선남자 선여인이 능히 이 경을 받아 지니고, 읽고 외우면 곧 여래가 부처님의 지혜로 이 사람을 다 알고 이 사람을 모두 보나니 모두 헤아릴 수 없고 더할 나위 없는 공덕을 성취하게 되리라.

(1) 爾時 須菩提 聞說是經 深解義趣 涕淚悲泣 而白佛言 稀有世尊 佛說如是甚深經典 我從昔來所得慧眼 未曾得聞如是之經

그 때에 수보리가 이 경의 말씀을 듣고 그 뜻을 깊이 깨달아 알고 눈물을 흘리며 슬피 울며 부처님께 말씀드렸다. 희유하십니다. 세존이시여 부처님께서 이와 같이 심히 깊은 경전을 설하심은 제가 옛적부터 닦아 얻은 지혜의 눈으로는 일찍이 이런 경(經)을 얻어 듣지 못하였나이다.

[해설] 이상적멸분(離相寂滅分)이란 중생들이 가지고 있는 상(相), 즉 고정관념(固定觀念)을 모두 버려야 마음이 평온해져서 부처님의 마음과 생각을 알 수 있다는 뜻입니다. 즉 중생들이 가지고 있는 오염된 마음이나 그동안 쌓아놓은 고정관념(固定觀念)으로는 부처님의 마음이나 뜻을 알 수가 없다는 것입니다.

만일 불자들 중에 누가 부처님의 마음과 생각을 알 수 있다면 그도 부처님입니다. 왜냐하면 부처님의 마음과 생각은 부처님과 같이 해탈하여 성불하신 부처님만이 알 수 있기 때문입니다. 이렇게 무명의 중생들은 부처님의 마음이나 생각을 알 수가 없는 것입니다.

　무구정광(無垢淨光) 대다라니경(大陀羅尼經)에 이런 말씀이 있습니다.

무상심심(無上甚深) 미묘법(微妙法) 백천만겁(百千萬劫) 난조우(難遭遇) 아금문견득수지(我今聞見得受持) 원해여래진실의(願解如來眞實義)

　위가 없고 깊고 깊은 미묘(微妙)한 부처님의 말씀(법)은 백천만겁(百千萬劫)이 지나도 만나기 어려우며 내가 지금 미묘법을 듣고 보고 받아서 지니오니 원하옵기는 여래의 진실한 뜻을 알게 해주옵소서 라는 뜻입니다.

　그러면 백천만겁이 지나도 만나기 어려운 깊고 오묘(奧妙)한 부처님의 말씀은 과연 어떤 말씀을 말하는 것일까요? 불자들은 이 말씀을 단순히 지금 날마다 보고 독경(讀經)하는 경전(經典)이라 생각할 수 있습니다. 그러나 백천만겁(百千萬劫)을 지나도 만나기 어렵다는 부처님의 말씀은 지면(紙面)에 기록된 말씀이 아니라 생불, 즉 지금 살아계신 부처님의 입에서 나오는 말씀을 말합니다. 왜냐하면 무명의 중생들을 해탈시켜 부처를 만들 수 있는 말씀은 살아계신 부처님의 입에서 나오는 말씀이지 지면(紙面)에 기록된 말씀이 아니기 때문입니다. 오늘날 불자들이 수많은 경전(經典)을 보면서 날마다 부처님의 말씀을 독경(讀經)해도 해탈(解脫)이 되지 않는 것은 바로 이 때문입니다.

　오늘날 불교계에 부처님의 말씀이 기록된 경들은 차고 넘쳐 있고 그에 따른 스님들이나 불교학자들이 계시지만 불자들이 해탈이 되지 않는 것은 살아계신 부처님의 말씀이 없기 때문입니다. 수보리가 지금 부처님의 말씀을 듣고 감격하여 눈물을 흘리는 것은 살아계신 부처님으로부터 직접 깊고 오묘(奧妙)한 말씀을 들었기 때문입니다.

　수보리는 지금 부처님의 위대하고 경이로운 말씀을 듣고 너무나 마음이 격동(激動)되어 감격의 눈물을 흘리며 부처님에게 이렇게 깊고 오묘(奧妙)한 말씀은 지금까지 들어본 적이 없다고 말씀드리고 있습니다.

　부처님이 직접 설(說)하시는 법문(法問)은 이렇게 위대하고 능력이 있는 거룩한 말씀입니다. 만일 오늘날 불자들이 지금 생불(生佛)을 만나서 이러한 말씀을 직접 듣는다면 얼마나 감격스럽겠습니까? 그러나 진리에 관심이 없거나 말씀을 찾지 않고 기복(祈福)에 치우쳐 있는 불자라면 지금 생불(生佛)이 오셔서 법문(法問)을 설(說)한다 해도 울리는 꽹가리 소리와 같이 시끄럽기만 하다는 것입니다.

　　진주(眞珠)나 보석(寶石)은 사람에게 소중한 것이지 개나 돼지에게는 아무런 소용이 없다는 말을 하는 것입니다. 성경 말씀에 "거룩한 것을 개에게 주지 말며 너희 진주(眞珠)를 돼지 앞에 던지지 말라 저희가 그것을 발로 밟고 돌이켜 너희를 찢어 상할까 염려하라"는 말씀이 있습니다.

　　오늘날 부처님의 말씀을 설(說)하는 사찰도 많고 포교당(布敎堂)도 많고 불교대학(佛敎大學)도 많이 있습니다. 그보다 금강경(金剛經)이나 반야심경(般若心經)을 해설(解說)한 해설집도 시중서점에 많이 나와 있습니다. 그런데 깨달은 부처님이 설(說)하는 사찰(寺刹)이나 부처님의 혜안(慧眼)을 가지고 해설한 해설집은 찾아보기 힘들다는 것입니다. 그러나 불교 밖에는 지금도 살아계신 생불이 존재하고 있습니다. 왜냐하면 부처님은 삼세(三世)제불(諸佛)로 전에 입고 오셨던 몸만 다를 뿐 전생에도 계시고 현생에도 계시고 내생에도 항상 존재하고 계시기 때문입니다.

(2) 世尊 若復有人 得聞是經 信心淸淨 卽生實相 當知是人 成就第一稀有功德 世尊 是實相者 卽是非相 是故 如來說名實相

세존이시여 만약 어떤 사람이 이 경을 얻어 듣고 믿는 마음이 청정하면 곧 실상(實相)을 알고 이 사람은 제일 희유(稀有)한 공덕을 성취할 것입니다. 세존이시여 이 실상(實相)이라는 것도 곧 실상(實相)이 아니므로 여래께서 이름만 실상(實相)이라 말씀하셨나이다.

[해설] 수보리는 부처님에게 만일 어떤 사람이 이 경(經)을 얻어 듣고 믿는 마음이 깨끗해지면 곧 실상(實相)을 낼 것이며 이 사람은 마땅히 제일 희유(稀有)한 공덕(功德)을 성취하게 될 것이라고 말씀드리고 있습니다. 그런데 이렇게 경(經)을 통해서 마음이 깨끗해져 희유한 공덕으로 얻어지는 실상(實相)은 곧 실상(實相)이 아니라 여래께서 이름만 실상(實相)이라고 말씀하셨다는 것입니다. 그러면 실상은 무엇을 말하며 실상이 아닌 실상은 무엇을 말하는 것인가요? 부처님이 말씀하시는 실상(實相)은 진공실상(眞空實相), 즉 영원한 것을 말하며 실상이 아닌 실상은 잠시 동안 있다가 사라져버리는 허상(虛相)과 같은 것을 말합니다. 즉

실상(實相)은 영원토록 변하지 않는 것이며 실상(實相)이 아닌 실상(實相)은 변하거나 소멸되는 것을 말합니다.

   부연(敷衍)하면 실상이 아닌 것은 자아(自我)이며 실상은 자아(自我)가 무아(無我)가 되어 진아(眞我)로 나타난 부처님의 생명을 말합니다. 이렇게 부처님이 말씀하시는 실상(實相)은 중생들이 관념적(觀念的)으로 알고 말하는 실상(實相)이 아니라 진리를 깨달았을 때 나타나는 영원한 생명을 말합니다.

   오늘날 불자들은 경에 기록된 진리, 즉 부처님의 말씀을 실상(實相)으로 알고 있습니다. 그런데 부처님의 말씀이라 해도 그 안에 생명이 없다면 진정한 실상이라 할 수가 없습니다. 때문에 부처님은 종이에 기록된 말씀을 실상(實相)이라 하지 않으시고 오직 살아계신 부처님의 입에서 나오는 말씀을 실상(實相)이라 말씀하시는 것입니다.

   때문에 수보리가 부처님에게 어떤 사람이 이 경(經)을 얻어 듣고 마음이 깨끗해지면 실상(實相)을 낼 것이며 희유(稀有)한 공덕을 성취할 것이라고 말씀드리는데 여래는 그렇게 얻는 실상은 실상이 아니라 이름만 실상이라는 것입니다. 즉 실상은 경을 얻어 듣는다고 나타나는 것이 아니라 살아계신 부처님의 입에서 나오는 말씀을 직접 들을 때 실상으로 나타나 희유한 공덕을 성취하게 된다는 뜻입니다.

　　수보리가 말하는 희유(稀有)한 공덕(功德)은 이 세상에서 얻을 수 없는 공덕으로 반야(般若)로부터 나타나는 진리, 즉 부처님의 생명을 말하고 있습니다.

　(3) 世尊 我今得聞如是經典 信解受持 不足爲難 若當來世 後五百歲 其有衆生 得聞是經 信解受持 是人 卽爲第一稀有 何以故 此人 無我相 無人相 無衆生相 無壽者相 所以者何 我相 卽是非相 人相 衆生相 壽者相 卽是非相 何以故 離一切諸相 卽名諸佛 佛告須菩提 如是如是

　세존이시여, 제가 지금 이 경전을 얻어 듣고 믿어 알고 받아 지니는 것은 어렵지 않사오나 만일 이 다음 세상 오백세 뒤에 있을 중생들이 이 경을 얻어 듣고 말씀을 믿고 이해하여 받아 지니게 된다면 그 사람은 곧 제일 희유한 사람이 될 것입니다. 왜냐하면 이 사람은 아상도 없고 인상도 없고 중생상도 없고 수자상도 없기 때문입니다. 그 까닭은 아상은 곧 상이 아니며 인상. 중생상. 수자상도 곧 상이 아니기 때문입니다. 왜냐하면 일체의 모든 상을 떠난 사람을 곧 부처라 이름 하기 때문입니다. 부처님께서 수보리에게 말씀하셨다. 옳고 옳도다.

[해설] 수보리는 부처님께 제가 지금 이 경전(經典)의 말씀을 얻어 듣고, 그대로 믿고 받아 지니는 것은 어렵지 않지만 다음 세상 오백세(五百歲) 뒤에 있을 중생들이 이 경(經)을 듣고 그대로 믿어 받아 지니게 된다면 이런 사람은 제일 희유(稀有)한 존재가 될 것이라 말씀드리고 있습니다. 왜냐하면 지금 수보리 앞에는 부처님이 계셔서 말씀을 직접 듣고 믿을 수 있어 쉽게 받아 지닐 수 있지만 오백세(五百歲) 뒤 미래세(未來世)에 있을 중생들은 이 경전(經典)을 얻어서 듣고 그대로 믿어 받아 지닌다는 것은 결코 쉬운 일이 아니기 때문입니다.

그보다 부처님이 떠나가신 다음 오백세(五百歲) 뒤에 오는 미래세(未來世)에는 정법(正法)이 쇠퇴(衰退)할 시기를 말하고 있기 때문입니다. 불교에서 오백세(五百歲) 후 정법(正法)이 쇠퇴(衰退)하는 시기를 말법시대(末法時代)라고 말하는데 기독교에서는 말세(末世)라고 말하고 있습니다. 오백세대 뒤 말법시대에 정법(正法)이 쇠퇴해 간다는 것은 오류(誤謬) 없는 부처님의 말씀이 점점 변하고 부패된다는 뜻입니다. 즉 죽어가는 중생들의 영혼을 구원하고 살려야 하는 부처님의 말씀을 기복(祈福)의 말씀으로 바꾸어 불자들의 복을 빌어주는 말씀, 즉 욕심을 채워주는 말씀으로 이용한다는 뜻입니다. 부처님의 말씀은 모두 상(相)을 버리고 욕심과 탐심을 버리고 청정(淸靜)한 마음이 되어 깨달아 부처가 되라는 가르침인데 오늘날 스님들은 불자들에게 운수대통(運數大通), 만사형통(萬事亨通)의 복을 빌어주며 불자들의 욕심을 더 가중(加重)시키고 있다는 것입니다. 그러므로 이런 말법(末法)시대에 경전을 오직 부처님의 말씀으로 믿고 보고 받아들여서 행하는 사람은 제일 희유(稀有)한 사람, 즉 부처님이 될 것이라는 것입니다. 왜냐하면 말법시대에 오직 경전을 부처님의 말씀으로 믿고 들어서 희유(稀有)한 존재가 된 사람에게는 사상(四相)이 모두 떠나 상(相)이 아니며 또한 아상(我相), 인상(人相), 중생상(衆生相), 수자상(壽者相)도 없기 때문입니다. 이 말씀의 뜻은 희유(稀有)한 존재가 된 부처님은 아상(我相), 인상(人相), 중생상(衆生相), 수자상(壽者相)이 모두 초월(超越)되어 있다는 뜻입니다. 이렇게 사상(四相), 즉 아상(我相), 인상(人相), 중생상(衆生相), 수자상(壽者相)이 떠나간 부처님에게는 상(相)도 상(相)이 아니라는 것입니다. 때문에 지금 수보리는 부처님께 말법시대에 희유한 법을 성취하면 모든 상(相)을 초월(超越)한 부처님이기 때문에 설령(設令) 상(相)이 있다 해도 그 상(相)은 상(相)이 아니라고 말씀드리는 것입니다. 부처님은 이렇게 말하는 수보리에게 네가 한 말이 옳다고 하시면서 수보리를 칭찬하시는 것입니다.

　이 부분의 말씀의 이해를 돕기 위해 현장 역(玄莊 譯)을 다시 살펴보기로 하겠습니다.

[玄莊]

世尊, 我今說聞如是法門 領悟信解未爲希有 若諸有於當來世後時後分後五百歲 正法蔣滅時其分傳時 當於如是甚深法門 領悟信解受 持讀誦究竟通利

及廣爲他宣說開 示如理是作意. 當知成就最勝稀有. 何以故. 世尊. 彼諸有情無我想轉. 無有情想無命者想無士未想無補特伽羅想無意生 想無摩納 婆想無作 者想無受者想轉. 所以者何. 世尊. 諸我想卽是非想 諸有情想命者想士未想補特伽羅想意生想摩納婆想作者想受者想卽是非想. 何以故. 諸佛世尊離一切想.

세존이시여, 제가 이 법문이 설해질 때 이해하고 확신을 가지는 것은 어려운 것이 아닙니다. 그러나 어떤 중생들이 있어서 미래세의 후오백세에 정법이 쇠퇴할 시기가 되었을 때에 이 법문을 완전히 갖추어 마음에 간직하고 독송하고 이해하고 남들에게 자세히 설명해준다면 그들은 최고의 경이로움을 갖춘 자들이 될 것입니다. 그러나 참으로 다시 세존이시여, 이들에게는 자아라는 산냐가 생겨나지 않을 것이며 중생이라는 산냐도 영혼이라는 산냐도 개아라는 산냐도 생겨나지 않을 것입니다.

그들에게는 어떠한 산냐도 산냐 아님도 생겨나지 않을 것입니다. 그것은 무슨 이유에서인가 하면 세존이시여, 자아라는 산냐 그것은 참으로 산냐가 아니요 중생이라는 산냐, 영혼이라는 산냐, 개아라는 산냐 그것도 참으로 산냐가 아니기 때문입니다. 그것은 무슨 이유에서인가 하면 불세존들께서는 일체의 산냐를 멀리 여읜 자들이기 때문입니다.

[해설] 상기의 현장 역(玄莊 譯)을 보면 구마라집(鳩摩羅什)과 다소 차이가 있습니다. 현장은 앞으로 오백세(五百歲) 이후에는 정법(正法)이 쇠퇴(衰退)하는 시기가 온다고 말씀하고 있습니다. 이 말씀은 부처님께서 천리안(千里眼)으로 오백세후에 일어날 일들을 미리 예언하신 것입니다. 이 예언의 말씀과 같이 오늘날 불교는 정법(正法)보다 불교의 교리(敎理)나 제도(制度)를 더 중시하고 있습니다. 왜냐하면 오늘날 불자들은 신행생활(信行生活)을 부처님의 말씀보다 불교의 교리(敎理)나 제도(制度)를 중심으로 하고 있기 때문입니다. 때문에 오늘날 불자들은 부처님의 정법

(正法)은 외면을 하고 불교의 교리와 불교의 의식에 따라 신행생활(信行生活)을 하고 있는 것입니다.

불자들의 신행생활은 부처님께 절을 올리는 것, 공양(供養)을 올리는 것, 참선(參禪)을 하는 것, 법문(法門)을 듣는 것, 탑(塔) 주위를 도는 것, 방생(放生)을 하는 것, 가난한 이웃들에게 보시(布施)를 하는 것, 석가탄일(釋迦誕日)에 등을 밝히는 것 등인데 이 모든 행위가 모두 정법(正法)을 깨달아 해탈(解脫)을 하기 위함이 아니라 기복(祈福), 즉 자신의 가정이 만사형통(萬事亨通)하며 하는 일들이 운수대통(運數大通)하기를 바라는 욕심으로 하고 있는 것입니다.

이러한 말법시대(末法時代)에 오직 부처님의 법문(法門)만을 믿고 마음에 간직하고 독송(讀誦)하며 이해하여 남들에게 자세히 설명해 주는 자는 최고의 경이로움을 갖추어 부처가 된다는 것입니다. 이렇게 깨달아 부처가 된 자는 자아(自我)라는 관념(觀念)이 생겨나지 않으며 중생(衆生)이라는 관념도 영혼(靈魂)이라는 관념도 개아(個我)라는 관념도 생겨나지 않는다는 것입니다.

또한 이들에게는 어떠한 관념(觀念)이나 관념(觀念)이 아님도 생겨나지 않는다는 것입니다. 이렇게 최고의 경이로움을 갖춘 부처님들은 모든 것이 초월(超越)된 반야(般若)의 영원한 생명이기 때문에 그 안에는 자아(自我)라는 관념이나 중생(衆生)이라는 관념이나, 영혼(靈魂)이라는 관념이나, 개아(個我)라는 관념이 존재하지 않는 것입니다.

왜냐하면 모든 상(相)은 자아(自我)가 있을 때 존재하는 것인데 부처님은 자아(自我)가 모두 소멸되어 무아(無我)가 된 상태에서 해탈(解脫)을 하셨기 때문에 그 안에 상(相)이 존재할 수가 없고 또한 생겨날 수도 없는 것입니다.

(4) 若復有人 得聞是經 不驚不怖不畏 當知是人 甚爲稀有 何以故 須菩提 如來說第一波羅蜜 卽非第一波羅蜜 是名第一波羅蜜

만일 또 어떤 사람이 있어 이 경을 듣고 놀라지 아니하며 겁내지 아니하고 두려워하지 아니하면 마땅히 알라 이 사람은 참으로 희유한 사람이니라. 어찌 그런가 하면 수보리야, 여래가 말한 제일바라밀은 곧 제일바라밀이 아니라 다만 그 이름이 제일바라밀이기 때문이다.

[해설] 부처님은 수보리의 말을 들으시고 수보리에게 네

가 한 말이 옳다고 칭찬을 하시면서 만일 어떤 사람이 이러한 정법(正法), 즉 살아계신 부처님의 말씀을 듣고 놀라지 않고 겁내지 않고 두려워하지 않는 사람이 있다면 이런 사람은 참으로 희유(稀有)한 사람이 될 것이라고 말씀하시는 것입니다. 왜냐하면 정법(正法)이 쇠퇴(衰退)하고 교리와 기복신앙(祈福信仰)이 난무(亂舞)하는 시대에 정법(正法), 즉 오늘날 살아계신 생불(生佛)이 전하는 말씀을 듣고 놀라지 않고 두려워하지 않고 받아들이는 사람이 있다면 이는 매우 희유(稀有)한 사람이기 때문입니다. 그런데 오늘날 불자들에게 지금 생불(生佛)이 존재하고 있다고 말하면 기뻐하고 놀라는 것이 아니라 오히려 두려워하고 겁을 내며 경계를 하고 있는 실정입니다.

그러므로 오늘날 살아계신 생불(生佛)을 믿고 그 입에서 나오는 말씀을 듣고 놀라지 않고 겁내지도 않고 즐겁게 받아들이는 사람이 있다면 그는 참으로 희유(稀有)한 사람이며 곧 깨달아 부처가 될 사람이라고 말씀하고 있는 것입니다. 문제는 오늘날 생불(生佛)을 찾아보기도 힘들지만 설령 생불(生佛)이 지금 계신다 해도 생불로 인정하거나 믿는 불자들이 전혀 없다는 것입니다. 그 이유는 불자들이 지금까지 전통적으로 내려오는 불교의 교리(敎理)나 제도(制度)

를 통해서 듣고 알고 있는 형상화(形象化)된 부처님은 모두 잘 알고 있으나 부처님께서 경(經)을 통해서 말씀하신 진정한 부처님은 모르기 때문입니다.

불자들은 오늘날 살아계신 생불(生佛)이 존재한다는 그 자체를 인정하지 않을 뿐만 아니라 오히려 이단(異端)시하며 배척을 하고 있는 것입니다. 그러나 부처님은 삼세(三世)의 제불(諸佛)로 예전이나 오늘이나 미래에도 영원토록 불자들 주변에 항상 계시다는 것을 알아야 합니다. 단지 오늘날 불자들이 혜안(慧眼)이 없어서 지금 이 시대에 오셔서 계신 생불(生佛)을 보지 못하고 있을 뿐입니다.

이어서 부처님은 여래(如來)가 설한 제일의 바라밀(波羅蜜)은 진정한 제일의 바라밀(波羅蜜)이 아니라 이름만 제일 바라밀(波羅蜜)이라고 말씀하고 계십니다. 여래께서 이렇게 말씀하시는 뜻은 지금 너희가 지식적(知識的)으로 알고 있는 바라밀은 진정한 제일 바라밀이 아니며 이름만 제일 바라밀이라는 의미입니다. 즉 너희가 지금 불교의 교리나 스님들을 통해서 보고 듣고 가르침을 받는 바라밀은 진정한 바라밀이 아니며 오늘날 살아계신 부처님의 입에서 나오는 말씀만이 진정한 제일바라밀이라는 뜻입니다. 이렇게 진정한 제일의 바라밀(波羅蜜)은 너희가 생불(生佛)의 가르침을 받아 진리를 깨닫고 부처가 되었을 때 혜안(慧眼), 즉 지혜(智慧)의 눈으로 보고 아는 바라밀이 곧 진정한 제일바라밀(第一波羅蜜)이라 말씀하시는 것입니다.

(5) 須菩提 忍辱波羅蜜 如來說非忍辱波羅蜜 是名忍辱波羅蜜 何以故 須菩提 如我昔爲歌利王 割截身體 我於爾時 無我相 無人相 無衆生相 無壽者相 何以故 我於 往昔節節支解時 若有 我相 人相 衆生相 壽者相 應生瞋恨

수보리야 인욕바라밀도 여래가 설한 인욕바라밀이 아니며 그 이름이 인욕바라밀이니라. 왜냐하면 수보리야 내가 전생에 가리왕(歌利王)에게 몸을 베이고 잘릴 그 때에 내가 아상이 없고, 인상이 없고, 중생상이 없고, 수자상이 없었느니라. 무슨 까닭이냐 하면, 내 몸의 마디마디와 사지를 찢길 때 만약 아상 인상 중생상 수자상이 있었다면 마땅히 성을 내고 원망하는 마음을 내었을 것이다.

[해설] 이어서 부처님은 수보리에게 여래가 설한 인욕바라밀(忍辱波羅蜜)도 진정한 인욕바라밀이 아니며 이름만 인욕바라밀이라 말씀하십니다. 이 말은 지금 너희가 불교

나 스님의 가르침을 통해서 지식적으로 듣고 보고 알고 있는 인욕바라밀(忍辱波羅蜜)은 이름뿐이며 진정한 인욕바라밀(忍辱波羅蜜)이 아니라는 뜻입니다.

부처님은 수보리에게 지금 너희가 알고 있는 인욕바라밀(忍辱波羅蜜)은 진정한 인욕바라밀이 아니라는 것을 전생에 인욕선인(忍辱仙人)으로 있을 때 일어났던 일들을 통해서 설명하고 있습니다.

부처님께서 옛날 가리왕(歌利王)에게 몸을 마디마디 잘리고 찢길 때에 성을 내거나 원망하는 마음이 없었던 것은 나에게 아상(我相)이 없고, 인상(人相)이 없고, 중생상(衆生相)이 없고, 수자상(壽者相)이 없었기 때문이었다는 것입니다. 만일 당시에 부처님에게 아상(我相)이나, 인상(人相)이나, 중생상(衆生相)이나, 수자상(壽者相)이 조금이라도 남아 있었다면 마땅히 성을 내고 원망하는 마음이 생겼을 것입니다. 이 말은 부처님께서 전생에 가리왕에게 몸을 잘리고 찢길 때 성을 내지 않고 원망하는 마음을 내지 않았던 것은 참고 인내하는 마음이 있었기 때문이 아니라 사상(四相), 즉 아상(我相)과 인상(人相)과 중생상(衆生相)과 수자상(壽者相)이 없었기 때문이라는 것입니다.

이 말씀은 성내고 남을 원망하는 것은 사상(四相)이 존재하기 때문이며 사상(四相)이 존재한다는 것은 곧 자아(自我)가 존재하기 때문이라는 것입니다. 즉 부처님께서 가리왕에게 성을 내지 않고 원망하지 않은 것은 인내심이 많아서가 아니라 부처님 안에 사상(四相)이 없었기 때문이라는 것입니다. 이렇게 사상(四相)을 버리고 자아(自我)가 무아(無我)가 된 사람은 성을 내거나 원망을 할 그 자체(自體)가 없다는 것입니다.

이렇게 인욕바라밀(忍辱波羅蜜)을 행할 수 있는 사람은 고통이나 괴로움을 잘 참는 사람이 아니라 사상(四相)을 버리고 무아(無我)가 된 부처님만이 행할 수 있다는 뜻입니다.

(6) 須菩提 又念過去 於五百世 作忍辱仙人 於爾所世 無我相 無人相 無衆生相 無壽者相 是故 須菩提 菩薩 應離一切相 發阿耨多羅三藐三菩提心 不應住色生心 不應住聲香味觸法生心 應生無所住心 若心有住 卽爲非住 是故 佛說菩薩心 不應住色布施

수보리야 또 과거 오백세(世)동안 인욕선인(忍辱仙人)이 되었을 때를 생각하니 그 세상에서도 아상이 없고 인상이 없고 중생상이 없고 수자상이 없었느니라. 그러므로 수보리야, 보살은 마땅히 일체상(一切相)을 떠나 아뇩다라삼먁삼보리의 마음을 낼 것이니, 마땅히 형상(形象)에 머물러서 마음을 내지 말고 소리와 냄새와 맛과 닿는 것과 법(法)에 머물러서 마음을 내지 말고 응당 마음에 머무름이 없이 마음을 낼지니라. 그러면 만약 마음에 머무름이 있어도 그것은 머무름이 아니 되느니라. 그러므로 부처님께서 보살의 마음은 마땅히 형색(形色)에 머물지 말고 보시하라 말씀하셨느니라.

[해설] 부처님은 수보리에게 또 내가 생각을 해보니, 과거 오백세(世)에 인욕선인(忍辱仙人)이 되었을 때에도 아상(我相)이 없고 인상(人相)이 없고 중생상(衆生相)이 없고 수자상(壽者相)이 없었다고 말씀하십니다. 이 말씀은 부처님께서 이 생에 태어나기 오백세전에 인욕선인(忍辱仙人)으로 계셨으며 그때 이미 사상(四相)이 없었다는 뜻입니다. 인욕선인(忍辱仙人)이란 사상(四相)을 모두 여윈 상태에서 참고 견디는 선인으로 인내를 설파(說破)하는 선인(仙人)을 말합니다.

　　부처님은 지금 수보리에게 보살들은 마땅히 일체상(一切相), 즉 아상(我相), 인상(人相), 중생상(衆生相), 수자상(壽者相)을 모두 버리고 아뇩다라삼먁삼보리(阿耨多羅三邈三菩提)의 마음을 내야하며 또한 형색(形色)에 머물러서 마음을 내지 말고 소리와 냄새와 맛과 닿는 것과 법(法)에 머물러서 마음을 내지 말라고 말씀을 하십니다. 즉 보살들은 모든 상(相), 즉 모든 고정관념(固定觀念)을 버리고 아뇩다라삼먁삼보리(阿耨多羅三邈三菩提)에 마음을 집중해야 하며 육경(六境)인 색성향미촉법에도 집착(執着)하지 말라는 것입니다. 그러면 설령 마음에 머무름(집착)이 있다 해도 머무름이 되지 않는다고 말씀하십니다. 이 말씀은 보살이 사상(四相)을 모두 버리면 마음에 집착(執着), 즉 욕심도 없어진다는 뜻입니다.

그러므로 부처님께서 인욕선인으로 계셨던 것처럼 사상(四相)과 세상의 미련을 모두 버리고 마음을 형색(形色), 즉 보이는 형상이나 물질에 집착(執着)하지 말고 보시(布施)하라고 말씀하시는 것입니다. 그런데 만일 마음을 육경(六境)인 색성향미촉법에 집착(執着) 하여 보시를 한다면 그것은 진정한 보시가 아니라는 것입니다. 즉 진정한 보살이라면 사상(四相)을 버리고 욕심도 버리고 순수한 마음으로 무주상보시(無住相布施)를 하라는 뜻입니다.

(7) 須菩提 菩薩 爲利益一切衆生 應如是布施 如來說一切諸相 卽是非相 又說一切衆生 卽非衆生 須菩提 如來 是眞語者 實

語者 如語者 不誑語者 不異語者 須菩提 如來所得法 此法 無實無虛

　수보리야 보살은 일체 중생을 이롭게 하기 위해 응당 이와 같이 보시하나니 여래가 말씀한 일체 모든 상이 곧 상이 아니며 또 일체 중생이라 말한 것도 곧 중생이 아니니라.
　수보리야 여래는 진리를 말하는 이며, 진실을 말하는 이며, 그대로 말하는 이며, 속이는 말을 하지 않는 이며, 다른 말을 하지 않는 이니라. 수보리야 여래가 얻어 소유하고 있는 이 법은 실다움도 없고, 허망함도 없느니라.

　[해설] 이어서 부처님은 수보리에게 진정한 보살(菩薩)은 일체 중생을 이롭게 하기 위하여 상(相)이나 색(色)에 머물지 않고 보시(布施)를 한다고 말씀을 하십니다. 이 말은 보살(菩薩)들이 중생들에게 보시(布施)를 할 때 아무런 생각이나 조건 없이 무주상보시(無主相布施)를 하라는 말씀입니다. 이렇게 여래(如來)가 말씀한 일체의 모든 상(相)은 상(相)이 아니며 또한 일체 중생이라 말씀하신 것도 중생이 아니라고 말씀하십니다. 이 말씀은 여래께서 중생들이 소유하고 있는 상(相)은 진정한 실상(實相)이 아니며 또한 모

든 중생(衆生)들도 모두 동일한 중생이 아니라고 말씀하신 다는 뜻입니다. 왜냐하면 중생들이 가지고 있는 상(相)은 모두 안개와 같이 없어질 상(相)이며 중생들도 다 같은 중생이 아니라 상태와 차원에 따라 모두 다르기 때문입니다.

이어서 부처님은 수보리에게 여래는 진리를 말하는 이며, 진실을 말하는 이며, 사실을 그대로 말하는 이며, 속이지 않는 말을 하는 이며, 다르지 않는 말을 하는 이라고 말씀하십니다. 부처님의 이 말씀은 여래(如來)는 진리로서 진실만을 말하며 거짓을 말하지 않는다는 뜻입니다. 왜냐하면 여래가 소유하고 있는 법(말씀)은 참도 없고 거짓도 없기 때문이라는 것입니다. 즉 여래(如來)가 소유하고 있는 말씀은 중생들이 알고 있는 선악(善惡)차원의 말씀이 아니며 참도 거짓도 초월(超越)한 진실이며 진리(眞理) 그 자체라는 것입니다.

중생들은 영원히 변하지 않는 것을 진리라 말합니다. 그런데 진리도 그 안에 죽은 영혼을 살릴 수 있는 생명이 없다면 진리라 할 수 없습니다. 부처님의 말씀이 곧 진리라는 것은 부처님의 말씀으로 죽은 영혼들을 구원하여 살리셨기 때문입니다. 부처님의 말씀으로 죽은 영혼을 구원하여 살린다는 뜻은 무명(無明)의 중생들을 제도하여 해탈시켜 부처를 만든다는 뜻입니다.

　　부처님께서 이렇게 말씀을 하시는 뜻은 성불(成佛)을 하기 위해 수행하는 불자들은 거짓말이나 불의(不義)한 행동을 하지 말고 진실한 마음과 올바른 생각을 가지고 오직 진리에 따라 진실만을 말하고 올바르게 행동을 하라는 것입니다.

　(8) 須菩提 若菩薩 心住於法 而行布施 如人入闇 卽無所見 若菩薩 心不住法 而行布施 如人有目 日光明照 見種種色 須菩提 當來之世 若有善男子善女人 能於此經 受持讀誦 卽爲如來 以佛智慧 悉知是人 悉見是人 皆得成就無量無邊功德.

　수보리야 만약 보살이 법에 머물러서[執着] 보시한다면 이 사람은 어둠에 들어가 보지 못하는 것과 같고 만일 보살이 마음을 법에 머물지 않고 보시하면, 이 사람은 눈이 있어서 햇빛 아래서 여러 가지를 보는 것과 같으니라. 수보리야 장차 오는 세상에 만약 선남자 선여인이 능히 이 경을 받아 지니고, 읽고 외우면 곧 여래가 부처님의 지혜로 이 사람을 다 알고 이 사람을 모두 보나니 모두 헤아릴 수 없고 더할 나위 없는 공덕을 성취하게 되리라.

[해설] 이어서 부처님은 수보리에게 만일 보살(菩薩)이 마음을 법(法)에 머물러 보시(布施)하는 것은 어두운데 있는 사람이 물건을 보지 못하는 것 같고 만일 보살이 마음을 법(法)에 머무르지 않고 보시(布施)하면, 눈 밝은 사람이 햇빛 아래서 여러 가지 빛을 보는 것과 같다고 말씀하십니다. 부처님께서 마음을 법에 머물러서 보시를 한다는 것은 법에 집착(執着)을 해서 보시를 한다는 말입니다. 부처님의 법(法)은 대략 "옳은 것은 하라" 그리고 "그릇된 것은 하지 말라"는 말씀으로 양분 되어 있습니다. 그런데 옳은 일도 하라는 말에 집착을 해서 한다면 안 된다는 것입니다.

이와 같이 부처님의 말씀에 따라 보시 한다 해도 말씀에 집착(執着)을 하거나 욕심을 가지고 보시를 하면 안 된다는 말씀입니다. 부처님께서 계속해서 보시(布施)에 대하여 말씀하고 있는 것은 보시의 중요성과 불자들이 하는 보시가 얼마나 잘못되었다는 것을 일깨워 주려는 것입니다. 그러므로 보살(菩薩)이 스님이나 어려운 이웃을 위해 보시(布施)를 행할 때 어떠한 조건이나 욕심 없이 순수하고 진실한 마음으로 보시를 하라는 것입니다.

만일 조금이라도 마음 안에 욕심이나 어떠한 조건을 가지고 보시(布施)를 한다면 아무런 소용이 없다는 것입니다. 보시(布施)를 행할 때 욕심이나 어떠한 조건이 따르는 것은 모두 자아(自我)가 있고 그 안에 욕심이 있기 때문입니다. 즉 부처님전이나 스님들을 위해서 혹은 가난한 이웃을 위해서 보시(布施)를 행할 때 내가 보시를 행함으로 복을 받을 수 있다는 욕심이나 생각을 가지고 하면 안 된다는 것입니다. 욕심은 자아(自我)라는 내가 있기 때문에 나타나는 것이며 만일 내가 없다면 욕심을 부릴 수도 없고 어떤 조건을 제시 할 수도 없습니다.

이 때문에 보시(布施)를 행할 때 자아(自我)를 버리고 무아(無我)의 상태로 보시를 하라는 말씀입니다. 이어서 부처님은 수보리에게 만일 선남, 선여인이 장차 오는 세상(來生)에 이 경(經)의 말씀을 받아 지니고, 읽고 외우면 한량없고 더할 나위없는 공덕(功德)을 이룩할 것이며 여래는 부처님의 지혜(智慧)로 이들을 다 알고 보고 계신다는 말씀입니다. 이 문구(文句)는 좀 문제가 있다고 생각합니다. 왜냐하면 선남자 선여인들이 경(經)의 말씀을 받아 지니고 읽고 외우는 것은 현생에서 해야 할 일이며 장차오는 내생에 할 일이 아니기 때문입니다.

그런데 당래지세(當來之世), 즉 장차오는 세상이라는 문구나 단어가 구라마집에만 기록되어있고 현장 역(玄莊 譯)

이나 산스크리트 원문에는 없다는 것입니다. 그러므로 본문은 현장 역(玄奘 譯)을 참고하여 살펴보기로 하겠습니다.

(玄奘譯)
復次善現 若善男子善女人 於此法門受持讀誦究竟通利 及廣爲他宣說開示如理作意則爲如來 以其佛智悉知是人 則爲如來 以其佛眼 悉見是人 則爲如來悉覺是人 如是有情一切當生無量福聚

그런데 참으로 다시 수보리야 만약 선남자 선여인이 이 법문을 받아서 간직하고 독송하여 깨달아 다른 사람들을 위해 법문의 뜻을 자세히 설명해 준다면 여래는 부처의 지혜로 그들을 모두 안다. 여래는 부처의 눈으로 그들을 모두 본다. 여래는 그들이 깨닫는 것을 모두 알고 있다. 그러므로 그들은 모두 현생에서 측량할 수 없고 헤아릴 수 없는 복덕을 얻게 될 것이다.

[해설] 부처님은 이어서 수보리에게 만약 선남자 선여인이 이 말씀을 듣고 마음에 깊이 간직하고 날마다 독송(讀誦)하여 말씀을 깨달은 후 주변에 있는 무명(無明)의 중생들에게 날마다 부처님의 말씀을 가르치고 자세히 설명해 주는 일을 행한다면 여래는 부처님의 지혜(智慧)와 혜안(慧

眼)으로 그들이 하는 일을 모두 보고 알고 있다는 것입니다. 그리고 여래는 그들이 날마다 무명의 중생들에게 말씀을 가르치면서 그들이 깨달아가는 것을 모두 보고 알고 있다는 것입니다. 이렇게 선남자 선여인이 경의 말씀을 받아지니고 자신을 위해 자리(自利)를 행하고 남들을 위해 이타(利他)를 열심히 행하기 때문에 그들은 현생에서 측량할 수 없고 헤아릴 수 없는 복을 받게 된다는 것입니다.

부처님께서 말씀하시는 측량할 수 없고 헤아릴 수 없는 복은 세상의 복이 아니라 하늘의 복, 즉 부처님의 생명을 받는 복이며 부처가 되는 복입니다. 그러므로 오늘날 불자들도 모두 선남자와 선여인과 같이 부처님의 말씀을 듣고 마음에 담고 날마다 독송(讀誦)하면서 날마다 깨달아야 합니다. 만일 부처님의 말씀을 조금이라도 깨달아 알게 된다면 깨달은 말씀을 가지고 이웃에 있는 중생들을 가르치고 깨닫게 해야 합니다. 그러면 언제인가는 반드시 부처님의 말씀으로 해탈(解脫)되어 부처가 될 것입니다.

이것이 바로 부처님의 뜻이며 부처님께서 말씀하시는 자리(自利)와 이타(利他)입니다.

15) 지경공덕분(持經功德分)

경을 지니는 공덕

15. 지경공덕분(持經功德分):
경을 지니는 공덕

　　須菩提 若有善男子善女人 初日分 以恒河沙等身 布施 中日分 復以恒河沙等身 布施 後日分 亦以恒河沙等身 布施 如是無量百千萬億劫 以身布施 若復有人 聞此經典 信心不逆 其福 勝彼 何況書寫受持讀誦 爲人解說 須菩提 以要言之 是經 有不可思議 不可稱量 無邊功德 如來爲發大乘者說 爲發最上乘者說 若有人 能受持讀誦 廣爲人說 如來 悉知是人 悉見是人 皆得成就不可量 不可稱 無有邊 不可思議功德 如是人等 卽爲荷擔 如來 阿耨多羅三藐三菩提 何以故 須菩提 若樂小法者 着我見 人見 衆生見 壽者見 卽於此經 不能聽受讀誦 爲人解說 須菩提 在在處處 若有此經 一切世間 天人 阿修羅 所應供養 當知此處 卽爲是塔 皆應恭敬 作禮圍繞 以諸華香 而散其處.

　　[번역] 수보리야 어떤 선남자 선여인이 아침에 항하의 모래수와 같은 몸으로 보시하고 낮에도 항하의 모래수와 같은 몸으로 보시하고 저녁에도 항하의 모래수와 같은 몸으로 보시하며 이와 같이 한량없는 백천만억겁의 세월동안 몸으로써 보시

하여도 만약 다시 어떤 사람이 이 경전을 듣고 믿는 마음으로 거역하지 않는다면 그 복이 저 복보다 수승하거늘 하물며 이 경을 쓰고 받아 지니고 읽고 외우고 남에게 설명해주는 사람이겠느냐? 수보리야 중요한 뜻을 말하건대 이 경은 실로 불가사의하여 측량할 수 없고 헤아릴 수 없는 공덕이 있느니라. 그러므로 여래는 대승의 마음을 낸 이를 위하여 이 경을 설한 것이며 최상승의 마음을 낸 이를 위하여 이 경을 설했느니라. 만약 어떤 사람이 능히 이 경전을 받아 지니고 읽고 외워서 주변에 있는 사람들에게 설명해준다면 여래는 그 사람을 모두 알고 보나니 그 사람은 한량없고 측량할 수도 없는 불가사의한 공덕을 성취하게 되리라. 이런 사람들은 곧 여래의 도움으로 아뇩다라삼먁삼보리를 깨닫게 되리라. 왜냐하면 수보리야 소승법을 즐기는 자는 아상, 인상, 중생상, 수자상에 집착함으로 이 경을 듣지도 못하고 읽고 외우지도 못하고 남에게 능히 설명해주지 못하기 때문이니라. 수보리야 어느 곳이나 이 경이 있는 곳이면 온갖 세상 사람과 하늘의 사람과 아수라들이 공양을 올리리니 그 곳은 곧 부처님의 탑이 되어 모두가 응당 공경하며 예배를 드리며 둘레를 돌면서 온갖 꽃과 향을 그곳에 뿌리게 되리라.

(1) 須菩提 若有善男子善女人 初日分 以恒河沙等身 布施 中日分 復以恒河沙等身 布施 後日分 亦以恒河沙等身 布施 如是無量百千萬億劫 以身布施 若復有人 聞此經典 信心不逆 其福勝彼 何況書寫受持讀誦 爲人解說

수보리야 어떤 선남자 선여인이 아침에 항하의 모래수와 같은 몸으로 보시하고 낮에도 항하의 모래수와 같은 몸으로 보시하고 저녁에도 항하의 모래수와 같은 몸으로 보시하며 이와 같이 한량없는 백천만억겁의 세월동안 몸으로써 보시하여도 만약 다시 어떤 사람이 이 경전을 듣고 믿는 마음으로 거역하지 않는다면 그 복이 저 복보다 수승하거늘 하물며 이 경을 쓰고 받아 지니고 읽고 외우고 남에게 설명 해주는 사람이겠느냐?

[해설] 지경공덕분(持經功德分)이란 부처님의 말씀을 지니는 공덕이 얼마나 크고 소중하다는 것을 알려주는 말씀입니다. 중생들은 세상의 재물이나 권세 혹은 명예를 소중히 여기며 그것들을 잡으려고 많은 노력을 하고 있습니다. 그러나 부처님은 세상의 부귀영화(富貴榮華)를 소유하는 것보다 부처님의 말씀을 받아 지니는 것이 더 소중하고 가

치(價値)가 있다고 말씀하고 있습니다.

　부처님은 수보리에게 몸으로 보시(布施)하는 자의 복덕(福德)과 경전(經典)을 듣고 마음으로 믿는 자가 받는 복덕에 대해서 말씀하고 계십니다. 어떤 선남자나 선여인이 항하(恒河)의 모래수와 같은 몸으로 아침에도 보시를 하고 점심에도 보시를 하고 저녁에도 보시(布施)를 하며 이와 같은 방법으로 백천만억겁 동안 온 몸으로 보시를 한다하여도 이 경전(經典)의 말씀을 듣고 믿는 마음이 생겨 이 경전을 인정하고 비방하지 않는 사람이 받는 복덕(福德)은 항하의 모래수와 같은 몸으로 보시한 사람이 받는 복덕보다 더 많다고 말씀하고 있습니다.

　이 말씀은 불자들이 물질로 하는 보시보다 부처님의 말씀을 듣고 믿어 마음에 받아 지니는 것이 얼마나 소중하고 가치가 있다는 것을 가르쳐주는 것입니다. 왜냐하면 사람들에게 물질이나 몸으로 행하는 보시는 육신이 살아있을 동안만 도움을 주는 것이지만 부처님의 말씀을 듣고 마음에 지니는 것은 이 세상은 물론 내생(來生)까지 이어지는 복덕이기 때문입니다.

　그런데 하물며 이 경전(經典)의 말씀을 듣고 마음에 지녀서 다른 사람에게 가르쳐 준다면 그 복덕이 얼마나 크냐는 것입니다. 물질적인 보시는 몸이 살아 있을 동안 도움을 주지만 부처님의 말씀은 영혼을 구원하고 살려서 영원한 생명을 주는 것입니다. 이 때문에 부처님은 사람이 아무리 많은 물질로 보시(布施)를 하며 선행(善行)을 한다 해도 부처님의 말씀을 듣고 지니는 것이 더 소중하며 그것보다 부처님의 말씀을 가지고 남을 가르치는 것이 더 소중하고 가치(價値)가 있다는 것을 일깨워 주는 것입니다.

(2) 須菩提 以要言之 是經 有不可思議 不可稱量 無邊功德 如來 爲發大乘者說 爲發最上乘者說

수보리야 중요한 뜻을 말하건대 이 경은 실로 불가사의하여 측량할 수 없고 헤아릴 수 없는 공덕이 있느니라. 그러므로 여래는 대승의 마음을 낸 이를 위하여 이 경을 설한 것이며 최상승의 마음을 낸 이를 위하여 이 경을 설했느니라.

[해설] 부처님은 수보리에게 내가 중요한 뜻만을 네게 말한다고 하시면서 이 경(經)은 불가사의한 말씀으로 사람이 측량(測量)할 수 없는 무한(無限)한 공덕(功德)이 있다고 말씀하십니다. 때문에 오늘날 불자들은 헤아릴 수 없는 공덕

(功德)을 쌓기 위해 부처님의 말씀이 기록된 경전(經典)을 날마다 수십번 혹은 수백번씩 보며 독송(讀誦)하고 있는 것입니다. 이렇게 불자들은 공덕(功德)이 있다거나 복을 받을 수 있다면 경을 날 새는 줄도 모르고 독송을 하고 절을 하라면 수십번 수백번씩 절을 하며 공양(供養)을 하라면 온갖 정성을 다해 공양을 하고 보시(布施)를 하라면 열심히 보시를 하고 있습니다. 그러나 이렇게 복을 받으려 하거나 공덕을 쌓기 위해 욕심으로 하는 일들은 오히려 업장(業障)을 쌓는 것입니다. 그러면 수보리에게 이경의 말씀이 말할 수도 없고 생각할 수도 없고 측량할 수도 없이 많은 공덕이 있다고 하신 말씀은 무슨 뜻으로 하신 것일까요?

　오늘날 불자들은 부처님이 하신말씀을 사람들이 기록해놓은 문서를 책으로 만든 것을 경(經)이라 말하고 있습니다. 그런데 불자들이 보는 경(經)은 부처님이 계셨기 때문에 부처님의 말씀에 의해서 나타난 것이며 부처님이 없었다면 경도 없었다는 것입니다. 그러므로 부처님의 말씀이 담겨있는 진정한 경(經), 그리고 살아 숨쉬는 경은 곧 살아계신 부처님이라는 것입니다. 결국 부처님이 말씀하시는 불가사의(不可思議)하고 헤아릴 수조차 없이 공덕(功德)이 많은 경(經)은 살아계신 부처님의 입에서 나오는 말씀을 말하고 있는 것입니다.

　그런데 문제는 불자들이 소유하고 있는 경(經)들은 소중하게 여기지만 오늘날 해탈(解脫)하여 오신 살아계신 부처님은 외면을 하고 멸시천대(蔑視賤待)를 하고 있다는 것입니다. 때문에 부처님께서 항하의 모래 수와 같은 몸으로 보시(布施)를 한 사람보다 살아계신 부처님의 말씀을 듣고 배척만 하지 않아도 받는 공덕(功德)이 몸으로 보시 한 사람보다 더 크다고 말씀하신 것입니다. 부처님께서 수보리에게 이경은 말할 수 없고 생각할 수 없고 측량(測量)할 수도 없이 수많은 공덕(功德)이 있다고 말씀하신 경(經)이 바로 살아계신 부처님의 말씀을 말하고 있는 것입니다. 또한 부처님이 말씀하시는 많은 공덕과 복덕(福德)은 중생들이 볼 수도 없고 알 수도 없고 이 세상에 존재하지도 않는 반야(般若), 즉 부처님의 생명을 말씀하고 있습니다.

　이 때문에 여래는 이러한 경(經), 즉 살아계신 부처님의 말씀은 대승(大乘)의 마음을 낸 이와 가장 높은 마음을 낸 이를 위하여 말씀한다는 것입니다. 왜냐하면 부처님의 말씀을 들을 수 있는 사람은 대승(大乘)의 마음을 가진 자와 가장 높은 마음을 가진 자, 즉 아나함(阿那含)의 차원에 이른 자들이기 때문입니다. 오늘날도 부처님을 알아보고 부처님의 말씀을 들을 수 있는 불자는 오직 수다원(須陀洹)과 사다함(斯陀含)을 거쳐 아나함(阿那含)에 이른 자들입니다.

그러므로 오늘날 불자들이 부처님을 알고 부처님의 말씀을 들으려면 수다원(須陀洹)을 거쳐 사다함(斯陀含)을 졸업하고 아나함(阿那含)으로 들어가야 합니다.

(3) 若有人 能受持讀誦 廣爲人說 如來 悉知是人 悉見是人 皆得成就 不可量不可稱 無有邊 不可思議功德 如是人等 卽爲荷擔 如來 阿耨多羅三邈三菩提 何以故 須菩提 若樂小法者 着我見 人見 衆生見 壽者見 卽於此經 不能聽受讀誦 爲人解說.

만약 어떤 사람이 능히 이 경전을 받아 지니고 읽고 외워서 주변에 있는 사람들에게 설명해준다면 여래는 그 사람을 모두 알고 보나니 그 사람은 한량없고 측량할 수도 없는 불가사의 한 공덕을 성취하게 되리라. 이런 사람들은 곧 여래의 도움으로 아뇩다라삼먁삼보리를 깨닫게 되리라. 왜냐하면 수보리야 소승법을 즐기는 자는 아상, 인상, 중생상, 수자상에 집착함으로 이 경을 듣지도 못하고 읽고 외우지도 못하고 남에게 능히 설명해주지 못하기 때문이니라.

[해설] 부처님은 수보리에게 말씀하시기를 만일 어떤 사람이 이 경전(經典)에 기록된 말씀을 읽고 외우고 마음에 지녀서 주변에 있는 사람들에게 가르쳐준다면 여래(如來)는 그 사람의 행동을 모두 보고 알고 있으며 때문에 그 사람은 자신이 행하는 일로 인해 한량없고 측량할 수도 없는 불가사의한 공덕(功德)을 성취하게 될 것이라고 말씀하고 있습니다. 여래는 이렇게 자리(自利)와 이타(利他)를 행하며 살아가는 사람들을 도와주기 때문에 무상정등정각(無上正等正覺)의 아뇩다라삼먁삼보리(阿耨多羅三邈三菩提)를 깨닫게 된다는 말씀입니다.

이어서 부처님은 수보리에게 소승법(小乘法)을 즐기는 자는 아상(我相), 인상(人相), 중생상(衆生相), 수자상(壽者相)에 집착하기 때문에 이 경을 듣지도 못하고 읽어도 외우지 못하고 남에게 설명해주지 못한다고 말씀하십니다. 소승법(小乘法)이란 소승(小乘)들이 지키며 수행하는 교법(敎法)을 말하는데 소승법(小乘法)은 후기 불교 2대 유파(流派)의 하나로 수행을 통해 자신이 해탈되라는 가르침입니다. 즉 소승법은 자리(自利), 즉 자신이 해탈되기 위하여 지키는 법을 말하며 대승법(大乘法)은 이타(利他), 즉 성불한 부처님이 이웃에 있는 중생들을 제도(濟度)하여 부처를 만들기 위해서 설(說)하는 가르침을 말합니다.

그런데 부처님은 이러한 소승법(小乘法)을 즐겨하는 사람은 자신이 가지고 있는 아상(我相), 인상(人相), 중생상(衆生相), 수자상(壽者相)에 집착하게 됨으로 이 경을 듣지도 못하고 읽어도 외우지 못하고 남에게 가르쳐주지도 못한다는 것입니다. 왜냐하면 아직 소승법을 지키고 있는 사람들은 승단에서 배우고 익힌 교법(敎法)과 각종 제도(制度)를 통해서 쌓아놓은 고정관념(固定觀念)에 사로잡혀 있어서 부처님의 말씀은 들을 수가 없고 이해할 수조차 없어서 다른 사람들에게 전해주거나 설명해 준다는 것은 불가능하기 때문입니다.

불경에 기록된 부처님의 말씀을 살펴보면 두 길이 나오는데 하나는 소승(小乘)의 길이요 또 하나는 대승(大乘)의 길입니다. 소승(小乘)의 길은 소승법(小乘法)을 즐기는 자들이 세상과 더불어 자신의 욕심을 채우기 위해서 신앙생활을 하고 있는 기복(祈福)신앙인들을 말하며 대승(大乘)의 길은 오직 부처님의 뜻을 이루기 위해 속세(俗世)를 떠나 자기 안에 자리 잡고 있는 사상(四相)을 버리고 해탈(解脫)하여 부처가 되기 위해서 열심히 정진(精進)하는 수행자들을 말하고 있습니다.

상기의 말씀은 부처님께서 오직 부처님의 뜻을 이루기 위해 대승(大乘)의 길을 가는 자들을 위해 법문(法門)을 설하셨으며 또한 이런 자들을 아시고 해탈(解脫)할 수 있도록 도와주신다는 것입니다.

(4) 須菩提 在在處處 若有此經 一切世間 天人 阿修羅 所應供養 當知此處 卽爲是塔 皆應恭敬 作禮圍繞 以諸華香 而散其處.

수보리야 어느 곳이나 이경이 있는 곳이면 온갖 세상 사람과 하늘의 사람과 아수라들이 응당 공양을 올리리니 그 곳은 곧 부처님의 탑이 되어 모두가 응당 공경하며 예배를 드리며 둘레를 돌면서 온갖 꽃과 향을 그곳에 뿌리게 되리라.

[해설] 부처님은 수보리에게 어느 곳이나 이 경(經), 곧 부처님의 말씀이 있는 곳은 어디든 하늘의 사람과 세상 사람과 아수라(阿修羅)들이 모여 공경하며 예배를 드리고 주변을 돌면서 꽃과 향을 뿌린다고 말씀하고 있습니다. 그런데 경이 있는 곳은 법당이나 서재와 같은 장소를 말하는 것이 아니라 깨달아 부처가 된 존재를 말하고 있습니다.

왜냐하면 진정한 경(經), 즉 부처님의 말씀은 성불하신 부처님 안에 있기 때문입니다. 즉 법당(法堂)이나 서재에 모셔놓은 경(經)들은 부처님을 소개하고 알 수 있도록 가교(假橋) 역할을 하는 것일 뿐 중생들을 해탈(解脫)시킬 수 있는 진정한 경이 아니기 때문입니다.

그러므로 지금도 살아계신 부처님이 계신 곳은 어느 곳이나 세상 사람과 하늘의 사람과 아수라들이 찾아와서 부처님을 공경하며 예배를 드리면서 부처님 주변을 떠나지 않고 말씀으로 변화된 자기 마음을 공양(供養)으로 드린다는 것입니다. 이렇게 부처님의 희유(稀有)한 말씀을 소유하고 있는 사람이 바로 부처님의 법당이며 부처님의 탑(塔)이라는 것입니다.

오늘날 사찰(寺刹)에 탑을 세우고 법당(法堂) 안에 금이나 돌이나 혹은 석고로 만든 부처님을 모시는 것은 희유(稀有)한 말씀을 소유한 산부처님(生佛)이 없기 때문입니다. 그러나 불교 밖에는 지금도 희유(稀有)한 말씀을 소유한 부처님이 계시다는 것을 알아야 합니다.

그런데 안타깝게도 불자들은 오늘날 생불(生佛)이 있다 해도 도외시(度外視)하며 멸시(蔑視)와 천대(賤待)까지 하고 있는 실정입니다. 이렇게 불자들이 오늘날 생불을 인정하지 않고 오히려 멸시천대(蔑視賤待)하는 것은 생불(生佛)은 오늘날 불교(佛敎)를 진정한 불교(佛敎)로 인정하지 않을 뿐만 아니라 오히려 잘못되었다고 책망(責望)을 하기 때문입니다.

    그러나 진정으로 진리를 찾아서 해탈하여 부처가 되려면 누가 무어라 해도 그리고 힘들고 어려워도 생불을 찾아서 그의 가르침을 받아야 하는 것입니다.

16) 능정업장분(能淨業障分)

능히 업장을 깨끗이 한다

16. 능정업장분(能淨業障分):
능히 업장을 깨끗이 한다

復次 須菩提 善男子善女人 受持讀誦此經 若爲人輕賤 是人 先世罪業 應墮惡道 以今世人 輕賤故 先世罪業 卽爲消滅 當得 阿耨多羅三藐三菩提 須菩提 我念 過去無量阿僧祇劫 於然燈佛 前 得値 八百四千萬億 那由他諸佛 悉皆供養承事 無空過者 若 復有人 於後末世 能受持讀誦此經 所得功德 於我所供養諸佛 功 德 百分不及一 千萬億分 乃至算數譬喻 所不能及 須菩提 若善 男子善女人 於後末世 有受持讀誦此經 所得功德 我若具說者 或 有人聞 心卽狂亂 狐疑不信 須菩提 當知 是經義 不可思議 果報 亦不可思議

[번역] 또 수보리야, 선남자 선여인이 이 경을 받아 지니고 읽고 외우면서, 만일 남에게 천대를 받게 되면, 이 사람이 전생에 지은 죄업으로 응당 악도에 떨어질 것이지만, 금세에 사람에게 천대를 받음으로써 전생의 죄업이 곧 소멸되어 반드시 아뇩다라삼먁삼보리를 얻게 되느니라. 수보리야 내가 생각해 보니 지난 세상 한량없는 아승지겁 동안 연등부처님 앞에서

팔백사천만억 나유타의 여러 부처님을 만나 모두 공양하고 받들어 섬기어 헛되이 지낸 적이 없었느니라. 만일 또 어떤 사람이 이후 말세에 능히 이 경을 받아 지니고 읽고 외우면 얻는 바 공덕은 내가 모든 부처님께 공양한 공덕으로는 백분의 일에도 미치지 못하고 천만억분 내지 산수의 비유로도 능히 미치지 못하느니라.

수보리야 만약 선남자 선여인이 이 후 말세에 이 경을 받아 지니고 읽고 외우는 공덕을 내가 모두 갖추어 말한다면 혹 어떤 사람은 이 말을 듣고 곧 마음에 광란이 일어나게 되어 의심하며 믿지 아니하리라. 수보리야, 마땅히 알라. 이 경의 뜻은 가히 생각할 수 없고, 그 과보 또한 가히 생각조차 할 수 없이 불가사의(不可思議)하니라.

[해설] 능정업장분(能淨業障分)이란 경에 기록된 부처님의 말씀은 능히 모든 업장을 깨끗이 할 수 있다는 뜻입니다. 중생들은 날마다 신(身), 구(口), 의(意)로 삼업(三業)을 지며 살아가고 있습니다. 불교에서는 열 가지 악업(惡業)과 열 가지 선업(善業)을 말하고 있습니다. 열 가지 악업은 몸으로 짓는 세 가지와 입으로 짓는 네 가지와 생각으로 짓는 세 가지 업(業)입니다.

열 가지 선업(善業)은 불자들이 지켜야 할 열 가지 선한 일, 즉 십선(十善)을 말합니다. 그런데 중생들이 지켜야 할 열 가지 선(善)은 인간의 윤리도덕(倫理道德)을 잘 지키라는 것이 아니라 부처님의 계율(戒律)을 지키라는 것입니다. 이 때문에 부처님의 계율을 지키는 것이 선(善)이요 지키지 않는 것이 바로 악(惡)인 것입니다. 이제 부처님께서 말씀하시는 열 가지 선(善)과 열 가지 악(惡)을 살펴보기로 하겠습니다.

십선(十善)

가) 산 것을 죽이지 않는 것.

나) 남의 것을 훔치지 않는 것.

다) 사음(邪淫)하지 않는 것(간음하지 않는 것)

라) 거짓말 하지 않는 것(거짓 증거하지 않는 것)

마) 상대에게 욕하지 않는 것(상대를 비방하거나 모욕하지 않는 것)

바) 선한 말을 하는 것(상대에게 도움이 되고 덕이 되는 말을 하는 것)

사) 두말 하지 않는 것(두 사람 사이를 이간하지 않는 것)

아) 탐하지 않는 것(욕심내지 않는 것)
　자) 화내지 않는 것(분내거나 혈기를 부리지 않는 것)
　차) 사견을 품지 않는 것(부정한 생각이나 잘못된 견해를 갖지 않는 것)

　십악(十惡)은 십선(十善)에 반대 되는 것으로 십선(十善)에서 하지 말라는 것을 하는 것을 말합니다.

십악(十惡)

　가) 산 것을 죽이는 것(살생하는 것)
　나) 남의 것을 훔치는 것(도둑질 하는 것)
　다) 사음(邪淫)하는 것(간음하는 것)
　라) 거짓말 하는 것(거짓을 증거 하는 것)
　마) 상대에게 욕하는 것(상대를 비방하거나 모욕하는 것)
　바) 악한 말을 하는 것(상대에게 피해가 되는 말을 하는 것)
　사) 두말하는 것(두 사람사이를 이간하는 것)
　아) 남의 것을 탐하는 것(욕심을 내는 것)
　자) 화를 내는 것(분내거나 혈기를 부리는 것)
　차) 사견을 품는 것(부정한 생각이나 잘못된 견해를 갖는 것)

상기의 열 가지 악업 가운데 가장 큰 죄악(罪惡)은 살생(殺生)이라 말합니다. 살생(殺生)이란 사람에 국한(局限)된 것이 아니라 생명이 있는 것은 어떠한 것이라도 죽이지 말라는 뜻입니다. 이 말은 살아있는 동물은 물론 식물도 죽이지 말라는 것입니다. 그런데 스님들이나 신실한 불자들은 육류(肉類)는 먹지 않으나 채소나 야채류 혹은 곡식이나 나물 종류는 마음대로 먹고 있습니다. 이러한 현상은 부처님의 뜻을 모르고 또한 부처님의 말씀을 아전인수격(我田引水格)으로 해석을 하고 있기 때문입니다.

　부처님께서 말씀하시는 살생(殺生)의 의미는 모든 생물을 죽이지 말라는 뜻이 아니라 살인(殺人), 즉 사람을 죽이지 말라는 뜻인데 살인도 사람의 육신보다 영혼(靈魂)을 죽이지 말라는 의미로 하신 말씀입니다. 왜냐하면 동물이나 사람을 죽인 죄 보다 사람의 영혼(靈魂)을 죽인 죄가 더 크기 때문입니다. 이 때문에 성경에 기록된 율법에는 살생(殺生)하지 말라가 아니라 "살인(殺人)하지 말라", 즉 사람의 영혼(靈魂)을 죽이지 말라고 기록되어 있습니다. 이렇게 사람을 죽이는 것보다 더 큰 죄는 사람의 영혼(靈魂)을 죽이는 것입니다.

　사람의 실수나 잘못으로 지은 업장(業障)들은 부처님

의 말씀을 통해서 모두 씻을 수 있지만 사람의 영혼(靈魂)을 죽인 업장(業障)은 씻을 수가 없고 그 죄 값을 모두 받아야 합니다. 사람이 이 세상을 살아가면서 제일 많이 짓는 업이 구업(口業)입니다. 구업은 남을 험담하는 것, 남을 모함하는 것, 거짓말하는 것, 저주하는 것 등 수도 없이 많이 있습니다. 이 때문에 천수경(千手經)을 독송(讀誦)할 때 정구업진언(淨口業眞言)을 먼저 하는 것입니다.

(1) 復次 須菩提 善男子善女人 受持讀誦此經 若爲人輕賤 是人 先世罪業 應墮惡道 以今世人 輕賤故 先世罪業 卽爲消滅 當得阿耨多羅三邈三菩提

또 수보리야, 선남자 선여인이 이 경을 받아 지니고 읽고 외우면서, 만일 남에게 천대를 받게 되면, 이 사람이 전생에 지은 죄업으로 응당 악도에 떨어질 것이지만, 금세에 사람에게 천대를 받음으로써 전생의 죄업이 곧 소멸되어 반드시 아뇩다라삼먁삼보리를 얻게 되느니라.

부처님은 수보리에게 선남자 선여인이 이 경(經)을 받아 지니고 읽고 외우면서, 남에게 천대(賤待)를 받는 사람은 전생(前生)에 지은 죄업(罪業)으로 응당 악도(惡道)에 떨어질 것이지만, 금세에 사람에게 천대(賤待)를 받음으로 전생(前生)의 죄업(罪業)이 곧 소멸되며 반드시 아뇩다라삼먁삼보리(阿耨多羅三邈三菩提)를 얻을 것이라고 말씀하십니다. 오늘날 이 경(經)을 읽고 외우는 사람을 보고 천대 하거나 핍박을 하는 사람은 없다고 생각합니다. 그러나 부처님의 말씀에 심취하여 날마다 경(經)을 독송(讀誦)하며 참선(參禪)을 하다가 부처님의 말씀을 깨달아 혜안(慧眼)이 열리게 되면 오늘날 부패(腐敗)한 불교를 바라보고 한숨지을 수밖에 없고 또한 불교의 잘못된 것들을 지적할 수밖에 없는 것입니다.

 그런데 이렇게 불교의 잘못된 것들을 지적하거나 부처님의 말씀 속에 감추어진 화두(話頭)의 비밀을 올바로 드러내면 곧 핍박(逼迫)을 받게 되고 이단(異端)이라고 멸시천대(蔑視賤待)를 받게 되는 것입니다. 즉 불교의 전통적인 교리(敎理)와 제도(制度)를 인정하고 불자들의 기복(祈福)신앙을 긍정(肯定)해주면 환영을 받지만 부처님의 뜻을 올바로 전하거나 불교의 잘못된 것들을 지적을 하거나 책망을 하면 배척(排斥)을 당하거나 핍박을 받게 된다는 것입니다. 부처님께서 금강경을 통해서 말씀하고 계신 핵심은 불자들이 소유하고 있는 잘 못된 산냐(samjna), 즉 잘못 의식화(意識化)된 고정관념(固定觀念)을 버리라는 것입니다. 왜냐하면 지금까지 불교의 가르침 곧 스님들을 통해서 듣고 배우고 행하고 있는 모든 것들이 부처님의 가르침에서 벗어나 있기 때문입니다. 즉 신앙생활을 하는 목적이 부처님을 위한 것이 아니라 자신을 위한 것이고 해탈(解脫)하여 부처가 되기 위한 신앙이 아니라 복을 받아서 욕심을 채우기 위한 기복(祈福)신앙이라는 것입니다.

그러므로 진리를 깨달아 혜안(慧眼)이 열리면 당연히 오늘날 잘못된 신앙을 바라보고 지적하거나 책망할 수밖에 없고 또한 불자들에게 부처님의 진정한 뜻과 올바른 길을 알려주게 되는 것입니다. 그런데 이렇게 부처님의 말씀을 올바로 전하고 해탈의 길을 올바로 알려주면 불자들이 좋아 하는 것이 아니라 오히려 배척(排斥)을 하며 핍박(逼迫)하는 것입니다.

그런데 부처님은 경(經)을 받아 지니고 날마다 독송하여 진리를 깨달은 자가 불자들을 찾아서 잘못된 신앙을 알려주고 올바른 말씀을 가르쳐서 해탈의 길로 인도하다가 배척을 당하거나 멸시(蔑視)를 받으면 전생에 지은 허다한 죄를 모두 용서 받을 수 있고 무상정등정각(無上正等正覺)

인 아뇩다라삼먁삼보리(阿耨多羅三邈三菩提)를 얻게 된다고 말씀하고 있습니다. 이것은 오늘날 진리가 메마른 말법(末法)시대에 부처님의 말씀을 깨닫기도 어렵지만 부처님의 말씀을 올바로 전하기는 더욱 어렵다는 것을 알려주시는 것입니다.

문제는 부처님의 말씀을 올바로 전하는 자들을 멸시천대(蔑視賤待)하며 핍박을 하는 자들이 타(他) 종교인이나 불신자들이 아니라 전통적(傳統的)인 교리(敎理)를 지키며 기복적(祈福的)인 신앙생활을 하고 있는 불자들이라는 것입니다. 그러므로 오늘날 불자들은 하루속히 교리(敎理)신앙과 기복(祈福)신앙에서 벗어나 부처님의 말씀으로 돌아가야 합니다.

본문을 통해서 부처님께서 오늘날 불자들에게 권면하는 말씀은 부처님의 뜻에 따라 해탈의 길을 가려면 첫째 부처님의 말씀을 열심히 독송하면서 화두(話頭)의 비밀을 알기 위해 주야로 묵상(默想)을 해야 하며 둘째는 진리를 알거나 조금이라도 깨달으면 깨달은 만큼 이웃에 있는 중생들을 가르쳐서 미혹된 길에서 구원하여 해탈의 길로 인도하라는 것입니다.

그러면 전생(前生)에 지은 악업(惡業)들이 모두 소멸(消

滅)되고 진리를 깨달아 부처가 될 수 있다는 것입니다. 즉 전생이나 현생에 자신이 지은 업장(業障)들은 주변에 있는 무명의 중생들을 올바로 가르치고 깨닫게 하여 미혹된 길에서 구해낼 때 모두 소멸(消滅)된다는 것입니다. 성경에도 이러한 말씀이 기록되어 있습니다.

내 형제들아 너희 중에 미혹하여 진리를 떠난 자를 누가 돌아서게 하면 너희가 알 것은 (그) 죄인을 미혹한 길에서 돌아서게 하는 자가 그 영혼을 사망에서 구원하며 허다한 죄를 덮을 것이니라.(야고보서 5장 19절-20절)

이와 같이 불경이나 성경의 가르침은 사람의 미혹을 받아 진리에서 떠난 자를 찾아서 구원해 내는 것이 얼마나 중요하고 가치가 있는 일이라는 것을 말씀하고 있는 것입니다.

(2) 須菩提 我念 過去無量阿僧祇劫 於然燈佛前 得值 八百四千萬億 那由他諸佛 悉皆供養承事 無空過者

수보리야 내가 생각해보니 지난 세상 한량없는 아승지겁 동안 연등부처님 앞에서 팔백사천만억 나유타의 여러 부처님을 만나 모두 공양하고 받들어 섬기어 헛되이 지낸 적이 없었느니라.

[해설] 부처님께서 수보리에게 말씀하시기를 내가 지금 생각해보니 지난 세상, 한량없는 아승지겁(阿僧祇劫) 동안 연등(燃燈)부처님 앞에서 팔백사천만억의 나유타 부처님들을 만나서 모두 공양(供養)하고 받들어 섬겼으며 허송세월을 보낸 적이 없었다고 말씀하고 있습니다. 부처님이 말씀하시는 지난세상은 전생을 말하며 아승지겁(阿僧祇劫)은 헤아릴 수 없이 수많은 겁(劫)들을 말하고 있습니다. 부처님은 과거[전생] 아승지겁(阿僧祇劫)의 세월을 지내 오면서 연등(燃燈)부처님 앞에서 팔백사천만억 나유타(那由他)의 부처님들을 만나서 그 부처님들을 모두 받들어 섬기며 공양(供養)을 하셨으며 단 하루도 허송세월을 보낸 적이 없었다는 것입니다.

오늘날 수행 불자들은 해탈을 위해 십년 혹은 이삼십년 아니면 평생을 수행하면서 당대에 성불(成佛)하여 부처가 되려고 합니다. 그런데 부처님은 성불(成佛)을 하기위해 아승지겁(阿僧祇劫) 동안을 지내오면서 팔백사천만억이나 되는 나유타의 부처님들을 섬기면서 수행을 하셨다고 말씀하고 있습니다. 이 말씀은 출가수행 불자들이 해탈하여 부처가 된다는 것이 얼마나 힘들고 어렵다는 것을 보여주고 있는 것입니다.

그러므로 오늘날 수행하는 불자들도 해탈하여 부처가 되기 위해서는 수많은 세월과 수많은 수행의 과정을 거치면서 살아계신 부처님을 정성껏 섬기고 받들면서 가르침을 받아야 하는 것입니다. 그러면 언젠가는 반드시 부처님과 같이 해탈(解脫)하여 부처가 될 날이 올 것입니다. 부처님이 말씀하고 계신 연등(燃燈)부처님은 과거세(過去世)에 출연하여 부처님에게 "너는 오는 세상에 성불할 것이며 이름은 석가모니(釋迦牟尼)라 하리라"고 예언하신 부처님을 말씀하고 있습니다.

(3) 若復有人 於後末世 能受持讀誦此經 所得功德 於我所供養諸佛功德 百分不及 一 千萬億分 乃至算數譬喻 所不能及

만일 또 어떤 사람이 이 후 말세에 능히 이 경을 받아 지니고 읽고 외우면 얻는바 공덕은 내가 모든 부처님께 공양한 공덕으로는 백분의 일에도 미치지 못하고 천만억분 내지 산수의 비유로도 능히 미치지 못하느니라.

[해설] 부처님은 수보리에게 만일 또 어떤 사람이 앞으로 다가올 말세(末世)에 능히 이 경(經)을 받아 지니고 읽고 마음에 간직하고 외어서 얻는바 공덕(功德)은 내가 전생에 모든 부처님께 공양(供養)한 공덕으로는 백분의 일이나 천분의 일, 혹은 천만억분의 일에도 미치지 못하며 산수(算數)의 비유(譬喩)로도 미칠 수 없다고 말씀하고 있습니다. 그러면 부처님이 말씀하시는 말세(末世)는 언제를 말하며 그 때는 과연 어떠한 일들이 나타나는 것일까요?

부처님께서 말씀하시는 말세(末世)는 정확무오(正確無誤)한 부처님의 말씀이 쇠퇴(衰退)해가고 부처님의 말씀을 가감(加減)하여 만든 비(非)진리(眞理)가 난무(亂舞)하는 말법(末法)시대를 말하고 있습니다. 즉 부처님의 말씀은 사라지고 스님들과 불자들의 욕심으로 인한 기복(祈福)신앙과 교리(敎理)신앙에 의식화(意識化)되어 불자들의 마음이 혼탁(混濁)하고 부패(腐敗)한 시대를 말합니다. 이렇게 말법(末法)시대는 부처님의 말씀이 없어 해탈을 위해 진리를 찾는 불자들은 부처님의 말씀이 있을 만한 곳을 찾아 방황하고 있는 것입니다. 말법시대에 일어나는 일들은 성경에도 동일하게 기록되어 있습니다.

주 여호와께서 가라사대 보라 날이 이를지라 내가 기근을 땅에 보내리니 양식이 없어 주림이 아니며 물이 없어 갈함이 아니요 여호와의 말씀을 듣지 못한 기갈이라 사람이 이 바다에서 저 바다까지 북에서 동까지 비틀거리며 여호와의 말씀을 구하려고 달려 왕래하되 얻지 못하리니 그 날에 아름다운 처녀(선여자)와 젊은 남자(선남자)가 다 갈하여 피곤하리라.
(암모스 8장 11~13절)

　　상기와 같이 부처님의 말씀이 사라진 말법(末法)세상에 이 경(經)을 만나서 지니고 독송(讀誦)하여 깨달음을 얻는다는 것은 하늘에 있는 별을 따서 오기보다 어려운 것입니다. 이 때문에 부처님께서 말법(末法) 세상에 경을 읽고 깨달은 자의 공덕(功德)은 부처님께서 수많은 전생동안 여러 부처님께 공양(供養)한 공덕(功德)보다 더 크다고 말씀하는데 그 공덕은 내가 전생에 모든 부처님께 공양한 공덕으로는 백분의 일에도 미치지 못하고 천만억분의 일에도 미치지 못하고 산수(算數)로 계산조차 하지 못할 정도로 크고 많다는 것입니다.
　　그런데 이렇게 중생들이 부패(腐敗)하고 혼탁(混濁)해진 말법(末法)시대에 이 경(經)의 말씀을 읽고 깨닫기만 하여 이렇게 큰 공덕(公德)을 받는다면 좀 모순(矛盾)이 있다고 생각합니다. 왜냐하면 부처님께서 반야심경(般若心經)을 통해서 중요하게 말씀하신 것은 자리(自利)와 이타(利他), 즉 상구보리(上求菩提)를 하여 부처가 된 자는 반드시 하화중생(下化衆生), 즉 이웃에 있는 중생들을 구원하여 부처를 만들라고 말씀하고 있기 때문입니다. 그래서 경(經)을 통해서 깨달아 부처가 된 사람은 반드시 이웃에 죽어가는 영혼들을 구원하여 부처를 만들 때 그 공덕(功德)이 헤아릴 수조차 없이 크다고 말씀하신 것으로 이해해야 합니다. 그 까닭은 부처님께서 성불(成佛)하여 부처님이 되신 후 그의 모든 삶은 오직 하화중생(下化衆生), 즉 죽어가는 영혼들을 구원하고 살려서 부처를 만드는 일을 하셨기 때문입니다.

(4) 須菩提 若善男子善女人 於後末世 有受持讀誦此經 所得功德 我若具說者 或有人聞 心卽狂亂 狐疑不信 須菩提 當知 是經義 不可思議 果報 亦不可思議.

수보리야 만약 선남자 선여인이 이 후 말세에 이 경을 받아 지니고 읽고 외우는 공덕을 내가 모두 갖추어 말한다면 혹 어떤 사람은 이 말을 듣고 곧 마음에 광란이 일어나게 되어 의심하며 믿지 아니하리라. 수보리야, 마땅히 알라. 이 경의 뜻은 가히 생각할 수 없고, 그 과보 또한 가히 생각조차 할 수 없이 불가사의(不可思議)하니라.

[해설] 부처님은 이어서 수보리에게 어떤 선남자나 선여인이 이 다음 말법세상에서 이 경을 받아 지니고 읽고 외우는 공덕을 내가 모두 말한다면 혹 어떤 사람은 이 말을 듣고 마음이 혼란스럽고 어지러워서 믿지 않을 것이라 말씀하고 있습니다. 부처님의 이 말씀의 뜻은 부처님의 말씀이 없어 듣지도 보지도 못한 말법 세상에 이렇게 위대한 부처님의 말씀을 들으면 사람들이 이해하지 못할 뿐만 아니라 생각이 혼란스러워지고 마음이 미칠 것 같은 동요가 일어난다는 뜻입니다.

왜냐하면 부처님의 말씀이 사라진 말법(末法)시대에는 비진리가 난무(亂舞)하여 불자들이나 스님들의 마음은 모두 욕심으로 부패(腐敗)해져서 부처님의 말씀은 믿지도 않고 듣지도 않고 오히려 배척(排斥)을 하기 때문입니다. 이러한 말법(末法)시대에 부처님의 말씀을 믿거나 찾거나 들으려는 사람은 마치 가뭄에 콩이 나듯이 찾아보기 힘든 것입니다. 그러므로 이러한 말세(末世)에 부처님의 말씀이 기록된 경을 보고 그 뜻을 안다는 것은 가히 생각할 수조차 없는데 만일 부처님의 말씀을 찾아서 듣고 깨닫는 사람이 있다면 그 과보(果報), 즉 그 공덕(功德)은 감히 생각조차 할 수 없이 불가사의(不可思議) 하다는 것입니다.

문제는 부처님께서 말씀하시는 말세, 즉 말법시대가 바로 오늘날 이라는 것입니다. 왜냐하면 오늘날 부처님의 말씀은 사라지고 부처님의 말씀을 가감하여 만든 비진리가 난무(亂舞)하여 불자들이 비진리를 믿고 따라가기 때문입니다. 즉 오늘날 불교는 살아계신 부처님의 말씀은 모두 배척하거나 외면을 하고 스님들이 전통적으로 내려오는 교리를 중심으로 설법하는 것을 열심히 공부하고 받아들이고 있다는 것입니다.

때문에 만일 불자들이 오늘날 생불이 전하는 말씀을 들으면 마음이 요동하고 광란이 일어나게 되는 것입니다. 그러나 오늘날 살아계신 부처님의 말씀을 듣고 마음에 광란이 일어나도 생불을 믿고 그 입에서 나오는 말씀을 들어야 구원을 받을 수 있고 영혼이 살아날 수 있는 것입니다.

17) 구경무아분(究竟無我分)

내가 없어야 구경에 이른다

17. 구경무아분(究竟無我分): 내가 없어야 구경에 이른다

爾時 須菩提 白佛言 世尊 善男子 善女人 發阿耨多羅三邈三菩提心 云何應住 云何降伏其心 佛告 須菩提 若善男子 善女人 發阿耨多羅三 邈三菩提心者 當生如是心 我應滅度 一切衆生 滅度一切衆生已 而無有一衆生 實滅度者 何以故 須菩提 若菩薩 有我相 人相 衆生相 壽者相 卽非菩薩 所以者何 須菩提 實無有法 發阿耨多羅三邈三菩提心者 須菩提 於意云何 如來 於然燈佛所 有法得 阿耨多羅三邈三菩提不 不也 世尊 如我解佛所說義 佛於然燈佛所 無有法 得阿耨多羅三邈三菩提 佛言 如是如是 須菩提 實無有法 如來得 阿耨多羅三邈三菩提 須菩提 若有法 如來 得 阿耨多羅三邈三菩提者 然燈佛 卽佛如我授記 汝於來世 當得作佛 號釋迦牟尼 以實無有法 得阿耨多羅三邈三菩提 是故 然燈佛 與我授記 作是言 汝於來世 當得作佛 號釋迦牟尼 何以故 如來者 卽諸法如義 若有人 言如來得 阿耨多羅三邈三菩提 須菩提 實無有法 佛得 阿耨多羅三邈三菩提 須菩提 如來所得 阿耨多羅三邈三菩提 於是中 無實無虛 是故 如來說一切法 皆是佛法

須菩提 所言一切法者 卽非一切法 是故 名一切法 須菩提 譬如人身長大 須菩提言 世尊 如來說人身長大 卽爲非大身 是名大身 須菩提 菩薩 亦如是 若作是言 我當滅度無量衆生 卽不名菩薩 何以故 須菩提 實無有法 名爲菩薩 是故 佛說一切法 無我 無人 無衆生 無壽者 須菩提 若菩薩 作是言 我當莊嚴佛土 是不名菩薩 何以故 如來說莊嚴佛土者 卽非莊嚴 是名莊嚴 須菩提 若菩薩 通達無我法者 如來說名 眞是菩薩.

[번역] 그때 수보리가 부처님께 말씀드렸다. 세존이시여, 선남자 선여인이 아뇩다라삼먁삼보리의 마음을 일으킨 사람은 어떻게 머물며, 어떻게 그 마음을 항복시키오리까? 부처님이 수보리에게 이르시되 선남자 선여인이 아뇩다라삼먁삼보리 마음을 일으킨 사람은 마땅히 이와 같이 마음을 낼 것이니, 내가 마땅히 일체 중생을 멸도(滅度)하리라 하여 일체 중생을 멸도 하였으되 실로 한 중생도 멸도 한 자가 없어야 하리라. 왜냐하면 수보리야 만일 보살이 아상, 인상, 중생상, 수자상이 있으면 곧 보살이 아니기 때문이다. 수보리야 무슨 까닭이냐 하면 실로 법이 없어야 아뇩다라삼먁삼보리의 마음을 일으킨 자이기 때문이다. 수보리야 너는 어떻게 생각하느냐? 여래가 연등부처님 처소에 있을 때 법이 있어서 아뇩다라삼먁삼보리를 얻

었느냐? 아닙니다. 세존이시여. 제가 부처님이 말씀하신 뜻을 알기로는 부처님께서 연등불소에 계실 때 아뇩다라삼먁삼보리를 얻을 법이 없었습니다. 부처님이 말씀하시되 참으로 그렇다 수보리야, 실로 여래에게 법이 없어서 아뇩다라삼먁삼보리를 얻은 것이니라.

　수보리야, 만약 여래가 법이 있어서 아뇩다라삼먁삼보리를 얻었다면, 연등부처님이 곧 나에게 너는 내세에 마땅히 부처가 되어 석가모니라 하는 이름을 주시지 않으셨을 것이다. 실로 법이 없는 상태에서 아뇩다라삼먁삼보리를 얻었기에 연등부처님께서 나에게 수기를 주시어 말씀하시기를 너는 이 다음 세상에 마땅히 부처를 이루어 그 이름을 석가모니라 하리라고 말씀하신 것이다. 왜냐하면 여래란 곧 모든 법이 진실하다는 뜻이기 때문이다. 만약 어떤 사람이 말하되 여래가 아뇩다라삼먁삼보리를 얻었다 하거든, 수보리야 실로 부처님은 아뇩다라삼먁삼보리를 얻은 법이 없다하라. 수보리야 여래가 얻은 아뇩다라삼먁삼보리는 그 가운데 실다움도 없고 헛된 것도 없느니라. 그러므로 여래가 일체(一切) 법이 다 불법(佛法)이라 말한 것이다. 수보리야 이른바 일체 법이란 곧 일체 법이 아니며 그 이름을 일체법이라고 한 것이니라. 수보리야 비유하건데 사람의 몸이 크다는 것과 같으니라. 수보리가 말하되 세존이시여 여래께서 말씀하신 사람의 몸이 장대하다고 말씀 하신 것은 곧 큰 몸이 아니라 이름만 큰 몸이라 하신 것입니다.

　수보리야 보살 또한 이와 같으니, 만일 내가 마땅히 한량없는 중생을 멸도 했다고 하면 곧 보살이라 이름 하지 못 할 것이니라. 왜냐하면 수보리야 실로 법이 있지 않아야 이름을 보살이라 하기 때문이니라. 그러므로 부처님이 말씀하시기를 일체 법에는 아상이 없고 인상이 없고 중생상이 없고 수자상이 없다고 하신 것이다. 수보리야 만약 보살이 내가 불국토를 장엄하다 말한다면 그는 보살이라 이름 할 수 없느니라. 왜냐하면 여래가 불국토를 장엄하다 하신 말은 곧 장엄이 아닌 것을 이름 하여 장엄이라 하기 때문이다. 수보리야 만약 보살이 나(自我) 없는 법에 통달한 자라면 여래가 말하기를 그가 진정한 보살이라 이름 하느니라.

　(1) 爾時 須菩提 百佛言 世尊 善男子 善女人 發阿耨多羅三邈三菩提心 云何應住 云何降伏其心 佛告 須菩提 若善男子 善女人 發阿耨多羅三邈三菩提心者 當生如是心 我應滅度 一切衆生 滅度一切衆生已 而無有一衆生 實滅度者 何以故 須菩提 若菩薩 有我相 人相 衆生相 壽者相 卽非菩薩 所以者何 須菩提 實無有法 發阿耨多羅三邈三菩提心者

그때 수보리가 부처님께 말씀드렸다. 세존이시여, 선남자 선여인이 아뇩다라삼먁삼보리의 마음을 일으킨 사람은 어떻게 머물며, 어떻게 그 마음을 항복시키오리까? 부처님이 수보리에게 이르시되 선남자 선여인이 아뇩다라삼먁삼보리 마음을 일으킨 사람은 마땅히 이와 같이 마음을 낼 것이니, 내가 마땅히 일체 중생을 멸도(滅度)하리라 하여 일체 중생을 멸도 하였으되 실로 한 중생도 멸도 한 자가 없어야 하리라. 왜냐하면 수보리야 만일 보살이 아상, 인상, 중생상, 수자상이 있으면 곧 보살이 아니기 때문이다. 수보리야 무슨 까닭이냐 하면 실로 법이 없어야 아뇩다라삼먁삼보리의 마음을 일으킨 자이기 때문이다.

[해설] 구경무아분(究竟無我分)은 내가 없어져야 구경(究竟)에 이른다는 뜻입니다. 즉 나라는 자아(自我)가 없어져 무아(無我)가 되어야 구경(究竟)에 이르러 진아(眞我)가 된다는 말인데 진아(眞我)는 곧 부처님을 말하고 있습니다. 그런데 문제는 자아(自我)가 진아(眞我)가 되기 위해서는 반드시 무아(無我)가 되어야 하는데 무아(無我)가 되는 것이 진아(眞我)가 되는 것보다 더 어렵다는 것입니다. 왜냐하면 자아(自我)를 버리는 것은 곧 자기를 버리는 것이며

자기를 버리는 것은 곧 죽음과 같은 것이기 때문입니다. 그러므로 자신의 노력이나 힘만으로는 소중한 자아를 절대로 버리거나 포기 할 수가 없습니다. 그러나 아무리 소중하고 강한 자아(自我)라 해도 부처님의 말씀에는 굴복될 수밖에 없고 부서질 수밖에 없는 것입니다.

그런데 자아가 부처님의 말씀에 의해서 부서지는 것이 순간적으로 단번에 부서지는 것이 아니라 점진적(漸進的)으로 조금씩 미세(微細)하게 부서지는 것입니다. 이렇게 자아(自我)가 부서지면 부서진 만큼 부처님의 마음을 조금씩 알게 되는데 이런 자를 가리켜 아뇩다라삼먁삼보리(阿耨多羅三邈三菩提)의 마음을 낸 자라 말하는 것입니다.

지금 수보리는 부처님께 선남자 선여인이 아뇩다라삼먁삼보리(阿耨多羅三邈三菩提)의 마음을 낸 사람은 어떻게 머물며, 어떻게 그 마음을 항복시켜야 하느냐고 질문을 하고 있습니다. 즉 아뇩다라삼먁삼보리(阿耨多羅三邈三菩提)의 마음을 일으킨 자는 어떠한 자세를 가져야 하며 마음을 어떻게 다스려야 하느냐는 것입니다. 왜냐하면 진리를 찾는 마음을 가지고 부처님의 뜻을 알았다 해도 내외적으로 다가오는 미혹과 시험은 계속되고 자칫 잘못하면 실족하여 파계승(破戒僧)이 될 수도 있기 때문입니다.

부처님은 수보리에게 아뇩다라삼먁삼보리(阿耨多羅三藐三菩提)의 마음을 낸 선남자 선여인이 내가 모든 중생들을 멸도 하리라는 마음을 가지고 모든 중생을 제도하였다 해도 나는 단 한 중생도 제도 하였다는 생각이나 마음을 가지면 안 된다고 말씀하고 있습니다. 왜냐하면 내가 중생들을 제도(濟度) 하였다는 생각이 조금이라도 있다면 그는 아상(我相)과 인상(人相)과 중생상(衆生相)과 수자상(壽者相)을 가지고 있는 자이기 때문이라는 것입니다. 때문에 이러한 생각이나 마음을 가지고 제도(濟度)를 하는 자는 진정한 보살(菩薩)이 아니라는 것입니다.

왜냐하면 아상(我相)이나 인상(人相)이나 중생상(衆生相)이나 수자상(壽者相)을 가지고 제도(濟度)를 하는 자는 부처님의 뜻이나 마음으로 하는 것이 아니라 자신의 뜻과 자기 욕심으로 제도(濟度) 하는 것이기 때문입니다. 그러므로 자신 안에 사상(四相)이나 자아(自我)에 대한 집착(執着)이 없는 사람이 진정으로 아뇩다라삼먁삼보리(阿耨多羅三藐三菩提)의 마음을 일으킨 사람이라 말씀하는 것입니다.

(2) 須菩提 於意云何 如來 於然燈佛所 有法得 阿耨多羅三藐三菩提不 不也 世尊 如我解佛所說義 佛於然燈佛所 無有法 得

阿耨多羅三藐三菩提 佛言 如是如是 須菩提 實無有法 如來得 阿耨多羅三藐三菩提 須菩提 若有法 如來得 阿耨多羅三藐三菩提者 然燈佛 即佛如我授記 汝於來世 當得作佛 號釋迦牟尼 以實無有法 得阿耨多羅三藐三菩提 是故 然燈佛 與我授記 作是言 汝於來世 當得作佛 號釋迦牟尼 何以故 如來者 即諸法如義

수보리야 너는 어떻게 생각하느냐? 여래가 연등부처님 처소에 있을 때 법이 있어서 아뇩다라삼먁삼보리를 얻었느냐? 아닙니다. 세존이시여. 제가 부처님이 말씀하신 뜻을 알기로는 부처님께서 연등불소에 계실 때 아뇩다라삼먁삼보리를 얻을 법이 없었습니다. 부처님이 말씀하시되 참으로 그렇다 수보리야, 실로 여래에게 법이 없어서 아뇩다라삼먁삼보리를 얻은 것이니라. 수보리야, 만약 여래가 법이 있어서 아뇩다라삼먁삼보리를 얻었다면, 연등부처님이 곧 나에게 너는 내세에 마땅히 부처가 되어 석가모니라 하는 이름을 주시지 않으셨을 것이다. 실로 법이 없는 상태에서 아뇩다라삼먁삼보리를 얻었기에 연등부처님께서 나에게 수기를 주시어 말씀하시기를 너는 이 다음 세상에 마땅히 부처를 이루어 그 이름을 석가모니라 하리라고 말씀하신 것이다. 왜냐하면 여래란 곧 모든 법이 진실하다는 뜻이기 때문이다.

[해설] 부처님은 수보리에게 네 생각은 어떠냐고 물으시면서 여래가 연등(燃燈)부처님 처소에 있을 때 아뇩다라삼먁삼보리(阿耨多羅三邈三菩提), 즉 무상정등정각(無上正等正覺)을 얻을 법이 있었느냐고 묻고 있습니다. 이 질문에 수보리는 아니라고 하면서 세존(世尊)이시여 제가 부처님이 말씀하신바 뜻을 알기로는 부처님께서 연등불 처소에 계실 때 아뇩다라삼먁삼보리(阿耨多羅三邈三菩提)를 얻을 법이 없었다고 말씀을 드리고 있습니다.

수보리의 말에 부처님은 참으로 그렇다고 말씀하시면서 실로 여래에게 법이 없었기 때문에 아뇩다라삼먁삼보리(阿耨多羅三邈三菩提)를 얻었다고 말씀하고 있습니다.

만약 여래에게 법이 있어서 아뇩다라삼먁삼보리(阿耨多羅三邈三菩提)를 얻었다면 연등부처님께서 나에게 "너는 내세에 반드시 부처가 될 것이며 이름을 석가모니라 하리라"는 예언을 하지 않으셨을 것이라고 말씀하고 있습니다. 그런데 실로 여래는 법이 없는 상태에서 아뇩다라삼먁삼보리를 깨달아 얻었기 때문에 연등(燃燈)부처님께서 나에게 말씀하시기를 "너는 오는 세상에 반드시 부처가 될 것이며 이름은 석가모니라 부를 것이라"고 예언을 하셨다는 것입니다. 이러한 부처님의 말씀은 참으로 이해하기 힘든 말씀이라 생각합니다.

　왜냐하면 오늘날 불자들은 법(法), 즉 진리가 있어야 깨달을 수 있다고 생각하는데 부처님은 법이 없었기 때문에 진리를 깨달았다고 말씀하고 있기 때문입니다.

　이 말씀은 부처님께서 말씀하고 있는 법(法)이 무엇을 말하는지를 알지 못하면 절대로 이해 할 수가 없습니다. 법은 중생들이 소유하고 있는 법이 있고 부처님의 법이 있습니다. 수행자들이 해탈(解脫)을 하려면 반드시 자기 안에 있는 중생의 법을 버려야 하고 부처님의 법은 얻어야 하는 것입니다. 그런데 만일 부처님이 연등(燃燈)부처님 처소에 계실 때 부처님 안에 중생의 법이 조금이라도 있었다면 절대로 아뇩다라삼먁삼보리(阿耨多羅三邈三菩提)를 깨달아 얻을 수 없었습니다. 부처님께서 전생(前生)에 연등(燃燈)부처님처소에 머물고 계셨을 때에는 진리를 깨닫기 전 인욕선인(忍辱仙人) 으로 계실 때를 말하고 있습니다. 그러므로 부처님께서 연등(燃燈)부처님 처소에 계실 때 법(法)이 없었다는 것은 곧 부처님 안에 중생의 법이 없었다는 뜻입니다.

　지금 부처님께서 연등부처님 처소에 계실 때 법이 없었다고 말씀하고 있는 법은 육근(六根)으로 형성된 자아(自

我)가 육경(六境)을 통해서 듣고 보고 경험한 생각 혹은 인식(認識)된 고정관념, 곧 사상(四相)을 말하고 있습니다. 그러므로 부처님께서 아뇩다라삼먁삼보리(阿耨多羅三邈三菩提)를 깨달을 때 법이 없었다는 것은 사상(四相), 즉 아상(我相) 인상(人相) 중생상(衆生相) 수자상(壽者相)이 없었다는 뜻입니다.

만일 부처님께서 연등(燃燈)부처님 처소에 계실 때 사상(四相)이 있었다면 진리를 깨달을 수도 없었고 연등부처님께서 너는 내생(來生)에 태어나 부처가 될 것이며 이름을 석가모니(釋迦牟尼)라 하리라는 말씀을 하지 않으셨다는 것입니다. 즉 부처님은 사상(四相)이 없었기 때문에 아뇩다라삼먁삼보리(阿耨多羅三邈三菩提)를 깨달을 수 있었고 연등(燃燈)부처님께서 너는 내생(來生)에 반드시 부처가 되어 이름을 석가모니(釋迦牟尼)라 부를 것이라 말씀 하셨다는 것입니다.

이것은 부처님도 예외 없이 사상(四相)을 모두 버렸기 때문에 진리를 깨달아 부처가 되신 것처럼 오늘날 불자들도 사상(四相)을 버려야 진리를 깨달아 부처가 될 수 있다는 것을 가르쳐 주시는 것입니다.

이어서 여래의 모든 법(法)은 진실하다고 말씀하고 있는데 이 말은 여래는 이미 중생의 사상(四相)을 모두 버려서 없기 때문에 여래의 생각이나 마음이 모두 진실하다는 뜻입니다. 그리고 전생(前生)에 부처님에게 예언을 하신 연등(燃燈)부처님은 전설적(傳說的)으로 전해져 오는 24명의 부처님 중 한 분으로 정광여래(錠光如來)라고도 말하고 있습니다.

(3) 若有人 言如來得 阿耨多羅三邈三菩提 須菩提 實無有法 佛得 阿耨多羅三邈三菩提 須菩提 如來所得 阿耨多羅三邈三菩提 於是中 無實無虛 是故 如來說一切法 皆是佛法 須菩提 所言一切法者 卽非一切法 是故 名一切法 須菩提 譬如人身長大 須菩提言 世尊 如來說人身長大 卽爲非大身 是名大身.

만약 어떤 사람이 말하되 여래가 아뇩다라삼먁삼보리를 얻었다 하거든, 수보리야 실로 부처님은 아뇩다라삼먁삼보리를 얻은 법이 없다하라. 수보리야 여래가 얻은 아뇩다라삼먁삼보리는 그 가운데 실다움도 없고 헛된 것도 없느니라. 그러므로 여래가 일체(一切) 법이 다 불법(佛法)이라 말한 것이다. 수보리야 이른바 일체 법이란 곧 일체 법이 아니며 그 이름을 일체법이라고 한 것이니라. 수보리야 비유하건데 사람의 몸이 크다는 것과 같으니라. 수보리가 말하되 세존이시여 여래께서 말씀하신 사람의 몸이 장대하다고 말씀 하신 것은 곧 큰 몸이 아니라 이름만 큰 몸이라 하신 것입니다.

[해설] 만일 어떤 사람이 말하기를 여래(如來)가 아뇩다라삼먁삼보리(阿耨多羅三邈三菩提)를 얻었다 말하거든, 너는 그 사람에게 부처님은 아뇩다라삼먁삼보리를 얻음이 없다고 말하라고 가르쳐주고 있습니다. 왜냐하면 여래가 얻은 아뇩다라삼먁삼보리(阿耨多羅三邈三菩提)는 그 가운데 실(實)다움도 없고 허망(虛妄)한 것도 없기 때문이라고 말씀하십니다. 중생들은 법이 필요하면 노력하여 얻으려하고 취한 법도 필요 없으면 쉽게 버리기도 합니다.

그러나 부처님의 법은 열심히 노력한다고 얻을 수 있는 것이 아니며 얻은 법이 필요 없다고 함부로 버릴 수도 없는 영원불변(永遠不變)한 진여(眞如)의 법입니다. 그러므로 부처님께서 어떤 사람이 여래께서 아뇩다라삼먁삼보리(阿耨多羅三邈三菩提)를 얻었다고 말한다면 그렇지 않다고 가르쳐주라는 것입니다. 왜냐하면 부처님이 얻은 아뇩다라삼먁삼보리(阿耨多羅三邈三菩提)는 세상에서 듣고 배우고 경험하여 얻은 것이 아니라 자아(自我) 곧 사상(四相)을 모두 버리고 무아(無我)가 되었을 때 반야(般若)로부터 임(臨)하는 것이기 때문입니다.

　이렇게 무상정등정각(無上正等正覺)인 아뇩다라삼먁삼보리(阿耨多羅三邈三菩提)는 세상에 존재하지도 않고 따라서 얻고 싶다고 얻을 수 있는 것이 아닙니다. 아뇩다라삼먁삼보리(阿耨多羅三邈三菩提)는 오직 반야(般若)와 성불하신 부처님들에게만 존재하는 것입니다.

　그러므로 부처님이 소유하고 계신 아뇩다라삼먁삼보리(阿耨多羅三邈三菩提)에 참도 없고 거짓도 없다는 것은 진실이나 거짓이 모두 초월(超越)된 진여(眞如) 그 자체라는 것입니다. 때문에 여래의 모든 법은 모두가 불법(佛法), 즉 영원불변하는 시대신주(是大神呪)라고 말씀하고 있는 것입니다. 그러므로 중생들이 소유하고 있는 모든 법은 부처님의 법이 아니라 이름만 법이라 말씀하시는 것입니다.

　부처님께서 비유를 들어 어떤 사람의 몸이 유별나게 크다고 말씀하신 것과 같다고 말씀하고 있습니다. 이때 수보리가 여래께서 어떤 사람의 몸이 크다고 말씀하신 것은 큰 몸을 가진 사람을 가리켜 말씀하신 것이 아니라 크고 위대한 진리, 곧 아뇩다라삼먁삼보리(阿耨多羅三邈三菩提)를 가진 사람을 비유하여 몸이 유별나게 크다는 뜻으로 말씀하신 것이라는 것입니다.

  이 말씀은 여래의 말씀만이 위대한 진리이며 중생들이 소유하고 있는 진리는 이름, 즉 껍데기만 진리라는 뜻입니다.

(4) 須菩提 菩薩 亦如是 若作是言 我當滅度無量衆生 卽不名菩薩 何以故 須菩提 實無有法 名爲菩薩 是故 佛說一切法 無我無人 無衆生 無壽者 須菩提 若菩薩 作是言 我當莊嚴佛土 是不名菩薩 何以故 如來說莊嚴佛土者 卽非莊嚴 是名莊嚴 須菩提 若菩薩 通達無我法者 如來說名 眞是菩薩.

수보리야 보살 또한 이와 같으니, 만일 내가 마땅히 한량없는 중생을 멸도 했다고 하면 곧 보살이라 이름 하지 못 할 것이니라. 왜냐하면 수보리야 실로 법이 있지 않아야 이름을 보살이라 하기 때문이니라. 그러므로 부처님이 말씀하시기를 일체 법에는 아상이 없고 인상이 없고 중생상이 없고 수자상이 없다고 하신 것이다. 수보리야 만약 보살이 내가 불국토를 장엄하다 말한다면 그는 보살이라 이름 할 수 없느니라. 왜냐하면 여래가 불국토를 장엄하다 하신 말은 곧 장엄이 아닌 것을 이름 하여 장엄이라 하기 때문이다. 수보리야 만약 보살이 나

(自我) 없는 법에 통달한 자라면 여래가 말하기를 그가 진정한 보살이라 이름 하느니라.

[해설] 이어서 부처님은 수보리에게 보살(菩薩) 또한 이와 같아서, 만일 내가 마땅히 무량중생(無量衆生)을 멸도(滅道)했다고 한다면 그는 보살(菩薩)이라 할 수 없다고 말씀하십니다. 왜냐하면 중생을 멸도(滅道)하는 보살(菩薩)에게 법(法), 즉 사상(四相)이 있으면 진정한 보살이라 할 수 없기 때문입니다.

부처님께서 말씀하시는 법은 곧 상(相)을 말하며 상은 사상(四相)을 말하는데 사상(四相)은 자의식(自意識) 곧 고정관념(固定觀念)을 말합니다. 그러므로 보살이 이러한 고정관념(固定觀念), 즉 사상(四相)을 가지고 중생을 제도(濟度)한다면 보살이라 할 수 없다는 것입니다. 왜냐하면 중생을 멸도(滅道)하거나 제도(濟度)하는 것은 부처님의 법(法)이며 말씀이지 보살이 하는 것이 아니기 때문입니다. 그런데 내가 무량(無量)중생을 멸도(滅度) 했다는 것은 부처님이 하신 것이 아니라 보살이 자신이 했다는 것입니다. 그러므로 부처님께서 이러한 마음이나 상(相)을 가지고 중생을 멸도(滅度)하는 보살(菩薩)은 보살이 아니라고 말씀하시는 것입니다.

　진정한 보살은 사상(四相), 즉 아상(我相)이나 인상(人相)이나 중생상(衆生相)이나 수자상(壽者相)이 모두 떠나 무아(無我)가 된 사람을 말합니다. 이어서 부처님은 수보리에게 만일 보살이 내가 불국토(佛國土)를 장엄(莊嚴)하다 한다면 보살이라 이름 하지 못할 것이라고 말씀하십니다. 왜냐하면 여래가 불국토를 장엄하다 한 것은 곧 장엄(莊嚴)이 아닌 것을 장엄하다 말하기 때문이라는 것입니다.

　이렇게 부처님이 말씀하시는 장엄(莊嚴)한 불국토(佛國土)는 외형적으로 이루어지는 불국토(佛國土)를 말씀하시는 것이 아니라 보살들 내면에 이루어지는 부처님의 나라이기 때문입니다. 때문에 부처님께서 만일 보살이 나(自我) 없는 법에 통달한 자라면 여래가 말하기를 그가 곧 진정한 보살이라고 이름 할 것이라고 말씀하시는 것입니다.

　즉 진정한 보살은 나없는 법에 통달한자 곧 사상(四相)을 모두 버리고 자아(自我)가 무아(無我)가 된 상태에서 진리를 깨달은 자를 보살이라 인정한다는 뜻입니다.

18) 일체동관분(一體同觀分)

중생과 부처가 한 몸이 되어야 열반의 세계를 본다

18. 일체동관분(一體同觀分): 중생과 부쳐가 한 몸이 되어야 열반의 세계를 본다

須菩提 於意云何 如來有肉眼不 如是 世尊 如來有肉眼 須菩提 於意云何 如來有天眼不 如是 世尊 如來有天眼 須菩提 於意云何 如來有慧眼不 如是 世尊 如來有慧眼 須菩提 於意云何 如來有法眼不 如是 世尊 如來有法眼 須菩提 於意云何 如來有佛眼不 如是 世尊 如來有佛眼 須菩提 於意云何 如恒河中所有沙 佛說是沙不 如是 世尊 如來說是沙 須菩提 於意云何 如一恒河中所有沙 有如是沙等恒河 是諸恒河 所有沙數 佛世界 如是 寧爲多不 甚多 世尊 佛告須菩提 爾所國土中 所有衆生 若干種心 如來悉知 何以故 如來說諸心 皆爲非心 是名爲心 所以者何 須菩提 過去心 不可得 現在心 不可得 未來心 不可得

[번역] 수보리야 너는 어떻게 생각하느냐? 여래에게 육안(肉眼)이 있느냐? 그러하옵니다. 세존이시여, 여래에게 육안(肉眼)이 있나이다. 수보리야 너는 어떻게 생각하느냐? 여래께서 천안(天眼)이 있느냐? 그러하옵니다. 세존이시여, 여래께서 천안(天眼)이 있나이다. 수보리야 너는 어떻게 생각하느냐? 여

래에게 혜안(慧眼)이 있느냐? 그러하옵니다. 세존이시여 여래께서 혜안(慧眼)이 있나이다.

  수보리야 너는 어떻게 생각하느냐? 여래에게 법안(法眼)이 있느냐? 그러하옵니다. 여래에게 법안(法眼)이 있나이다. 수보리야 너는 어떻게 생각하느냐? 여래에게 불안(佛眼)이 있느냐? 그러하옵니다. 여래께서 불안(佛眼)이 있나이다. 수보리야 너는 어떻게 생각하느냐? 항하 가운데 있는 모래를 부처님이 모래라 설하셨느냐? 그렇습니다. 세존이시여, 여래께서 모래를 설하셨나이다.

  수보리야 너는 어떻게 생각하느냐? 한 항하 가운데 있는 모래 수와 같은 항하(恒河)가 있고 이 모든 항하에 있는 모래 수와 같은 불세계가 있다면 참으로 많다 하겠느냐? 심히 많습니다. 세존이시여, 부처님께서 수보리에게 이르시되 그렇게 많은 국토 가운데 있는 중생의 갖가지 마음을 여래는 다 알고 있다. 왜냐하면 여래가 설한 모든 마음은 모두 마음이 아니며 (단지) 그 이름을 마음이라 하시기 때문이다. 무슨 까닭이겠느냐? 수보리야 과거(過去)의 마음도 얻을 수 없고 현재(現在)의 마음도 얻을 수 없고 미래(未來)의 마음도 얻을 수 없기 때문이니라.

(1) 須菩提 於意云何 如來有肉眼不 如是 世尊 如來有肉眼 須菩提 於意云何 如來有天眼不 如是 世尊 如來有天眼 須菩提 於意云何 如來有慧眼不 如是 世尊 如來有慧眼 須菩提 於意云何 如來有法眼不 如是 世尊 如來有法眼 須菩提 於意云何 如來有佛眼不 如是 世尊 如來有佛眼

수보리야 너는 어떻게 생각하느냐? 여래에게 육안(肉眼)이 있느냐? 그러하옵니다. 세존이시여, 여래에게 육안(肉眼)이 있나이다. 수보리야 너는 어떻게 생각하느냐? 여래께서 천안(天眼)이 있느냐? 그러하옵니다. 세존이시여, 여래께서 천안(天眼)이 있나이다. 수보리야 너는 어떻게 생각하느냐? 여래에게 혜안(慧眼)이 있느냐? 그러하옵니다. 세존이시여 여래께서 혜안(慧眼)이 있나이다.

수보리야 너는 어떻게 생각하느냐? 여래에게 법안(法眼)이 있느냐? 그러하옵니다. 여래에게 법안(法眼)이 있나이다. 수보리야 너는 어떻게 생각하느냐? 여래에게 불안(佛眼)이 있느냐? 그러하옵니다. 여래께서 불안(佛眼)이 있나이다.

[해설] 일체 동관분(一體同觀分)이란 중생과 부처가 한 몸이 되어야 열반(涅槃)의 세계를 본다는 뜻입니다. 이 말씀

은 중생이 해탈(解脫)하여 부처님의 몸과 같이 되어야 혜안(慧眼)이 열려 열반(涅槃)의 세계를 볼 수 있다는 뜻입니다.

그런데 불자들이 부처님과 같아야 하는 몸은 육신을 말하는 것이 아니라 부처님의 마음을 말하며 부처님 안에 있는 진리와 생명을 말하고 있습니다. 즉 부처님 안에 있는 말씀이 같고 뜻이 같고 생명이 같아야 한다는 것입니다. 부처님은 수보리에게 너는 어떻게 생각하느냐고 하문하시면서 여래에게 육안(肉眼)이 있느냐, 천안(天眼)이 있느냐, 혜안(慧眼)이 있느냐, 법안(法眼)이 있느냐, 불안(佛眼)이 있느냐고 묻고 있습니다. 이에 수보리는 부처님께 모두 있다고 대답을 하고 있습니다.

상기의 말씀은 부처님께서 수보리에게 여래(如來)가 소유하고 있는 오안(五眼)에 대해서 말씀하시려는 것입니다. 이 오안(五眼)은 성불하신 부처님들이 소유하고 있는 다섯 개의 눈을 말합니다. 이 말씀은 무명의 중생들이나 오늘날 불자들이 부처님과 같이 되려면 부처님이 소유하고 있는 오안(五眼)이 있어야 된다는 것입니다. 부처님은 수보리에게 네 생각은 어떠하냐고 물으시면서 여래에게 육안(肉眼)이 있느냐고 질문하고 있습니다. 수보리는 부처님에게 "예 여래에게 육안이 있습니다"라고 대답을 합니다.

부처님께서 말씀하시는 육안(肉眼)은 육신의 눈을 말하며 육안은 육신의 세계를 정확히 보는 눈을 말합니다. 이것은 부처님께서 여래에게도 중생들과 같은 육안(肉眼)이 있다는 것을 가르쳐주는 것입니다. 부처님은 다시 수보리에게 여래에게 천안(天眼)이 있느냐고 하문하십니다.

　수보리는 부처님께 "그렇습니다, 세존이여, 여래께서 천안(天眼)이 있습니다"라고 말씀을 드리고 있습니다. 부처님께서 말씀하시는 천안(天眼)은 하늘의 세계를 볼 수 있는 눈을 말합니다. 하늘의 세계는 곧 반야(般若)의 세계로 반야가 계신 극락(極樂)세계를 말합니다. 이렇게 천안(天眼)은 중생들이 볼 수 없는 세계를 보는 초능력(超能力)의 눈, 혹은 신통력(神通力)이 있는 눈을 말합니다.

　부처님은 다시 수보리에게 "여래에게 혜안(慧眼)이 있느냐"라고 하문하십니다. 수보리는 부처님에게 "그렇습니다, 세존이시여, 여래께서는 혜안(慧眼)이 있습니다"라고 말씀을 드리고 있습니다. 부처님께서 말씀하시는 혜안은 지혜의 눈을 말하는데 혜안은 진리의 세계를 볼 수 있는 눈을 말합니다. 중생들이 부처님의 말씀을 볼 수도 없고 들을 수도 없는 것은 혜안(慧眼)이 없기 때문입니다. 이 때문에 혜안(慧眼)은 해탈한 부처님들만이 소유하고 있다고 말하는 것입니다. 부처님은 다시 수보리에게 "여래에게 법안(法眼)이 있느냐"고 질문을 하십니다. 수보리는 부처님께 여래께서 법안(法眼)이 있다고 말씀드리고 있습니다.

부처님께서 말씀하시는 법안(法眼)이란 부처님께서 말씀하신 법(法), 즉 모든 계율(戒律)을 볼 수 있는 눈을 말하고 있습니다. 계율(戒律)에는 십계(十戒)와 오계(五戒)가 있는데 계율(戒律)은 법안(法眼)이 없으면 알 수 없고 따라서 올바로 지킬 수도 없습니다. 부처님은 마지막으로 수보리에게 "여래에게 불안(佛眼)이 있느냐"고 질문하십니다. 수보리는 부처님께 "그렇습니다, 여래께서 불안(佛眼)이 있나이다"라고 말씀을 드립니다. 부처님께서 말씀하시는 불안(佛眼)은 부처님의 눈을 말합니다.

부처님의 눈은 반야의 눈, 즉 만유의 주인이신 시대신(是大神)의 눈을 말합니다. 부처님께서 수보리에게 여래께서 오안(五眼), 즉 육안(肉眼)과 천안(天眼)과 혜안(慧眼)과 법안(法眼)과 불안(佛眼)이 있느냐고 하문(下問)하시는 이유는 성불하신 부처님들은 천수(千手)와 천안(千眼), 즉 모든 것을 볼 수 있고 모든 것을 할 수 있는 전지전능(全知全能)한 능력이 있다는 것을 가르쳐주기 위함입니다. 이렇게 부처님께서 오안(五眼)이 있다고 말씀하신 뜻은 부처님은 눈이 다섯이 있다는 뜻이 아니라 천상천하(天上天下)의 모든 것을 보고 안다는 의미로 말씀하신 것입니다.

(2) 須菩提 於意云何 如恒河中所有沙 佛說是沙不 如是 世尊 如來說是沙 須菩提 於意云何 如一恒河中所有沙 有如是沙等恒河 是諸恒河 所有沙數 佛世界 如是 寧爲多不 甚多 世尊 佛告須菩提 爾所國土中 所有衆生 若干種心 如來悉知 何以故 如來說諸心 皆爲非心 是名爲心 所以者何 須菩提 過去心 不可得 現在心 不可得 未來心 不可得

수보리야 어떻게 너는 생각하느냐? 항하 가운데 있는 모래를 부처님이 모래라 설하셨느냐? 그렇습니다. 세존이시여, 여래께서 모래를 설하셨나이다. 수보리야 너는 어떻게 생각하느냐? 한 항하 가운데 있는 모래 수와 같은 항하(恒河)가 있고 이 모든 항하에 있는 모래 수와 같은 불세계가 있다면 참으로 많다 하겠느냐? 심히 많습니다. 세존이시여, 부처님께서 수보리에게 이르시되 그렇게 많은 국토 가운데 있는 중생의 갖가지 마음을 여래는 다 알고 있다.

왜냐하면 여래가 설한 모든 마음은 모두 마음이 아니며 (단지) 그 이름을 마음이라 하시기 때문이다. 무슨 까닭이겠느냐?

수보리야 과거(過去)의 마음도 얻을 수 없고 현재(現在)의 마음도 얻을 수 없고 미래(未來)의 마음도 얻을 수 없기 때문이니라.

[해설] 부처님은 수보리에게 너는 어떻게 생각하느냐고 물으시면서 항하 가운데 있는 모래를 부처님이 모래라고 말씀하셨느냐고 질문하고 계십니다. 이에 수보리는 그렇습니다. 여래께서 항하 가운데 모래들을 모래라고 말씀하셨다고 대답을 합니다. 이어서 부처님은 수보리에게 항하(恒河:갠지스강) 가운데 있는 모래의 수만큼 강이 있고 모든 강에 있는 모래같이 많은 불의 세계가 있다면 불의 세계가 얼마나 많겠느냐고 질문하고 있습니다.

수보리는 부처님에게 심히 많다고 대답을 하고 있습니다. 이어서 부처님은 수보리에게 항하의 모래수와 같이 많은 불국토가 있고 그 가운데 수많은 중생들이 있다 해도 여래는 그 많은 중생들의 마음을 모두 다 알고 있다고 말씀하고 있습니다. 부처님은 참으로 위대한 분이시며 전지(全知)전능(全能)한 하나님과 같은 분이십니다.

그런데 여래가 알고 계신다는 모든 마음은 중생들이 알고 있는 허망한 마음이 아니라 부처님의 진실하고 영원한 마음을 말합니다. 그러면 여래가 말씀하시는 이름뿐인 마음은 어떤 마음을 말하는 것일까요? 여래께서 이름만 마음이라는 마음은 중생들의 허망한 마음을 말합니다. 왜냐하면 중생들의 마음은 영원한 마음이 아니라 물거품과 같이 잠시 보이다가 사라지는 허망한 마음이기 때문입니다.

이 때문에 부처님은 중생들이 소유하고 있는 허망한 마음은 마음이 아니라고 말씀하시는 것입니다. 이 말은 부처님의 마음만이 진정한 마음이며 영원히 존재하는 마음이며 중생들의 마음은 안개와도 같이 잠시 있다가 사라져 없어질 거짓된 마음이라는 뜻입니다. 이렇게 중생들의 마음은 탐(貪), 진(瞋), 치(癡)로 인해서 형성된 더러운 마음입니다.

이 때문에 중생들은 더러운 마음을 벗고 부처님의 마음으로 해탈(解脫)이 되어야 하는데 해탈은 세속에서 탐, 진, 치로 형성된 더러운 마음에서 벗어나는 것을 말합니다.

이렇게 부처님의 마음은 중생들이 과거(過去)에도 얻을 수 없었고 현재(現在)에도 얻지 못하고 미래(未來)에도 얻을 수 없는 마음이라는 것입니다. 이것은 불자들의 마음과 부처님의 마음이 하나가 된다는 것이 얼마나 어렵고 힘들다는 것을 가르쳐 주시는 것입니다.

19) 법계통화분(法界通化分)

법계를 통하여 교화된다

19. 법계통화분(法界通化分):
법계를 통하여 교화된다

須菩提 於意云何 若有人 滿三千大千世界七寶 以用布施 是人 以是因緣 得福多不 如是 世尊 此人 以是因緣 得福甚多 須菩提 若福德 有實 如來不說 得福德多 以福德無故 如來說得福德多.

[번역] 수보리야, 너는 어떻게 생각하느냐? 만약 어떤 사람이 삼천대천세계(三千大天世界)에 가득한 칠보(七寶)를 이용하여 보시한다면, 이 사람이 이 인연으로 얻는 복이 많겠느냐? 그러하옵니다. 세존이시여, 이 사람은 이 인연으로써 얻는 복이 심히 많겠습니다. 수보리야, 만일 복덕이 실로 있는 것이라면 여래가 얻은 복덕이 많다고 말하지 않았겠지만 복덕이 본래 없는 것이므로 여래가 얻는 복덕이 많다고 말씀하였느니라.

[해설] 법계통화(法界通化)란 법, 즉 부처님의 말씀으로 중생을 교화(敎化)하여 부처를 만들라는 뜻입니다. 이 말씀은 세상의 물질을 가지고는 아무리 많은 보시를 하고 선행

을 해도 깨달아 부처가 될 수 없다는 뜻입니다. 부처님은 수보리에게 "어떤 사람이 삼천대천세계(三千大天世界)에 가득찬 칠보(七寶)로써 보시한다면, 이 사람은 이 인연으로 인해서 받는 복이 많겠느냐"라고 질문을 하고 계십니다. 부처님의 말씀에 수보리는 그렇다고 하면서, 이런 사람은 이 인연으로 해서 얻는 복이 매우 많겠다고 말씀을 드리고 있습니다.

부처님은 지금까지 삼천대천세계(三千大天世界)에 가득채운 칠보(七寶)를 가지고 보시하는 것보다 부처님의 말씀 몇 마디를 수지독송(受持讀誦)하여 마음에 지니는 것이 공덕(功德)이 더 크다는 것을 여러 번 말씀하셨습니다. 그런데 수보리는 삼천대천세계(三千大天世界)에 가득채운 칠보(七寶)로 보시하는 사람은 그 인연(因緣)으로 인해서 복덕(福德)이 매우 많다고 말씀드리고 있습니다. 그 이유는 수보리가 부처님께서 말씀하고 계신 진정한 복이 어떤 것인지를 알기 때문에 많다고 말씀드린 것입니다.

그러므로 부처님께서 곧 수보리에게 만일 복이 실로 있는 것이라면 많다고 하지 않았겠지만 그 복은 본래 없는 것이기 때문에 많다고 말씀하셨다는 것입니다. 즉 부처님께서 본래 복이 없다고 말씀하신 것은 복이 없다는 뜻이 아니라 부처님께서 말씀하신 복은 본래 그런 복이 아니라는 뜻입니다. 왜냐하면 중생들이 알고 받으려는 복은 잠시 있다가 물거품과 같이 사라지는 복이며 부처님께서 말씀하시는 복은 죽은 영혼을 살려서 영원한 생명을 주는 진정한 복이기 때문입니다.

부처님께서 계속하여 말씀하시는 칠보(七寶)는 일곱 종류의 보석을 말하는데 경에 따라 다소 차이가 있습니다.

칠보(七寶)

가) 금, 은, 유리, 수정, 산호, 적주, 마노
나) 산호, 호박, 여의주, 견숙가, 석가비릉가, 마라가타, 금강
다) 금, 은, 산호, 진주, 자거, 명월주, 마니주

부처님께서 말씀하시는 보시는 물질적인 보시(布施)와 법보시(法布施)가 있습니다. 물질적인 보시(布施)는 사람의 육신(肉身)을 도와주는 일이며 법보시(法布施)는 사람의 영혼을 도와주는 일입니다. 지금 부처님께서 수보리에게 삼천대천세계(三千大天世界)에 가득채운 칠보(七寶)로 보시

하는 것은 물질적인 보시를 말하고 있습니다. 그런데 물질적인 보시도 유주상보시(有住相布施)와 무주상보시(無住相布施)가 있습니다. 즉 보시하는 사람이 내가 보시를 한다는 생각이나 복을 받으려는 욕심을 가지고 물질로 보시를 하는 유주상보시(有住相布施)가 있고, 자신이 보시한다는 생각이나 보시를 함으로 인해서 부처님께 복덕을 받는다는 생각 없이 순수한 마음으로 행하는 무주상보시(無住相布施)가 있습니다.

지금 어떤 사람이 삼천대천세계(三千大天世界)에 가득 채운 칠보(七寶)로 보시를 하는 사람은 그 인연으로 인해 복덕이 많을 것이라는 것은 바로 무주상보시(無住相布施)를 한 사람을 가리켜 한 말입니다. 이 때문에 수보리는 여래께 무주상보시(無住相布施)를 한 사람이 얻는 복덕이 많다고 말씀드린 것입니다. 오늘날 불자들은 선업(善業)을 쌓아 부처님께 많은 복을 받기위해 가난한 이웃이나 스님들에게 보시(布施)를 하며 절에 가서 부처님께 정성을 드려 공양(供養)을 올리며 시주(施主)도 하고 있습니다.

그러나 이렇게 복을 받기 위해서 하는 보시(布施)는 진정한 보시가 아닙니다. 왜냐하면 복을 받기 위해 조건적으로 하는 보시는 진정한 보시가 아니라 투자와 같은 성격을

띠고 있기 때문입니다. 그러므로 보시를 하려면 아무런 조건 없이 순수한 마음으로 무주상보시(無住相布施)를 해야 합니다. 그런데 보시(布施)는 물질로 하는 재시(財施)외에 번뇌망상으로 고통받는 사람을 찾아 위로해주고 용기를 주는 무재칠시(無財七施)가 있습니다.

　무재칠시(無財七施)는 칠보나 어떠한 물질도 없는 상태에서 몸이나 마음 혹은 생각을 통해서 하는 일곱 가지 보시(布施)를 말하고 있습니다.

무재칠시(無財七施)

가) 고통받고 있는 사람에게 마음으로 위로하고 기도해주는 심시(心施)

나) 힘들고 어려운 사람을 찾아 몸으로 도와주는 신시(身施)

다) 위험에 처해있는 사람을 눈으로 지켜주는 안시(眼施)

라) 절망과 실의에 빠져 괴로워하는 사람을 말로 용기를 주는 언사시(言辭施)

마) 근심과 걱정이 있는 사람에게 밝고 환한 얼굴로 상대의 마음을 편안하게 해주는 화안열색시(和顔悅色施)

바) 좌불안석인 사람에게 편안히 앉은 자세를 보여주는 좌상시(座床施)

사) 이웃에게 올바른 삶을 보여주는 방사시(房舍施)

 이와 같이 무재칠시(無財七施)는 물질이나 재물 없이 마음이나 생각 그리고 몸을 통해서 상대를 도와주는 보시를 말하고 있습니다. 이렇게 보시는 유주상보시(有住相布施)와 무주상보시(無住相布施)가 있고 말씀으로 하는 법보시(法布施)가 있습니다.

 이러한 각종 보시(布施)는 해탈(解脫)을 향해 가는 불자들이라면 반드시 행해야 하는 보시(布施)들입니다.

어리석음

자신을
잃어버리고
상대를 보는 것은
죽음을 망각한
어릿광대 같구나.

잃어버린
자신을
죽음앞에 승복하며
영원한 자신을
찾아가자.

20)
이색이상분 (離色離相分)

색과 상을 떠나야 한다

20. 이색이상분(離色離相分):
   색과 상을 떠나야 한다

須菩提 於意云何 佛可以具足色身見不 不也 世尊 如來 不應以具足色身見 何以故 如來說具足色身 卽非具足色身 是名具足色身 須菩提 於意云何 如來 可以具足諸相 見不 不也 世尊 如來 不應以具足諸相見 何以故 如來說諸相具足 卽非具足 是名諸相具足.

[번역] 수보리야, 너는 어떻게 생각하느냐, 부처님을 갖추고 있는 색신(色身)으로 볼 수 있느냐? 아닙니다. 세존이시여, 여래는 응당 갖추고 있는 색신으로 볼 수 없나이다. 왜냐하면 여래께서 갖추고 있는 색신은 곧 갖추고 있는 색신이 아니라 그 이름이 갖추고 있는 색신이라 말씀하시기 때문입니다. 수보리야, 너는 어떻게 생각하느냐? 여래를 갖추고 있는 모든 상(相)으로 볼 수 있느냐? 없습니다. 세존이시여, 여래가 갖추고 있는 모든 상으로는 응당 볼 수 없습니다. 왜냐하면 여래께서 모든 상을 갖추었다고 말씀하시는 것은 곧 갖춘 것이 아니라 그 이름이 모두 갖춘 상이라 말씀하시기 때문입니다.

[해설] 이색이상(離色離相)이란 일체의 색(色)과 상(相)을 떠나야 부처님을 볼 수 있다는 뜻입니다. 즉 여래(如來)는 모든 모양다리와 고정관념(固定觀念)을 버리지 않고는 볼 수 없다는 뜻입니다. 부처님이 말씀하시는 색신(色身)은 부처님의 몸을 말하고 상(相)은 수자상(壽者相) 곧 부처님에 대한 관념을 말하고 있습니다. 이러한 부처님의 몸에 대한 관념(觀念)은 스님들이 법당(法堂)에 만들어 놓은 각종 불상(佛像)에서 나타난 것이며 부처님에 대한 각종 상(相) 역시 전통적으로 내려오는 불교의 교리(敎理)와 제도(制度)를 통해서 만들어진 관념(觀念)들입니다.

이러한 스님들에 의해서 만들어진 부처님의 몸과 관념들 때문에 불자들이 부처님을 올바로 보지 못하고 부처님에 대한 관념(觀念)이나 인식(認識)도 잘못되어 있는 것입니다. 때문에 불자들이 신앙생활을 하는데 많은 지장을 주고 있으며 해탈을 위해 수행을 하는 수행자들에게도 큰 장애(障碍)가 되고 있습니다. 그러므로 오늘날 불교는 하루속히 불교가 만들어낸 부처님의 각종 색신(色身)과 교리(敎理)를 통해 잘못 인식된 고정관념(固定觀念)을 버리고 정확무오(正確無誤)한 부처님의 말씀으로 돌아가야 합니다.

지금 부처님께서 수보리를 통해서 말씀하시는 것은 불

자들이 알고 있는 부처님의 몸과 상(相)은 진정한 몸과 상이 아니라는 것을 가르쳐주시는 것입니다.

오늘날 불자들은 부처님의 몸은 먹지 않아도 배부르고 입지 않아도 춥지 않고 아프거나 죽지도 않으며 또한 부처님은 모든 것을 알고 모든 것을 할 수 있는 전지전능(全知全能)한 부처님처럼 생각하고 있습니다. 그러나 부처님의 몸도 중생들과 같이 먹어야 하고 입어야 하고 먹으면 배설을 해야 하며 몸을 잘못 관리하면 병들어 고통 받는 몸입니다.

부처님이 열반(涅槃)에 들기 전에 대장간을 하는 춘다가 공양한 돼지고기를 드시고 토사곽란(吐瀉癨亂)이 나서 돌아가신 것은 바로 부처님의 몸이 특별한 몸이 아니라 중생들과 같은 몸이라는 것을 보여주는 것입니다. 그러면 부처님의 몸이 중생들과 무엇이 다를까요? 부처님이 중생들과 다른 것은 육신이 다른 것이 아니라 부처님의 몸 안에 담겨있는 진리와 생명이 다른 것입니다. 즉 중생들의 몸 안에는 탐, 진, 치와 각종 더러운 비진리들이 들어 있지만 부처님 안에는 거룩하고 고귀한 진리가 있고, 법이 있고, 영원한 생명이 있다는 것입니다.

중생들이 물건을 담아두는 그릇 안에 쓰레기를 담으면

쓰레기통이고 귀한 보물(寶物)을 담으면 보물(寶物)단지라고 말합니다. 이렇게 중생들이 쓰레기통이다 혹은 보물단지라고 말하는 것은 그릇을 보고 말하는 것이 아니라 그 안에 담긴 내용물을 보고 말하는 것입니다. 이와 같이 부처님의 몸이 모든 것을 갖추고 있는 몸은 육신을 말하는 것이 아니라 부처님 안에 담겨 있는 온전한 진리를 보고 말씀하신 것입니다. 이 때문에 부처님을 진리(眞理) 혹은 법신(法身)이라 말하는 것입니다.

　스님들이 부처님을 모셔놓은 대웅전(大雄殿)을 법당(法堂)이라 부르는 것도 바로 이 때문입니다. 이렇게 수보리는 부처님께서 말씀하시는 모두 갖춘 색신은 육신을 말씀하시는 것이 아니라 부처님 안에 있는 진리를 보고 말씀하신 것을 알았기 때문에 몸으로는 부처님을 볼 수 없다고 말씀드린 것입니다.

　그리고 부처님께서 수보리에게 "여래가 갖추고 있는 상(相)을 통해서 여래를 볼 수 있느냐"는 질문에 볼 수 없다고 말씀드리고 있습니다. 여래가 갖추고 있는 상은 성인의 32상을 말하고 있습니다. 불자들은 여래가 갖추고 있는 형상들을 불교나 스님들의 가르침을 통해 들어서 알거나 스님들이 만들어 놓은 부처님의 각종 형상을 보고 알고 있는 것입니다. 그런데 부처님은 사람들이 만들어 놓은 각종 형상들은 진정한 부처님의 상이 아니기 때문에 볼 수 없다고 말씀하고 있는 것입니다.

    부처님은 모든 내면(內面)이나 외면(外面)의 모든 상(相)을 버리고 해탈(解脫)하여 부처가 되신 분이기 때문에 아무런 형상(形相)도 없습니다. 그러므로 불자들은 사람들이 만들어 놓은 부처님의 형상(形象)을 보고 부처님의 모습이라 알고 있는 것입니다. 때문에 부처님은 수보리를 통해서 부처님의 몸도 진정한 몸이 아니며 부처님의 각종 상(相)들도 진정한 상이 아니라고 가르쳐주고 있는 것입니다.

    그러므로 오늘날 불자들은 지금까지 듣고 보고 알고 있는 부처님의 몸과 각종형상들을 모두 벗어버려야 합니다. 그러면 부처님의 말씀을 통해서 부처님의 참모습을 보게 될 것입니다

21) 비설소설분(非說所說分)

설하는 사람이나 설할 바도 없다

21. 비설소설분(非說所說分):
설하는 사람이나 설할 바도 없다

須菩提 汝勿謂如來作是念 我當有所說法 莫作是念 何以故 若人 言如來有所說法 卽爲謗佛 不能解我所說故 須菩提 說法者 無法可說 是名說法 爾時 慧命 須菩提 白佛言 世尊 頗有衆生 於未來世 聞說是法 生信心不 佛言 須菩提 彼非衆生 非不衆生 何以故 須菩提 衆生衆生者 如來說 非衆生 是名衆生.

[번역] 수보리야. 네 생각으로 여래를 말하지 말라. 내가 법을 설했다는 생각을 하지 말라. 왜냐하면 만일 어떤 사람이 여래께서 법을 설했다고 한다면 곧 부처님을 비방하는 것이니 내가 말한 뜻을 이해할 수 없기 때문이니라. 수보리야 법을 설하는 자는 설할만한 법이 없음으로 그 이름을 법을 설한다 하느니라. 그때에 혜명(慧命) 수보리가 부처님께 말씀드렸다. 세존이시여. 어떤 중생이 오는 세상에 법문을 듣고 믿는 마음을 일으킬 수 있겠습니까? 부처님께서 이르시되 수보리야. 저들은 중생도 아니요, 중생 아님도 아니다. 왜냐하면 수보리야 중생, 중생이라 하는 자는 중생이 아니라고 여래가 설하였으며 그 이름만 중생이라 하기 때문이니라.

(1) 須菩提 汝勿謂如來作是念 我當有所說法 莫作是念 何以故 若人 言如來有所說法 卽爲謗佛 不能解我所說故 須菩提 說法者 無法可說 是名說法

수보리야. 네 생각으로 여래를 말하지 말라. 내가 법을 설했다는 생각을 하지 말라. 왜냐하면 만일 어떤 사람이 여래께서 법을 설했다고 한다면 곧 부처님을 비방하는 것이니 내가 말한 뜻을 이해할 수 없기 때문이니라. 수보리야 법을 설하는 자는 설할만한 법이 없음으로 그 이름을 법을 설한다 하느니라.

[해설] 비설소설(非說所說)이란 설(說)하는 사람도 없고 설(說)할 법도 없다는 뜻입니다. 즉 법(法)을 설할 때 내가 법을 설한다는 생각이나 설할 법이 없어야 한다는 것입니다. 부처님은 수보리에게 너는 "여래가 법(法)을 설했다는 생각을 하지 말라"고 하십니다. 왜냐하면 만약 어떤 사람이 여래가 법을 설(說)했다고 한다면 곧 부처님을 비방(誹謗)하는 것이니 그 사람은 내가 말한 뜻을 이해하지 못하기 때문이라고 말씀하고 있습니다. 이어서 부처님은 수보리에게 여래는 설할 법이 없기 때문에 그 이름만 법을 설한 것이라 말씀하고 있습니다. 즉 여래는 자아(自我)나 설할 만한

특별한 법이 있는 것이 아니라 법(法) 그 자체인데 사람들이 여래를 모르고 여래가 법을 설한다고 하면 그 것은 여래를 비방하는 것이라는 뜻입니다.

오늘날 대부분의 스님들은 불자들에게 설법(說法)을 하면서 내가 설법(說法)을 한다는 생각을 가지고 설법을 하며 또한 어떤 스님들은 설법(說法)을 하고 나서 잘했다고 자랑까지 하는 스님들도 있습니다. 이렇게 세속의 스님들은 자의식(自意識)이 있는 상태에서 세상에서 듣고 보고 얻은 법을 가지고 자랑스럽게 설법을 하고 있습니다. 그런데 여래는 세상의 법도 없고 자의식(自意識)도 없기 때문에 내게 법이 있다거나 내가 법(法)을 설한다는 생각을 할 수가 없는 것입니다. 때문에 만일 어떤 사람이 여래께서 법(法)을 설했다고 말한다면 그는 부처님을 비방(誹謗)하는 것이라고 말씀하시는 것입니다.

여래는 본래(本來) 우리와 같은 무명의 중생이 육바라밀(六波羅蜜)의 과정을 통해서 자아(自我)가 무아(無我)가 되고 무아(無我)가 진아(眞我)로 창조되어 부처가 되신 분입니다. 그런데 자아(自我)가 진아(眞我)로 창조되어 부처가 되는 것은 시대신(是大神)이신 반야(般若)의 가피(加被)와 은혜로 이루어지는 것입니다.

반야는 창조(創造)의 신(神)이며 중생들은 부처로 창조(創造)될 피조물(被造物)들입니다. 사람들이 중생들을 미물과 같은 존재라 말하는 것은 곧 피조물이라는 뜻입니다. 이렇게 부처님도 예외 없이 피조물의 신분으로 의반야바라밀다(依般若波羅蜜多)의 과정을 통해서 부처님으로 창조(創造)되신 것입니다. 그러므로 부처님 안에 계신 말씀은 반야(般若)의 말씀이며 반야의 말씀은 곧 부처님의 말씀입니다. 부처님을 법신(法身)이라 말하는 것은 바로 이 때문입니다.

(2) 爾時 慧命 須菩提 白佛言 世尊 頗有衆生 於未來世 聞說是法 生信心不 佛言 須菩提 彼非衆生 非不衆生 何以故 須菩提 衆生衆生者 如來說 非衆生 是名衆生.

그때에 혜명(慧命) 수보리가 부처님께 말씀드렸다. 세존이시여. 어떤 중생이 오는 세상에 법문을 듣고 믿는 마음을 일으킬 수 있겠습니까? 부처님께서 이르시되 수보리야. 저들은 중생도 아니요, 중생 아님도 아니다. 왜냐하면 수보리야 중생, 중생이라 하는 자는 중생이 아니라고 여래가 설하였으며 그 이름만 중생이라 하기 때문이니라.

[해설] 부처님께서 수보리를 주로 장로라고 말씀하셨는데 지금은 수보리를 혜명(慧命)이라 말하고 있습니다. 혜명(慧命)이라는 단어는 지혜와 생명이라는 뜻입니다. 그러므로 혜명(慧命) 수보리라는 것은 수보리에게 지혜와 생명이 있다는 의미를 담고 있는 것입니다. 혜명(慧命) 수보리는 부처님에게 어떤 중생이 오는 세상에 이 법문(法問)을 듣고 믿는 마음을 낼 이가 있겠느냐는 질문을 하고 있습니다. 왜냐하면 지금 부처님의 법문(法問)을 직접 듣고 있는 비구(比丘)들도 믿는 마음을 내기가 어려운데 내생(來生)에 존재할 중생들이 과연 이 법문을 듣고 믿는 마음을 낼 수 있을까하는 의구심(疑懼心) 때문입니다.

수보리의 질문에 부처님은 수보리에게 저들은 중생(衆生)도 아니요, 중생 아님도 아니라고 말씀하십니다. 그 이유는 사람들이 중생(衆生)이라 부르는 것은 여래가 말씀하는 중생이 아니라 그 이름만 중생이기 때문이라는 것입니다. 이 말은 사람들이 말하는 중생은 이름만 중생이지 속은 미물이나 짐승과 같은 존재라는 뜻입니다. 부처님의 법문을 듣고 믿는 마음을 낼 수 있는 중생은 육바라밀의 수행을 통해서 삼악도(三惡道) 곧 지옥계와 아귀계와 축생계를 벗어나 수라계에 들어간 자들입니다.

이렇게 아직 삼악도(三惡道)에 머물고 있는 중생들은 오는 세상에 부처님의 법문(法門)을 들어도 믿는 마음을 낼 수가 없다는 것입니다. 때문에 부처님께서 이런 중생들은 중생이라는 이름만 가지고 있을 뿐이며 오는 세상에 부처님의 말씀을 듣는다 해도 믿는 마음을 내지 못한다고 말씀하시는 것입니다. 이러한 미물(微物)과 같은 중생들은 내세(來世)뿐만 아니라 현세에서 부처님의 말씀을 직접 듣는다 해도 믿는 마음을 내지 못하는 것입니다.

왜냐하면 이런 자들은 외모(外貌)만 중생이지 내면은 미물이나 짐승과 같은 존재이기 때문에 부처님께서 이들은 중생이 아니라 이름만 중생이라고 말씀하시는 것입니다.

텅빈 가슴

그대의 조용하고
세미한 음성으로
나의 텅빈 가슴을
가득 채웠네

채워진 따뜻한 사랑으로
그대가 원하는 자의
텅빈 가슴을
채워주고 싶어서
오늘도 그대가 원하는 자를
기다리며 찾고 있다네

그대가 기다리는
텅빈가슴을...

22) 무법가득분(無法可得分)

가히 얻은 법이 없다

22. 무법가득분(無法可得分):
가히 얻은 법이 없다

　須菩提　白佛言　世尊　佛得阿耨多羅三邈三菩提　爲無所得耶　佛言　如是如是　須菩提　我於阿耨多羅三邈三菩提　乃至無有少法可得　是名阿耨多羅三邈三菩提.

　[번역] 수보리가 부처님께 말씀드렸다. 세존이시여, 부처님께서 아뇩다라삼먁삼보리(阿耨多羅三邈三菩提)를 얻었다는 것은 얻으신 바가 없다는 것이 아닙니까? 부처님께서 말씀하시되 그러하니라, 수보리야, 나는 아뇩다라삼먁삼보리(阿耨多羅三邈三菩提)나 어떤 조그마한 법도 실로 얻은 것이 없어서 그 이름을 아뇩다라삼먁삼보리(阿耨多羅三邈三菩提)라 하느니라.

　[해설] 무법가득(無法可得)이란 뜻은 실로 얻은 법이 없다는 뜻입니다. 여기서 말하는 법은 무상정등정각(無上正等正覺)인 아뇩다라삼먁삼보리(阿耨多羅三邈三菩提)를 말하는데 실로 얻은 법이 없다는 말씀은 아뇩다라삼먁삼보리(阿耨多羅三邈三菩提)는 듣고 보고 공부를 하거나 연구를 해서 얻어지는 것이 아니라는 뜻입니다.

수보리는 그동안 자신이 궁금하고 불분명했던 것을 확실하게 알기 위해서 부처님께 질문을 하고 있는 것입니다. 수보리는 부처님께 말씀드리기를 "아뇩다라삼먁삼보리(阿耨多羅三邈三菩提)를 얻으신 바가 없기 때문에 아뇩다라삼먁삼보리(阿耨多羅三邈三菩提)를 얻으신 것이 아니냐"고 질문을 하고 있습니다.

　부처님은 수보리에게 그렇다고 말씀하시면서 나는 아뇩다라삼먁삼보리(阿耨多羅三邈三菩提)나 그 외에 어떠한 작은 법도 얻은 것이 없기 때문에 그 이름을 아뇩다라삼먁삼보리(阿耨多羅三邈三菩提)라고 말한다고 말씀하고 있습니다. 그러면 부처님께서 아뇩다라삼먁삼보리(阿耨多羅三邈三菩提)를 얻은 바가 없는데 부처님 안에 있는 아뇩다라삼먁삼보리(阿耨多羅三邈三菩提)는 어떻게 생겨났을까요? 이런 말씀은 불자들이 이해하기 힘든 말씀이라 생각합니다. 그러나 부처님의 뜻과 마음을 알면 누구나 이해 할 수 있는 말씀입니다. 부처님께서 얻으신 아뇩다라삼먁삼보리(阿耨多羅三邈三菩提)는 불경을 열심히 듣고 보고 독송(讀誦)하여 지식적으로 안 것이 아니라 깨달음, 즉 반야(般若)로부터 낳음을 받아 나타난 지혜(智慧)입니다. 이렇게 시대신(是大神)이신 반야(般若)에 의해서 낳음으로 나타난 지혜

(智慧)이며 이 지혜를 영원불변(永遠不變)한 진리요 생명이라 말하는 것입니다. 아뇩다라삼먁삼보리(阿耨多羅三邈三菩提)는 불자들이 듣고 배우고 연구하여 알 수 있는 말씀이 아닙니다. 불자들이 듣고 공부하여 얻은 아뇩다라삼먁삼보리(阿耨多羅三邈三菩提)는 지식(知識)에 불과 하며 부처님께서 깨달아 얻은 아뇩다라삼먁삼보리(阿耨多羅三邈三菩提)가 곧 부처님의 지혜(智慧)인 것입니다.

이 때문에 부처님께서 나는 아뇩다라삼먁삼보리(阿耨多羅三邈三菩提)나 그 어떤 말씀도 얻은 바가 없다고 말씀하신 것입니다. 부처님 안에 있는 지혜는 생사(生死)의 윤회(輪廻)를 초월(超越)해 있는 반야(般若)의 생명을 말하고 있습니다. 그런데 불자들이 듣고 배워서 알고 있는 지식(知識)과 부처님 안에 있는 지혜(智慧)는 하늘과 땅같이 다른 것입니다. 왜냐하면 불자들이 지식으로 알고 있는 아뇩다라삼먁삼보리(阿耨多羅三邈三菩提)로는 중생들을 구제하거나 부처를 만들 수 없지만 부처님 안에 있는 아뇩다라삼먁삼보리(阿耨多羅三邈三菩提)는 중생들을 구제하고 깨닫게 하여 부처를 만들 수 있기 때문입니다.

이 때문에 오늘날 불자들은 오늘날 살아계신 생불(生佛)을 찾아서 그의 가르침을 받고 깨달아서 모두 부처가 되어야 하는 것입니다. 이것이 부처님이 오늘날 불자들을 향하신 부처님의 뜻이며 부처님의 바램입니다. 그런데 오늘날 스님들은 불자들에게 중생은 본래(本來) 부처라 가르치고 있습니다. 즉 중생(衆生)이 곧 부처이며, 부처가 곧 중생(衆生)이라는 것입니다. 과연 그럴까요?

그러면 중생이 모두 부처인데 불자들이 무엇 때문에 수억(數億)겁을 윤회(輪廻)하면서 힘들고 어려운 육바라밀(六波羅蜜)의 길을 걸어가며 해탈(解脫)을 해야 하나요? 만일 중생과 부처가 근본적(根本的)으로 다른데 오늘날 스님들이나 불교학자들이 중생과 부처는 같다고 가르친다면 거짓말을 하는 것이며 큰 죄를 범하고 있는 것입니다.

이 때문에 무지(無知)가 죄라고 말하는 것입니다. 중생과 부처는 근본적(根本的)으로 다릅니다. 왜냐하면 중생들은 육신의 생명으로 태어나지만 부처는 반야의 생명, 곧 진리에 의해서 지혜로 태어나기 때문입니다. 그런데 중생이 부처와 동일(同一)하다고 함부로 말하는 것은 부처님을 모독(冒瀆)하는 행위입니다. 왜냐하면 중생(衆生)은 탐, 진, 치의 존재로서 더럽고 추악한 육신의 존재이지만 부처님은 진리로서 깨끗하고 거룩하신 영원한 생명이기 때문입니다.

부처님은 지옥(地獄)계와 아귀(餓鬼)계에 있는 중생들

은 육적(肉的) 존재이며 축생(畜生)계와 수라(修羅)계에 있는 불자들은 혼적(魂的) 존재이며 인간(人間)계와 천상(天上)계에 있는 자들은 아라한(阿羅漢)의 존재라 말하고 있습니다. 이것은 성경에서 애굽땅에 존재하는 자들은 육적(肉的) 존재인 미물(微物)과 같은 존재이며 출애굽(출가)하여 광야로 나온 자들은 혼적(魂的)인 존재로 짐승과 같은 존재이며 가나안에 들어간 자들은 영적(靈的)존재들로 하나님의 아들이라 말하는 것과 동일합니다. 이렇게 중생과 부처는 물과 기름같이 전혀 다르며 중생이라 해도 다 같은 중생이 아니라 중생들의 상태에 따라 미물과 짐승들로 세분화(細分化) 되어 있습니다.

그런데 만일 부처님이 중생이 곧 부처라고 말씀하셨다면 그것은 중생과 부처가 동일(同一)하다는 뜻으로 말씀하신 것이 아니라 중생(衆生)도 해탈(解脫)하면 부처님과 같이 될 수 있다는 뜻으로 하신 말씀입니다. 이 말은 중생과 부처가 본래부터 따로 있는 것이 아니라 중생이 해탈(解脫)하면 누구나 부처가 될 수 있다는 뜻입니다.

그러므로 오늘날 불자들은 하루속히 육바라밀을 행하여 삼악도(三惡道)에서 벗어나 수라계(修羅界)와 인간계(人間界)를 거쳐 천상계(天上界)로 들어가 부처가 되어야 합니다.

23) 정심행선분(淨心行善分)

깨끗한 마음으로 선을 행하라.

23. 정심행선분(淨心行善分): 깨끗한 마음으로 선을 행하라

復次須菩提 是法 平等 無有高下 是名阿耨多羅三邈三菩提 以無我 無人 無衆生 無壽者 修一切善法 卽得阿耨多羅三邈三菩提 須菩提 所言善法者 如來說 卽非善法 是名善法.

[번역] 또 수보리야, 이 법은 평등하여 높고 낮음이 없음으로 그 이름을 아뇩다라삼먁삼보리(阿耨多羅三邈三菩提)라 하나니, 아상이 없고, 인상도 없고 중생상도 없고, 수자상도 없이 모든 선한 법을 닦으면 곧 아뇩다라삼먁삼보리(阿耨多羅三邈三菩提)를 얻느니라. 수보리야, 선법이라 말하는 것은 곧 여래가 설한 선법이 아니기 때문에 이름을 선법이라 하느니라.

[해설] 정심행선(淨心行善)이란 깨끗한 마음으로 선을 행하라는 뜻입니다. 이 말은 모든 상(相), 즉 아상(我相)과 인상(人相)과 중생상(衆生相)과 수자상(壽者相)을 버리고 선(善)한 일을 하라는 뜻입니다. 즉 선을 행하려면 먼저 사상(四相)을 버려야 하며 또한 내가 선을 행한다는 생각이나

선을 행함으로 복을 받는다는 마음을 가지고 선을 행하면 안 된다는 뜻입니다. 이렇게 모든 상(相)이나 욕심을 버리고 무주상(無住相) 보시(布施)를 행할 때 아뇩다라삼먁삼보리(阿耨多羅三藐三菩提)를 깨달을 수 있다는 것입니다.

부처님은 계속해서 수보리에게 아뇩다라삼먁삼보리(阿耨多羅三藐三菩提)에 대하여 말씀을 하고 있습니다. 부처님은 수보리에게 이 법은 평등하여 높고 낮음이 없음으로 아뇩다라삼먁삼보리(阿耨多羅三藐三菩提)라 말씀하시면서 이 법은 중생들이 아상(我相)을 버리고, 인상(人相)을 버리고, 중생상(衆生相)도 버리고, 수자상(壽者相)도 버리고 온갖 착한 법으로 마음을 닦으면 곧 아뇩다라삼먁삼보리(阿耨多羅三藐三菩提)를 얻게 된다고 말씀을 하십니다.

부처님께서 이 법, 즉 아뇩다라삼먁삼보리(阿耨多羅三藐三菩提)가 평등하여 높고 낮음이 없다는 뜻은 법(法)자체가 평등(平等)하다는 의미로 말씀하신 것이 아니라 아뇩다라삼먁삼보리(阿耨多羅三藐三菩提)는 높은 자나 낮은 자나 양반(兩班)에게나 천민(賤民)에게나 모두 평등(平等)하게 적용되어 어느 누구나 사상(四相)을 버리고 선을 행하면 깨달을 수 있다는 뜻으로 말씀하신 것입니다. 왜냐하면 아뇩다라삼먁삼보리(阿耨多羅三藐三菩提)는 불변(不變)의 진리로서 누구에게나 평등하기 때문에 사람에 따라 차별이나 편견이 있으면 안 되기 때문입니다.

이렇게 이 법은 만인(萬人)에게 평등하여 높은 자나 낮은 자나 귀인이나 천민(賤民)을 막론하고 아상(我相)을 버리고, 인상(人相)을 버리고, 중생상(衆生相)을 버리고, 수자상(壽者相)도 버리고 선을 행하며 마음을 닦으면 누구나 얻을 수 있는 법입니다. 문제는 중생들의 악한 마음을 착한 법으로 닦아야 한다는 것입니다. 그러면 부처님께서 말씀하시는 온갖 착한 법은 어떤 법을 말할까요? 만일 부처님께서 말씀하시는 착한 법을 모른다면 중생들의 악하고 더러운 마음을 닦을 수가 없습니다.

부처님께서 착한 법이라는 것은 여래께서 착한 법이 아니라 말씀하셨기 때문에 착한 법이라 말씀하고 있습니다. 이 말씀은 너무 이해하기 힘든 말씀입니다. 왜냐하면 여래께서 착한 법은 착한 법이 아니기 때문에 착한 법이라 말씀하시기 때문입니다. 이 말씀을 잘못 오해하면 착한 법에 반대되는 악한 법을 착한 법이라 착각할 수도 있습니다. 이렇게 부처님의 말씀은 모두 화두(話頭)로 되어 있기 때문에 무명의 중생들은 알 수가 없는 것입니다.

그러나 아무리 깊이 감추어져 있는 화두(話頭)의 말씀

도 아상(我相)을 버리고, 인상(人相)을 버리고, 중생상(衆生相)을 버리고, 수자상(壽者相)도 버리고 깊이 생각을 하면 알 수가 있는 말씀들입니다.

 부처님께서 말씀하시는 착한 법은 사성제와 팔정도(八正道) 그리고 해탈로 가는 육바라밀(六波羅蜜)이 모두 착하고 선한 법입니다. 그런데 만일 중생들이 사상(四相)이나 욕심을 버리지 않는다면 선(善)한 법도 악(惡)한 법이 되는 것입니다. 그러므로 중생들이 아상(我相)을 버리고, 인상(人相)을 버리고, 중생상(衆生相)을 버리고, 수자상(壽者相)도 버리고 착한 법으로 마음을 닦으면 누구나 아뇩다라삼먁삼보리(阿耨多羅三邈三菩提)를 얻어 부처가 된다는 것입니다.

 이렇게 부처님께서 말씀하시는 아뇩다라삼먁삼보리(阿耨多羅三邈三菩提)는 어느 누구에게나 평등(平等)하며 높음이나 낮음이 없기 때문에 중생들이 사상(四相)을 버리고 착한 법으로 마음을 닦으면 누구나 얻을 수 있다는 것을 가르쳐주는 말씀입니다.

눈물

가슴이 무너져 내리는 눈물은

하늘이 무너져 내리는

여름 장마비 같구나

비야 비야 어서 내려라

온 세상이 더러워진 것을

깨끗이 씻어주고

가슴에 앙금처럼 가라앉은

더러운 찌끼도

주룩주룩 흐르는 눈물로

깨끗이 씻어서

눈물도 아픔도 고통도 없는

새 하늘과 새 땅이 되어라

24) 복지무비분(福智無比分)

복과 지혜는 비교할 수 없다

24. 복지무비분(福智無比分):
복과 지혜는 비교할 수 없다

須菩提 若三千大千世界中 所有諸須彌山王 如是等七寶聚 有人 持用布施 若人 以此般若波羅蜜經 乃至四句偈等 受持讀誦 爲他人說 於前福德 百分不及一 百千萬億分 乃至算數譬喻 所不能及

[번역] 수보리야, 만약 어떤 사람이 삼천대천세계 가운데 있는 수미산 왕에 쌓여있는 모든 칠보로 보시를 하고 다른 사람은 이 반야바라밀다경이나 사구게만이라도 받아 지니고 읽고 외우며 다른 사람을 위해 설명해 준다면 그 사람이 받는 복덕에 비해 앞 사람이 받는 복덕은 백분의 일, 백천만억분의 일에도 미치지 못하며 산수의 비유로도 능히 헤아릴 수조차 없느니라

[해설] 복지무비(福智無比)란 복(福)과 지혜(智慧)는 비교할 수 없다는 말입니다. 이 말은 중생들이 바라고 원하는 세상의 복(福)은 아무리 많이 받아도 부처님의 말씀을 통해

서 얻는 지혜와는 비교조차 할 수 없다는 뜻입니다.

때문에 부처님께서 태산처럼 많이 쌓여 있는 금은보화(金銀寶貨)도 부처님의 말씀 몇 마디보다 못하다고 말씀하시는 것입니다. 부처님은 수보리에게 물질의 보시(布施)와 법 보시(布施)의 가치(價値)의 차이에 대해서 말씀해주고 있습니다. 부처님은 지금까지 물질로 하는 보시와 법(法)으로 하는 보시(布施)에 대해서 여러 차례 말씀을 하셨는데도 불구하고 다시 수보리에게 법 보시에 대해서 말씀하시는 것은 법을 보시하는 것이 얼마나 중요하고 가치가 있다는 것을 말씀하고 있는 것입니다.

부처님은 왕궁에서 태자로 태어나 세상의 부귀영화(富貴榮華)를 마음껏 누리면서 가난한 이웃들에게 물질의 보시(布施)를 마음껏 하며 살 수 있었지만 이를 마다하고 출가(出家)를 하여 부처가 되어 여생(餘生)을 오직 법(法)을 보시(布施)하는 삶을 사셨던 것은 법 보시가 얼마나 중요하다는 것을 대변해 주고 있는 것입니다. 부처님은 수보리에게 만일 어떤 사람이 삼천대천세계(三千大天世界) 안에 있는 모든 수미산(須彌山)들에 쌓여 있는 칠보(七寶)를 가지고 보시를 하고 다른 사람은 반야바라밀다경(般若波羅蜜多經)이나 혹은 사구게(四句偈)만이라도 받아 지니고 읽고 외우며 다른 사람에게 가르쳐준다면 그 사람 앞에 칠보로 보시한 사람이 받는 복덕(福德)은 백분의 일에도 미치지 못하며 천만억분의 일에도 미치지 못하고 나아가서는 산수(算數)나 비유로도 능히 헤아릴 수조차 없다고 말씀하십니다.

만일 부처님께서 중생들에게 수미산(須彌山)들과 같이 쌓여있는 칠보와 반야바라밀다경(般若波羅蜜多經)이나 사구게(四句偈)를 놓고 하나를 선택하라면 어느 것을 선택할까요? 이런 경우에 반야바라밀다경(般若波羅蜜多經)이나 사구게를 선택하는 중생은 천에 하나 만에 하나도 없을 것이라 생각합니다. 왜냐하면 중생들은 태어나면서부터 천성적(天性的)으로 오온(五蘊)과 탐,진,치로 쌓여진 육신(肉身)의 존재이기 때문입니다. 이것은 개나 돼지가 금은보화의 가치(價値)를 모르고 배설물이나 꿀꿀이죽만 좋아 하는 것과 같습니다. 그러면 부처님께서 말씀하시는 반야바라밀다경(般若波羅蜜多經)의 사구게(四句偈)는 어떤 말씀을 말하고 있을까요?

부처님이 말씀하신 사구게(四句偈)를 자세히 살펴보면 사성제(四聖諦)와 동일한 뜻을 가지고 있다는 것을 알 수 있습니다. 그러므로 사구게(四句偈)와 사성제(四聖諦)를 비교하여 다시 한번 살펴보기로 하겠습니다.

범소유상(凡所有相) 개시허망(皆是虛妄) 약견제상비상(若見諸相非相) 즉견여래(卽見如來): 무릇 상이 있는 것은 모두 허망한 것이니 만약 모든 상(相)이 상(相)이 아님을 바로 본다면 곧 여래(如來)를 볼 것이다.

고성제(苦聖諦): 중생들의 고통을 통해 진리로 인도하는 성스러운 진리

고성제(苦聖諦)는 중생들이 받는 모든 고통은 자신 안에 들어 있는 욕심 때문이라는 것을 가르쳐주는 말씀인데 이 욕심은 바로 범소유상(凡所有相) 개시허망(皆是虛妄), 즉 이 세상에 상이 있는 모든 것들은 모두 잠시 있다 없어질 허망한 것이라는 것을 모르기 때문에 상(相)에 집착(執着)을 하고 버리지 못하는 것입니다.

불응주색생심(不應住色生心) 불응주성향미촉법생심(不應住聲香味觸法生心) 응무소주 이생기심(應無所住 以生其心): 응당 색(물질)에 머물러서 마음을 내지 말며 응당 소리나 향, 맛, 감각, 법에 머물러서 마음을 내지 말 것이니 응당 머무는 바 없이 마음을 내어라.

집성제(集聖諦): 고통(苦)의 근원이 집착(執着)이라는 것을 가르쳐주는 성스러운 진리

집성제(集聖諦)는 중생들의 모든 고통이 집착(執着), 즉 욕심 때문이라는 것을 가르쳐주는 말씀인데 욕심은 바로 불응주색생심(不應住色生心) 불응주성향미촉법생심(不應住聲香味觸法生心), 곧 육경(六境)인 색성향미촉법(色聲香味觸法)에 집착(執着)하지 말라는 가르침을 모르기 때문에 나타는 것입니다.

약이색견아(若以色見我) 이음성구아(以音聲求我) 시인행사도(是人行邪道) 불능견여래(不能見如來): 만약 형상으로 나를 보거나 음성으로 나를 구하면 이 사람은 삿된 도를 행함이니 능히 여래를 보지 못한다.

멸성제(滅聖諦): 집착(執着)을 멸하는 길을 가르쳐주신 성스러운 진리

멸성제(滅聖諦)는 부처님께서 중생들 안에 자리 잡고 있는 욕심을 소멸하는 길을 가르쳐주신 진리인데 중생들이

욕심을 버리지 못하는 것은 바로 약이색견아(若以色見我) 이음성구아(以音聲求我), 즉 부처님의 말씀을 구하고 찾는 것이 아니라 부처님의 형상을 찾고 부처님의 음성을 구하려 하기 때문입니다. 이런 사람들은 모두 시인행사도(是人行邪道), 즉 부처님의 말씀을 저버리고 욕심을 채우려는 마음 때문이라는 것입니다.

일체유위법(一切有爲法) 여몽환포영(如夢幻泡影) 여로역여전(如露亦如電) 응작여시관(應作如是觀): 일체 현상계의 모든 생멸법(生滅法)은 꿈과 같고 환상(幻像)과 같고 물거품과 같고 그림자 같으며 이슬과 같고 번개와도 같으니 응당 이와 같이 관(觀)해야 한다.

도성제(道聖諦): 부처님의 말씀을 깨달아 성불할 수 있는 길을 가르쳐주신 진리

도성제(道聖諦)는 무명의 중생들이 부처님의 말씀을 통해서 성불할 수 있는 길을 가르쳐주신 말씀입니다. 그런데 수행하는 불자들도 진리를 깨닫지 못하는 것은 바로 일체유위법(一切有爲法) 여몽환포영(如夢幻泡影) 여로역여전

(如露亦如電), 즉 세속에서 잠시 있다 사라지는 세상의 모든 법(法)들은 꿈과 같고 환상(幻像)과 같고 물거품과 같고 그림자 같고 이슬과 같고 번개와 같다는 것을 모르고 비진리(非眞理)에 집착(執着)하고 있기 때문이라는 것입니다.

이상과 같이 사구게(四句偈)와 사성제(四聖諦)는 모두 무명의 중생들이 해탈하여 부처가 되는 길을 가르쳐주고 있습니다. 때문에 부처님은 수보리에게 어떤 사람이 삼천대천세계(三千大天世界) 안에 있는 모든 수미산(須彌山)에 쌓여 있는 칠보(七寶)를 가지고 보시(布施)를 하더라도 다른 사람이 반야바라밀다경(般若波羅蜜多經)의 사구게(四句偈)만이라도 받아 지니고 읽고 외워서 다른 사람에게 가르쳐준다면 이 사람의 복덕에 비해 앞 사람의 복덕(福德)으로는 백분지 일이나 백천만억분지 일에도 미치지 못하며 나아가서는 산수(算數)나 비유(譬喻)로도 능히 헤아릴 수 없다고 말씀하신 것입니다.

왜냐하면 수미산(須彌山)과 같이 많이 쌓여있는 칠보(七寶)로는 사람의 영혼을 구원하거나 살리지 못하지만 반야바라밀다경(般若波羅蜜多經)이나 혹은 사구게(四句偈)만이라도 가르쳐서 깨닫게 한다면 영원한 생명을 줄 수 있기 때문입니다.

    이렇게 부처님께서 가르쳐주신 사구게(四句偈)와 사성제(四聖諦)는 이 세상의 그 어느 것과도 비교할 수 없는 소중한 보물(寶物)입니다.

    그러므로 오늘날 불자들은 사구게(四句偈)와 사성제(四聖諦)를 수지독송(受持讀誦)하여 해탈(解脫)에 이르러야 하며 해탈(解脫)이 되면 이웃에 죽어가는 영혼들에게 사구게(四句偈)와 사성제(四聖諦)를 가르쳐서 해탈(解脫)에 이르도록 애써야 합니다. 이것이 바로 부처님께서 불자들을 향한 부처님의 뜻입니다.

사랑

당신의 따뜻한 사랑은
내 안에 들어오셔서
향기로운 제물이 되셨고
깊고 깊은 음부속 까지
내려가 사랑을 하셨습니다.

당신의 사랑의 빛은
사망의 그늘에 앉아 있는
나를 일으켜 세우고
당신의 따뜻한 사랑을
토설하게 하셨습니다.

당신의 향기로운 제물이
사랑을 만들고
사랑을 낳으셨습니다.

25) 화무소화분(化無所化分)

교화하되 교화하는 아(我)가 없다

25. 화무소화분(化無所化分):
   교화하되 교화하는 아(我)가 없다

　須菩提 於意云何 汝等 勿謂如來作是念 我當度衆生 須菩提 莫作是念 何以故 實無有衆生 如來度者 若有衆生 如來度者 如來卽 有我人衆生壽者 須菩提 如來說有我者 卽非有我 而凡夫之人 以爲有我 須菩提 凡夫者 如來說卽非凡夫 是名凡夫.

　[번역] 수보리야 너는 어떻게 생각하느냐? 너희들은 여래가 나는 마땅히 중생을 제도하리라는 생각을 한다고 말하지 말라. 수보리야, 그런 생각을 하지 말지니, 왜냐 하면, 실로 여래는 어떤 중생도 제도한 자가 없나니 만일 여래가 제도한 중생이 있다면, 여래는 곧 아상, 인상, 중생상, 수자상이 있다는 것이니라. 수보리야, 여래가 내가 있다고 말한 것은 곧 내가 있지 않음이거늘 범부들이 내가 있다고 하느니라. 수보리야, 범부라는 것도 여래가 설한 범부가 아니라 곧 이름이 범부니라.

　[해설] 화무소화(化無所化)란 중생을 교화(敎化)하되 교화(敎化)하는 아(我)가 없어야 한다는 뜻입니다.

이 말은 무명의 중생을 제도(濟度)하되 내가 중생을 제도(濟度)한다는 생각이 없어야 한다는 뜻입니다. 즉 중생을 제도(濟度) 할 때 사상(四相), 즉 아상(我相)이나 인상(人相)이나 중생상(衆生相)이나 수자상(壽者相)을 가지고 제도(濟度)하면 안 된다는 것입니다. 부처님은 수보리에게 너희들은 여래가 중생을 제도(濟度)한다는 생각을 가지고 제도(濟度)한다는 생각을 하지 말라고 말씀하십니다.

　왜냐하면, 여래는 어떤 중생도 제도(濟度)한 자도 없고 제도 했다는 생각이 없기 때문이라는 것입니다. 그런데 만일 여래가 중생을 제도(濟度) 한다는 생각을 가지고 중생을 제도(濟度)한다면, 그 여래는 곧 아상(我相), 인상(人相), 중생상(衆生相), 수자상(壽者相)을 가지고 있다는 것입니다. 이 말은 여래가 중생을 제도(濟度)한다는 생각을 가지고 중생을 제도한다면 그는 진정한 여래가 아니라는 뜻입니다. 왜냐하면 여래가 만일 중생을 제도(濟度)한다는 생각을 가지고 제도를 한다면 그 안에 아상(我相), 인상(人相), 중생상(衆生相), 수자상(壽者相)이 있기 때문이라는 것입니다.

　스님들이나 불자들은 자신 안에 아상과 인상과 중생상과 수자상을 가지고 있기 때문에 제도(濟度) 할 때 내가 중생을 제도한다는 생각을 가지고 하며 중생을 제도한 후에도 내가 중생을 제도했다는 자부심(自負心)을 가지고 있습니다. 그러나 여래 안에는 아상이나 인상이나 중생상이나 수자상이 없기 때문에 자신이 제도를 한다는 생각이나 혹은 중생을 제도했다는 생각을 할 수가 없습니다. 왜냐하면 여래(如來) 안에는 자아(自我)가 없기 때문입니다. 이 때문에 오늘날 불자들은 여래의 실체에 대해서 분명히 알아야 합니다.

여래는 무명(無明)의 중생이 진리로 말미암아 자아(自我)가 죽고 무아(無我)가 된 뒤 진아(眞我)로 해탈 되신 부처님을 말하므로 여래는 자아(自我), 즉 아상(我相)이나 인상(人相)이나 중생상(衆生相)이나 수자상(壽者相)이 없습니다. 만일 여래에게 자아, 즉 아상(我相)이나 인상(人相)이나 중생상(衆生相)이나 수자상(壽者相)이 조금이라도 남아 있다면 그는 진정한 여래가 아닙니다. 이 때문에 여래 자신은 제도(濟度)를 하지도 않고 제도를 할 수도 없는 것입니다.

여래가 중생을 제도하는 것은 오직 여래 안에 계신 진리, 곧 반야지(般若智)가 제도(濟度)하는 것이기 때문에 부처님께서 여래 안에는 자아(自我)가 없다는 것이며 아(我)가 없다는 것은 곧 진아(眞我)가 있다는 것입니다.

진아(眞我)는 곧 부처님을 말하는데 부처님이 내가 부

처라는 생각이나 진아(眞我)라는 생각이 조금이라도 남아 있다면 사상(四相)이 있다는 것이며 사상이 있다면 그는 부처가 아니라는 것입니다.

그러므로 여래가 하는 모든 일들은 여래가 하는 것이 아니라 여래 안에 계신 시대신(是大神)이신 반야(般若)가 하는 것입니다. 이렇게 무명(無明)의 중생들은 자신 안에 있는 자아(自我), 즉 아상(我相)과 인상(人相)과 중생상(衆生相)과 수자상(壽者相)을 가지고 있기 때문에 자신의 뜻을 이루기 위해 세상의 일을 하지만 여래는 사상(四相)이 떠난 진아(眞我)가 있기 때문에 천상(天上)의 일, 즉 반야(般若)의 일을 하는 것입니다.

이어서 부처님은 수보리에게 여래는 범부가 아닌 것을 범부(凡夫)라고 말씀하고 있습니다. 범부(凡夫)라는 뜻은 평범한 인간이라는 의미로 아직 무명(無明)가운데 있는 중생들을 가리켜 하는 말입니다. 그런데 여래는 범부(凡夫)가 그 안에 아(我)가 있고 사상(四相)이 들어있다면 아직 범부도 아니라고 말씀하고 있습니다.

왜냐하면 아직 아(我)가 있다면 범부(凡夫)가 아니라 지옥계(地獄界)나 아귀계(餓鬼界)에 있는 미물이나 짐승과 같은 존재이기 때문입니다.

여래는 이렇게 아직 삼악도(三惡道)에서 벗어나지 못한 상태에서 자신이 범부(凡夫)라 생각하고 있는 자는 진정한 범부(凡夫)가 아니라고 말씀하시는 것입니다. 그러므로 진정한 범부(凡夫)가 되려면 먼저 육바라밀의 수행을 통해서 삼악도(三惡道)에서 벗어나야 합니다.

26)
법신비상분(法身非相分)

법신은 상이 아니다

26. 법신비상분(法身非相分):
법신은 상이 아니다

須菩提 於意云何 可以三十二相 觀如來不 須菩提言 如是如是 以三十二相 觀如來 佛言 須菩提 若以三十二相 觀如來者 轉輪聖王 卽是如來 須菩提 白佛言 世尊 如我解佛所說義 不應以三十二相 觀如來 爾時 世尊 而說偈言 若以色見我 以音聲求我 是人行邪道 不能見如來.

[번역] 수보리야 너는 어떻게 생각하느냐 가히 삼십이상(三十二相)으로 여래를 볼 수 있겠느냐? 수보리가 말하되 그렇습니다. 삼십이상(三十二相)으로 여래를 볼 수 있습니다. 부처님이 말씀하시되 수보리야, 만일 삼십이상(三十二相)으로 여래를 볼 수 있다면 전륜성왕도 곧 여래라 하리라. 수보리가 부처님께 말씀드리되, 세존이시여, 제가 부처님이 말씀하시는 뜻을 알기로는 삼십이상(三十二相)으로는 여래를 볼 수 없습니다. 그때 세존께서 게송(偈頌)으로 말씀하시되 만일 색(色)으로 나를 보려거나 음성으로 나를 구하면 이 사람은 삿된 도를 행하는 사람이라, 능히 여래를 보지 못하리라.

[해설] 법신비상(法身非相)이란 법신(法身)은 상(相)이 아니라는 뜻인데 진정한 뜻은 법신(法身)은 상(相)으로 볼 수 없다는 뜻입니다. 즉 부처님은 외모(外貌)에 나타난 각종형상(形象)으로는 볼 수 없다는 말입니다. 부처님은 수보리에게 "삼십이상(三十二相)으로 여래(如來)를 볼 수 있느냐"라고 묻고 계십니다. 그런데 수보리는 의외로 삼십이상(三十二相)으로 여래를 볼 수 있다고 말씀을 드리고 있습니다. 수보리의 이 말에 부처님은 그러면 삼십이상(三十二相)을 갖추고 있는 전륜성왕(轉輪聖王)도 여래라 하느냐고 다시 질문을 하십니다.

부처님의 말씀에 수보리는 정신을 차리고 여래는 삼십이상(三十二相)으로는 볼 수 없다고 말씀드리고 있습니다. 이 말씀을 이해하려면 먼저 부처님이 말씀하시는 삼십이상(三十二相)에 대해서 알아야 합니다. 왜냐하면 삼십이상에 대해서 분명히 알지 못한다면 부처님이 말씀하신 뜻을 알수가 없기 때문입니다. 그러므로 이해를 돕기 위해 먼저 삼십이상(三十二相)에 대해서 말씀드리겠습니다. 삼십이상(三十二相)은 32대인상(大人相)이라고도 하는데 삼십이상(三十二相)은 위대한 인간이 가지고 있는 32가지 서상(瑞相)을 말합니다. 서상(瑞相)은 상호(相好)라고도 말하는데 서상(瑞相)이란 뜻은 위인이 갖추고 있는 뛰어난 특징을 말합니다. 즉 전륜성왕(轉輪聖王)이나 부처님의 신체에 갖추고 있는 32가지 특별한 표상을 말합니다. 전륜성왕은 실제 인물이 아니라 인도의 신화적(神話的)인 군주(君主)입니다. 인도에서 세속에 있는 사람이 32상을 갖추면 전륜성왕(轉輪聖王)이 되고 출가(出家)를 하여 수행(修行)을 하면 부처님이 된다고 말하고 있습니다. 그런데 삼십이상(三十二相)은 경전(經典)마다 조금씩 다르게 기록되어 있습니다.

　　이렇게 삼십이상(三十二相)은 부처님의 본래 모습이 아니라 전륜성왕(轉輪聖王)이 갖추고 있는 특징들을 부처님의 신체에 적용한 것이라 전해오고 있습니다. 즉 부처님의 삼십이상(三十二相)은 부처님의 참모습이 아니라는 것입니다. 그러나 사람들이 불상(佛像)을 조각(彫刻)할 때는 반드시 삼십이상(三十二相)을 근거로 하여 부처님을 만들고 있습니다. 문제는 이렇게 사람들이 만들어 놓은 부처님의 각종 형상들 때문에 불자들은 오늘날 생불(生佛)이 오셔도 알지 못하고 문전박대(門前薄待)를 한다는 것입니다. 이제 지금까지 불교에서 전통적(傳統的)으로 전수(傳受)되어 오고 있는 부처님의 삼십이상(三十二相)에 대해서 말씀드리겠습니다.

삼십이상(三十二相)

1) 두상(頭上)에 육계(六髻)가 있는데 육계는 머리를 틀어올린 여섯 개의 상투처럼 머리의 상단이 한층 더 올라 이중으로 되어 있는 상
2) 신체(身體)의 털이 모두 오른 쪽으로 말려 있거나 혹은 오른쪽으로 말린 두발(頭髮)을 가지고 있는 상
3) 앞이마가 평평하고 바른 상
4) 미간(眉間)에 하얗고 부드러운 털이 있고 눈썹이 오른쪽으로 말려 있는 상
5) 눈동자가 감청색이고 속눈썹이 소의 눈썹과 같은 상
6) 치아가 40개이며 이가 가지런하고 하얗게 빛나는 상(일반사람의 이는 32개임)
7) 이가 평평한 상(치열이 좋다는 뜻)
8) 이가 벌어지지 않아 틈새가 없는 상
9) 이가 하얗고 깨끗한 상
10) 최상의 미감(味感)을 가지고 있다는 상(타액으로 모든 맛을 좋게 만든다고 함)
11) 턱뼈가 사자의 턱뼈와 같다는 상
12) 혀가 길고 좁은 상. 부처님의 혀는 얇고 부드러우며 혀를

길게 내밀면 얼굴을 감싸고 혀끝이 귀의 가장자리에 까지 이른다고 함

13) 절묘한 음성을 가지고 있다는 상. 목소리가 맑으며 멀리까지 들린다는 것

14) 어깨의 끝이 매우 둥글고 풍만한 상(부처님의 힘이 강력하다는 뜻)

15) 일곱의 융기(隆起: 높이 들림)가 있는 상, 즉 양손, 두 발, 두 어깨, 머리가 남달리 크고 유연함

16) 두 겨드랑 아래의 살이 평평하고 원만한 상

17) 피부가 부드러우며 황금색이 나는 상

18) 양손이 길어 똑바로 서서 손을 내리면 무릎까지 내려오는 상

19) 상반신(上半身)이 사자와 같은 상(위풍당당한 모습으로 두려움이 없다는 것을 나타냄)

20) 신체(身體)가 건장하여 신장(身長)이 두 손을 펼친 길이와 같은 상

21) 모발(毛髮) 하나 하나가 모두 오른쪽으로 말려 있는 상

22) 신체의 털이 모두 위로 향해 있는 상

23) 남근(男根)이 몸의 내부에 감추어져 있는 상

24) 넓적다리가 둥글게 되어 있는 상

25) 발의 복사뼈가 밖으로 노출되어 있고 발등이 높고 유연한 상

26) 손발이 부드럽고 유연한 상

27) 손과 발가락 사이에 엷은 망이 붙어 있는 상, 즉 손과발가락 사이에 오리발처럼 갈퀴가 붙어 있다는 상

28) 손가락이 매우 긴 상

29) 손바닥에 고리표시가 있음. 즉 손바닥에 수레바퀴 같은 무늬가 있음

30) 발바닥이 평발과 같이 평평한 상

31) 발꿈치가 넓고 길며 풍만한 상

32) 종아리가 사슴의 다리와 같은 상. 즉 장딴지가 섬세하고 원만하여 사슴왕의 다리와 같다는 것을 말함

　　상기와 같이 삼십이상(三十二相)은 부처님이나 전륜성왕(轉輪聖王)과 같은 분들이 가지고 있는 특유(特有)한 상(相)을 말하고 있습니다. 그런데 삼십이상(三十二相)은 본래 부처님의 신체(身體)의 특유한 모습이 아니라 인도의 신화(神話)에 나오는 전륜성왕(轉輪聖王)의 신체에 갖추고 있는 32가지의 모습을 말한 것입니다. 이렇게 전륜성왕(轉輪聖王)은 인도의 역사 속에 실제 존재했던 인물이 아니라 신

화(神話) 속에 나오는 왕입니다. 인도인들이 전륜성왕(轉輪聖王)은 무력을 사용하지 않고 오직 정의(正義) 하나로 전 세계를 통일하여 온 세계민족들을 자비로운 마음으로 평화롭게 다스렸던 왕으로 모두가 존경하는 이상적(理想的)인 제왕(帝王)이라고 합니다.

　이렇게 지금 부처님이 말씀하시는 전륜성왕(轉輪聖王)이나 그 왕이 갖추고 있는 삼십이상(三十二相)은 모두 인도인들이 신화적(神話的)으로 만들어낸 것이며 실제 인물이 아니라는 것입니다. 우리나라도 옛날부터 전해오는 많은 신화(神話)들이 있는데 대표적으로 단군신화(檀君神話)와 박씨의 조상 박혁거세(朴赫居世)가 알에서 태어났다는 것들입니다. 신화(神話)란 모두 사람들이 만들어 낸 이야기입니다. 그런데 안타깝게도 불교는 사람들이 만들어낸 신화(神話) 속의 인물인 전륜성왕(轉輪聖王)의 삼십이상(三十二相)을 부처님의 몸에 적용(適用)시켜 기이(奇異)한 부처님을 만들어 놓고 섬기고 있다는 것입니다.

　오늘날 불교의 사찰(寺刹) 안에 모셔놓은 금부처님이나 돌부처님은 모두 전륜성왕(轉輪聖王)의 삼십이상(三十二相)을 근거로 조각(彫刻)하여 만들어 놓은 것들입니다. 그런데 이렇게 사람들이 조각(彫刻)하여 만들어 놓은 불상

(佛像)을 법당(法堂)에 모셔놓고 공양(供養)을 드리고 절을 하며 기도를 하고 있습니다. 그러나 사람들이 만들어 놓은 불상(佛像)은 공양을 드실 수도 없는 것은 물론 불자들이 하는 절이나 기도를 받으실 수가 없습니다. 왜냐하면 사람들이 만든 부처님은 생명이 없는 한낱 조각품에 불과 하기 때문입니다. 이 때문에 오늘날 스님들이나 불자들이 믿고 섬겨야할 부처님은 사람들이 만들어 놓은 불상이 아니라 오늘날 진리를 깨달아 부처님이 되신 산부처, 즉 생불(生佛)입니다. 그러므로 오늘날 스님들이나 불자들은 오늘날 살아계신 부처님을 찾기 위해서 부처님께 간절히 기도를 해야 합니다.

왜냐하면 오늘날 살아계신 생불(生佛)만이 불자들을 가르치고 깨닫게 하여 부처를 만들 수 있기 때문입니다. 오늘날 불자들이 분명히 알아야 할 것은 예전에 오셨던 부처님이나 오늘날 살아 계신 부처님의 몸은 우리 중생들의 몸과 조금도 다르지 않다는 것입니다. 단지 부처님이 우리 중생들과 다른 것은 부처님의 몸 안에 깨달은 진리, 즉 거룩하고 위대한 시대신(是大神)의 반야지(般若智)가 계시다는 것입니다.

부처님이 거룩하고 위대하다는 것은 부처님 육신이나

사람들이 만든 각종 형상(形象)들이 아니라 부처님 안에 있는 진리를 말합니다.

불자들이 공경하고 섬겨야 할 대상은 부처님 안에 계신 진리이지 부처님의 몸이 아닙니다. 왜냐하면 부처님의 육신은 배가 고프면 잡수셔야 하고 잡수시면 화장실에 가서 배설을 해야 하고 병이 들면 치료를 받아야 하는 몸이기 때문입니다. 이 때문에 부처님께서 춘다가 공양(供養)한 돼지고기를 잡수시고 토사곽란(吐瀉癨亂)이 나셔서 돌아가시게 된 것입니다. 불교에서 부처님은 신(神)이 아니라 인간이라 주장을 하는 것은 바로 이 때문입니다. 그러나 부처님 안에 있는 진리는 천상천하(天上天下)에 가장 위대하고 존귀하며 영원불변하는 진리요 생명입니다.

본문에 부처님께서 수보리에게 삼십이상(三十二相)으로 여래를 볼 수 있느냐고 묻고 계신데 수보리는 처음에 삼십이상(三十二相)으로 여래를 볼 수 있다고 말씀드리고 있습니다. 수보리의 이러한 대답에 부처님께서 수보리에게 만일 삼십이상(三十二相)으로 여래를 볼 수 있다면 전륜성왕(轉輪聖王)도 여래라 하지 않겠느냐는 것입니다. 수보리는 부처님의 이러한 말씀을 듣고 정신을 차려서 다시 부처님에게 말씀드리기를 "제가 부처님이 말씀하시는 뜻을 깨닫고 보니 삼십이상(三十二相)으로는 여래를 볼 수 없습니다" 라고 정정(訂正)하여 말씀드리고 있습니다.

왜냐하면 부처님의 몸은 육신(肉身)이 아니라 법신(法身)이기 때문에 외모로는 부처님의 참모습을 볼 수가 없는 것입니다. 부처님께서 삼십이상(三十二相)이 아니라 삼백이십상(三百二十相)을 가지고 있다 해도 부처님 안에 진리가 없다면 그 몸은 귀신(鬼神)이나 우상(偶像)단지에 불과합니다. 그러므로 부처님은 수보리에게 삼십이상(三十二相)으로는 여래를 볼 수 없다고 말씀하신 것입니다.

불자들이 오늘날 살아계신 부처님의 참 모습을 보지 못하는 것은 사람들이 삼십이상으로 만들어 놓은 신화적(神話的)인 부처님을 믿고 섬기고 있기 때문입니다. 그러므로 오늘날 불자들은 하루속히 신화적(神話的) 부처님을 모두 버리고 부처님이 말씀하시는 오늘날 생불(生佛)을 찾아 믿고 섬겨야 하는 것입니다. 이 때문에 부처님께서 수보리에게 게송(偈頌)으로 말씀하시는 것입니다.

약이색견아(若以色見我): 만일 나를 몸[外貌]으로 보려하거나 이음성구아(以音聲求我): 음성으로 나를 구하고 찾는 자는 시인행사도(是人行邪道): 삿된 도(道), 즉 비 진리를 쫓는 사람이기 때문에 불능견여래(不能見如來): 절대로 여래(如來)를 볼 수 없느니라.

상기의 게송(偈頌)과 같이 부처님을 외모(外貌)로 보는 자, 즉 부처님의 육신을 보는 자나 부처님의 말씀을 육적인 소리로 듣는 자들은 잘못된 길을 가는 자들이며 이런 자들은 절대로 부처님을 보거나 만날 수 없다는 것입니다.

부처님이 진리라고 말하는 것은 부처님의 몸이 진리라는 뜻이 아니라 부처님 몸 안에 계신 말씀이 진리라는 뜻입니다. 이렇게 부처님은 진리의 본체(本體)이시며 부처님 안에 계신 진리는 시대신(是大神)인 영원한 반야(般若)의 말씀이요 생명입니다.

27) 무단무멸분(無斷無滅分)

법은 끊어짐도 없고 멸함도 없다

27. 무단무멸분(無斷無滅分):
법은 끊어짐도 없고 멸함도 없다

須菩提 汝若作是念 如來 不以具足相故 得阿耨多羅三藐三菩提 須菩提 莫作是念 如來不以具足相故 得阿耨多羅三藐三菩提 須菩提 汝若作是念 發阿耨多羅三藐三菩提心者 說諸法斷滅 莫作是念 何以故 發阿耨多羅三藐三菩提心者 於法 不說斷滅相.

[번역] 수보리야 네가 만약 생각하기를 여래가 구족상을 갖추지 않았기 때문에 아뇩다라삼먁삼보리(阿耨多羅三藐三菩提)를 얻었다고 하겠느냐? 수보리야 여래는 구족상을 갖추지 않았기 때문에 아뇩다라삼먁삼보리(阿耨多羅三藐三菩提)를 얻었다는 생각을 하지 말라. 수보리야 너는 아뇩다라삼먁삼보리(阿耨多羅三藐三菩提)를 깨달은 자는 모든 법을 단멸하여 설한다는 생각을 하지 말라. 왜냐하면 아뇩다라삼먁삼보리(阿耨多羅三藐三菩提)를 깨달은 자는 법의 상을 단멸하여 설하지 않기 때문이다.

[해설] 무단무멸(無斷無滅)이란 부처님의 법은 끊어짐도

없고 소멸함도 없다는 뜻으로 법신비상분(法身非相分)에 계속되는 말씀입니다. 부처님은 법신비상분(法身非相分)에서 여래는 삼십이상(三十二相)을 통해서 볼 수 없다고 말씀을 하셨습니다. 그런데 부처님은 이어서 수보리에게 여래가 구족상(具足相)을 갖추고 있지 않기 때문에 아뇩다라삼먁삼보리(阿耨多羅三邈三菩提)를 얻었다고 생각하느냐고 말씀하시면서 너는 그런 생각을 하지 말라고 말씀하고 있습니다.

부처님께서 말씀하시는 구족상(具足相)은 곧 삼십이상(三十二相)을 말하고 있습니다. 그러므로 부처님께서 수보리에게 여래가 구족상을 갖추고 있지 않았기 때문에 아뇩다라삼먁삼보리(阿耨多羅三邈三菩提)를 얻은 것이 아니라고 말씀하시는 뜻은 구족상을 모두 버렸기 때문에 아뇩다라삼먁삼보리(阿耨多羅三邈三菩提)의 깨달음을 얻었다고 생각하지 말라는 뜻입니다. 왜냐하면 무명의 중생들은 여래가 구족상을 모두 갖추어서 아뇩다라삼먁삼보리(阿耨多羅三邈三菩提)를 얻었다면 구족상을 갖추는데 집착을 하고 구족상을 버렸기 때문에 아뇩다라삼먁삼보리(阿耨多羅三邈三菩提)를 얻었다면 버리는데 집착을 하기 때문입니다.

오늘날 중생들이나 불자들은 여래 안에 있는 진리보다

여래의 외모(外貌)에 많은 관심을 갖고 있습니다. 그런데 여래(如來)의 진정한 실체(實體)는 중생들의 눈으로 볼 수 없고 귀로 들을 수 없는 진리입니다. 때문에 스님들이나 불자들 중에 여래의 몸은 무시하고 진리에만 집착(執着)을 하는 사람들도 있습니다. 그러나 여래의 몸이 없다면 진리도 없다는 것을 알아야 합니다. 왜냐하면 아무리 좋고 귀한 보화가 있어도 담을 그릇이 없으면 소용이 없기 때문입니다. 여래의 몸은 진리를 담고 있는 귀한 그릇입니다. 불자들이 여래의 몸을 소중하게 여기는 것은 여래의 몸에 담고 있는 진리가 귀하기 때문입니다.

이렇게 여래 안에 있는 진리는 몸이 있기 때문에 존재하는 것이며, 만일 여래의 몸이 없다면 진리도 있을 수 없습니다. 그런데 스님들이나 불자들은 부처님께서 있다고 하면 있다는데 집착(執着)을 하고 없다고 하면 없다는데 집착(執着)을 합니다. 즉 여래의 몸이 소중하다면 몸에 집착을 하고 법(法)이 소중하다면 법에만 집착을 한다는 것입니다. 이 때문에 부처님께서 수보리에게 여래의 몸이나 법에 대한 집착을 모두 끊어 버려야 한다고 말씀하시는 것입니다.

부처님께서 말씀하시는 구족상(具足相)은 신무상(身無

相)이라고도 말하는데 신무상 역시 부처님이 갖추고 계신 32상을 말합니다. 그러므로 여래가 무상정등정각(無上正等正覺)인 아뇩다라삼먁삼보리(阿耨多羅三邈三菩提)를 깨달아 얻은 것은 구족상(具足相) 하고는 아무런 관계가 없다는 뜻입니다.

이어서 부처님은 수보리에게 너는 아뇩다라삼먁삼보리(阿耨多羅三邈三菩提)를 깨달은 자는 모든 법을 단절(斷絕)하거나 멸(滅)하여 설(說)한다고 생각을 하지 말라고 하십니다. 왜냐하면 아뇩다라삼먁삼보리(阿耨多羅三邈三菩提)를 깨달은 자는 법만이 법이 아니라 모든 삼라만상(森羅萬象)이 법이며 진리이기 때문에 모든 것을 포용하고 수용하고 이해하기 때문에 법(法)을 단절 할 것도 없고 멸할 것도 없는 것입니다.

즉 아뇩다라삼먁삼보리(阿耨多羅三邈三菩提)를 깨달은 자는 여래의 구족상(具足相)이나 법상(法相)을 이미 초월해 있기 때문에 법상(法相)이 있다거나 없다거나 혹은 옳다거나 그르다고 단정하여 설(說)하지 않는 다는 것입니다.

진실한 사랑

당신을 바라보고
당신의 이야기를 듣는 것이
당신의 마음을
담는 것인 줄 몰랐습니다

내 마음에
당신의 마음을 담으니
당신의 마음을
알 것 같습니다

당신의 마음을
읽고 아는 것이
진실한 사랑이라는 것을
시간이 흐른 뒤에야 느끼고

내 마음에 당신의 마음을
가득 채워가는 것이
진실한 사랑인 줄
이제야 알았습니다

28)
불수불탐분(不受不貪分)

보살은 복덕을 탐하거나 받지 않는다

28. 불수불탐분(不受不貪分): 보살은 복덕을 탐하거나 받지 않는다

 須菩提 若菩薩 以滿恒河沙等世界七寶 持用布施 若復有人 知一切法無我 得成於忍 此菩薩 勝前菩薩 所得功德 何以故 須菩提 以諸菩薩 不受福德故 須菩提 白佛言 世尊 云何菩薩 不受福德 須菩提 菩薩 所作福德 不應貪着 是故 說不受福德.

 [번역] 수보리야, 만약 보살이 이 항하의 모래수와 같이 많은 세계들을 칠보로 가득 채운 것을 가지고 보시를 행하고 만약 또 어떤 사람이 일체 법으로 내가 없는 것을 알고 인욕을 성취한다면 이 보살은 전보살 보다 얻는 공덕이 더 많으니라. 왜냐하면 수보리야 모든 보살들은 복덕을 받지 않기 때문이다. 수보리가 부처님께 말씀드렸다. 세존이시여 어찌하여 보살이 복덕을 받지 않는다 하십니까? 수보리야 보살은 지은 복덕을 응당 탐내거나 집착하지 않기 때문에 복덕을 받지 않는다고 말한 것이다.

 [해설] 불수불탐(不受不貪)이란 보살은 복덕을 탐(貪)하

거나 받으려 하지 않는다는 뜻입니다. 즉 보살은 보시를 함에 있어서 복덕을 받으려는 생각이나 공덕을 쌓으려는 마음을 가지고 보시를 하면 안 된다는 뜻입니다. 그런데 무명의 중생들은 물론 불자들이라 해도 보시를 하면서 복을 짓는다는 생각이나 공덕을 쌓는다는 생각을 하지 않고 보시를 하는 사람은 별로 없다고 생각합니다.

왜냐하면 불자들이 부처님을 믿고 절에 가는 목적이 대부분 부처님께 복을 받아 잘살려는 욕심으로 신행생활을 하기 때문입니다. 만일 불자들이 신행생활을 열심히 해도 부처님이 복을 주지 않는다거나 보시해도 복덕을 받지 못한다면 과연 절에 가거나 보시를 하는 사람이 얼마나 있겠습니까? 이렇게 오늘날 불자들의 신행생활이나 보시를 하는 목적은 부처님의 말씀을 통해서 진리를 깨달으려는 것보다 복을 받아 잘살려는 것입니다. 그런데 부처님은 항하의 모래와 같이 많은 칠보로 보시를 하는 사람보다 진리를 통해서 자신이 없는 줄 깨달아 지혜를 얻는 자의 공덕은 한량없이 더 크다는 것입니다.

왜냐하면 부처님께서도 조견오온개공(照見五蘊皆空), 자신이 무상한 존재라는 것을 밝히 보고 도일체고액(度一切苦厄)을 하여 부처가 되셨기 때문입니다. 때문에 부처님은 지금 수보리에게 만일 어떤 보살이 항하(恒河)의 모래수와 같이 수많은 세상에 귀한 칠보(七寶)를 가득 채워서 보시(布施)를 하고 또 다른 보살은 부처님의 말씀을 통해서 자신이 무아(無我)라는 것을 깨닫고 부처님의 지혜를 성취한다면 이 보살은 칠보(七寶)로 온 세상에 보시(布施)한 보살보다 공덕(功德)이 더 크다고 말씀을 하는 것입니다. 왜냐하면 보살들은 복덕을 받지 않기 때문이라고 말씀하십니다. 수보리는 부처님의 말씀이 잘 이해가 되지 않아 다시 질문을 하고 있습니다.

 수보리가 세존에게 말씀드리되 어찌하여 보살이 복덕을 받지 않는다 하십니까? 수보리의 질문에 부처님은 수보리에게 진정한 보살들은 자신이 지은 복덕을 탐하거나 복덕에 집착하지 않기 때문에 복덕을 받지 않는다는 것입니다. 부처님께서 이렇게 말씀하시는 이유는 깨달은 보살들은 영원한 복덕이 자신 안에 성취되어 이미 존재하고 있기 때문에 세상의 복덕을 탐할 필요가 없고 다시 받을 필요도 없기 때문입니다.

 부처님이 주시는 영원한 복덕은 세상의 썩어 없어질 복덕이 아니라 영원히 변치 않고 쇠(衰)하지 않는 복덕입니다. 이 복덕은 세상의 부귀영화(富貴榮華)가 아니라 영원한 부처님의 생명과 반야의 지혜를 말합니다.

　이 때문에 오늘날 불자들이나 수행자들도 세상의 썩어 없어질 복덕을 탐하거나 받으려 하지 말고 부처님께서 주시는 지혜와 영원한 생명을 얻기 위하여 구하고 찾아야 합니다. 그러면 부처님께서 소멸되지 않는 영원한 복덕, 즉 반야로부터 오는 지혜와 생명을 주실 것입니다.

흑 암

공허하고 혼돈된 마음이

입을 열때마다

어둡고 캄캄한 연기를 토설하며

주위를 흑암으로 몰아갑니다

두려움으로 가득찬

흑암의 세계를

광명한 불꽃으로 태워버리고

정돈되고 안정된

마음의 세계를 열어가며

아름다운 미래를 약속하면서

아름다운 세계를

창조해 갈 것입니다

29) 위의적정분(威儀寂靜分)

위의는 적정하다

29. 위의적정분(威儀寂靜分):
위의는 적정하다

　須菩提 若有人 言如來若來若去 若坐若臥 是人 不解我所說義 何以故 如來者 無所從來 亦無所去 故名如來.

　[번역] 수보리야 만일 어떤 사람이 여래가 오기도 하고 가기도 하고 앉기도 하고 눕기도 한다고 말하면 이 사람은 내가 말한 뜻을 알지 못한 것이다. 왜냐하면, 여래는 어디로부터 오는 바가 없고 또한 가는 바도 없기 때문에 그 이름을 여래라 하느니라.

　[해설] 위의적정(威儀寂靜)은 여래의 진 모습을 말씀하고 있는데, 여래는 오고 감이 없이 언제나 변함없이 항상 존재하고 있다는 뜻입니다. 오늘날 불자들은 부처님이 다시 오신다면서 앞으로 나타날 미륵불(彌勒佛)을 기다리고 있습니다. 이것은 기독교인들이 다시오실 재림예수를 기다리고 있는 것과 동일합니다.
　불교인들이 다시 오시는 미륵불을 기다리는 목적은 미

륵불이 오시면 중생들의 모든 업장들을 제거해주시고 해탈(解脫)시켜 부처를 만들어 주신다는 소망 때문입니다. 그런데 불자들은 다시오시는 미륵불을 믿고 기다리는 사람이나 또한 해탈의 소망을 가지고 기다리고 있는 불자는 찾아보기 힘들다는 것입니다. 왜냐하면 오늘날 불자들이 부처님을 믿는 목적이 해탈이나 성불이 아니라 오직 복을 받아 잘 살려는 목적이기 때문입니다. 즉 불자들은 다시오시는 미륵불(彌勒佛)에 대해서는 관심도 없고 기다리지도 않는다는 것입니다.

그러나 다시 오시는 미륵불(彌勒佛)이 오시지 않는다면 불자들이나 수행자들은 해탈(解脫)이 되거나 성불(成佛)은 될 수가 없습니다. 왜냐하면 불자들을 해탈시켜 부처를 만들 수 있는 분은 오직 살아계신 생불(生佛)이기 때문입니다. 그래서 불경을 통해서 미륵불을 알고 해탈의 소망을 가지고 있는 불자들은 다시 오실 부처님을 지금도 기다리고 있는 것입니다. 이렇게 미륵불(彌勒佛)을 기다리고 있는 불자들은 부처님이 전에 오셨다 가셨다고 말하며 떠나가신 부처님이 다시 오신다고 미륵불(彌勒佛)을 기다리고 있는 것입니다. 이렇게 미륵불을 기다리고 있는 불자들에게 다시 오시는 부처님의 진(眞) 모습을 알려주시기 위해서 부처님께서 수보리를 통해서 가르쳐 주고 있는 것입니다. 만일 이 말씀을 통해서 부처님의 참 모습을 알게 된다면 부처님을 만날 수 있고 해탈에 이를 수도 있습니다.

부처님은 수보리에게 만일 어떤 사람이 여래가 오기도 하고 가기도 하고 앉기도 하고 눕기도 한다고 말한다면 이 사람은 내가 말한 뜻을 알지 못함이라고 말씀하고 있습니다. 그러나 여래는 어디서 오지도 않고 가지도 않으며 앉지도 않고 눕지도 않으시며 항상 변함없이 지금도 존재하고 있다는 뜻입니다. 왜냐하면 부처님은 삼세(三世), 즉 과거세나 현재에나 미래에도 항상 계시기 때문입니다. 단지 불자들이 현재 살아계신 생불(生佛)이 앞에 계셔도 혜안(慧眼)이 없어서 보지 못하고 있을 따름입니다.

그러므로 오늘날 불자들이 오늘날 살아계신 부처님을 만나려면 사상(四相), 즉 그동안 불교에서 듣고 보고 공부한 모든 지식과 의식화(意識化)된 고정관념(固定觀念)을 모두 벗어버려야 합니다. 그러면 반드시 오늘날 살아계신 부처님을 볼 수 있고 알 수도 있고 해탈에 이를 수도 있습니다.

30) 일합리상분(一合里相分)

중생들이 부처와 융합(融合)하면 하나다

30. 일합리상분(一合里相分):
　　중생들이 부처와 융합(融合)하면 하나다

　須菩提 若善男子 善女人 以三千大千世界 碎爲微塵 於意云何 是微塵衆 寧爲多不 須菩提言 甚多 世尊 何以故 若是微塵衆 實有者 佛卽不說是微塵衆 所以者何 佛說微塵衆 卽非微塵衆 是名微塵衆 世尊 如來所說 三千大千世界 卽非世界 是名世界 何以故 若世界實有者 卽是一合相 如來說一合相 卽非一合相 是名一合相 須菩提 一合相者 卽是不可說 但凡夫之人 貪着其事.

　[번역] 수보리야 만일 어떤 선남자 선여인이 삼천대천세계(三千大天世界)를 부수어 가는 티끌로 만들었다면 너는 어떻게 생각하느냐 가는 티끌이 많다 하지 않겠느냐? 매우 많습니다. 세존이시여 왜냐하면 만일 이 티끌들이 실로 있는 것이라면 부처님께서 곧 티끌들이 많다고 말씀하지 아니하셨을 것입니다. 그 까닭은 부처님께서 티끌들이 많다고 말씀하신 것은 곧 티끌들을 말한 것이 아니라 곧 그 이름을 티끌들이라 말씀하셨기 때문입니다. 세존이시여 여래께서 말씀하신 삼천대천세계(三千大天世界)도 곧 세계가 아니라 그 이름을 세계라 하신

것입니다. 왜냐하면 만약 세계가 참으로 있는 것이라면 곧 일합상(一合相)인데 여래께서 말씀하신 일합상(一合相)은 곧 일합상(一合相)이 아니라 다만 그 이름을 일합상(一合相)이라 하기 때문입니다. 수보리야 일합상(一合相)자는 곧 가히 말할 수 없는 것인데 다만 범부(凡夫)의 사람들이 그 일에 탐착하는 것이니라.

(1) 須菩提 若善男子 善女人 以三千大千世界 碎爲微塵 於意云何 是微塵衆 寧爲多不 須菩提言 甚多 世尊 何以故 若是微塵衆 實有者 佛卽不說是微塵衆 所以者何 佛說微塵衆 卽非微塵衆 是名微塵衆 世尊 如來所說 三千大千世界 卽非世界 是名世界

수보리야 만일 어떤 선남자 선여인이 삼천대천세계(三千大千世界)를 부수어 가는 티끌로 만들었다면 너는 어떻게 생각하느냐 가는 티끌이 많다 하지 않겠느냐? 매우 많습니다. 세존이시여 왜냐하면 만일 이 티끌들이 실로 있는 것이라면 부처님께서 곧 티끌들이 많다고 말씀하지 아니하셨을 것입니다. 그 까닭은 부처님께서 티끌들이 많다고 말씀하신 것은 곧 티끌들을 말한 것이 아니라 곧 그 이름을 티끌들이라 말씀하셨기 때문입니다. 세존이시여 여래께서 말씀하신 삼천대천세계

(三千大天世界)도 곧 세계가 아니라 그 이름을 세계라 하신 것입니다.

[해설] 일합리상분(一合理相分)이란 여럿이 합하여 하나의 상(相)을 이루는 것을 말합니다. 즉 일합상(一合相)이란 중생들이 사는 이 세상은 인연에 따라 서로 연합(聯合)되어 만들어졌다는 뜻입니다. 그런데 부처님이 말씀하시는 일합상(一合相)은 그런 뜻으로 말씀하신 것이 아니라 중생이 진리와 융합(融合)하여 한 몸을 이룰 때 부처님과 같은 몸이 된다는 뜻으로 말씀하신 것입니다. 부처님은 수보리에게 법(法)을 설(說)하실 때 자주 삼천대천세계(三千大天世界)를 들어 말씀을 하고 계십니다. 그런데 삼천대천세계(三千大天世界)에 대해서 아직도 잘 모르는 불자들이 있어서 잠시 말씀을 드리겠습니다.

삼천대천세계(三千大天世界)를 줄여서 삼천세계(三千世界)라고도 하는데 삼천대천세계(三千大天世界)는 본래(本來) 불교에서 말하는 우주관(宇宙觀)이 아니라 고대 인도인들이 주장하던 우주관(宇宙觀)입니다.

소승불교(小乘佛敎)가 말하는 우주는 원반형의 풍륜(風輪) 수륜(水輪) 금륜(金輪)이 겹쳐서 공중에 떠있고, 그

금륜(金輪) 표면의 중앙에 수미산(須彌山)이 있다고 합니다. 그 수미산(須彌山)을 일곱겹의 산맥이 각각 바다를 사이에 두고 에워싸고 있으며 그 바깥에 네 개의 대륙이 있는데 그 중 하나인 염부제(閻浮提)에 인간들이 살고 있다고 합니다. 또한 수미산의 중턱에는 사천왕(四天王)이 있고 수미산의 정상에는 제석천(帝釋天)을 비롯한 33분의 천신(天神)이 살고 있다는 것입니다. 이곳을 33천 또는 도리천(道利天)이라고도 하는데 수미산(須彌山)의 공중에는 육욕천(六欲天)이 있고 그 위에는 범천(梵天)이 있다고 합니다.

　이와 같이 수미산을 중심으로 해와 달, 4대주와 육욕천(六欲天) 그리고 범천(梵天)을 합하여 하나의 세계라 말하는 것입니다. 이러한 세계가 1천개가 모인 것이 소천(小天)세계이며 소천세계가 1천개 모인 것이 중천(中天)세계이며 중천세계가 1천개가 모인 것이 대천세계(大千世界)라 합니다. 이러한 대천세계(大千世界)가 3천개가 모여 있는 곳을 삼천대천세계(三千大天世界)라 말하는 것입니다. 이렇게 삼천대천세계(三千大天世界)는 중생들이 상상조차 하기 힘든 큰 세계를 말하고 있습니다. 부처님은 이러한 삼천대천세계(三千大天世界)를 예를 들어 자주 말씀을 하고 있습니다.

지금 부처님은 수보리에게 어떤 선남 선여인이 이러한 삼천대천세계(三千大天世界)를 부수어 티끌을 만든다면 그 티끌들이 많다 하지 않겠느냐고 묻고 계신 것입니다. 수보리는 부처님께 당연히 그 티끌들은 매우 많겠다고 대답을 하고 있습니다. 그런데 수보리가 티끌이 많다고 한 것은 세존께서 말씀하신 티끌들은 진정한 티끌들이 아니라 이름만 티끌들이기 때문에 많다고 말씀드린 것입니다.

이 문제를 알려면 먼저 부처님이 말씀하시는 삼천대천세계(三千大天世界)와 티끌의 실체를 알아야 합니다. 왜냐하면 부처님께서 말씀하신 삼천대천세계(三千大天世界)와 티끌은 모두 화두로 말씀하셨기 때문입니다. 이 때문에 삼천대천세계(三千大天世界)와 티끌 속에 감추어진 비밀을 알지 못하면 이 말씀은 알 수가 없습니다. 문제의 핵심은 부처님께서 말씀하시는 삼천대천세계(三千大天世界)는 삼천대천세계를 말하는 것이 아니며 티끌도 티끌을 말씀하시는 것이 아니라는 것입니다. 그러면 부처님이 말씀하시는 진정한 삼천대천세계(三千大天世界)와 티끌은 과연 무엇을 말씀하고 있을까요?

부처님께서 말씀하신 삼천대천세계(三千大天世界)는 중생들이 알고 있는 색계(色界)가 아니라 중생들이 알 수 없고 볼 수도 없는 반야(般若)의 세계, 즉 진리의 세계를 말합니다. 그리고 삼천대천세계(三千大天世界)로 인해 부서진 티끌은 자아(自我)가 진리에 의해 부서지고 깨져서 무아(無我)가 된 중생들의 존재를 말하고 있습니다. 즉 부처님이 말씀하시는 삼천대천세계(三千大天世界)는 곧 진리를 말하며 티끌은 자아(自我)가 진리에 의해 무아(無我)가 된 인간의 존재를 말하고 있는 것입니다.

또한 삼천대천세계(三千大天世界)로 부수어 만든 티끌은 "많다"는 의미가 아니라 "소중하다" 혹은 "귀중하다"는 뜻입니다. 이 말은 태산처럼 쌓여 있는 수많은 쭉정이들보다 알곡 한 알이 더 소중하다는 뜻입니다. 이 때문에 수보리는 부처님께서 말씀하신 티끌은 중생들이 알고 있는 티끌이 아니라는 것을 이미 알고 티끌이 소중하다(많다)라고 대답을 한 것입니다. 부처님의 소망은 탐(貪), 진(瞋), 치(癡)때문에 죽어가는 무명의 중생들을 구원하여 진리를 통해서 모두 부처를 만드시려는 것입니다.

부처님은 진리를 깨달아 해탈하여 부처가 되신 후 그의 모든 여생(餘生)을 중생들을 구원하고 살려서 부처를 만드시는 일로 생(生)을 마치셨습니다. 이 때문에 부처님이 하시는 말씀들은 모두 중생들을 구원하고 살려서 부처를 만들기 위한 말씀으로 일관(一貫)되어 있습니다.

그런데 이러한 부처님의 뜻을 모르는 불교학자들은 부처님의 말씀을 자기 나름대로 해석(解釋)을 하여 시중에 해설서(解說書)를 펴내고 있으며 스님들은 이렇게 잘못된 해설서를 보고 불자들에게 설법(說法)을 하고 있는 실정입니다.

지금까지 불자들이나 수행자들이 열심히 공부를 하고 수행(修行)을 해도 해탈(解脫)이 되지 않는 것은 바로 이러한 이유 때문입니다.

(2) 何以故 若世界實有者 卽是一合相 如來說一合相 卽非一合相 是名一合相 須菩提 一合相者 卽是不可說 但凡夫之人 貪着其事.

왜냐하면 만약 세계가 참으로 있는 것이라면 곧 일합상(一合相)인데 여래께서 말씀하신 일합상(一合相)은 곧 일합상(一合相)이 아니라 다만 그 이름을 일합상(一合相)이라 하기 때문입니다. 수보리야 일합상(一合相)자는 곧 가히 말할 수 없는 것인데 다만 범부(凡夫)의 사람들이 그 일에 탐착하는 것이니라.

[해설] 이어지는 말씀은 만약 삼천대천세계(三千大天世界)가 참으로 있는 것이라면 곧 일합상(一合相)인데 여래께서 말씀하신 일합상(一合相)은 곧 일합상(一合相)이 아니라 다만 그 이름을 일합상(一合相)이라는 것입니다. 일합상(一合相)이란 중생들이 사는 이 세상은 인연에 따라 서로 연합(聯合)되어 만들어졌다는 뜻입니다. 그런데 부처님이 말씀하시는 일합상(一合相)은 그런 뜻으로 말씀하신 것이 아니라 중생이 진리와 융합(融合)하여 한 몸을 이룰 때 부처님과 같은 몸이 된다는 뜻으로 말씀하신 것입니다.

    불교에서 중생과 부처는 본래 하나라고 가르치고 있습니다. 즉 내가 곧 부처이며 부처는 곧 나라는 것입니다. 과연 그럴까요? 이러한 모순 때문에 지금 부처님께서 수보리를 통해서 일합리상(一合理相)에 대하여 말씀하시는 것입니다. 중생과 부처는 물과 기름처럼 다르고 하늘과 땅 같이 다릅니다. 왜냐하면 삼악도(三惡道)에 머물고 있는 무명(無明)의 중생들은 미물이나 짐승들이며 부처는 물론 인간도 아니기 때문입니다. 그러나 일합리상(一合理相)과 같이 중생들이 부처님의 말씀과 융합(融合)하여 진리로 하나가 된다면 부처님과 같은 몸이 될 수 있는 가능성을 가지고 있는 것입니다. 즉 무명의 중생이 본래 부처가 아니라 부처님의 말씀으로 해탈(解脫)하여 성불(成佛)을 한다면 부처님과 같은 몸이 될 수 있다는 것입니다.

이렇게 부처가 된다는 것은 힘들고 어려운 일인데 아무것도 모르는 범부(凡夫)들이 탐심과 욕심 때문에 부처와 나는 일합상(一合相), 즉 부처가 곧 중생이며 중생이 곧 부처라고 함부로 거짓말을 하는 것입니다. 즉 일합상(一合相)은 스님들도 감히 함부로 말할 수 없는 것인데 다만 범부(凡夫)들이 일합상(一合相)에 탐착하여 중생이 곧 부처라는 말을 한다는 것입니다.

그럼에도 불구하고 오늘날 불자들이나 스님들은 거침없이 중생들은 본래가 모두 부처라고 말합니다. 이 말은 무명의 중생이 육바라밀(六波羅蜜)을 통해서 해탈(解脫)하여 부처가 되는 것이 아니라 이미 태어날 때부터 부처이며, 전생부터 부처라는 뜻입니다.

결국 중생이 곧 부처라면 중생들도 본래 진리와 일합상(一合相)이 되어 태어났다는 것입니다. 이러한 일들은 오늘날 기독교에서도 동일하게 일어나고 있는데 그것은 하나님의 백성들은 태초에 하나님의 형상과 모양을 따라 지음을 받았기 때문에 본래 하나님이라고 주장하는 것과 또한 예수님이 십자가에서 우리의 죄를 모두 사해주셔서 예수를 믿기만 하면 누구나 하나님의 아들이 되었다고 주장하는 것과 같은 것입니다.

　이렇게 오늘날 스님들이나 불자들이 함부로 중생이 곧 부처라고 말하고 있기 때문에 부처님께서 이 말씀을 통해서 경고하시는 것입니다. 만일 불자들이 진정 진리와 일합상(一合相)이 된 부처라면 무명의 중생들을 진리와 융합(融合)시켜 부처를 만들 수 있어야 합니다.

　부처님께서 무명(無明)의 중생들을 말씀으로 해탈(解脫)을 시켜 부처를 만들 수 있었던 것은 진리와 연합(聯合)하여 일합상(一合相)이 되신 분이기 때문입니다.

나그네

온 곳을 알았다면
가기도 쉽건만

오고가는 이치를 모르니
항상 나그네러라

외롭고 고달파서 자신을 원망하니
은은히 들리는 소리
고향의 부름이라네

31) 지견불생분(知見不生分)

보고 아는 것을 내지 말라

31. 지견불생분(知見不生分): 보고 아는 것을 내지 말라

須菩提 若人 言佛說 我見 人見 衆生見 壽者見 須菩提 於意云何 是人 解我所說義不 不也 世尊 是人 不解如來所說義 何以故 世尊說 我見 人見 衆生見 壽者見 卽非我見 人見 衆生見 壽者見 是名我見 人見 衆生見 壽者見 須菩提 發阿耨多羅三邈三菩提心者 於一切法 應如是知 如是見 如是信解 不生法相 須菩提 所言法相者 如來說 卽非法相 是名法相.

[번역] 수보리야 만약 어떤 사람이 부처님께서 아견(我見) 인견(人見) 중생견(衆生見) 수자견을 말했다고 하면 수보리야 너는 어떻게 생각하느냐? 이 사람이 내가 말한 뜻을 아는 것이냐? 아닙니다. 세존이시여 그 사람은 여래께서 말씀하신 뜻을 알지 못하나이다. 무슨 까닭인가 하면, 세존께서 말씀하신 아견, 인견, 중생견, 수자견은 곧 아견, 인견, 중생견, 수자견이 아니며 그 이름이 아견, 인견, 중생견, 수자견이기 때문입니다. 수보리야 아뇩다라삼먁삼보리의 마음을 낸 이는 온갖 법에 대하여 마땅히 이렇게 알며 이렇게 보며 이렇게 믿고 깨달아서

법상을 내지 말아야 하느니라. 수보리야 법상이라 말하는 자는 곧 여래가 설한 법상이 아니라 그 이름만 법상이라 하는 것이다.

(1) 須菩提 若人 言佛說 我見 人見 衆生見 壽者見 須菩提 於意云何 是人 解我所說義不 不也 世尊 是人 不解如來所說義 何以故 世尊說 我見 人見 衆生見 壽者見 卽非我見 人見 衆生見 壽者見 是名我見 人見 衆生見 壽者見

수보리야 만약 어떤 사람이 부처님께서 아견(我見) 인견(人見) 중생견(衆生見) 수자견을 말했다고 하면 수보리야 너는 어떻게 생각하느냐? 이 사람이 내가 말한 뜻을 아는 것이냐? 아닙니다. 세존이시여 그 사람은 여래께서 말씀하신 뜻을 알지 못하나이다. 무슨 까닭인가 하면, 세존께서 말씀하신 아견, 인견, 중생견, 수자견은 곧 아견, 인견, 중생견, 수자견이 아니며 그 이름이 아견, 인견, 중생견, 수자견이기 때문입니다.

[해설] 지견불생(知見不生)이란 말은 듣고 보고 공부하여 알고 있는 지식(知識)을 가지고 말하지 말라는 뜻입니다. 오늘날 스님들은 불교대학이나 선방(禪房)을 통해서 가르

침을 받은 지식(知識)을 가지고 부처님의 말씀을 아는 것처럼 불자들을 가르치거나 설법(說法)을 하고 있습니다. 때문에 부처님은 사람을 통해서 배운 학문(學文)이나 지식(知識)은 아는 것이 아니며 그 지식(知識)을 깨달아 아는 지혜(智慧)가 곧 아는 것이라는 것을 가르쳐주시는 것입니다.

부처님은 수보리에게 "만약 어떤 사람이 사상(四相)에 대한 소견(所見), 즉 아견(我見), 인견(人見), 중생견(衆生見), 수자견(壽者見)을 아는 것처럼 말했다고 하면 이 사람이 내가 말한 뜻을 아는 것이냐"라고 묻고 계십니다. 이에 수보리는 아니라고 하면서, 세존이시여, 그 사람은 여래께서 말씀하신 뜻을 알지 못한다고 말씀드리고 있습니다. 왜냐하면, 이 사람이 알고 있는 사견(四見), 즉 아견(我見), 인견(人見), 중생견(衆生見), 수자견(壽者見)은 부처님이 말씀하신 진정한 사견(四見)이 아니라 단지 그 이름만 아견(我見), 인견(人見), 중생견(衆生見), 수자견(壽者見)이라 알고 있기 때문이라는 것입니다.

이 말은 수박의 겉만 알고 속 내용은 모르는 사람과 같이 아견(我見), 인견(人見), 중생견(衆生見), 수자견(壽者見)을 단지 지식적으로 알고 있을 뿐 부처님이 말씀하신 깊은 뜻은 모른다는 뜻입니다. 오늘날 스님들이나 불교학자들이 사상(四相)에 대하여 공부하고 연구해서 자신이 본 견해(見解), 즉 아견(我見), 인견(人見), 중생견(衆生見), 수자견(壽者見)을 아는 것처럼 혹은 깨달은 것처럼 가르치고 설법(說法)을 하고 있습니다. 그런데 지금 부처님은 이렇게 공부하고 연구하여 지식으로 알고 있는 아견(我見), 인견(人見), 중생견(衆生見), 수자견(壽者見)은 부처님이 가르쳐주신 진정한 사견(四見)이 아니라는 것입니다.

　부처님이 말씀하시는 진정한 아견(我見), 인견(人見), 중생견(衆生見), 수자견(壽者見)은 부처님의 말씀을 통해서 깨달아 반야(般若)의 지혜(智慧)를 가지고 보고 알고 있는 부처님들만이 알고 있는 것입니다. 이렇게 부처님께서 말씀하시는 말씀은 모두 화두(話頭)로 되어있기 때문에 무명(無明)의 중생들은 부처님의 말씀을 아무리 듣고 열심히 공부를 한다 해도 부처님의 깊은 뜻을 알 수가 없는 것입니다.

　그러면 이제 사상(四相)에 대한 아견(我見), 인견(人見), 중생견(衆生見), 수자견(壽者見)에 대해서 알아보기로 하겠습니다.

사견(四見)

가) 아견(我見): 아견(我見)은 자기 자신에 집착된 편협(偏狹)한 견해(見解)로 자신을 영원한 존재로 착각하는 견해를 말합니다. 즉 자신이 오온(五蘊)의 일시적인 인연으로 화합하여 생긴 무상한 존재라는 것을 모르고 영원한 실체처럼 착각을 하는 견해(見解)입니다. 그러나 영원한 존재는 오직 해탈하여 성불하신 부처님의 생명입니다.

나) 인견(人見): 인견(人見)은 위인(偉人)의 견해(見解)라고도 말하는데 인간은 만물 가운데 가장 위대하고 잘났다고 하는 견해입니다. 이러한 잘못된 견해는 중생들이 미물이나 짐승과 같이 삼악도에서 윤회하고 있는 존재라는 것을 모르기 때문에 나타나는 현상입니다.

다) 중생견(衆生見): 중생견(衆生見)은 중생들은 어느 누구나 모두 동일하다는 잘못된 견해입니다. 즉 중생이 부처이며 부처가 곧 중생이라는 잘못된 견해로 중생과 부처를 동일하다고 주장하고 있는 것을 말합니다. 그러나 부처님께서 육바라밀(六波羅蜜)을 통해서 말씀하신 바와 같이 중생들도 모두 동일한 존재가 아니라 각 사람의 상태에 따라 지옥(地獄), 아귀(餓鬼), 축생(畜生), 수라(修羅), 인

간(人間)으로 분리되어 있습니다. 이렇게 중생들도 자신의 상태에 따라서 각기 다른데 부처님과 중생을 동일시하는 것은 부처님에 대한 모독이며 범죄행위입니다.

라) 수자견(壽者見): 수자견(壽者見)이란 자신의 수명(壽命)이나 운명(運命)은 태어날 때 이미 정해져 있다고 생각하는 견해(見解)를 말합니다. 즉 사람이 죽고 사는 것이나 잘 살고 못사는 것이 모두 자신이 타고난 사주팔자(四柱八字)에 있다고 주장하는 견해입니다. 이것은 우주만물과 인간들의 생사화복(生死禍福)이 모두 시대신(是大神)이신 반야(般若)의 주관 하에 있다는 것을 모르기 때문에 나타나는 현상입니다.

이상과 같이 불자들이나 스님들이 알고 있는 사견(四見)은 세상에서 듣고 배운 지식을 통해서 보는 견해(見解)입니다. 그런데 견해(見解)는 자신의 관념 즉 자신 안에 인식(認識)된 고정관념(固定觀念)에서 나오는 것입니다. 이렇게 중생들이 가지고 있는 아견(我見), 인견(人見), 중생견(衆生見), 수자견(壽者見)은 세상에서 듣고 보고 배워서 알고 있는 관념(觀念)들이 고정관념(固定觀念)이 되어 사상(四相)을 만들어 내는 것입니다.

그러므로 중생들이 가지고 있는 사견(四見)은 모두 세상에서 듣고 배운 지식(知識)이며 지혜(智慧)가 아닙니다. 때문에 수보리는 부처님에게 중생들이 알고 있는 아견(我見), 인견(人見), 중생견(衆生見), 수자견(壽者見)은 진정한 사견(四見)이 아니라 이름만 아견(我見), 인견(人見), 중생견(衆生見), 수자견(壽者見)이라고 말씀드리고 있는 것입니다.

(2) 須菩提 發阿耨多羅三邈三菩提心者 於一切法 應如是知 如是見 如是信解 不生法相 須菩提 所言法相者 如來說 卽非法相 是名法相.

수보리야 아뇩다라삼먁삼보리의 마음을 낸 이는 온갖 법에 대하여 마땅히 이렇게 알며 이렇게 보며 이렇게 믿고 깨달아서 법상을 내지 말아야 하느니라. 수보리야 법상이라 말하는 자는 곧 여래가 설한 법상이 아니라 그 이름만 법상이라 하는 것이다.

[해설] 부처님께서 수보리에게 아뇩다라삼먁삼보리(阿耨多羅三邈三菩提)의 마음을 낸 이는 온갖 법(法)에 대하여

마땅히 이렇게 알며 이렇게 보며 이렇게 믿고 깨달아 아무런 법상(法相)도 내지 말아야 한다고 말씀하고 있습니다.

즉 아뇩다라삼먁삼보리(阿耨多羅三邈三菩提)를 깨달은 자는 사상(四相)이나 사견(四見)을 가지고 법상(法相), 즉 부처님의 말씀을 내지 말라는 것입니다. 왜냐하면 아뇩다라삼먁삼보리(阿耨多羅三邈三菩提)의 마음을 낸 자가 사상(四相)이나 사견(四見)을 가지고 중생들에게 부처님의 말씀을 전하거나 가르치면 절대로 안 되기 때문입니다. 만일 아뇩다라삼먁삼보리(阿耨多羅三邈三菩提)의 마음을 낸 자가 사상(四相)을 가지고 중생들을 가르치면 진리가 비진리가 되어 오히려 해가 되는 것입니다.

그러므로 부처님께서 수보리에게 법상(法相)이라 말하는 자는 곧 여래가 설(說)한 법상(法相)이 아니라 그 이름만 법상(法相)이라 말씀하고 있는 것입니다. 이 말씀은 아직 깨닫지 못한 자가 전하는 부처님의 말씀은 진정한 부처님의 말씀이 아니라 이름, 즉 겉만 부처님의 말씀이라는 것입니다. 그러면 여래가 말씀하시는 진정한 법상(法相)은 어떤 말씀을 말하고 있는 것일까요?

여래가 말씀하시는 진정한 법상(法相)은 오늘날 아뇩다라삼먁삼보리(阿耨多羅三邈三菩提)를 깨달아 부처님이 되신 생불(生佛)의 입에서 나오는 말씀을 말하고 있습니다.

    왜냐하면 오늘날 불자들을 제도(濟度)하여 부처를 만들 수 있는 분은 스님들이나 절에 모셔놓은 불상이 아니라 현재 살아계신 부처님이시기 때문입니다.

32) 응화비진분(應化非眞分)

응화신은 진정한 법신이 아니다

32. 응화비진분(應化非眞分): 응화신은 진정한 법신이 아니다

　須菩提 若有人 以滿無量阿僧祇世界七寶 持用布施 若有善男子善女人 發菩薩心者 持於此經 乃至四句偈等 受持讀誦 爲人演說 其福勝彼 云何爲人演說 不取於相 如如不動 何以故 一切有爲法 如夢幻泡影 如露亦如電 應作如是觀 佛說是經已 長老須菩提 及諸比丘 比丘尼 優婆塞 優婆夷 一切世間 天人 阿修羅 聞佛所說 皆大歡喜 信受奉行.

　[번역] 수보리야 만약 어떤 사람이 한량없는 아승지 세계에 가득찬 칠보를 가지고 보시를 하고 만약 어떤 선남자 선여인이 보살의 마음을 내어 이경을 지니고서 사구게 만이라도 받아 지니고 독송하여 다른 사람을 위해 설명해주면 그 복이 앞에 사람 보다 더 뛰어나니라. 그러면 다른 사람을 위해 어떻게 설법해야 하는가? 상을 취하지 말고 변함이 없고 흔들리지 않아야 하느니라. 왜냐하면 일체 유위의 법은 꿈과 같고 환상과 같고 물거품 같고 그림자 같고 이슬과 같고 번개와 같으니 마땅히 이렇게 보아야 하느니라. 부처님께서 이 경의 말씀을 마

치시니 장로 수보리와 여러 비구와 비구니와 우바새와 우바이와 모든 세간 사람과 하늘사람과 아수라들이 부처님의 법문을 듣고 모두 다 크게 기뻐하며 믿고 받들어 봉행하였습니다.

(1) 須菩提 若有人 以滿無量阿僧祗世界七寶 持用布施 若有善男子善女人 發菩薩心者 持於此經 乃至四句偈等 受持讀誦 爲人演說 其福勝彼.

수보리야 만약 어떤 사람이 한량없는 아승지 세계에 가득찬 칠보를 가지고 보시를 하고 만약 어떤 선남자 선여인이 보살의 마음을 내어 이경을 지니고서 사구게 만이라도 받아 지니고 독송하여 다른 사람을 위해 설명해주면 그 복이 앞에 사람보다 더 뛰어나니라.

[해설] 응화비진(應化非眞)이라는 뜻은 부처나 보살이 중생을 제도(濟度)하기 위해 때에 따라 여러 모양으로 나타나는데 이는 진여(眞如)의 법신(法身)이 아니라는 뜻입니다. 즉 불자들이 참선을 할 때나 곤경에 처해 있을 때 환상이나 꿈속에서 나타나는 부처님이나 이적(異蹟)들은 진정한 부처님의 법신(法身)이 아니라는 것입니다.

그럼에도 불구하고 어떤 스님들은 기도할 때 부처님의 환상(幻像)을 보았다는 것을 자랑하며 불자들은 기도할 때 부처님께서 어려운 문제를 해결해 주셨다고 기뻐하는 것을 볼 수 있습니다.

금강경의 마지막 부분인 응화비진분(應化非眞分)은 부처님의 결론적인 말씀입니다. 부처님은 금강경의 사구게(四句偈)만이라도 받아 지닌다면 그 복덕(福德)이 한량없이 크다는 말씀을 여러 번 말씀하셨습니다. 그런데 부처님께서 마지막 결론도 한량없는 아승지(阿僧祇) 세계에 쌓인 칠보(七寶)로 보시하는 사람이 받는 복덕보다 이 경(經)을 수지독송(受持讀誦)하여 사구게(四句偈)만이라도 다른 사람에게 전해 주는 사람의 복덕이 더 크다고 거듭 말씀하고 있습니다. 부처님께서 말씀하시는 아승지(阿僧祇)는 아승기라고도 하는데 아승지(阿僧祇)는 인도에서 무한대(無限大)의 수(數)나 양(量)으로 계산할 수 없는 무한대(無限大)의 양(量)을 나타내는 말입니다. 즉 아승지(阿僧祇)의 세계는 인간으로는 알 수도 없고 볼 수도 없고 헤아릴 수조차 없는 세계를 말합니다.

그런데 부처님은 지금 수보리에게 이러한 아승지(阿僧祇)세계에 쌓여 있는 칠보로 보시하는 사람보다 부처님의 말씀을 읽고 외워서 사구게(四句偈)만이라도 남에게 가르쳐주는 사람의 복덕(福德)이 더 크다고 말씀하십니다. 이것은 세상의 물질로 보시(布施)하는 것보다 부처님의 말씀으로 법(法)을 보시(布施)하는 것이 얼마나 가치가 있고 소중하다는 것을 가르쳐 주시는 것입니다. 왜냐하면 세상에서 소외(疏外)되어 병들고 가난한 사람들에게 물질로 보시하는 것은 이 세상 살 동안 잠시 도움을 주는 것이지만 부처님의 말씀으로 보시(布施)하는 것은 이 세상 살 동안은 물론 사후(死後)에도 도움이 되기 때문입니다.

즉 물질의 보시는 육신(肉身)에 도움을 주는 것이며 법(法) 보시(布施)는 영혼(靈魂)을 살려서 영원한 생명을 주는 것입니다. 부처님께서 이 세상에 오신 것은 육신이 가난한 자들을 돕기 위해 오신 것이 아니라 죽어가는 영혼을 구원하여 영원한 생명을 주시기 위해서 오신 것입니다. 이렇게 죽어가는 영혼을 구원하는 것은 물질이 아니라 바로 부처님의 말씀이며 부처님의 법입니다. 이 때문에 부처님은 세상의 부귀영화(富貴榮華)를 모두 버리고 출가(出家)를 하신 것이며 해탈(解脫)하여 성불(成佛)하신 후에는 여생(餘生)을 모두 법을 보시하여 수많은 중생들의 영혼을 제도(濟度)하신 것입니다. 또한 부처님의 말씀을 통해서 해탈한 부처님의 제자들도 모두 부처님의 뜻에 따라 죽어가는 영혼을 구원하여 살리는 일을 하신 것입니다.

(2) 云何爲人演說 不取於相 如如不動 何以故 一切有爲法 如夢幻泡影 如露亦如電 應作如是觀

그러면 다른 사람을 위해 어떻게 설법해야 하는가? 상을 취하지 말고 변함이 없고 흔들리지 않아야 하느니라. 왜냐하면 일체 유위의 법은 꿈과 같고 환상과 같고 물거품 같고 그림자 같고 이슬과 같고 번개와 같으니 마땅히 이렇게 보아야 하느니라.

[해설] 상기의 말씀은 부처님께서 보살의 마음을 낸 자가 이경을 받아 지니고 사구게(四句偈) 만이라도 다른 사람을 위해서 설명해 줄 때 어떠한 마음자세를 가져야 하는가를 가르쳐주시는 것입니다. 부처님의 말씀을 전하는 자는 상을 취하지 말고 마음이 변함이 없어야 하고 조금도 흔들리지 않아야 한다는 것입니다. 그런데 제일 중요한 것은 상(相), 즉 법상(法相)을 취하지 말라는 것입니다. 부처님께서 취하지 말라는 법상은 비진리, 즉 아직 깨닫지 못한 스님들

이 전하는 말씀이나 불교에서 전통적으로 내려오는 각종 교리와 제도들을 말하고 있습니다.

왜냐하면 이러한 모든 유위법(有爲法)은 꿈과 같고 환상과 같고 물거품 같고 그림자 같고 이슬과 같고 번개와 같이 잠시 있다가 사라져버리는 것들이기 때문이라는 것입니다.

오늘날 불자들이 부처님을 믿고 신앙생활을 하는 목적은 부처님의 말씀을 통해서 해탈하여 부처가 되는 것이라야 합니다. 그런데 오늘날 불자들은 이러한 부처님의 뜻을 모두 망각(忘却)하고 신앙생활 하는 목적이 부처님을 통해서 썩어 없어질 육신의 복만 받으려 하고 있는 것입니다. 그러므로 평생을 신앙생활을 해도 부처님의 뜻이 무엇인지 극락(極樂)은 어느 곳에 있는지 그리고 극락(極樂)은 어떻게 들어가는지도 모르고 있는 것입니다. 그보다 자신이 어디서 왔으며 사후에는 어느 곳으로 가는지 그리고 이 세상에서 해야 할 일이 진정 무엇인지 조차도 모르고 살다가 허무하게 죽는다는 것입니다.

사람들이 죽을 때 인생무상(人生無常)이라는 말과 인생은 일장춘몽(一場春夢) 같다는 말을 고백하는 것은 인생의 진정한 의미도 모르고 자기 욕심에 이끌려 살다가 죽어가는 사람들이 하는 말입니다. 또한 이렇게 허무하게 죽어가는 사람들은 공수래(空手來) 공수거(空手去)라는 고백도 합니다. 그러나 이 세상을 부처님의 뜻대로 살면서 부처님의 뜻을 이루고 떠나는 사람들은 공수래(空手來) 공수거(空手去)가 아니라 공수래(空手來) 유수거(有手去)라는 말을 합니다. 왜냐하면 이런 사람들은 이 세상을 부처님의 뜻대로 살면서 영원히 죽지 않는 부처님의 생명을 준비하여 천상(天上)의 세계로 들어가기 때문입니다.

(3) 佛說是經已 長老須菩提 及諸比丘 比丘尼 優婆塞 優婆夷 一切世間 天人 阿修羅 聞佛所說 皆大歡喜 信受奉行.

부처님께서 이 경의 말씀을 마치시니 장로 수보리와 여러 비구와 비구니와 우바새와 우바이와 모든 세간 사람과 하늘사람과 아수라들이 부처님의 법문을 듣고 모두 다 크게 기뻐하며 믿고 받들어 봉행하였습니다.

[해설] 부처님은 상기와 같이 사위국 기수급고독원에서 1250이나 되는 큰 비구(比丘) 앞에서 장시간에 걸쳐 장로 수보리와 문답식(問答式)으로 설하신 법문(法門)을 모두 마

치시게 된 것입니다.

 이들은 지금 살아계신 부처님의 입을 통해서 감로수(甘露水)와 같은 말씀을 직접 들었으니 얼마나 기쁘고 감격하였겠습니까? 이들이 부처님의 법문을 듣고 감격하여 이구동성(異口同聲)으로 고백한 것이 바로 이 말씀이라 사료(思料)되어 기록합니다.

무상심심미묘법(無上甚深微妙法) 백천만겁난조우(百千萬劫難遭遇) 아금문견득수지(我今聞見得受持) 원해여래진실의(願解如來眞實義)

[해설] 더 이상 높은 위가 없고 깊고 깊은 부처님의 미묘(微妙)한 말씀은 백천만겁이 지나도 만나기 어려운 말씀입니다. 그런데 내가 지금 이렇게 소중한 말씀을 만나서 듣고 보고 받아 간직하오니 원하옵건대 여래의 진실한 뜻, 즉 그동안 감추어져 있던 화두(話頭)의 비밀을 깨닫게 하여 주옵소서.

 부처님께서 이 경의 말씀을 모두 마치시니 장로 수보리와 여러 비구와 비구니와 우바새(優婆塞)와 우바이(優婆夷) 그리고 모든 세간 사람과 하늘사람과 아수라들이 부처님의 법문을 듣고 모두 다 크게 기뻐하며 믿고 받들어 봉행하였다고 말씀하고 있습니다. 우바새(優婆塞)와 우바이(優婆夷)는 인도의 여러 종교에서 사용하는 명칭인데 불교에 도입된 용어로 뜻은 받들어 모시는 사람이라는 의미입니다. 우바새(優婆塞)는 남성을 말하고 우바이(優婆夷)는 여성을 말하는데 이들은 세속에서 출가한 수행자들을 받들어 모시는 사람을 말합니다. 즉 오늘날 사찰이나 암자에서 스님이나 수행불자들을 받들어 모시면서 봉사 하고 있는 처사님이나 보살님과 같은 분들입니다.

부처님의 거룩하고 소중한 말씀은 세상 사람들만 듣는 것이 아니라 하늘에 있는 천신들이나 혼령들도 모두 듣는다는 것입니다. 그러므로 오늘날 불자들이 들어야 할 말씀이 바로 오늘날 살아계신 생불(生佛)의 입에서 나오는 말씀이라는 것입니다. 그러나 오늘날 불자들은 이 시대에 생불이 어디 있느냐고 반박을 하고 있습니다. 그러나 부처님은 삼세제불(三世諸佛)로서 전생(前生)이나 현생(現生)이나 내생(來生)에도 언제나 항상 살아계시기 때문에 오늘날도 분명히 살아 계시다는 것을 믿고 찾아야 합니다. 그러면 반드시 오늘날 살아계신 부처님을 만나게 될 것입니다.

부처님께서 금강경(金剛經)이나 반야심경(般若心經)을

통해서 말씀하시는 근본 뜻은 모두 아제아제(揭諦揭諦), 즉 자리(自利)와 이타(利他)입니다. 때문에 금강경도 반야심경과 같이 마지막 부분이 아제아제(揭諦揭諦) 바라아제(波羅揭諦) 바라승아제(波羅僧揭諦) 보리사바하(菩提娑婆訶)입니다. 이 말씀 한 구절(句節)에 부처님의 모든 뜻이 담겨 있고 팔만대장경(八萬大藏經)의 핵심(核心)이 바로 아제아제(揭諦揭諦)라는 두 마디에 모두 함축(含蓄)되어 있습니다.

 이 말씀은 너무 중요한 말씀이기 때문에 함부로 해석을 하면 안 된다고 하여 지금까지 비밀에 부쳐오고 있던 것입니다. 그런데 이 말씀은 부처님의 말씀 중에서 화두(話頭)중의 화두요 비밀 중의 비밀로 감추어 오고 있기 때문에 불자들이 알 수가 없어 지금까지 해석을 하지 못한 것이라 사료됩니다.

 이제 반야심경(般若心經)의 모든 비밀이 담겨 있는 아제아제(揭諦揭諦) 바라아제(波羅揭諦) 바라승아제(波羅僧揭諦) 보리사바하(菩提娑婆訶)에 대하여 자세히 알아보기로 하겠습니다.

아제아제(揭諦揭諦) 바라아제(波羅揭諦) 바라승아제(波羅乘揭諦) 보리사바하(菩提娑婆訶)

1. 아제아제(揭諦揭諦)

반야심경의 마지막 법문(法問)인 즉설주왈(卽說呪曰) 아제아제(揭諦揭諦) 바라아제(波羅揭諦) 바라승아제(波羅乘揭諦) 보리사바하(菩提娑婆訶)는 지금까지 불자들에게 철저하게 감추어져있던 최고의 법문이요 화두(話頭)중의 화두(話頭)로서 불교학자들이나 스님들도 함부로 해석을 하지 못하도록 금지된 법문입니다. 이 때문에 이 법문은 불자들에게 수 천년동안 비밀에 쌓여있던 것입니다. 그러나 불자들이 이 법문을 모른다면 반야심경(般若心經)이나 부처님의 뜻을 이해할 수가 없습니다. 이 법문은 석가모니 부처님께서 반야심경의 모든 뜻을 함축(含蓄)해 놓은 화두(話頭)이며 최고의 비밀입니다.

이 때문에 부처님께서 말씀하신 "아제아제(揭諦揭諦)"의 깊은 뜻을 알 수가 없어 불자들이나 스님들은 아제 아제를 단순히 "가자가자"로 알고 있습니다. 그러나 부처님께서 말씀하신 아제아제(揭諦揭諦)는 "나도 가고 너도 가자"는 의미로 자리(自利)와 이타(利他)를 말하고 있습니다. 즉 앞의 아제(揭諦)는 상구보리(上求菩提)이며 뒤의 아제(揭諦)는 하화중생(下化衆生)을 말하고 있습니다. 그러므로 앞에 있는 아제(揭諦)는 상구보리(上求菩提)를 하여 자신이 부처가 되라는 말이며 뒤에 아제(揭諦)는 상구보리(上求菩提)를 하여 부처가 된 자들은 하화중생(下化衆生), 즉 이웃에 죽어가는 무명의 중생들을 제도(濟度)하여 부처를 만들라는 말입니다.

　　이렇게 부처님이 말씀하신 아제 아제는 자리와 이타를 말하는 데 이 말씀은 성경에 기록된 새 계명과 동일한 말씀입니다. 왜냐하면 예수님이 하나님의 백성들에게 말씀하신 새 계명(誡命) 역시 자리(自利)와 이타(利他)를 말하고 있는데 자리(自利)는 위로 하나님을 사랑하여 하나님의 아들이 되라는 말씀이며 이타(利他)는 이웃을 네 몸과 같이 사랑하여 하나님의 아들을 만들라는 말씀이기 때문입니다. 사도 바울이 이 새 계명을 십자가의 도(道)라 말하고 있습니다.

　　이렇게 부처님의 뜻이나 하나님의 뜻은 모두 자리(自利)와 이타(利他), 즉 자신이 구원을 받아 부처가 되고 구원받아 부처가 된 자는 이웃을 구원하여 부처를 만들라는 동일한 뜻이 담겨 있습니다. 이것은 불교와 기독교의 근본 뿌리가 하나이며 신앙의 대상이 모두 동일한 시대신(是大神)이신 반야(하나님)라는 것을 말하고 있습니다. 이 때문에 십자가 역시 본래 기독교나 불교가 모두 동일한 십자가였는데 언제인가부터 십자가 상하와 좌우를 구부려 만(卍)자를 만들어 사찰(寺刹)을 표시하고 있습니다.

이렇게 "아제아제(揭諦揭諦)"는 부처님의 모든 뜻이 함축(含蓄)되어 있는 화두(話頭)중의 화두인데도 불구하고 불자들은 지금까지 아제아제를 단순히 "가자가자"로 알고 있었던 것입니다. 그러므로 오늘날 불자들은 석가모니 부처님께서 말씀하신 상구보리(上求菩提)를 하여 부처가 되어야 하며 상구보리로 성불(成佛)하여 부처가 된 자들은 하화중생(下化衆生)을 하여 이웃에 있는 중생들을 해탈(解脫)시켜 부처로 만들어야 합니다. 이것이 바로 불자들을 향한 부처님의 뜻이며 간절한 바람입니다. 부처님께서 반야심경(般若心經)을 통해서 불자들에게 바라고 원하시는 것은 모두가 부처님과 같이 해탈하여 구경열반(究竟涅槃)에 이르라는 것입니다.

이와 같이 자리(自利)는 자신이 위로 보리심(菩提心)을 구하여 자신의 완성, 즉 해탈하여 부처가 되라는 것이며,

상구보리(上求菩提)를 통해서 부처가 된 부처들은 이타행(利他行), 즉 지옥계에서 고통 받고 있는 중생들을 제도(濟度)하여 부처를 만들라는 것입니다. 이렇게 하여 자신의 구원과 이웃의 구원을 이루었을 때 구경열반(究竟涅槃)에 들어가 삼세제불(三世諸佛)이 되는 것입니다. 불교를 둘로 분류하면 소승불교(小乘佛敎)와 대승불교(大乘佛敎)로 나눌 수 있습니다.

불교학자들이나 스님들은 소승불교(小乘佛敎)와 대승불교(大乘佛敎)를 여러 면으로 설명하고 있으나 실상은 부처님께서 반야심경을 통하여 말씀하신 자리(上求菩提)와 이타(下化衆生)를 말하고 있습니다. 소승불교(小乘佛敎)는 소극적인 의미에서 자신의 구원과 해탈을 위한 자리사상(自利思想)이요 대승불교(大乘佛敎)는 포괄적이고 적극적인 의미에서 모든 중생들을 구제시켜 부처를 만들어 이 세상을 불국정토(佛國淨土)로 만든다는 부처님의 이타사상(利他思想)을 말하고 있습니다.

이렇게 소승불교는 자신의 구원과 해탈을 위하여 정진하고 있는 수행 불자들의 신앙을 말하는 것이며, 대승불교(大乘佛敎)는 소승불교(小乘佛敎)의 과정을 통하여 해탈이 된 부처님들이 중생들을 구원하여 부처를 만드는 부처님의 자비(慈悲)를 말하는 것입니다. 이것이 바로 부처님께서 말씀하시는 "아제아제(揭諦揭諦)"이며 "자리(自利: 上求菩提)와 이타(利他: 下化衆生)"입니다. 이 두 길이 바로 부처님께서 가신 길이요 오늘날 불자들이 모두 따라가야 할 길입니다.

그러므로 오늘날 불자들은 부처님의 뜻에 따라 자리(自利)와 이타(利他), 즉 "아제아제(揭諦揭諦)"를 행하여 자신이 구원을 받아 부처가 되어야 하고 부처가 된 자들은 반드시 이웃에 있는 중생을 제도(濟度)하여 부처를 만들어야 합니다.

2. 바라아제 바라승아제(波羅揭諦 波羅乘揭諦)

부처님께서 아제아제(揭諦揭諦)에 이어 바라아제(波羅揭諦) 바라승아제(波羅乘揭諦)라 말씀하고 있습니다. 그러면 바라아제(波羅揭諦)는 무엇이며 또 바라승아제(波羅乘揭諦)는 과연 무엇을 말하는 것일까요? 이 말씀을 알기 위해서는 먼저 바라(波羅)란 단어의 뜻을 알아야 하는데 바라(波羅)라는 의미는 "피안(彼岸), 안식(安息), 극락(極樂), 열반(涅槃)" 등의 뜻을 가지고 있습니다. 그러므로 바라아제(波羅揭諦)라는 말씀은 피안(彼岸)으로 가자 혹은 극락세계(極樂世界)로 가자는 뜻입니다. 그런데 바라아제에 이어 바라승아제(波羅乘揭諦)라고 말하고 있습니다. 그러면 바라승아제(波羅乘揭諦)는 또 어느 곳을 말하고 있을까요? 바라승아제(波羅乘揭諦)의 승(僧)은 본래 승(僧)이 아니라 승(乘)으로 바라승아제(波羅乘揭諦)이며 뜻은 완전한 혹은 완성된 최고의 경지로 가자는 뜻입니다.

즉 바라(波羅)는 열반(涅槃)이요 바라승(波羅乘)은 구경열반(究竟涅槃)을 말합니다. 이렇게 바라는 정각(正覺)을 말하며 바라승은 무상정등정각(無上正等正覺)을 말합니다. 그러므로 바라승아제(波羅乘揭諦)란 모든 것이 완성된 무상정등정각(無上正等正覺)의 아뇩다라삼먁삼보리(阿耨多羅三邈三菩提)를 말하는 것입니다. 이와 같이 바라(波羅)의 세계는 자리(上求菩提)를 성취한 자가 가는 곳이며 바라승(波羅乘)은 이타(下化衆生)를 행한 자가 들어가는 곳입니다.

이와 같이 관자재보살(觀自在菩薩)은 바라(波羅)의 세계이며 삼세제불(三世諸佛)은 바라승(波羅乘)의 세계를 말합니다. 그러므로 자리(自利)를 위해서 정진수행(精進修行)

을 하여 자리(上求菩提)가 성취되면 관자재보살이요 이타(下化衆生)를 행하시는 부처님은 보리살타(菩提薩陀)이며 자리와 이타를 모두 마치면 삼세제불(三世諸佛)이라 말하는 것입니다. 이렇게 바라승(波羅乘)의 세계는 구경열반(究竟涅槃)의 무상정등정각(無上正等正覺)의 세계를 말하고 있습니다. 그러므로 자리를 통해서 바라아제(波羅揭諦)에 들어간 부처님들은 다시 바라승아제(波羅乘揭諦)로 들어가야 합니다. 이것이 부처님이 말씀하시는 바라아제(波羅揭諦) 바라승아제(波羅乘揭諦)입니다.

부처님은 불자들을 위해서 지금도 아제아제(揭諦揭諦) 바라아제(波羅揭諦) 바라승아제(波羅乘揭諦) 보리사바하(菩提娑婆訶)라고 하시며 기도하고 계십니다.

3. 보리사바하(菩提娑婆訶)

반야심경(般若心經)의 마지막에 등장되는 보리사바하(菩提娑婆訶)는 부처님의 기도, 즉 중생들을 위한 기원문입니다. 보리사바하(菩提娑婆訶)의 뜻은 사바(娑婆)세계의 중생들이 부처님의 말씀을 통해서 깨달음에 이르기를 바란다는 의미입니다. 이렇게 보리사바하(菩提娑婆訶)는 불자들을 향한 부처님의 기도이며 부처님의 간절한 소망입니다. 그러나 부처님께서 중생들을 향한 기원문은 모든 불자들도 부처님의 뜻에 따라 해야 할 기도입니다. 그러므로 불자들은 예불(禮佛)시간에 반야심경(般若心經)을 독송(讀誦)하면서 부처님의 뜻이 자기에게 이루어지기를 위해 기도해야 하는 것입니다. 그런데 안타깝게도 불자들은 부처님의 뜻도 모르는 상태에서 주문(呪文)을 외우듯이 반야심경(般若心經)을 독송(讀誦)하고 있습니다.

불자들이 부처님을 향하여 간절히 간구해야 할 기도는 무엇입니까? 그것은 바로 인간의 번뇌망상(煩惱妄想)의 고통에서 하루속히 벗어나 성불(成佛)하여 부처가 되는 것입니다. 만일 그렇다면 모든 불자들이 이 세상을 살아가면서 신앙생활을 하는 목적은 반드시 해탈(解脫)이요 성불(成佛)이라야만 합니다.

이렇게 부처님께서 반야심경(般若心經)을 통하여 불자들을 향한 기원(祈願)과 바람은 오직 성불하여 부처가 되라는 것입니다. 결국 부처님께서 반야심경(般若心經)이나 팔만대장경(八萬大藏經)의 모든 법문(法問)을 통해서 중생들에게 말씀하고 있는 핵심사상(核心思想)은 오직 해탈(解脫)

을 하라는 것이요 성불(成佛)하여 부처가 되라는 것입니다. 부처님은 생존시에나 열반(涅槃)에 드신 후에도 모든 불자들이 하루속히 해탈하여 열반(涅槃)에 이르도록 끊임없이 기도하고 계십니다. 이것이 바로 부처님께서 반야심경을 통해서 말씀하시는 보리사바하(菩提娑婆訶)입니다.

이렇게 석가모니 부처님께서는 성불하신 후 그의 전 생애(生涯)를 중생을 제도(濟度)하는데 온 몸을 불사르신 것이며 열반(涅槃)에 드신 후 지금 이 순간도 무명의 중생들에게 꺼지지 않는 등불이 되어 해탈의 길을 오늘도 밝히 비춰 주시며 기도하고 계신 것입니다. 그런데 오늘날 불자들은 기도하는 목적이 해탈이나 성불(成佛)을 위한 것이 아니라 이 세상에서 채워지지 않는 욕심을 채워달라고 부처님을 향해서 기도를 하고 있기 때문에 불자들에게 해탈의 길은 멀어져만 가고 성불은 감히 생각조차 하지 못하고 있는 것입니다.

결국 오늘날 불교는 부처님의 가르침에 역행(逆行)을 하고 있기 때문에 부처님은 지금도 불자들을 향해 "아제아제(揭諦揭諦) 바라아제(波羅揭諦) 바라승아제(波羅乘揭諦) 보리사바하(菩提娑婆訶)"를 외치며 기도를 하고 계십니다. 이렇게 부처님이 말씀하신 "아제아제(揭諦揭諦) 바라아제

(波羅揭諦) 바라승아제(波羅乘揭諦) 보리사바하(菩提娑婆訶)"는 부처님의 깊은 뜻이 담겨있는 화두(話頭)입니다.

　　화두(話頭)라는 뜻은 "말의 머리, 공안, 과제, 문제"라는 의미로 중생들은 알 수 없고 풀 수 없는 비밀이 담겨 있는 말씀들을 말합니다. 화두(話頭)는 마치 뒤엉켜있는 실타래를 풀어내는 것과 같이 그리고 천길만길의 땅속에 숨겨져 있는 보화(寶貨)를 찾는 것과 같이 발견하고 깨닫는 것입니다. 이 때문에 수행하는 자들이 깨달음에 이르기 위해 화두(話頭) 하나를 붙잡고 평생 동안 애를 쓰며 마음을 닦고 있는 것입니다.

　　불자들이 도(道)를 닦는다는 말은 진리를 깨끗이 닦는다는 말이 아니라 부처님의 말씀으로 마음을 깨끗이 닦는다는 말입니다. 이렇게 불자들이 부처님의 말씀으로 날마다 마음을 깨끗이 닦아야 하는 것은 마음이 더러운 자는 부처님의 거룩한 말씀을 들을 수도 없고, 볼 수도 없고, 깨달을 수도 없기 때문입니다. 이 때문에 부처님은 불자들이 하루속히 마음을 깨끗하게 닦아서 해탈에 이를 수 있도록 간절히 기도하고 계신 것입니다. 그러므로 이 금강경 해설서를 보고 부처님의 뜻을 조금이라도 알게 된 불자들은 지금까지 쌓아놓은 잘못된 고정관념(固定觀念)을 부처님의 말씀으로 날마다 깨끗하게 씻으며 해탈을 위해서 정진(精進)해야 합니다. 이렇게 불자들이 탐(貪), 진(瞋), 치(癡)로 굳어져 있는 마음을 부처님의 말씀으로 날마다 닦아 낸다면 멀지 않아 조견오온개공(照見五蘊皆空)을 하게 될 것이며 도일체고액(度一切苦厄)을 하여 관자재보살(觀自在菩薩)이 될 것입니다.

이상과 같이 금강경(金剛經)은 무명의 중생들이 해탈하여 삼세제불(三世諸佛)이 되기까지의 과정과 그 길을 말씀하고 있는데, 무명의 중생들이 삼세제불(三世諸佛)이 되려면 육바라밀(六波羅蜜)과 팔정도(八正道)와 사성제(四聖諦)를 통해서 지옥계(地獄界)에서 천상계(天上界)에 올라 관자재보살(觀自在菩薩)이 되어야 하며 관자재보살(觀自在菩薩)이 되면 이타행(利他行)을 하여 보리살타(菩提薩陀) 부처님이 되어야 하는 것입니다. 그러므로 오늘날 불자들이 해탈하여 부처가 되려면 부처님이 말씀하신 팔정도(八正道)와 사성제(四聖諦)를 통해서 육바라밀(六波羅蜜)의 길을 걸어가야 합니다. 이것이 바로 부처님이 오늘날 불자들에게 원하시는 뜻이며 부처님의 간절한 소망이십니다.

부처님은 지금 이 순간에도 모든 불자들이 해탈하여 부처가 되기를 기원하고 계시며 "아제아제(揭諦揭諦) 바라아제(波羅揭諦) 바라승아제(波羅乘揭諦) 보리사바하(菩提娑婆訶)"를 외치면서 합장(合掌)하여 기도하고 계십니다.

 이상과 같이 부처님께서 수보리에게 금강경을 통해서 하신 말씀들은 중생들이 가지고 있는 사상(四相:固定觀念)과 오온(五蘊: 自我), 그리고 삼독(三毒: 貪, 瞋, 癡)을 모두 벗어버리고 성불(成佛)하여 부처가 되라는 말씀입니다. 그러므로 불자들의 신행생활의 목적과 소망은 반드시 해탈하여 부처가 되는 것이라야 합니다.

 끝으로 저자는 지금까지 금강경해설서를 청종(聽從)하신 불자들이 열심히 신행생활을 하여 모두 성불(成佛)하여 부처가 되시기를 부처님께 간절히 기원하는 바입니다.

저자후기

1. 불교와 기독교의 허구와 진실
2. 부처님이 말씀하시는 방생(放生)
3. 삼세제불(三世諸佛)과 오늘날의부처님

1. 불교와 기독교의 허구와 진실

　　불교의 근본사상(根本思想)은 해탈(解脫)이요 기독교의 근본사상은 부활(復活)이라 말합니다. 그러면 해탈과 부활은 어떻게 다른가요? 계란에서 부화(孵化)되어 나오는 병아리를 보고 불교인들은 해탈(解脫)되었다고 말하고 기독교인들은 부활(復活)이 되었다고 말을 한다 해도 그 의미나 상황은 다르지 않습니다. 이렇게 해탈이나 부활은 용어만 다르지 모두 동일한 것입니다. 이와 같이 시대신(是大神)을 불교인들이 반야(般若)라 부르고 기독교인들은 하나님이라 부른다 해서 유일신(唯一神)이 둘로 나뉘어 지는 것이 아닙니다.

　　그런데 불교와 기독교는 유일하신 시대신(是大神)을 각기 자기들의 신(神)이라 주장을 하고 있습니다. 시대신(是大神)을 기독교에서 하나님이라 말하는 것은 신(神)은 오직 한 분밖에 없다는 뜻입니다. 이와 같이 만물을 창조하시고 주관하시는 신은 오직 시대신(是大神) 한 분 뿐이시며 다른 신들은 만신이요 잡신들입니다. 단지 시대신(是大神)을 부처님은 반야(般若)라 말씀하신 것이며 예수님은 하나님이라 말씀하신 것입니다. 또한 불교는 자비(慈悲)의 종교이며 기독교는 사랑의 종교라 말합니다. 이렇게 자비는 불교의 독점물(獨占物)이 되었고 사랑은 기독교의 전매특허(專賣特許)처럼 되어버린 것입니다.

그러나 불자들은 부처님의 자비(慈悲)가 불교의 소유물이 아니라는 것을 알아야 하며 기독교인들 역시 예수님의 사랑도 기독교만의 소유물이 아니라는 것을 알아야 합니다. 어둠을 비추는 태양이 지구의 모든 곳을 고루 비춰주듯이 부처님의 자비와 예수님의 사랑은 용어만 다를 뿐 무명(無明) 가운데서 죽어가는 중생들의 영혼을 구원하기 위한 반야의 빛이며 생명입니다.

반야(般若)께서 인간들을 사랑하는 마음은 바다보다 깊고 하늘보다 넓습니다. 반야의 사랑은 모두의 것이며 어느 특정한 종교나 특별히 한정된 사람의 것이 아닙니다. 그런데 반야의 사랑은 자비라는 이름으로 불교의 소유물이 되어버렸고 반야(般若)의 자비(慈悲)는 사랑이라는 이름으로 기독교의 소유물이 되어버렸습니다.

그런데 자비(慈悲)라는 불교 안에는 진정한 자비가 없고 사랑이라는 기독교 안에는 사랑이 없습니다. 왜냐하면 진정한 자비는 부처님 안에만 있고 참사랑은 예수님 안에

만 있기 때문입니다. 이 말은 진정한 자비나 사랑은 오늘날 해탈된 부처님이나 부활된 예수님 안에만 있다는 뜻입니다. 그런데 불행하게도 오늘날 불교 안에는 산부처님이 없고, 기독교 안에는 살아있는 예수님이 없다는 것입니다. 왜냐하면 불교인들은 지금도 다시 오실 미륵불(彌勒佛)을 기다리고 있으며 기독교인들은 구름타고 재림하실 예수님을 기다리고 있기 때문입니다.

만일 오늘날 불교 안에 살아계신 부처님이 계시고, 기독교 안에 살아있는 예수님이 계신다면 무엇 때문에 불자들은 미륵불(彌勒佛)을 기다리며, 무엇 때문에 기독교인들은 구름타고 오시는 재림예수를 기다린단 말입니까? 불교가 부처님의 형상을 만들어 놓고, 기독교는 예수님의 형상을 만들어 섬기고 있는 것은 오늘날 불교 안에 생불(生佛)이 없고, 기독교 안에 산 예수가 없기 때문입니다.

오늘날 산부처가 없고 살아있는 예수가 없다면 어느 누가 해탈을 시키고 부활은 누가 시킨단 말입니까? 오늘날 스님들이 해탈을 시키고 목사님들이 부활을 시킨단 말입니까? 언어도단(言語道斷)입니다. 불자들을 해탈시킬 수 있는 분은 오직 반야의 생명을 소유하고 있는 부처님이시며 기독교인들을 부활시킬 수 있는 분은 오직 하나님의 생명을 소유하신 예수님뿐입니다.

　이 때문에 오늘날 불자들이 해탈이 되지 않는 것이며 기독교인들은 부활이 되지 않는 것입니다. 그러면 오늘날 불자들은 누가 해탈을 시키며 기독교인들은 어느 누가 부활을 시킨단 말입니까? 그러나 염려할 것 없습니다.

　왜냐하면 부처님이나 예수님이 불교나 기독교 안에는 없지만 불교나 기독교 밖에는 항상 계시기 때문입니다. 단지 중생들이 불교와 기독교의 틀 속에 갇혀있고 또한 욕심과 탐심(貪心)때문에 눈이 멀어 오늘날 살아계신 부처나 예수를 보지 못하고 있을 뿐입니다. 그러므로 불교나 기독교가 해탈이 되고 부활이 되려면 하루속히 교리의 틀에서 벗어나 오류없는 진리로 돌아가야 합니다. 그러면 살아계신 부처님을 만날 수 있고 살아계신 예수님을 만날 수 있습니다. 이렇게 반야(般若)로부터 오신 현생의 부처를 만나서 그를 믿고 따른다면 해탈이 되고 부활이 될 것입니다. 죽은 영혼을 구원할 수 있다면 부처면 어떻고 예수면 어떻습니까? 죽어가는 영혼을 구원하는 것이 진정한 부처이며 예수가 아닙니까?

　부처님의 자비는 죽은 영혼을 구원하여 영원한 반야(般若)의 생명을 주는 것이 진정한 자비이며 예수님의 사랑

역시 죽은 영혼들에게 하나님의 생명을 주는 것이 진정한 사랑입니다. 그런데 오늘날 스님들이나 목사님들이 죽어가는 영혼들을 구원하여 살리지 못한다면 불교는 자비의 종교요 기독교는 사랑의 종교라 말해서는 안 됩니다. 왜냐하면 죽어가는 영혼을 살리는 것이 곧 부처님의 자비요 예수님의 사랑이기 때문입니다. 그런데 오늘날 불교는 부처님의 자비를 찾아 볼 수 없고 기독교 안에는 사랑이 메말라 버렸습니다.

그러면 부처님의 자비와 예수님의 사랑은 지금 어디에 있단 말입니까? 불교인들은 자비가 불경 속에 있다는 생각으로 불경을 열심히 보고 기독교인들은 사랑이 성경 속에 있다는 생각으로 날마다 성경을 읽고 있지만 경속에서도 자비와 사랑은 찾을 수가 없는 것입니다. 그 이유는 중생들 안에 있는 욕심, 즉 탐, 진, 치(貪, 瞋, 癡) 때문에 마음은 화인(火印)을 맞았고 눈은 탐욕으로 가려져 있기 때문입니다. 이 때문에 무명의 중생들이 갈 바를 알지 못하고 지금도 방황을 하고 있는 것입니다.

그러므로 오늘날 불자들은 반야심경(般若心經)의 육바라밀을 통해서 천상(天上)으로 가는 길을 반드시 알아야 합니다. 그리고 생노병사(生老病死)의 윤회(輪廻)에서 벗어나 부처가 되려면 먼저 지옥계에서 나와야 합니다. 지옥계(地獄界)에서 보시행(布施行)을 통해서 아귀계(餓鬼界)로 나온 자들은 부처님의 계율을 지키고 행하여 축생계(畜生界)로 나아가야 합니다. 이런 육바라밀(六波羅蜜)의 과정을 통해서 한 단계 한 단계 올라가 천상계(天上界)에 이르러야 관자재보살(觀自在菩薩)이 되는 것입니다. 그런데 관자재보살이 된 부처는 반드시 이타(利他)를 행하여 보리살타 부처님이 되고 다시 삼세제불(三世諸佛)이 되어야 하는 것입니다.

    그런데 이렇게 중요한 천상으로 가는 육바라밀(六波羅蜜)의 길을 불자들이 지금까지 몰라서 등한이 하고 있었던 것입니다. 그런데 이번에 출간된 금강경(金剛經)해설서가 진리의 등불이 되어 불자들의 갈 길과 이생에서 해야 할 일들을 분명하게 밝혀주고 있는 것입니다. 그러므로 오늘날 불자들은 이 해설서를 통해서 부처님의 뜻을 올바로 깨닫고 부처님이 가르쳐주신 육바라밀(六波羅蜜)을 통해서 모두가 해탈이 되어 부처가 되어야 합니다.

    부처님께서 오늘날 불자들에게 그동안 감추어져 있던 금강경의 깊은 뜻을 이렇게 자세히 드러내어 보여주신 것은 무명(無明)의 중생들이 하루속히 생노병사(生老病死)의 윤회(輪廻)에서 벗어나 부처가 되라는 마음에서 입니다.

그러므로 이 글을 읽으신 모든 불자들은 금강경(金剛經)해설서를 통해서 올바른 신행생활을 하여 모두가 해탈하여 부처가 되어야 하는 것입니다.

2. 부처님이 말씀하시는 방생(放生)

　　방생(放生)이란 사람들에게 잡혀서 먹이 밥이 되기 위해 어항(漁港)이나 새장 속에 갇혀서 죽음을 기다리고 있는 물고기나 새 혹은 짐승들을 풀어서 놓아 주는 것을 말합니다. 방생(放生)은 불교의 년 중 행사의 하나로 봄이나 가을철에 스님들이 불자들과 함께 시장에서 팔고 있는 물고기나 새들을 돈을 주고 사서 강이나 산으로 가서 놓아주는 것입니다. 불자들이 불쌍하고 가난한 이웃을 돌보며 보시(布施)하는 것도 좋은 일이지만 죽어가는 물고기나 새들을 살려주는 것은 더욱 아름다운 선행(善行)이라 할 수 있습니다.

　　이렇게 어려운 이웃을 도와주거나 죽어가는 생물들을 살려주면 마음이 기쁘고, 편안해지고, 온유해져서 남에게 베푼 만큼 악한 마음이 선한마음으로 변하고 선한 마음이 복이 되어 행복하게 되는 것입니다. 이러한 선행(善行)을 통해서 마음이 선하게 되면 선한 만큼 천성(天性)이 바뀌고 천성(天性)이 바뀌면 팔자(八字)가 바뀌고 팔자(八字)가 바뀌면 복을 받게 되어 행복한 삶이 되는 것입니다. 이 때문에 오늘날 불자들은 방생(放生)하는 일에 열심히 참여하여 선업(善業)을 쌓고 복을 짓고 있는 것입니다.

전에 어떤 불자가 사업에 어려움을 겪고 있을 때 스님을 찾아가 상담(相談)을 청하니 보살님은 전생(前生)에 업(業)이 많아서 그러니 큰 물고기 여섯 마리를 사가지고 한강으로 가서 각 다리 마다 한 마리씩 놓아 주는 방생(放生)을 하라고 하였다고 합니다. 그러면 전생(前生)에 업(業)이 소멸(消滅)되어 사업이 잘 풀릴 것이라고 하여 그 불자는 스님의 말씀대로 물고기를 사가지고 한강으로 가서 방생(放生)을 하였다는 말을 들었습니다.

이렇게 오늘날 불자들이 하고 있는 방생(放生)은 죽어가는 생물을 살려주려는 자비심(慈悲心) 보다 방생을 하면 자신이 전생(前生)에 지은 업을 씻고 현생(現生)에서 복을 받아 잘 살 수 있다는 욕심으로 하고 있는 것입니다. 결국 불자들이 방생(放生)을 하는 목적은 방생을 하면 부처님으로부터 복(福)을 받아 잘 살수 있다는 욕심으로 하고 있다는 것입니다. 그러나 이러한 육신의 복을 받기 위한 목적이나 욕심으로 하는 방생(放生)은 오히려 악업(惡業)을 쌓게 되는 것입니다. 왜냐하면 베푸는 마음은 선이지만 취하려는 마음은 욕심이며 죄이기 때문입니다.

이렇게 불자들이 신행생활(信行生活)을 복을 받겠다는 욕심으로 한다면 마음이 점점 강퍅해지고, 교만해지고, 악해져서 선한 마음이 점점 악한 마음으로 변하게 됩니다. 그러면 악한 마음으로 변한 만큼 천성도 악하게 바뀌고 팔자도 나쁘게 바뀌어서 이생에서 고통을 더 받게 되고 내생에도 열악한 환경에 태어나 혹독한 고통을 받게 되는 것입니다. 이 때문에 불자들은 신행생활을 통해서 항상 남에게 베풀고, 상대를 이해하고, 용서하는 마음을 가져야 합니다. 이렇게 선한 마음으로 남에게 베푸는 보시를 꾸준히 행할 때 삼악도(三惡道)에서 벗어나 천상계(天上界)로 올라가게 되는 것입니다. 신행생활이란 악한 마음을 선한 마음으로 바꾸어 가는 것이며 취하려는 마음을 베푸는 마음으로 바꾸어 가는 것입니다.

이것이 바로 부처님의 가르침이며 오늘날 불자들을 향한 부처님의 마음입니다. 그런데 오늘날 불자들이 이러한 부처님의 뜻을 모르고 신앙생활을 욕심으로 하기 때문에 마음이 오히려 더 악해져가고 있습니다. 오늘날 불자들의 더 심각(深刻)한 문제는 물고기와 새들을 놓아주는 방생(放生)은 열심히 하면서도 자신의 존재가 바로 물고기이며, 새이며, 짐승이라는 것은 전혀 모르고 있다는 것입니다. 부처님은 이렇게 복(福)을 받기 위해 욕심으로 방생(放生)하며 신앙생활을 하는 자들이 바로 지옥계(地獄界)에 있는 미물(微物)이며 물고기들이라 말씀을 하고 있습니다. 왜냐하면 이들은 부처님께서 가르쳐주신 방생(放生)이 무엇인지 그리고 부처님께서 무엇을 방생(放生)하라고 말씀하셨는지도 모르면서 방생을 하고 있기 때문입니다.

부처님께서 행하신 방생(放生)은 물고기나 새를 놓아준 것이 아니라 삼악도(三惡道)에서 번뇌(煩惱)와 망상(妄想)으로 고통 받고 있는 중생(衆生)들을 제도(濟度)하여 열반(涅槃)의 세계로 방생(放生)을 하신 것입니다. 즉 부처님께서 행하신 방생(放生)은 무명(無明) 가운데서 죽어가는 중생들의 영혼을 구원하고 해탈(解脫)시켜 부처를 만드시는 방생(放生)을 하셨다는 뜻입니다. 그런데 불자들은 이러한 부처님의 뜻은 도외시(度外視) 하고 방생(放生)을 하면 부처님께 복(福)을 받을 수 있다는 욕심으로 방생(放生)을 하고 있는 것입니다.

이렇게 불자들은 물론 스님들까지도 부처님께서 말씀하시는 방생(放生)의 진정한 뜻도 모르고 또한 자신의 존재가 지금 어떤 상태의 존재인지도 모르고 물고기나 새들만 방생(放生)하고 있습니다. 이 때문에 불자들은 방생(放生)

을 하기 전에 자신의 존재를 조견오온(照見五蘊)하여 자신이 어떤 존재라는 것부터 알아야 합니다. 왜냐하면 부처님도 자신의 존재가 무상(無相)한 존재라는 것을 조견오온(照見五蘊)하고 나서 도일체고액(度一切苦厄)을 하여 해탈을 하셨기 때문입니다. 오늘날 불자들이 하고 있는 방생(放生)의 근거는 부처님께서 살생(殺生)하지 말라는 계율(戒律)에서 비롯된 것입니다. 왜냐하면 부처님께서 살생(殺生)하지 말라는 뜻은 죽어가는 영혼을 제도하여 살리라는 뜻이기 때문입니다.

그런데 오늘날 불자들은 살생(殺生)하지 말라는 계율(戒律)을 살아있는 생물들은 모두 죽이지 말라는 뜻으로 오해(誤解)하고 있습니다. 만일 부처님께서 말씀하신 살생(殺生)이 진정 살아 있는 생물(生物), 즉 동물이나 식물을 죽이지 말라고 하신 뜻이라면 많은 의구심(疑懼心)을 갖게 됩니다. 왜냐하면 지금 중생들이 먹고 살아가는 것은 모두 살아있는 동식물(動植物)인데 살생(殺生)을 하지 말라면 중생들은 먹을 것이 없어 굶어 죽을 수밖에 없기 때문입니다.

이 때문에 부처님께서 계율(戒律)을 통해서 살생(殺生)하지 말라는 말씀은 동식물(動植物)을 죽이지 말라는 뜻이 아니라 중생들의 영혼(靈魂)을 죽이지 말라는 뜻입니다. 즉 부처님께서 살생하지 말라고 하신 것은 살아있는 모든 생물을 죽이지 말라고 말씀하신 것이 아니라 중생들의 영혼에 국한(局限)해서 말씀하신 것입니다. 그러므로 부처님께서 살생(殺生)하지 말라는 진정한 의미는 사람의 영혼(靈魂)을 죽이지 말라는 뜻이며 더 나아가서는 죽어가는 영혼(靈魂)을 살리라는 뜻입니다. 이 때문에 부처님께서 말씀하시는 물고기나 짐승들도 바다의 물고기나 산이나 들에 있는 짐승들을 말씀하신 것이 아니라 중생들을 상태대로 분류하여 화두(話頭)로 말씀하신 것입니다.

부처님께서 말씀하시는 중생(衆生)들은 대승정종분(大乘正宗分)에서 말씀드린 바와 같이 인간의 탈은 쓰고 있으나 물에서 태어나는 습생(濕生: 미생물이나 곤충)과 알에서 태어나는 난생(卵生: 새와 물고기)과 태에서 태어나는 태생(胎生: 짐승)들을 말씀하고 있습니다. 즉 습생(濕生)과 난생(卵生)은 지옥계에 살고 있는 중생을 말하며 태생(胎生)은 아귀계와 축생계에 살고 있는 중생들을 말하고 있습니다.

이와 같이 중생(衆生)들은 모두 같은 종류의 인간들이 아니라 차원에 따라 습생(濕生)과 난생(卵生)과 태생(胎生)과 화생(化生)으로 분리되어 있는 것입니다. 이렇게 부처님께서 말씀하신 방생은 사람들에 잡혀있는 물고기나 각종

짐승들을 구원하라는 것이 아니라 각종 교리(敎理)와 제도(制度)의 틀 속에 갇혀있는 중생들을 구원하여 살리라는 뜻으로 말씀하신 것입니다. 즉 사상(四相)의 틀 속에 갇혀서 번뇌망상(煩惱妄想)으로 고통을 받고 있는 중생들을 부처님의 말씀으로 제도(濟度)하여 해탈(解脫)시키라는 뜻입니다. 이렇게 부처님께서 불자들에게 바라고 원하시는 방생(放生)은 지옥계(地獄界)에 있는 중생(衆生)들을 구원하여 아귀계(餓鬼界)로 방생하고 아귀계에 머물고 있는 중생들은 축생계(畜生界)로 방생하고 축생계에 있는 중생들은 수라계(修羅界)로 방생하고 수라계에 있는 중생들은 인간계(人間界)로 방생하고 인간계 있는 중생들은 천상계(天上界)로 방생하여 부처를 만들라는 뜻입니다. 그런데 오늘날 스님들이나 불자들은 부처님께서 말씀하시는 방생(放生)의 의미를 올바로 모르기 때문에 지금도 물고기나 새들만 방생을 하고 있는 것입니다.

그러나 물고기나 새들을 살려주는 방생(放生)도 복을 받으려는 욕심 없이 순수한 마음으로 행한다면 선행(善行)이며 재물(財物)로 불우한 이웃을 돕는 보시(布施)도 아무런 조건 없이 진실한 마음으로 행하면 선행(善行)입니다. 이러한 선행(善行)을 하면 마음이 선(善)해지고 그에 따라서 복(福)도 따라오게 되는 것입니다. 그런데 부처님은 이러한 재물(財物)을 가지고 행하는 보시(布施)나 방생(放生) 보다 부처님의 말씀으로 영혼(靈魂)을 구원하는 보시(布施)와 방생(放生)을 바라고 원하시는 것입니다.

부처님은 금강경을 통해서 수시로 항하(恒河)의 모래 수와 같이 많은 칠보(七寶)를 가지고 불쌍하고 가난한 이웃들에게 보시(布施)를 하는 것보다 법보시(法布施), 즉 부처님의 말씀을 가지고 중생들을 가르치고 제도(濟度)해 주는 공덕(功德)은 한량없이 더 크다고 말씀하고 있습니다. 왜냐하면 재물(財物)로 하는 보시(布施)는 사람이 살아 있을 동안에 잠시 도움을 주는 것이지만 부처님의 말씀으로 하는 법(法) 보시(布施)는 죽어가는 영혼(靈魂)을 살려서 영원한 생명을 주는 것이기 때문입니다.

부처님은 성불(成佛)하여 부처가 되신 후에 그의 모든 삶은 부처님의 말씀으로 무명(無明)속에서 죽어가는 영혼(靈魂)들을 구원하고 살려서 열반(涅槃)의 세계로 방생(放生)하는 삶을 사신 것입니다. 이렇게 부처님께서 행하신 방생은 이타(利他)행, 즉 무명의 중생들을 하화중생(下化衆生)하여 모두 해탈(解脫)시켜 부처를 만드신 것입니다. 부처님은 능동적(能動的)으로 중생들을 해탈시켜 방생(放生)

을 하시는 분이며 중생들은 수동적(受動的)으로 방생을 받아야 할 피조물(被造物)들입니다. 그러므로 부처님께서 오늘날 불자들에게 원하시는 방생(放生)이나 보시(布施)는 무명(無明) 속에서 고통하며 죽어가는 중생들이 부처님의 말씀을 잘 듣고 받아서 해탈하여 부처가 되는 것이며 해탈하여 부처가 된 자들은 무명(無明) 속에 갇혀서 죽어가는 중생들을 제도(濟度)하고 해탈(解脫)시켜 열반(涅槃)의 세계로 방생(放生)하는 것입니다.

이와 같이 오늘날 스님들이나 불자들은 물고기나 짐승들을 방생하는 것에서 벗어나 부처님의 자비심(慈悲心)을 가지고 지금도 삼악도(三惡道)에서 고통하고 있는 무명(無明)의 중생들을 제도(濟度)하는 방생(放生)을 해야 하는 것입니다.

이것이 바로 부처님이 말씀하시는 진정한 방생(放生)이요 지금도 부처님이 원하시고 기뻐하시는 방생(放生)입니다. 이렇게 부처님이 원하시는 방생(放生)을 하신다면 오늘날 불자들도 부처님의 가피(加被)로 반드시 해탈(解脫)하여 부처가 될 것입니다.

3. 삼세제불(三世諸佛)과 오늘날의 부처님

    오늘날 불자들이 믿고 섬기고 있는 부처님은 지금으로부터 약 2600년 전에 인도 부족의 하나인 카필라(네팔) 왕국으로 오셨던 석가모니(釋迦牟尼) 부처님이십니다. 석가모니(釋迦牟尼) 부처님의 위대한 업적(業績)은 2600년이 지난 지금까지 찬란하게 빛나고 있으며 지금도 모든 불자들에게 빛과 소금이 되어 무명(無明)을 밝혀 주고 있습니다. 그런데 오늘날의 불자들을 제도(濟度)하시는 부처님은 과거에 오셨던 석가모니(釋迦牟尼) 부처님이 아니라 석가모니 부처님으로부터 법통(法統)을 이어받아 이 시대에 오신 오늘날의 부처님이십니다.

    왜냐하면 석가모니 부처님은 부처님이 살아계실 당시의 중생들을 제도(濟度)하기 위한 부처님이시지 오늘날의 중생들을 제도하시는 부처님이 아니시기 때문입니다. 그런데 불자들에게 만일 석가모니(釋迦牟尼) 부처님과 같이 오늘날 살아계신 부처님이 없다거나 지금 계셔도 부처님을 보지 못하고 알지도 못한다면 이보다 더 큰 불행은 없다고 생각합니다. 그러므로 불자들은 설령 다른 것은 모른다 해도 오늘날 중생들을 제도(濟度)하시기 위해서 오시는 부처님에 대해서 반드시 알아야 합니다. 왜냐하면 불자들이 오늘날 살아계신 부처님을 모른다면 신행생활을 아무리 열심히 해도 해탈(解脫)이나 성불(成佛)이 되지 않는 것은 물론 오히려 악업(惡業)을 쌓아 현생이나 내생에 더 큰 고통을 받게 될 수도 있기 때문입니다. 불경(佛經)에서 말씀하고 계신 부처님은 삼세제불(三世諸佛)로서 과거세(過去世)나 현세(現世)나 미래세(未來世)에 어느 때나 항상 계신 부처님을 말씀하고 있습니다. 그런데 삼세(三世)에 계신 부처님들은 입고 있는 육신(肉身)만 다를 뿐 그 안에 있는 진리나 생명은 동일합니다. 이것은 성경(聖經)에 예수님께서 나는 알파(시작)와 오메가(끝)로서 과거나 지금이나 미래에도 항상 계시다는 것과 동일합니다.

이와 같이 석가모니(釋迦牟尼)부처님은 과거세(過去世)에 무명(無明)의 중생들을 제도(濟度)하기 위해서 이 세상에 오셨던 부처님이시며 지금 불자들이 기다리고 있는 미륵불(彌勒佛)은 미래세(未來世)에 존재할 불자들을 제도(濟度)하실 미래(未來)의 부처님이시며 오늘날 불자들을 제도(濟度)하기 위해 오신 부처님은 지금 살아 계신 현시대의 부처님을 말합니다. 왜냐하면 과거에 오셨던 부처님은 과거세(過去世)의 중생들을 제도(濟度)하신 부처님이며 미래에 오실 부처님은 미래세(未來世)에 있을 중생들을 제도(濟度)하실 부처님이지 오늘날의 중생들은 오늘날 살아계신 부처님만이 제도(濟度)할 수 있기 때문입니다. 문제는 오늘날 중생들을 제도(濟度)할 이 시대의 부처님이 지금도 살아계시느냐 하는 것입니다. 그런데 만일 이시대의 부처님이 지금도 생존해 계시다면 어느 곳에 계시며, 어떤 모습을 하고 계시며 또한 지금 무슨 일을 하고 계시느냐 하는 것입니다. 부처님은 위에서 말씀드린 바와 같이 삼세(三世)에 계신 부처님으로 어느 시대나 항상 계시며 지금 이 시대에도 부처님의 법통(法統)을 이어받아 오셔서 예전에 부처님이 하셨던 일, 즉 무명의 중생들을 제도(濟度)하시는 일을 하고 계십니다.

부처님이 하시는 일은 예전이나 지금이나 변함없이 무명의 중생들을 부처님의 말씀을 통해서 해탈(解脫)시켜 부처를 만드는 일입니다. 그러면 오늘날의 부처님은 지금 어떤 모습으로 오셔서 계실까요? 오늘날 살아계신 부처님은 사찰(寺刹)에 모셔놓은 금불상(金佛像)이나 석불상(石佛像) 혹은 탱화(幀畵)속에 그려져 있는 화려하고 위대한 부처님의 모습이 아니라 지극히 평범한 인간의 모습으로 오셔서 중생들 가운데 계십니다.

　오늘날 부처님이 중생들과 다른 점은 단지 부처님 안에 중생들을 제도(濟度)하여 부처를 만들 수 있는 진리, 즉 살아있는 말씀이 있다는 것입니다. 때문에 오늘날 스님들이나 불자들은 오늘날 법통(法統)을 이어받아 오신 부처님을 몰라볼 뿐만 아니라 오히려 배척을 하며 멸시(蔑視)와 천대(賤待)를 하고 있는 실정입니다. 그러나 오늘날 중생들을 제도(濟度)하실 분은 스님들이나 법당(法堂)에 모셔놓은 불상(佛像)이 아니며 또한 불자들이 날마다 독경(讀經)하는 불경도 아니고 오직 오늘날 살아계신 부처님(生佛)이십니다. 왜냐하면 오늘날 불자들을 해탈(解脫)시켜 부처를 만들 수 있는 분은 오직 살아계신 부처님밖에 없기 때문입니다. 그런데 안타깝게도 오늘날 스님들이나 불자들이 오늘날 살아계신 부처님은 외면하고 절에 모셔놓은 불상을 생불(生佛)처럼 모시고 섬기면서 다시 오실 미륵불(彌勒佛)을 기다리고 있는 것입니다.

　이렇게 불자들이 오늘날 중생들을 제도(濟度)할 부처님을 모르고 배척하는 것은 지금까지 불교의 교리(敎理)와 제도(制度)의 틀 속에 갇혀서 불경(佛經)을 올바로 보지 못하고 있기 때문입니다. 그러므로 오늘날 불자들은 하루속히 불교의 교리(敎理)와 제도(制度)의 틀을 벗어나서 오늘날 살아계신 부처님을 찾아가야 하는 것입니다.

만일 오늘날 불교 안에 살아계신 부처님이 계시다면 무엇 때문에 사찰이나 법당(法堂) 안에서 숨도 못 쉬고 말 한마디도 못하는 불상(佛像)을 모셔놓고 절을 하며 공양(供養)을 올리겠습니까? 이것은 스님들이 혜안(慧眼)이 없고 진리를 모르는 무지 때문이며 또한 전통적으로 지켜오는 불교의 각종교리와 제도(制度)의 틀 속에 갇혀서 오늘날 부처님이 계셔도 보지 못하고 있기 때문입니다. 때문에 오늘날 살아계신 부처님은 불자들이나 스님들에게 다가가지 못하고 지금도 불교 밖에서 맴돌고 있는 것입니다. 이렇게 오늘날 살아계신 부처님은 불교 안에는 없지만 불교밖에는 지금도 계십니다. 왜냐하면 부처님은 불교의 교리(敎理)나 제도(制度)의 틀 속에 갇혀 계신 분이 아니며, 불교는 물론 기독교나 모든 종교를 초월(超越)해 계신 분이기 때문입니다.

오늘날 부처님이 언제나 중생들 가운데 변함없이 살아계신 것은 오늘날 생불(生佛)이 없다면 무명의 중생들을 구원할 수 없고 또한 중생들을 해탈(解脫)시켜 부처를 만들 수 없기 때문입니다. 그러므로 오늘날 살아계신 부처님은 계실 수밖에 없고 지금도 예전에 오셨던 석가모니(釋迦牟尼) 부처님과 같이 중생들을 구원하고 해탈(解脫)을 시켜 부처를 만들고 있는 것입니다.

오늘날 살아계신 부처님은 석가모니(釋迦牟尼) 부처님과 입고 있는 육신만 다를 뿐 그 안에 있는 진리나 생명은 모두 동일(同一)합니다. 왜냐하면 오늘날 살아계신 부처님도 석가모니(釋迦牟尼) 부처님의 법통(法統)을 그대로 이어받아 가지고 오셨기 때문입니다. 그런데 스님들이나 불자들은 한결같이 오늘날 살아계신 부처님을 생불(生佛)로 인정을 하지 않을 뿐만 아니라 오히려 배척을 하거나 멸시천대(蔑視賤待)를 하고 있는 것입니다. 이것은 예수님이 하나님의 백성들을 구원하기 위해서 유대 땅에 오셨을 때 유대인들이 인간예수를 모르고 이단자로 배척하고 핍박을 한 것과 동일한 것입니다.

왜 그럴까요? 그 이유는 불자들이 지금까지 살아계신 부처님을 모시고 섬긴 것이 아니라 불교의 교리(教理)와 제도(制度)를 통해서 만든 위대하고 화려한 모습의 부처님만을 섬겨왔기 때문입니다. 지금까지 불자들이 섬겨오고 있는 부처님은 오늘날 중생들을 제도하기 위해서 오신 부처님과는 비교조차 할 수 없이 전혀 다른 모습의 위엄과 32

상을 갖추고 있으며 머리 주위에는 항상 후광(後光)이 맴돌고 있는 부처님이십니다. 그런데 오늘날 중생들을 제도(濟度)하기 위해서 오신 부처님은 신체(身體)에 특별한 형상이나 위엄이 없고 지극히 평범한 인간의 모습을 하고 있습니다. 이 때문에 불자들은 오늘날의 부처님을 부처로 인정을 할 수 없을 뿐만 아니라 오히려 배척을 하고 있는 것입니다.

불교인들이 오늘날 부처님을 배척하는 또 다른 이유는 오늘날의 부처님은 불교인들을 향해 불교가 모두 세속화(世俗化)되었다고 책망을 하시며 스님들은 물론 불자들도 세상의 욕심과 기복신앙(祈福信仰)으로 인해 모두 부패(腐敗)하였다고 질책을 하고 있기 때문입니다. 그래서 오늘날의 부처님은 스님들이나 불자들에게 부처님으로 인정을 받을 수 없고 오히려 배척을 당하게 되는 것입니다. 이것은 스님들이나 불자들이 부처님의 책망이 진정한 자비(慈悲)이며 가슴을 찌르는 질책(叱責)이 진정한 사랑이라는 것을 모르고 있기 때문입니다.

오늘날의 부처님은 화(禍)가 진정한 복(福)이요 복(福)이 화(禍)라고 말씀을 하고 계십니다. 왜냐하면 화(禍)를 당하여 마음이 가난한 자는 부처님에게 가까이 가서 제도(濟度)를 받아 극락(極樂)을 이루게 되지만 복을 많이 받으면 마음이 부요해져서 세상으로 흘러 결국 지옥(地獄)으로 들어가게 되기 때문입니다. 그럼에도 불구하고 무지(無知)한 불자들은 지금도 복(福)만을 좋아하고 화(禍)는 싫어하는 것입니다. 이것은 마치 어린 아이들이 몸에 해로운 조미료나 사탕은 입에 달고 맛있다고 좋아하고 몸에 좋은 보약은 입에 쓰다고 싫어하고 거부하는 것과 같습니다. 이렇게 불자들은 부처님의 깊은 뜻을 모르고 지금도 복(福)만 좋아하며 화(禍)는 부적(符籍)이라도 붙여서 피하려 하고 있습니다. 때문에 오늘날 부처님은 불자들의 잘못된 신앙을 책망하고 질책하는 것이며 불자들은 책망하는 부처님을 싫어하고 배척하는 것입니다. 석가모니(釋迦牟尼)부처님께서도 고성제(苦聖諦)를 통해서 중생들이 받는 화(禍)와 그에 따른 고통(苦)은 중생들에게 욕심이 죄라는 것을 깨닫게 하고 해탈의 길로 인도하는 성스러운 진리라고 가르쳐주고 있습니다.

그런데 불자들이나 스님들이 이러한 부처님의 가르침을 모르고 있는 것은 진리를 모르는 무지와 욕심 때문입니다. 불경(佛經)에 부처님의 근본실체(根本實體)는 바로 진리(眞理)이며 법신(法身)이라 말씀하고 있습니다. 때문에 부처님이 입고 있는 육신은 아무리 초라하고 보잘것없어도 그 안에 깨달은 진리, 즉 생명의 말씀이 있으면 부처님이신 것입니다. 그런데 오늘날 불자들은 부처님 안에 있는 진리는 보지도 않고 단지 부처님의 외모(外貌)가 지금까지 믿고 섬기고 있는 부처님과 다르다는 이유로 부정을 하며 멸시(蔑視)와 천대(賤待)를 하고 있습니다.

그러나 지금까지 불자들이 믿고 섬기고 있는 교리적(敎理的)인 부처님은 진정한 부처님이 아닙니다. 왜냐하면 이러한 부처님들은 모두 불교의 교리(敎理)와 제도(制度)를 통해서 만들어낸 신화적(神話的)인 부처님들이며 따라서 오늘날 불자들에게 아무것도 가르쳐줄 수 없기 때문입니다. 그러므로 부처님의 진정한 모습을 알려면 불경(佛經)을 통해서 석가모니(釋迦牟尼) 부처님께서 성불(成佛)하시기 전의 모습과 성불(成佛)하신 후의 모습을 알아야 합니다. 석가모니 부처님께서 왕의 권좌(權座)를 버리고 출가하셔서 수행할 때의 모습은 남루한 옷에 발우(鉢盂)하나를 들고 탁발(托鉢)을 하여 하루하루 연명(延命)해가는 초라한 거지의 모습과 다를 바 없었습니다. 그런데 부처님이 성불(成佛)하시어 부처님이 되신 후의 삶이나 모습도 성불하시기 전과 별로 다르지 않았습니다. 왜냐하면 부처님은 성불하여 부처님이 되신 후에도 평범한 인간의 모습으로 언제나 발우를 들고 탁발(托鉢)을 하시는 삶을 사셨기 때문입니다.

이렇게 부처님은 오늘날 사찰에 모셔놓은 화려하게 빛나는 금불상이나 전륜성왕(轉輪聖王)과 같은 삼십이상(三十二相)을 갖추고 계신 위대한 부처님이 아니라 지극히 평범한 중생들의 모습이었습니다. 그러나 부처님의 입에서 나오는 말씀은 모두 진리와 생명으로 항상 자비로움과 위엄이 있었습니다. 이렇게 석가모니(釋迦牟尼) 부처님의 가르침은 인류의 빛이며 생명이며 진리로서 지금도 무명의 중생들을 향해 어둠을 밝히고 계십니다.

　석가모니(釋迦牟尼) 부처님께서 모든 불자들에게 위대한 구원자라고 존경을 받고 있는 것은 외모가 남달리 아름답거나 근엄(謹嚴)한 형상을 갖추고 있기 때문이 아니라 무명의 중생들을 해탈(解脫)시켜 부처를 만드셨기 때문입니다. 석가모니 부처님은 왕궁(王宮)에서 태자(太子)로 태어나 세상의 부귀영화(富貴榮華)를 마음껏 누릴 수 있는 분이었지만 생로병사(生老病死)가 계속되는 인생은 무상(無想)하다는 것을 일찍이 깨닫고 궁궐의 모든 부귀영화를 모두 버리고 출가(出家)를 하시어 부처가 되신 분입니다. 부처님은 성불(成佛)하신 후 중생들에게 이 세상의 부귀영화(富貴榮華)는 모두 부질없는 것이기 때문에 세상의 미련이나 욕심을 모두 버리고 해탈하여 부처가 되라고 가르쳐주신 것입니다. 그럼에도 불구하고 오늘날 불교는 점점 세속화(世俗化) 되어가고 있으며 불자들은 물론 스님들도 이러한 부처님의 뜻과 가르침을 망각(忘却)하고 오히려 부처님을 통해서 욕심을 채워 이 세상에서 부귀영화(富貴榮華)를 누리며 잘살기 위해 신앙생활(信仰生活)을 하고 있는 것입니다. 때문에 불자들은 해탈(解脫)의 길에서 멀리 벗어나 있고 스님들이 성불(成佛)하여 부처가 된다는 것도 요원(遙遠)한 꿈이 되어버린 것입니다.

이렇게 오늘날 불교와 그에 따른 스님들은 점점 부패(腐敗)해져서 이제는 부처님을 불교그룹의 총수처럼 생각을 하면서 부처님의 말씀을 상업화(商業化)해가며 심지어 불교를 기업화(企業化) 해가고 있는 실정입니다. 이러한 것은 불교뿐만 아니라 오늘날 기독교회도 조금도 다를 바가 없습니다. 오늘날 기독교회는 하나님을 팔고 예수를 팔고 성령을 팔아서 목사님들의 사리사욕(私利私慾)을 채우며 교회를 점점 사업화하고 기업화(企業化) 해가고 있습니다. 이 때문에 예수님은 몹시 진노하셔서 성전 안에서 소와 양과 비둘기파는 사람들을 노끈으로 채찍을 만들어 내어 쫓으시면서 내 아버지의 집으로 장사하는 집을 만들지 말라고 질책을 하고 계신 것을 볼 수 있습니다.

유대인의 유월절이 가까운지라 예수께서 예루살렘으로 올라가셨더니 성전 안에서 소와 양과 비둘기파는 사람들과 돈 바꾸는 사람들의 앉은 것을 보시고 노끈으로 채찍을 만드사 양이나 소를 다 성전에서 내어 쫓으시고 돈 바꾸는 사람들의 돈을 쏟으시며 상을 엎으시고 비둘기파는 사람들에게 이르시되 이것을 여기서 가져가라 내 아버지의 집으로 장사하는 집을 만들지 말라 하시니(요한복음 2장 13~16절)

상기에서 말씀하고 있는 성전은 오늘날 교회를 말하며 성전 안에서 소(하나님)와 양(예수)과 비둘기(성령)를 파는 사람들은 오늘날 하나님의 말씀을 팔아먹고 있는 목회자(목사)들을 말하고 있습니다. 목회자들이 성전 안에서 팔고 있는 소와 양과 비둘기는 성부하나님과 성자예수님과 성령님을 비유(화두)하여 말씀하신 것입니다. 이 말은 교회 안에서 목사님들이 하나님과 예수님과 성령님을 팔아서 자기 욕심을 채우고 있다는 뜻입니다.

예수님은 화가 나셔서 노끈으로 채찍을 만들어 교회 안에서 하나님의 말씀을 팔고 있는 목사들을 때려서 내어 쫓으시면서 거룩한 내 아버지(하나님)의 집(교회)을 이용해서 장사(사업)하지 말라고 진노(震怒) 하신 것입니다. 이렇게 오늘날 교회는 하나님의 뜻을 저버리고 하나님을 팔고 예수님을 팔고 성령을 팔아먹는 사업장으로 변해 가고 있습니다. 이것은 기독교나 불교 그리고 다른 종교라 해도 별로 다르지 않다고 생각합니다. 예수님은 지금도 오늘날 부패한 기독교를 질책하고 계시며 부처님은 오늘날 부패해 가는 불교를 바라보시면서 한탄을 하고 계신 것입니다.

오늘날 불자들은 지금이라도 자성(自省)을 하고 참회(懺悔)를 해야 하며 반드시 부처님의 뜻에 따라 신행생활(信行生活)을 해야 합니다. 만일 불자들이 부처님의 뜻을 따라 올바른 신행생활을 하여 해탈이 되어 부처가 된다면 불교와 기독교는 본래 근원(根源)이 하나라는 것과 이 세상 만물을 주관하시는 신(神)도 한 분이라는 것을 깨닫게 될 것입니다. 이 때문에 불자들은 반드시 해탈(解脫)하여 부처가 되어야 하고 기독교인들은 부활(復活)이 되어 예수가 되어야 하는 것입니다.

불교(佛敎)가 불자들을 해탈시키지 못한다면 불교는 진정한 해탈의 종교라고 할 수 없습니다. 그보다 불교는 올바른 종교가 아니라는 것은 물론 종교사업체라는 오명(汚名)을 벗을 수 없습니다. 불교가 진정한 종교라면 하루속히 교리와 기복신앙(祈福信仰)에서 벗어나 불자들을 해탈

(解脫)시켜 부처를 만들어야 합니다.

　그런데 불자들을 해탈시키려면 불교 안에 반드시 오늘날의 산부처님이 계셔야 합니다. 왜냐하면 살아계신 부처님만이 불자들을 해탈시켜 부처로 낳을 수 있기 때문입니다. 이것은 짐승들은 짐승밖에 낳을 수 없고 사람은 사람만을 낳는 것과 같이 부처는 오직 부처님만이 낳을 수 있기 때문입니다. 이렇게 오늘날의 산부처님을 만나서 모두 부처가 된다면 이세상이 바로 극락(極樂)이요 천국(天國)이라는 것을 깨닫게 될 것입니다. 왜냐하면 부처님이 말씀하시는 극락이나 천국은 환경이 좋고 화려한 장소를 말하는 것이 아니라 마음속에 이루어지는 마음의 천국을 말하고 있기 때문입니다.

　오늘날 불자들이 해탈하여 부처가 되려면 교리(敎理)와 기복신앙(祈福信仰)에서 하루속히 벗어나 오늘날 살아계신 부처님을 찾아가야 합니다. 이렇게 오늘날의 부처님을 찾기 위해 구하고, 찾고, 두드린다면 시대신(是大神)이신 반야(般若)께서 도와주실 것입니다. 저자는 끝으로 지금까지 금강경(金剛經)을 청종(聽從)하신 모든 분들이 오늘날 살아계신 부처님을 만나서 모두가 성불(成佛)하여 부처가 되시기를 간절히 기원(祈願)하는 바입니다.

발사홍서원(發四弘誓願): 불자들이 가져야 할 네 가지 큰 서원

중생무변서원도(衆生無邊誓願度): 무명의 중생들이 수없이 많지만 기어이 모두 구원하리라.

번뇌무진서원단(煩惱無盡誓願斷): 번뇌망상(煩惱妄想)이 끝없이 많지만 반드시 모두 끊어 버리리라.

법문무량서원학(法門無量誓願學): 부처님의 법문이 한도 없이 많지만 기어이 모두 배우리라.

불도무상서원성(佛道無上誓願成): 부처님의 도가 한없이 높지만 기어코 다 이루리라.

자성중생서원도(自性衆生誓願度): 중생의 마음에서 벗어나 반드시 부처님의 마음을 성취하리라.

자성번뇌서원단(自性煩惱誓願斷): 번뇌하는 성품을 모두 끊어 버리고 기어코 성불하리라.

자성법문서원학(自性法門誓願學): 부처님의 말씀을 배워서 반드시 마음에 간직하리라.

자성불도서원성(自性佛道誓願成): 부처님의 가르침을 마음에 담아 반드시 부처가 되리라.

보리사바하-   2012년 4월 도암

의증서원 도서안내

❖ 현대불교와 기독교의 허구와 진실
　　글/둘로스 데우 C 245쪽 /신국판　정가 8.000원

❖ 반야심경 (반야심경 해설서)
　　글/도암 315쪽 /신국판 양장 정가 20.000원

❖ 금강경 (금강경 해설서)
　　글/도암 C 667쪽 /신국판　양장 정가 30.000원

❖ 전생과 윤회(부처님의 전생이야기)
　　글/도암 324쪽 /신국판 정가 14.000원

❖ 사랑이 머무는 곳
　　글/이명자 195쪽 /4x6(칼라)판 정가 9.000원

현대불교와 기독교의 허구와 진실

본서는 수 천년 동안 인간들에게 진리의 빛으로 양대 맥을 이어오고 있는 불교와 기독교의 근본사상과 그 근원을 서술적으로 읽기 쉽고 이해하기 쉽게 풀어가고 있다.

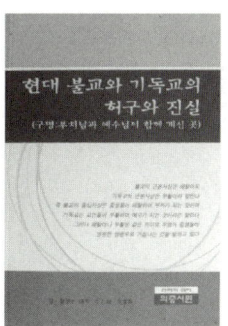

전생과 윤회(부처님의 전생이야기)

인간은 과연 어디로 부터 왔으며 무엇 때문에 살다가 어느 곳으로 가는 것일까? 부처님의 전생이야기를 통하여 부처님께서 말씀시는 불경 속에 감추어진 화두의 비밀들을 분명하고도 정확하게 밝히 드러내고 있다.

반야심경

이 책은 지금까지 무명에 가려져 참빛을 발하지 못했던 반야심경의 실체와 불자들이 해탈하여 성불할 수 있는 길을 분명하고도 확실하게 드러내고 있다

사랑이 머무는 곳

본 시집은 인간들이 감지할 수 없는 영적인 세계를 한편의 시에 담아 드러내고 있어 보는 이들로 하여금 많은 감동을 자아내게 한다.

금강경 해설서

초판 1쇄 2009. 1. 10
재판 1쇄 2009. 4. 20
재개정판 1쇄 2011. 3. 25
재개정판 합본 1쇄 2012. 4. 8

●

글쓴이 · 도암
펴낸이 · 이용재
발행처 · 의증서원
등록 · 1996. 1. 30 제5-524

●

도서출판 의증서원
서울시 동대문구 답십리 5동 530-11 의증빌딩 4층
대표전화 · 02)2248-3563 . 팩스 · 02)2214-9452

우리은행 812-026002-02-101 · 예금주 이용재
www.ejbooks.com

●

정가 30,000원